孟子文獻集成

孟子文獻集成編纂委員會　編纂

山東人民出版社

圖書在版編目(CIP)數據

孟子文獻集成. 第一八三卷 / 《孟子文獻集成》編纂委員會編. --濟南 : 山東人民出版社, 2020.1

ISBN 978-7-209-12464-5

Ⅰ. ①孟… Ⅱ. ①孟… Ⅲ. ①儒家 ②《孟子》- 研究資料 - 匯編 Ⅳ. ①B222.55

中國版本圖書館CIP數據核字(2019)第241556號

項目統籌: 胡長青

責任編輯: 李　濤

裝幀設計: 武　斌

項目完成: 文化藝術編輯室

孟子文獻集成(第一八三卷)

《孟子文獻集成》編纂委員會 編

主管單位　山東出版傳媒股份有限公司
出版發行　山東人民出版社
社　　址　濟南市英雄山路165號
郵　　編　250002
電　　話　總編室(0531)82098914
　　　　　市場部(0531)82098027
網　　址　http://www.sd-book.com.cn
印　　裝　山東新華印務有限責任公司
經　　銷　新華書店

規　　格　16開(210mm×285mm)
印　　張　59
字　　數　470千字
版　　次　2020年1月第1版
印　　次　2020年1月第1次
印　　數　1-200
ISBN 978-7-209-12464-5
定　　價　900.00圓

如有印裝質量問題，請與出版社總編室聯繫調換。

《孟子文獻集成》編纂委員會

學術顧問　杜維明　張豈之　李學勤　牟鍾鑒

學術委員會

主　　任　陳　來

副 主 任　郭齊勇　李存山

委　　員　王　傑　王中江　王志民　王其俊　王鈞林　王漢東　孔德立　杜澤遜　李存山　李景林　吴　婧　袁汝旭　徐洪興　高兆波　郭齊勇　陳　來　孫明霞　梁　樞　梁　濤　董洪利　曾振宇　楊海文　楊朝明　趙　勇　鄭傑文　劉瑾輝　顔世安　顔炳罡　龔鵬程

（按姓氏筆畫排序）

編纂委員會

主　　編　王志民

副 主 編　杜澤遜　梁　濤　胡長青　李梅訓

委　　員　王　路　王恒柱　李西寧　李振聚　李國慶　黄顯功　張　勇　張志清　趙永和　趙紅彦　劉　晨

（按姓氏筆畫排序）

編務　劉晨　楊雲雲　孫姣　李濤　劉嬌嬌　張艷艷
趙菲　吕士遠

組織實施
中國孟子研究院
山東人民出版社

序

《孟子文獻集成》是在孟子故里鄒城市委市政府鼎力支持下，由中國孟子研究院、山東人民出版社協同合作，共同致力完成的一項大型儒家文獻的搜集、整理、出版學術工程。

一

孟子是中國歷史上偉大的思想家、政治家、教育家，是僅次於孔子的儒家學派重要代表人物。戰國時期，戰争頻仍，『角戰英雄，六經泥蟠，百家飆駭』（《文心雕龍·時序》），孔學既黜，儒道中衰。孟子遵夫子之道，批邪説，正人心，發揚光大孔子學説，復興儒學，成爲孔子之後最重要的儒家傳人和先秦原始儒學理論體系的主要奠基人。韓愈論儒家道統由堯、舜、禹、湯、文、武、周公代代相傳，言及『文、武、周公傳之孔子，孔子傳之孟軻。軻之死，不得其傳焉』（《原道》），又説『自孔子没，群弟子莫不有書，獨孟軻氏之傳得其宗』（《送王塤秀才序》）。可見，後世尊孟子爲『亞聖』，稱儒學爲『孔孟之道』，實爲孟子歷史地位使然！

《孟子》一書，是孟子及其弟子編著的全面反映孟子思想的儒家經典著作。漢文帝時，即曾設立《孟子》學博士，全國推闡。六朝時期，玄學、佛學興盛，儒學式微，《孟子》亦受冷落，但唐宋以後，隨着孟子地位的大幅提昇，《孟子》一書越來越受到統治者和學者文人的廣泛重視。唐代大儒韓愈倡論中國文化道統，其《原道》之説，影響甚大，已掀『孟子熱』；北宋時期，《孟子》與《論語》俱列入『十三經』之數；南宋朱熹作《四書章句集注》，將《孟子》列『四書』之中。南宋統治者更將其正式列入官方之學，設爲科舉考試科目，欽定爲必讀經典，學孟子、讀《孟子》，蔚然而成社會風氣。此後，孟子地位進一步提昇：元文宗封孟子爲『亞聖公』，尊其爲『百世之師』；明清兩朝更大推『四書』，地位儼然超越『五經』。《孟子》與《論語》並行，上自帝王，下至百姓，家有之，户誦之，『所研究者惟「四書」，所辨訂者亦惟「四書」』（《四庫全書總目·四書大全提要》語）。孟子思想，深入人心；《孟子》之學，遍佈各地；《孟子》

文獻，汗牛充棟。

根據我們的初步調查，歷代《孟子》文獻有兩千種之多。這些文獻，依孟子學史的發展，大致形成了以下幾点較鮮明的時代特徵：宋元文獻多義理闡發，以朱熹《孟子章句集注》爲代表；明代以王夫之《讀四書大全説》爲代表，多從心性之學挖掘孟子豐富的思想内涵；清代孟子學最盛，不僅産生了以乾嘉學者戴震《孟子字義疏證》、崔述《孟子事實録》爲代表的大量考據、辨僞著作，還出現了集前人研究成果之大成的焦循《孟子正義》。大致可以説，以東漢趙岐《孟子章句》爲發端，歷代學者多所闡釋研究。尤其宋元以來，孟學實爲千年『顯學』。《孟子》文獻内容所涉注釋訓詁、義理闡發、思想挖掘、考證辨僞等所有方面，其對孟子及《孟子》文本的研究廣度、深度可謂前無古人，後難爲繼。尤爲重要的是，歷代學者秉持儒家人生理念，一生所繫，立德立言，以『爲往聖繼絶學』爲生命追求之本，往往傾一生之力終注一經。孟子文獻不僅真實地展示了孟學及儒學發展的歷史，也留下了代代學者治學的心路，實在是應該认真进行挖掘整理的傳統文化瑰寶。

然而，毋庸諱言，孟子文獻的收集整理向未受到應有的重視。這固然與二十世紀以來，儒學命運多舛有關：批孔之時，孟子亦受其累；近數十年來，『孔子熱』不斷升温，孟子受冷落的現象却未有大的改觀，歷代孟子文獻迄未收集整理即是一例。據我們不完全統計，包括臺灣在内的中國圖書館，現存宋元至清代的刻本與鈔本計有一千二百餘種之多。由於各種原因，百分之九十餘未曾整理出版，而百分之七十以上仍處於人所罕见的塵封狀態。歷史的責任，現實的需要，未來的期盼，都在呼唤能有一套《孟子文献集成》的編纂出版。

二

二〇一三年四月底，孟子研究院在孟子故里山東省鄒城市正式成立。時值一年一度的『孟母文化節』，同時進行的還有由鄒城市、《光明日報》國學版、山東師範大學山東省齊魯文化研究院共同策劃主辦的『孟子公開課』開講儀式。來自國内各著名高校的部分主講學者和與會專家對孟子研究院成立後的學術規劃提出了許多建設性意見，多位專家提出了編纂《孟子文獻集成》的建議。

同年十月二十九日至三十日，孟子研究院學術委員會第二次會議在主任陳來先生主持下於鄒城召開。會議就《集成》的立項和編纂事宜進行了認真深入地討論，參閱審查了初選孟子文獻書目，形成了以下四點共識：一是孟子文獻的搜集、整理向稱薄弱，絶大多數迄未面世，影響了孟學研究的深度和廣度。編纂《集成》，填補空白，意義重大。二是要在廣泛搜集、精心選編的基礎上，力求將《集成》做成收羅全、質量高、權威性强的精品學術工程。三是应制定具体工作規劃，選編文献时代可由遠及近；文獻收集範圍，宜先國内後國外，分段完成，穩步推進，確保質量。四是在孟子研究院學術委員會基礎上，应增加部分孟子研究專家，充實到《集成》學術委員會；選聘孟學研究、版本目録、館藏出版等方面專家，組建高層次、有效率的編纂部和工作班子，扎實有效開展工作。

在經過編纂部四次召開籌備會議和系列籌備工作基礎上，二〇一四年五月，在濟南召開了特邀專家選目審查論證會。來自北京大學、中國人民大學、山東大學等全國各地的十餘位孟子和孟學史專家就編纂部提供的《集成》選編總目（國内）進行了認真研析、讨论審查。這次會議的召開更堅定了大家对編纂《集成》的信心和認識，許多專家從長期孟學研究的切身感受中充分肯定編纂《集成》的重大意義，一致認爲：這是一項立足當前又澤被後世的重大學術工程；目前国内編成的經典文獻集成中唯獨没有孟子文獻集成，这不僅是文化建設的一种缺憾，也从多个方面影響了孟子研究的深入和拓展，从这个意義上説，該項目的实施确是一項填補空白、意義深遠的學術工程。專家們特别指出，這項重大學術工程，由山東，特别是孟子故里鄒城市支持，由孟子研究院、山東省齊魯文化研究院牽頭承擔，正是歷史責任與當前文化建設的最佳選擇。相信《集成》的出版，對於提昇孟學研究、促進孟子研究院發展、推动山東文化强省建設，贡献巨大，意義深遠。會議還就選目原則形成以下共識：一是《集成》應當是一套研究孟子文獻的集大成之作，所收以獨立成書的研究《孟子》專書爲主，兼顧其他，儘量收全。對孟子文獻的含義可以放得寬一些，對書名没有『孟子』的，例如以『四書』『諸子』爲書名的，也要注意在考察辨析基礎上做好，要高標準、高質量。二是《集成》應兼顧古籍的重要性與稀見性，做到常見書精選善本，重要文獻不遺漏。三是海外孟子文獻應作爲一個工作目標，與海外學者合作，广匯博收，規劃編纂。四是時代大致截止到清末，現代部分可作爲『附編』或單獨列編收集出版，部分難以收入文獻應附列存目。這次專家會議的意見，得到二〇一四年六月五日召開的孟子研究院第二次學術委員會的重視和確認。

在籌備、啓動《集成》的整個過程中，得到鄒城市主要領導及社會各界鼎力支持。山東人民出版社主動、積極地參與了各項工作。二〇一四年八月二十八日，在山東省第五届文博會上，省有關領導和衆多媒體記者見證了孟子研究院與山東人民出版社共同簽訂《〈孟子文獻集成〉編纂出版協議書》的过程。

經過編纂委員會及有關方面的共同努力和各相關圖書館的大力支持，宋元時期傳世文獻已基本全部收録，共四十八種，分裝十四册，已於二〇一六年初首批出版發行。其中，收録宋元刻本十四種，海外善本四種，第一次影印的即有十六種，屬於披沙揀金的珍本，將爲孟子文獻及思想研究提供寶貴資料。

第二輯精選明代孟子文獻八十一種，分裝爲三十二册影印，已經於二〇一七年三月出版。

第三輯爲明代文獻的第二批，共收入著作四十五種，分裝爲二十册影印，其中五種來自日本，三種來自美國；其他部分也多爲稀見的珍本和善本，已經於二〇一八年三月出版。

第四輯，共收録著作六十二種。其中，明代著作四十八種，分裝爲二十四册；清代著作十四種，分裝爲十册。共出版三十四册。底本皆爲精選珍本善本，其中，明代刻本四十種，清代刻本二十二種。又有二十三種來自日本，多爲國内未見，彌足珍貴。

本次出版爲《孟子文獻集成》第五輯，清代文獻之第二部分，也是《集成》編纂以來，收録文獻最多的一輯。共收入著作三百六十八種，分裝爲一百册；至此，自康熙朝至清末絶大部分與《孟子》相關文獻已基本囊括。其中：來自日本的珍稀文獻八種；稿抄本二十六種；孤本二十二種，國内未出版者達三分之二以上。

編纂出版《孟子文獻集成》，既有利於深入挖掘孟子思想精髓，洞見《孟子》世代傳承的歷史場景，又有利於珍貴文獻的保護、傳承和共享、共用，是惠及當代、澤被後世的文化善舉。值此共出版二百册之際，我們對國内外各有關圖書館和學界同仁的鼎力支持與真誠合作表達崇高的敬意和誠摯的感謝！

讓我們黽勉同心，共同努力，以期這一重大學術工程的圓滿完成。

王志民

二〇一五年四月十二日第一稿
二〇一八年三月八日修改第二稿
二〇一八年十二月十二日修改第三稿
二〇一九年十月六日修改第四稿

凡例

一、《孟子文獻集成》匯聚歷代關於《孟子》之著述，要其旨歸，不外經學之考證、義理之推闡、文章之批點，故舉凡注釋、析義、批點等書皆酌加收録，大致以著者時代先後爲次，俾經學之大，義理之善與夫文章之美，庶幾由此而知。

二、《孟子文獻集成》選用底本多未經整理，或孤傳海外，或秘庋深閣，學者既不能偏歷中外而窺其概貌，又不能盡探二酉而知其大略，不能無憾焉。今集爲一編，則學者循覽而知《孟子》一經之本末，歷代著述之昇沉。

三、各書或得自日本、美國，或攝自國家圖書館、天津圖書館、上海圖書館、浙江圖書館、山東大學圖書館等。底本皆經選擇，其存世孤秘，列爲首選，而後出佳槧，流佈稀少，亦資採摭。

四、諸書著録書名、卷數、著者時代、姓名、撰著方式及版本，覽者便焉。

五、著者真僞，學者所重，凡有歧異，均於著者前加『題』字，略示區别。

六、諸家解《孟》之作，或爲獨立成書者，或爲總集内别裁而出者，或以『四書』著述總題者，今所匯集，以能獨立析出者爲斷。其單篇零什，概所不收。

七、裁出之書，凡原有題名者，概依原題，而於版本項注其從來；凡無獨立題名者，則仍用大題，而括注『孟子』二字；其不能析離者，則全書收録。

八、是編博訪廣蒐，固難周徧，續有所得，拟輯《補編》，庶免遺珠之憾。伏望博雅君子，匡其不逮，補其未備，是所幸焉。

目録

四書地記（孟子）二卷

清　汪在中撰

清光緒十五年旌陽汪氏刻本

四書地記卷五上

旌陽汪在中裳亥氏輯　　男應清氷壺氏校

靈臺

毛大可

或謂靈臺舊名自堯以來有之濟陰成陽有堯靈臺

漢書

臣觀濟陰成陽有堯冢靈臺成陽城西二里有堯陵

水經注

陵南一里有堯母慶都陵稱曰靈臺蓋陵墓稱靈臺

山海經

如帝嚳臺帝堯臺皆是以爲堯之臺名非也臺以靈

說苑

名蓋因文德命名昔者文王積恩爲愛積愛爲仁積

周理衷

三輔黃圖

仁爲靈靈臺之所以爲靈者積仁也其地在長安西

北四十里云。

靈囿七十里囿辨

學者載籍極博猶考信於六藝文王徃矣而於傳猶

許東陽

可考也說者曰文王繼體卽位本都岐在位四十六

年遷郢又三年遷豐作靈臺七十里之囿在岐山舊

何義門

都大約七十里之内皆岡嶺林麓爲多故四時之田

在其中因而名之曰囿非規其地以養禽獸恣游觀

也若靈囿則在辟雍之旁不過一射圃耳由是說也

靈囿非七十里之囿靈囿在豐七十里之囿在岐或

閻百詩　漢志

又謂文王作酆有鄠杜竹林南山檀柘號稱陸海爲

九州膏腴者囿在鄠東三十里此實作邑於豐事時非初岐山事也豐去岐三百餘里文王治岐不過曰澤梁無禁豈容有囿至七十里蓋自在位四十九年徙都豐於豐作靈臺臺之右作靈囿囿之中作沼由是說也靈囿即七十里之囿在豐而不在岐不知靈周理說囿乃游觀之小苑七十里之囿乃四時田獵之所與靈囿不同處故靈臺之囿言靈而七十里之囿不言靈或曰靈臺在長安西北四十里靈囿在長安西四十二里靈沼在長安西三十里至七十里之囿無論

在岐在豐而於傳固有之

梁　河内河東

史記

魏自畢萬受封至桓子與趙襄子韓康子共滅知伯分爲三晉列於諸侯至周顯王十五年秦與魏戰元里取少梁惠王九年去安邑徙都大梁遂曰梁梁南

國策

與楚境西與韓境北與趙境東與齊境梁之地勢固戰場也梁南與楚而不與齊則齊攻其東東與齊而不與趙則趙攻其北不合於韓則韓攻其西不親於楚則楚攻其南此所謂四分五裂之道也梁河東在安邑亦有河西六國表魏入河西地於秦是也梁河

內在濟源亦有河外蘇秦言大王之地北有河外所謂河南地是也河東西亦謂之河內外僖十五年賂秦伯以河外列城五內及解梁城魏無忌曰所亡於秦者河外河內是也至河內外則梁之河北河南地蘇代曰秦正告魏我陸攻則擊河內水攻則滅大梁是然則梁之地自河西逶迤而至河南幾將二千里閻百詩何以蘇秦曰魏地方千里蓋從長而橫不足絕長補短爲方千里比韓猶大比趙實小是以文侯武侯用之則爲天下彊也寡人之於國烏得而不盡心

五畝之宅

穀梁

或謂公田爲居井竈葱韭盡取焉想據雅詩中田有

鄭賈

廬而言或謂民居在都城中想據周禮廛里任國中之地而言至謂在田在邑各二畝半夫民居若果二畝半在邑則邑中之宅豈可容家家墻下樹桑乎若果有二畝半在田如所云冬則畢入於邑春令民畢出在野則田中之宅近在一井之内又何煩饁彼南

季彭山

畝乎抑思公田以制祿斷無去二十畝以爲民居之事蓋國中之廛市宅也但爲士旅寄居之所工商慹

遷之區而已若農民之宅鄉里也卽所謂制其田里教之樹畜者必擇平原可居之地去田不遠隨數聚居如所謂十室之邑不必都邑然后爲邑也盖天子都城方十二里大國都城方九里次國方三里小國方一里若遍國農功既畢盡入於此必不能容且率婦子遷徙往來愈重民困先王又豈令曠宅若是之多乎管子曰先王處農就田野野處而不暱其秀故五畝之宅自當在近田可居之地豳詩言入此室處者盖謂歲晚務閒可以安居非謂冬則畢入於邑也

雅詩言中田有廬蓋即田畔稍高處苫小茅舍以便

○周理吏、、

憇息避風雨故曰廬明非宅也

、、○○○○○

百畝之田　一夫百畝

大司徒凡造都鄙不易之地家百畝○一易之地家二百畝○再易之地家三百畝○小司徒均六鄉之土地上地家七人○中地家六人○下地家五人○周家授田之制如大司徒遂人之說則是田肥者少授之田瘠者多授之○如小司徒之說則口衆者授之肥田口少者授之瘠田而不知一夫定以百畝爲率蓋田有不易一易再易之殊自衍沃之地九夫爲井而外又有二而當一以至九而當一者此大司徒遂人授田所以有

多寡之差也王制言一夫百畝則周禮不易之地舉其最上者以定賦也夫田與萊不同地有三等萊亦有三等上地萊五十畝中地萊百畝下地萊二百畝以其休不耕耳若田則不分三等也計畝而授之以百所以息此疆爾界之爭故規方而畫之爲井田與稅亦異地近則稅輕地遠則稅重近郊十一遠郊二十而三甸稍縣都皆無過十二以近則多役耳若田又無論遠近也步畝而限之以百所以均通力合作之勞故賦法總名之爲徹其或分一夫之半則圭田

五十畝是而分其半以厚君子即合其半以别野人則仍爲百畝而已其或得四分之一則餘夫二十五畝是而得其一以助一夫之勤即加以三而成一夫之數則亦爲百畝而已

東敗西喪南辱

梁東與齊境西與秦境南與楚境梁之地勢固戰場也及寡人之身顧何如哉自東言之昔者寡人三十年使龐涓將與韓戰南梁孫臏傳南梁在大梁之南六百里寡人之攻韓者欲廣地於韓也夫何與於齊哉乃韓告急於齊齊使田忌將而來直走大梁蓋攻我之所必救耳涓果舍韓歸救大梁寡人不省使龐涓將而令長子申爲上將軍以伐齊軍齊軍既已過而西矣夫自梁言之則爲過而西自齊言之則爲退而東退

閻百詩

而東者誘敵之計也孫子使齊兵入魏地爲十萬竈明日爲五萬又明日爲二萬涓疑其士卒散亡乃與輕銳倍行逐之臏生阿鄄之間熟其山川形勝不待鄉導而知濮州鄄城東北六十里有馬陵澗谷深峻可以置伏兵法所謂無所往者也誘之於此始可萬鏃齊集尤可異者預刻其期自令其舉火行兵至此驚猶鬼神雖有飛鳥曾不能逃況龎涓哉噫龎涓之死固不足惜獨令長子爲虜抑何辜乎然或者失之東隅收之桑榆見兎而顧犬未爲晚也亡羊而補牢

國策

末爲遲也乃寡人三十一年秦乘馬陵之敗遣衞鞅（商君傳）將兵伐魏說罷兵而樂飲恨鞅之詐無異於臏中伏甲而受欺痛切之虜何殊長子寡人不得已使使割河西之地於秦和少梁去而大梁危矣夫以祖宗舊服（國策）之壤委於秦是猶以甘肉餡虎狼也今日割五城明日割十城其勢不饜不止他日者上郡十五縣又焉（暗指後事）能保哉即今所喪已徙益嶠函百二之險倂不能商於六百之地矣蓋七百里矣幸而寡人在位年深南與楚睦未嘗構兵猶可偷安旦夕乃甘茂曰梁君身（國策）

布冠而拘於秦蘇秦曰魏王既行按兵於國而東次
於齊游說之口好爲譏彈要於楚無與也然其辱已
國策
不可當矣昔者魏圍趙邯鄲楚少出兵使景舍救趙
取睢濊之間挫師已甚獨非辱乎叟於三十五年來
暗指襄陵事
徵邑聞寡人之辱心亦恚之則安知後日之見侮者
不更甚乎此雖東不如齊西不如秦要皆寡人所日
夜切齒腐心者也嗚呼使死者而無知則可死者若
有知亦將拔劍而雪此恥矣

海內之地方千里者九

昔者先王規方千里以爲甸服封建之法雖周公太公儉於百里不是過也春秋以來列侯日肆鯨吞亦越於今游說之士動謂齊地方二千里趙地方三千里楚地方五千里燕地方二千里韓魏地皆方千里雖未言秦然當惠王時地方自二三千里加以中山之地方五百里孟嘗君之地方百里宋方五百里共一萬八千里尚有二周魯衞鄒滕諸國犬牙相錯其間海內之地何至若是其大則所謂方者非眞方也

閻百詩

臣以爲海内之地方千里者九亦不必其形方也周初雒邑與鎬京通封畿東西長而南北短短長相覆爲千里第取實有此方數耳然其大小衆寡强弱之勢亦略可見矣

郊關之內

五十里爲近郊百里爲遠郊齊之郊關自屬遠郊第臣考月令季春之月田獵罝罘羅網畢翳餧獸之藥毋出九門順生氣也九門之說內門五臯庫雉應路也外門四關門遠近郊門國門也郊在國之外關又在郊之外今不曰郊不曰關而統曰郊關將自國出者未至於關而已驚相以郊告矣自境入者未至於郊而已驚相以關告矣不然豈郊之上固嘗有關以申禁乎關之禁亦即在郊之要害乎臣鄒人也從西

南來遠聞之竊疑之甚比至郊關關尹以告則曰先生休矣是不止郊也是不止關也王之大禁煌煌則滙而言之曰郊關之內夫內者統詞也不言自某東至某西不言自某南至某北凡在內者無不包也抑內者約詞也自關而附之於郊自郊而抵之於關其在內者勿敢越也則僉曰有圍方四十里也

昆夷　四裔考

○西戎出自三苗葢姜姓也其國近衡山及舜徙之三危濱於賜支至於河首綿地千里其種不一或曰畎

○閻百詩○

夷或曰畎戎或曰犬戎而總之則爲昆夷及夏之未入居邠岐之間葢岐周之地本皆山林險阻無人之境而近於昆夷　詩集註

其地少五穀其俗氏族無定其兵長在山林其人耐寒苦同之禽獸鄰國之難事者莫如昆夷　四裔○考

嘗以文王之前而論成湯之與也伐而攘之武乙暴虐犬戎寇邊至周公亶父賜以岐邑武乙三十　竹書

年周師伐義渠乃獲其君以歸文丁四年伐余無之戎七年伐始呼之戎十一年伐翳徒之戎蓋其類愈多則其勢愈盛於此而事之也難至之後而論穆王之狩也往而征之孝王在位西戎獻馬至周伐姜戎戰於千畝幽王十一年犬戎攻宗周乃有驪山之禍自隴以西涇首有狄䝠邽冀之戎渭北有義渠（四裔上考）之戎洛川有大荔之戎其地愈近則其欲愈深於此而事之也又難文王事之一則綏以文德焉一則懾以武威焉蓋昆夷之性非不良惟仁者有以通之相

摩相漫湎然示以順從之路雖昆夷亦浡然而興而
怙冒修和仁者斷無棄人之意我周之告武成也大
邦畏其力小邦懷其德綏之以文德何難格昆夷之
頑也哉而昆夷之習每多悍惟仁者有以化之如雷
如霆赫然御其桀驁之勢雖昆夷亦惶然自懼而執
訊臨衝仁者不爲姑息之變西伯之命將帥也出車
詩序
以勞還杕杜以勤歸懾之以武威不可戢昆夷之患
也哉大雅之詩曰混夷駾矣維其喙矣蓋木拔道通
混夷畏之而奔突竄伏維其喙息而已言德盛而昆

夷自服也葢已爲文王之時矣豈非仁者交鄰之道哉

○徂莒　韓非書

莒國名昔者文王克莒莒之爲國有明徵也若第曰徂旅文王不嘗爰整其旅乎臣觀春秋紀子帛莒子盟於密莒紀密之近也王之伐密於此遏其徂莒之師蓋戢亂除禍理從其亟非如後世伯主次於聶北次於厥貉避其鋒乘其敝之說也至以阮徂共爲三國則徂亦國名也彼方與阮共同爲密人所侵文王胡爲乎遏之哉　魯詩

雪宮

說者謂雪宮孟子之館宣王就見於此因誇其禮遇之隆賢者指孟子與梁惠王賢者指人君言不同果（閻百詩）爾孟子當正色而對以明不屑之義安得渾言之曰有而引之與民同也夷考雪宮故址在青州臨淄郎（元和郡縣志）齊故都東北六里昔者齊侯見晏子於雪宮（晏子春秋）然則先孟子雪宮又爲晏嬰館舍耶蓋齊離宮之名游觀勝迹宣王延見孟子於其地非就見之謂賢者仍指人君言與梁惠王沼上之樂同故孟子引之與民同樂

轉附朝儛琅邪

琅邪齊東南境上邑或言在齊東北非也（郊祀志）臣嘗驅車至大王之國游歷山川父老猶嘖嘖言景公時事蓋諸城東南一百五十里有琅邪山山下有城即景公所欲放於琅邪者也其轉附朝儛二山遥遥者跡屬荒渺矣或謂轉附屬萊州（趙氏德）或謂儛水名出南陽（顧野王）或謂轉附乃太公之墓即武陵朝儛乃桓公之墓即穆陵（景公傳）意者景公之觀亦有志於太公桓公乎不知太公冢在臨菑城南十里（皇覽）桓公冢在臨菑南二十一里牛山（括地志）

上則轉附朝儛非墓地也蓋二山在海之極東如成
山召石山之類登之可以觀海惟至海極東然後回
轍循海之濱西行以南至琅邪亦可觀海焉計其自
齊都臨淄一千三百里抵於海復自海一千一百餘
里至琅邪凡二千四五百里或曰青州爲齊地若萊
州則萊子國登州則牟子國皆非齊有景固可以任
其車轍馬跡所之乎不知東萊已滅於靈公十五年
聊攝姑尤實齊之東界也惟登州尚屬牟子國要亦
不過蕞爾附庸素服役於疆大者何難登其山而臨

其濫乎第以春秋侯封而欲騁其雄心肆其遠略如〇〇〇〇〇〇〇〇〇〇〇此臣不知視此雪宮又何如也

明堂泰山下

○封禪書○

泰山屬齊封境東北址有明堂本周天子東巡狩朝諸侯之處○春秋隱八年鄭伯使宛來歸祊不祀泰山也○蓋鄭桓公封鄭有助祭泰山湯沐邑在祊○祊在琅邪費東南○鄭以天子不復巡守故欲以祊易於魯以從魯所宜○計爾時距東遷五十六年○泰山下湯沐邑鄭尚能世守之則明堂仍爲周天子所有○齊焉敢毀○至宣王時不復東巡狩者四百四十年○人所以有毀之之議也○衛康叔封亦於泰山下受相土之東都爲

湯沐邑東蒐之會葢寂無聞矣。

岐百里

昔者宗祀文王於明堂所以配上帝也行王政者不獨文王而文王之行王政要自治岐始由文王之前而論棄爲后稷而封於邰及夏之衰不窋失官竄於戎狄其後陟巘降原立國於邠君之宗之宗法始於此其軍三單軍法始於此徹田爲糧徹法始於此皆王政也而要非治岐事也由文王之後而論武王克商而宅鎬京及殷之叛周公遭謗避居東都至卜東澗西瀍定鼎於洛召誥一篇言民諴和洛誥一篇言

民和會多士一篇言民遷洛皆王政也而亦非治岐事也夷考岐山有二一在冀州書所謂治梁及岐是也其地在邠水介休一在雍州書所謂荆岐既旅是六書故也其地在扶風美陽文王之岐蓋隸雍州方先公之居邠也邠在岐山之北至古公而徙居岐山之陽其地狹其民貧其風俗勤儉覽周原之膴膴古公治之契龜築室其都定矣由是而迺慰迺止以授民居迺疆迺理以授民田乃召司空乃召司徒以作宗廟捄之陾陾築之登登以治宮室而且迺立臯門臯門治

矣迺立應門應門治矣迺立冢土冢土治矣王政之行不已開岐山之始乎然此猶古公之治岐而非文王之治岐也至於文王柞棫拔矣行道兌矣混夷駾矣彼徂矣岐有夷之行頌所謂文王康之者其以此乎撫岐陽之百里盇視天作高山帝省其山時而更盛矣他日者文王遷豐豐去岐三百餘里說者謂靈臺靈囿皆作邑於豐時事亦未聞有所毀也臣不暇論請論其治岐

關市

○先王之易關市所以來商旅納貨賄以便民事也○昔者齊桓公通齊國之魚鹽於東萊使關市無征以爲諸侯利諸侯稱廣焉齊語自後世逐末愈多而征貨尤亟西都賦廢六關而不仁開九市而並納卽齊之關市亦紛紛矣偏介之關暴征其私內寵之妾肆奪於市王政之不行當景公之世已然臣觀文王治岐其王政則有見於關市者王制關執禁以譏禁異服識異言地官司門掌守管鍵以啟閉國門幾出入不物者夫人情

多僞貨物相欺奇衺之民更爲奸宄誠不可無以譏之然必由是而征其貨商賈之所得幾何毋乃與之爭利乎且彼既分其貨以耗於公勢必增其價以贏其私而豪胥猾吏又將緣之以爲利此暴征之患所以興也文王當日顧如此乎而心計之臣且曰征亦盛世所不免周禮國凶札則無關門之征猶譏是非凶札猶有征也玉藻年不順成關梁不租則順成之年所必征也不知此第征其廛豈征其貨哉臣觀司關掌國貨之節以聯門市市有廛市關有征廛自外

人者征於關關移之門門移之市所謂征於關者勿
、鄭、牛、農○
征於市也自內出者征於市市移之門門移之關所
謂征於市者勿征於關也若自內而不出於市自外
而不出於關然後舉而罰之否則征其廛而不征其
貨也周禮爲周家治平之書其亦本文王譏而不征
之意乎

澤梁

齊之厲禁多矣山林之木衡鹿守之澤之萑蒲舟鮫守之藪之薪蒸虞候守之海之鹽蜃祈望守之夫豈第澤梁已哉然當文王之時芻蕘者往雉兔者往七十里之囿不禁夫何愛於澤梁王制獺祭魚然後虞人入澤梁國語古者大寒降土蟄發水虞於是講罛罶取名魚登川禽而嘗之寢廟行諸國人助宣氣也其殄天物者在所必禁其公民利者我何禁焉故禁民之盡取則有數罟不禁民之共取則在澤梁且夫澤非

獨爲魚設也地官澤虞掌國澤之政令守其財物以
時入於玉府凡祭祀賓客共澤物之奠如蘋蘩蘊藻
之屬是也故月令季夏命虞人納材葦焉然當仲春
之月命曰毋竭川澤蓋禁其絶流而漁也語曰川壅
爲澤澤水所都魚之藪焉則澤之利魚爲多且夫梁
亦非獨爲魚設也爾雅云隄謂之梁衛風曰在彼淇
梁蓋石絶水者故夏令曰十月成梁爲在津之橋梁
也若魚則在藻耳依蒲耳於梁何爲者蓋堰石障水
而空其中以通魚之往來亦謂之梁十二月虞人入

大戴禮

梁梁者主設網罟者也齊風曰敝笱在梁其魚魴鰥

又曰敝笱在梁其魚魴鱮又曰敝笱在梁其魚唯唯

則梁之利魚尤多故鯤鮞必禁所以見先王之仁澤

梁無禁所以見先王之義

水滸

史傳太王去豳渡漆沮踰梁山止於岐下自邠抵岐
周本紀
東南二百五十餘里則所謂水滸者漆沮之側也及
鄭箋
程大昌
攷雍州地域自邠而南一百三十里有梁山渭水在
梁山下之南循渭西上可以達岐則水滸又指渭而
地志
言今按漆出扶風沮出房陵皆在豳地與禹貢之導
渭水者不同蓋在梁山之北水爲漆沮在梁山之南
水爲渭由邠至岐梁山實界其間漆沮與渭同爲至
岐水道則亦滙而言之曰水滸云耳固不必專指漆

涇亦不必專指渭而言也其曰滸者水涯也爾雅云

岸上滸

鄒

鄒本邾也周武王克商封曹挾於邾當魯隱公元年、猶爲附庸三月魯及邾儀父盟於蔑二國之相睦爲已久矣以從霸王奬王室王命爲子是其爵次於魯者僅一等耳迨升陘之役獲公冑者竟爲魚門之懸救鄑之師使魯髽者共誦狐駘之敗鄒亦稍震武矣然遷蘇之卒也卜遷繹者猶知命在養民貜且之立也納捷菑者乃至師還八百鄒之君臣或亦能立國乎無何鄫子見戕忍心已甚而南鄙一役旋取邾田及漷水矣庶其爲盜且以漆閭邱來奔矣祲祥方盟而平邱見訴武城甫過而叔孫羅辜取漷東田及沂西田句繹之盟何濟執邾子益歸邾子益夷鴻之救何逭鄒之與魯其構怨不已深哉蓋自魯貢八百乘之賦於吳邾亦六百乘其賦之減於魯者二百乘以故勢不相下比鄰稱戈竟與春秋相終始何怪乎至戰國時猶有與魯閧之事哉蓋其不度德不量力以自取戾也鄒之待其民亦不仁甚矣

城池鑿築高深

晉恃景霍汾河楚恃方城漢水齊恃泰山渤海秦恃左殽右黽凡謀國者大都以城池爲地利滕之池何如也立渠邱之上莒陋堪虞溝梁伯之宮民懼而潰尹如閻敖徒爲游涌之逸師自稷曲何待三刻之踰以言乎池則已竭矣滕之城又何如也秉子反之堙何待築室聞守陴之哭甚至牽羊如齊之圍龍親鼓而取於三日如楚之入鄆淶辰已克其三都以言乎

漢書

城則又惡矣問有石城十仞湯池百步者乎無有也

問有踐華爲城因河爲津者乎無有也苟其鑿之縱不必如除道梁溠之水隨人行成深溝商魯之間黃池用會而夾泜而軍猶動陽子之患覆汪以獻曾爲外僕之禽我魯莊公九年冬浚洙深之也曷爲深之畏齊也則鑿池一謀也苟其築之縱不克如命山甫城彼東方命南仲城彼朔方韓之城燕師所完謝之城召伯是營而弗寘士蔿之辭何至尋師於三載不懲艾獵之素亦卜成事於三旬我魯成公元年聞齊將出楚師令修賦繕完以備楚也襄公之世城防城

成郛城武城城西郛以備齊也則築城又一謀也雖然城之高池之深豈遂足恃乎（史記）昔三苗左洞庭右彭蠡德義不修而禹滅之夏桀之國左濟河右太華伊闕在其南羊腸在其北修政不仁而湯放之殷紂之國左孟門右太行常山在其北大河經其南不修德政武王殺之城之高池之深豈遂足恃乎是故渠邱城惡固已潰於庚申偪陽城堅亦且滅於甲午毀漢水之舟吳猶入郢焚申池之竹晉且圍齊雖黃河如帶泰山如礪蓋不足恃矣詩曰宗子維城諺曰衆志

成城○民保於城○城保於德○失德者危○將焉保○

齊將築薛

孟子之滕與文公言當在赧王初年爾時薛滅已久　閻百詩

非至是齊始取其地而城之也嘗攷齊湣王三年庚　史記

子封田嬰於薛蓋周顯王四十八年事薛不滅無由

以薛封靖郭君嬰不封何以立先君之廟於薛故戰　國策

國之薛凡皆田文之屬縣也昔者靖郭君將城薛矣

以客海大魚之諫乃輟城薛至是復欲城且將之爲

辭事未定也孟獻城虎牢而鄭人懼晏弱城東陽而

萊子服文公焉得而不恐哉

邠

○周自成王定鼎於郟鄏卜世三十卜年七百天所命
也至平王而周室東遷矣然當東遷之始在豐鎬豐（史記）
鎬之始在岐岐之始則在邠昔者帝癸二十二歲公（竹書）
劉立國於邠所以復修后稷之業也至祖乙十五年
命邠侯高圉盤庚十九年命邠侯亞圉祖甲十三年
命邠侯組紺爰及大王邠居故土已閱五百餘年矣
大王曷爲去之哉想先公之裹糧而啟行也陟巘降
原鞞琫容刀之容於邠猶思慕之其營度邑居也處

四書地記　卷五　上孟

廬旅而覯京其宮室落成也俾筵几而執牢以至士
地辨宜相陰陽觀泉求邠居蓋亢荒矣而且君宗以
立宗法軍單以立軍法徹田以立徹法我先公之次
第布之者皇澗芮鞫之區不依然桑梓乎此大王所
上念先公而不忍去者也撫斯民之墐戶而入室也
築場納稼羔羊朋酒之風於邠尤親愛之其謀衣褐
也求柔桑而載績其給飲食也烹葵菽而采荼以至
宮功入執晝于茅宵索綯邠民其孔亟矣而且元黃
爲公子裳狐貍爲公子裘兕觥爲公堂壽我小民之

尊親奉之者天時人事之際不譪然父子乎此大王所下撫斯民而不忍去者也然則大王曷爲去之哉蓋自武乙元年邠遷於岐周凡以狄人侵之故也不得已也

梁山

孔傳：禹貢於冀州言治梁及岐，或謂梁岐在雍州，或謂梁岐皆冀州山。

蔡傳：或謂梁山有二，豈其一在冀州，一在雍州耶？

閻百詩：予攷梁山有二，然皆屬雍州。其一在韓城郃陽兩境，詩所云奕奕梁山，春秋梁山崩，爾雅梁山晉望也，皆禹貢治梁及岐之梁山也。其一在乾州西北五里，其山橫而長，自郃抵岐二百五十餘里，山適界乎其間，此則大王所踰之梁山。

蔡傳：或曰梁山呂梁山也。夫呂梁山所云呂梁未闢，河出孟門之上者，蓋即龍門之梁山耳其勢巨石巖巖崇竦千仞大禹所闢以通河也大王曷爲踰乎此哉蓋惟其山西南接岐東北避狄故大王踰於此耳是山也蓋去州一百三十里云

邱垤

小陵曰邱邱陵學山而不至於山患夫畫也然第泛言之曰邱彼一成爲敦邱再成爲陶邱三成爲崑崙邱方與泰山並高天下有名邱五其三在河南其二在河北且與泰山齊名無已則極之於邱垤可乎垤有大小蛾子可封時術銜土之事鸛鳴於上徒嘆零雨之濛卑卑者一部婁耳何可以況泰山不知泰山不讓土壤故能成其大泰山土也而邱垤何莫非土聚邱垤之千萬而可成泰山分泰山之一二而亦爲

邱垤吾故曰類也

行潦　爾雅

行者道也潦者雨水也行道止雨水流聚故云行潦

韓愈詩

也潢潦無根源朝灌夕已除水至行潦藐乎小矣雨

莊子

集溝澮之間涸可立待水覆坳堂之上置焉則膠撫此一句之多欲擬河海毋乃以蠡測乎然而風歌采藻於彼行潦雅歌洞酌彼行潦可以餴饎可以濯罍可以濯溉挹彼注茲莫非水也類也

市廛

張子　廛市宅也逐末者多則廛以抑之少則不必廛周禮

汪氏　司市所征有欽布總布廛布皆所謂廛也三者但取其一則不復征其貨是廛而不征也此外又有質布罰布皆所謂法也凶札則市無征然質布罰布自不可弛是法而不廛也凡此亦規周禮而酌其通耳周禮大宰九賦七曰關市之賦地官又有司市司關掌其賦稅司關云國凶札則無關門之征猶幾可見不凶札固有征也至云掌國貨之節以聯門市司貨賄

之出入者掌其治禁與其征廛夫曰與其征廛則市關所掌者即指市宅之廛稅而言今攷廛人之職則云掌斂市紨布總布質布罰布而入於泉府若司關則但云凡貨不出於關者舉其貨猶司門但云凡財物犯禁者舉之可知司關所征第貨之不出於關者司門所征第財物犯禁者耳皆非別有征稅也其以市所征廛稅兼掌之司關者蓋以商賈貨賄必由司關達知故也

關

等國貨之節者有司關告敵國之賓者有關尹關市毋索所以順仲夏之月也閉關不行所以嚴日至之令也昔者齊桓通魚鹽之利關則不征齊景問倡介之私關爲之毀猶古意也自文仲不仁而關廢矣武仲不知而關斬矣入於陽關已多叛臣閒此郯關更深爲阸昭關之出也子胥方爲橐載函谷之至也門客且數雞鳴古之爲關以禦暴今之爲關以爲暴矣豈知先王之世異服有禁異言有識關誠不能不執

禁以譏也司門掌授管鍵以啟閉國門幾出入不物者猶之司關也惟貨不出於關者舉其貨罰其人耳其餘治禁有掌雖有征廛非以征貨符節可達所以通商非以征商而且國方凶札則無征年不順成則不租夫何暴之有哉

民廛

夫里之布　民氓附

匠人營國面朝後市對朝而言則廛爲市宅對市而言則廛爲民居蓋即廛廛者願受一廛而爲氓者也（江慎修）

第恐苛政煩興征斂尤亟則碩鼠興歌逝將去爾鴻雁謀集徒聽哀鳴國之民且四竄矣而何有天下之民故爲廛計必無夫里之布或以夫爲一夫百畝之稅則耕者助而不稅出之公田者而顧責之民宅乎或以里爲二十五家之泉則不蠶者不帛不績者不衰彼不自給又何以責之二十五家之布乎不知農

有粟米之征此則惟力役之征布縷之征耳蓋布者泉也夫布謂閒民爲人傭力不能赴公旬三日之役閒師則征其力役之泉故曰凡無職者出夫布里布者謂自荒其地不種桑麻或爲臺榭遊觀載師則征其地稅故曰宅不毛者有里布今民居之廛其人皆非閒民無職者也則已有力役之征矣豈可復征其夫布乎其地皆非不種桑麻者也則已有布縷之征矣豈可復征其里布乎惟無夫里之布則民皆願爲之氓夫鄉以鄉於內遂以遂於外內者謂之民則以

陳

氏禮書

禮義爲主故鄉大夫待之以教法外者謂之甿則以

事功爲主故遂大夫齊之以政令周禮遂人凡治野

以下劑致甿以田里安甿以樂昏擾甿以土宜教甿

以興鋤利甿以時器勸甿以彊予任甿以土均平甿

新甿使無征役興甿則有大比其所以處甿者至矣

地利　封疆之界山谿之險

西北足以控東南東南不足以控西北地利之說其

春秋大事表

來久矣先王經理天下未嘗不據地利周之初東陜西陜周召主之至武王克殷封東虢以據虎牢之險封西虢以扼桃林之塞二者居天下之大險皆以懿親主之又於東都營洛邑爲朝會諸侯之所以周公君陳畢公遞守之曷嘗不居天下形勝哉即至平王東遷尚有大華外方之間方六百里之地仍可西倚虢國以通西京之道南有申呂以扼東南之要其勢

猶足恃也迨莊二十一年惠王復與鄭以武公之畧自虎牢以東漸且楚滅申呂而東南之蔽失晉滅西虢而西歸之道斷襄王又以温原畀晉晉啟南陽於是東都之勢遂不可爲矣繼攷春秋強國無過晉楚齊秦吳越如齊之險水有河海無棣山有泰山穆陵泱泱大風足以創伯若晉既有華山二崤孟門大行諸山之險文十三年使詹嘉處瑕以守桃林之塞襄二十年使諸侯戍鄭虎牢以防鄭之通楚其後復滅偪陽畀宋以通吳晉往來之道是虎牢桃林之塞俱

爲晉有抗楚抑秦所以能爲盟主百有餘年也楚有荆塗方城漢水之固自旣滅申滅呂滅息於是有申息北門以窺中國退可守出可戰成十八年又拔宋彭城封魚石以絶吳晉往來之道哀四年將通於少習乃秦豫咽喉之地爲天設之險故楚圖北方將通少習而晉人震懼此春秋時楚所以放然坐大也吳處荒遠其後寖强與楚爭鍾離州來徐巢者垂七十年迫州來旣入吳而入郢之機兆矣但得之於楚而失之於越耳越自句踐轉敗爲勝遂成霸業天子致

胙。然五傳至無疆。爲楚所滅。論者謂其滅吳。驟勝而驕。不能北扼州來。西阻豫章。使楚東侵。兼有廣陵徐泗之地。棄地利以與人。故滅之如反掌矣。秦據有豐鎬。穆公發憤爲雄。始滅芮築壘爲王城。以塞西來之路。其援立晉惠公也。實貪河外列城之賂。東盡虢畧。以爲東出之謀。無如呂郤諸臣。背而不與。迨立文公。益知難以覘覦。因假晉師滅鄀。鄀近武關。猶冀經營商雒。圖武關以爲南出之門戶。乃滅鄀而鄀終爲楚有。不能越武關以南。而晉且得白翟之地。復犬牙於秦之境內故終春秋之世秦屏伏西陲不敢出氣者以函關武關非己有也洎三晉瓜分韓得虎牢而魏得桃林桃林遂爲秦有孝公遂因崤函之固置關函谷秦之有函谷猶楚之有申呂也長驅中原由此始矣況又魏獻西河內通巴蜀席捲天下夫復何疑哉

城郭三里七里 郭郭辨

量人掌建國之法以分國爲九州營國城郭掌固掌修城郭溝池之固（釋名）城盛也盛受國都也郭廓也廓落在城外也（吳越春秋）築城以衛君造郭以守民此城郭之始也（五經異義）天子之城高九仞公侯七仞伯五仞子男三仞此以仞計而非以里計（公羊傳註）天子之城千雉高七雉公侯百雉高五雉子男五十雉高三雉此以雉言亦未以里言（玉海）王謂古者百里之國九里之城七十里之國三里之城五十里之國一里之城蓋百里之國外城九里中

城七里內城五里七十里之國外城七里中城五里
內城三里五十里之國外城五里中城三里內城一
里於百里之國言外城則伯子男外城可知於七十
里五十里之國言內城則公侯內城可知然則三里
七里者侯伯之國也又謂典命上公九命侯伯七命
子男五命其國家宮室車旗衣服禮儀皆以九以七
以五爲節故公之城方九里侯伯之城方七里子男
鄭康成
之城方五里則所謂三里七里者倂不逮子男也不
陳氏禮書
知公侯受封地方百里而不必以九以七爲節則城

豈以命數制哉考工記匠人營國方九里王城九里則公七里侯伯五里子男三里矣祭仲曰都城不過百雉雉長三丈百雉五百步大都不過三國之一鄭伯爵也城千五百步則五里而已然則所謂三里七里者蓋子男之國耳

管子云内之爲城外之爲郭則城爲内城郭爲外城

毛大可

明矣或謂郭廓然無城之名惟無城故魯之國郭都邑郭皆無城者至春秋避齊難如城成郛城西郛郛者郭也郭本無城不知郭廓也廓落在城外也並非

無城昔者魯定公侵齊攻廩邱之郭主人焚衝或濡馬褐以救之遂毀之夫衝者攻城之具周理表詩言臨衝以伐崇墉苟無城焉用衝爲至魯之城成郭城西郭則以城不皆郭故因備敵而增築之若謂郭本無城則春秋書城祝邱城向城諸及防豈城亦無城乎然則說文郭有重口之義而郛猶孚甲之於物與春秋以來西郭南郭偕雍門以俱焚東郭北郭與申池而並毀郭亦危矣哉

於薛

薛人於齊久矣齊以封田嬰亦久矣客諫靖郭君曰國策、隆薛之城到於天靖郭君至薛昭陽請以數倍之地易薛靖郭君曰受薛於先王其後孟嘗君在薛立廟於薛而被攻收債於薛而市義薛固孟嘗君之宗邑也孟嘗君多好士門下客蓋三千焉昔者靖郭君善貌辨旦暮進食而舍之上舍孟嘗君客馮煖長鋏復歌而比之車客將城薛也因海大魚之諫乃輟將入秦也聞土偶人之語而止郊迎淳于髡救荆人之攻

而立清廟名揚公孫戍重寶劍之受而止象牀非所謂翩翩濁世之佳公子耶故孟子在薛而有五十鎰之餽

平陸

平陸爲齊邊邑嘗觀田齊世家（史記）康公貸十五年魯敗我平陸蓋東平陸古爲厥國孔子時爲魯中都邑地爾時屬齊則所謂汶上者是嘗攷水經汶水西南逕東平陸城北又有陶平陸屬兖州近中都在大梁東界故曰平陸（閻百詩）齊邊邑也史傳（史記）蚩尤在東平陸監鄉齊之西竟則知平陸爲齊西竟之邊邑或謂平陸遠在汶上去齊都臨淄凡六百里儲子既相必朝夕左右與王政事非奉王命似亦未易出郊外何以孟子望

其身親至六百里外之下邑方爲禮稱其幣乎及觀

范睢列傳

秦相穰侯東行縣邑車騎至湖關去秦都咸陽亦幾六百里是當日國相皆得周行其境之內非令所禁也故曰儲子得之平陸

都

左傳　毛傳　閟宮詩

邑有先君之廟曰都下邑亦曰都都與邑可通稱如商邑翼翼四方之極既伐於崇作邑於豐此都稱邑之明徵曲沃一也莊二十八年云宗邑無主閔元年云分之都城費一也昭十三年云誰與居邑定十二年云將墮三都是非爾雅宮謂之室室謂之宮一例乎竊思齊威王朝諸縣令長七十二人樂毅下齊七十餘城田單復齊七十餘城齊都邑衆多如是而孟子得知其大夫僅五人焉則王之爲都者亦可知矣

靈邱

靈邱屬齊邊邑○史記趙敬侯二年、敗齊於靈邱○九年、與韓魏因齊喪共伐之、至靈邱○及惠文王十四年、樂毅將趙秦韓魏燕攻齊取靈邱○閻百詩惟其爲邊邑、去王遠、無以箴王闕、蚳鼃故特辭靈邱、請士師、爾時趙別有靈邱、以葬武靈王得名○孝成王以靈邱封黃歇、即其地也○正義說者以此之靈邱爲齊之靈邱○無論齊境不得至代北而敬侯時安得國有靈邱乎○胡三省或曰齊靈邱在清河界、齊西有清河、意者齊西界之邊邑與

蓋

蓋大夫王驩與兄戴蓋祿同蓋也於王驩則爲齊下邑於陳氏則爲食采邑意者蓋爲二邑如魯之武城一北武城一南武城與乃自驅車過泰山至沂水西北見所謂蓋邑者祇爲一方倂無二地意者如一州田郤稱始受州繼則欒豹次則豐施後則欒大心與（王伯厚）然王驩與陳戴同時此一蓋也豈必始則驩而後則戴耶（閻百詩）予嘗觀晉趙衰爲原大夫於時先軫亦稱原軫子趙同爲原同於時先穀亦稱原穀（唐孔氏）蓋分原邑而共

食之僖二十五年狐溱爲温大夫文六年陽處父至自温故成十一年劉子單子曰襄王勞文公而賜之温狐氏陽氏先處之亦共食一邑者則蓋一也或者半爲王朝之下邑王驩治之半爲卿族之私邑陳氏世有之乎然則當時蓋亦大矣不然何以有萬鍾之祿

齊滕之路　金仁山

滕在徐州北一百九十里。自臨淄抵滕不滿五百里。○閻百詩

路不爲遠。而一往一還將千里。路亦不爲近。朝暮接

焉。未一及使事。故丑以爲疑。

嬴自齊節通看

郝京山

孟子行三年之喪豈不終喪而遂反乎或謂孟子奉母仕於齊母卒王以卿禮含襚及歸魯三月而葬反於齊拜君賜也其止於嬴何也禮衰經不入公門孟子自魯越國至齊境上爲壇位成禮於嬴故止於嬴夫嬴爲齊南邑春秋桓三年公會齊侯於嬴嬴在萊蕪西北四十里泰山之南汶水之北去齊都臨淄尚三百餘里安有拜君賜於三百餘里之外者乎蓋孟

閻百詩

子母歿於齊及奉喪來歸皆哀戚匆遽無暇可語嚴

矣惟至往齊拜賜命於道旅始得一論匡事以論匡事於止處故繫止於處亦猶與公孫丑論不受祿於居休故繫以居休夫孟子處齊有憂色擁楹而歎孟（列女傳）母見而語之母同在齊自齊葬魯則知母卽歿於齊也然則卽歿而葬宜終喪於家曷爲而遽反於齊曰此蓋終三年喪而後復至齊耳非遽也果爾何以爲前日曰事有以昔與今對言昔似在所遠而亦有指昨日者昔者辭以疾是也以前日與今對言前日似在所近而亦有指最遠者前日願見而不可得是也

孟子入於齊而後去去齊之日上溯其未游齊之日猶目之爲前日安在僅三年者而不可目以前日耶或曰充虞諸一疑於心至三年始發之與不知此尤足見諸子之好問也陳臻從於齊於宋於薛餽受之後而問屋廬子從居鄒處平陸以至見季任不見儲子之後而問其事之相距識非止一二年而歷歷記憶反覆以究其用心者猶一日也夫充虞亦猶是爾

市有司治

大宰九職斂賄不廢市賦之交閭師八事任民亦有任商之政設其次置其叙陳其肆內宰佽司也日昃而市朝時而市夕時而市司市用掌也次序以分地陳肆以辨物政令以禁靡商賈以阜貨量度以成賈質劑以止訟禁僞以除詐禁虣以去盜同貨以斂賒則治之有法矣司市掌治教質人稽書契廛人斂珍異胥師察詐僞賈師禁貴價司虣憲禁令司稽掌巡察肆長陳貨賄泉府通滯貨則治之有人矣而且貨

賄之治亡者使有利者使阜害者使亡靡者使微治之無不啻也僞飾之禁在民者十有二在賈者十有二在商者十有二在工者十有二治之無不均也其他小刑憲罰中刑徇罰大刑扑罰歸士各有市刑治之以防其侵牟欸總入泉府皮角入玉府珍異入膳府廛人特掌斂布治之以防其散軼未已也而又市師蒞於師次聽大治大訟胥賈蒞於介次聽小治小訟則治之之權分而不專司門掌授管鍵幾出入不物司關以聯門市司貨賄征廛則治之之勢通而不

滯猶未也抑且國君過市則刑人赦夫人過市罰一
幕世子過市罰一帟命夫過市罰一蓋命婦過市罰
一帷禁爭利者不以人弛國中一旬郊二旬野三旬
都三月邦國期治質劑者亦以地殊古之爲市蓋如
此耳

晝

晝齊西南近邑劉熙或以晝即戟里城在臨淄城西北三十里括地志予攷晝邑城在西安東南西安在臨淄之西非西北孟子去齊歸鄒鄒實在齊之西南則所云西南者近是閻百詩他日者樂毅初入齊聞晝邑人王蠋賢令軍中環晝邑三十里無入然則晝亦猶商容之閭也其與地名勝母曾子不入邑號朝歌墨翟迴車者異矣孟子宿之縱不爲擇木之棲亦何必爲接淅之行乎周理衷

休

孟子致爲臣而歸○歸於鄒也○所過地名休者少憩焉

○○、、閻百詩、、、、、○

與丑論在齊事故曰居休休城在兗州滕北十五里

、、、、、、○路史○○

距孟子家約百里或云休在潁川或云介休介休在膠

西者非也○

崇

崇有爲國名者○堯時崇伯鯀、紂時崇侯虎是也○崇有爲地名者○驩兜崇山是也○國名之崇在西夏爲扈商爲崇秦爲鄠而崇山則又在南爲澧陽零陵地○吾皆不於此也○

路史

春秋宣公元年趙穿侵崇崇秦之與國亦非齊地○蓋彭城北三十里垞城臨泗水古崇國城西南有崇侯廟其地與齊相近吾之得見於此者亦僅矣○

周理表

四書地記卷五下

旌陽汪在中裳文氏輯　男應清氷壺氏校

之楚過宋（周理衷）

戰國時楚都於郢宋都商邱滕在兗州自滕而西南過宋蓋三百五十餘里（金仁山）孟子游宋在慎靚王三年以後宋稱王故也（閻百詩）是時楚地廣至泗上泗上十二諸侯宋魯滕薛邾莒在淮泗之上國滕南與楚鄰有事於楚計日可入其境何必迂而西南取道商邱行三百五十餘里過宋都乎過宋都者以孟子在焉往也如

是反也如是不憚假道於宋之勞其賢可知

五十七十百畝（曹寅谷）

井田始於黄帝至唐虞而洪水爲災田之湮没者多矣禹貢於九州之地或言土或言作或言乂益禹平水土之後有土焉而未作有作焉而未乂是時人功未足以盡地力沿歷商周則田寖闢而法備矣昔少康有田一成有衆一旅（詩疏）説者以爲邱甸之法禹之所定故言田制者必自夏始治始於夏而備於周然五十七十百畝之數其不同若是何也（劉氏皇氏）或謂夏時民多家五十畝殷漸少家七十畝周民至稀家百畝則天

之生人有日益無日損非大兵大疫未嘗驟減何以三代之隆而戸口反日促耶熊氏或謂夏政寬簡一夫百畝止稅其五十畝殷政稍急增稅七十周政極繁畝盡稅之則夏民何樂於殷之增稅而歸殷殷民何樂陳氏於周之增稅而歸周乎或謂夏時洪水方平可耕之田尚少故授田止五十殷時漸闢周大備故日增徐氏或謂夏民儉約故授以五十而已足後世彌文而用廣朱子故田不得不加多是二說者吾嘗疑之昔先王疆理天下溝洫畎澮竭力經營一旦加增疆里動爲改置

頃擾已甚（金氏）或謂區皆百畝三代所同但夏一井十六家受之自貢十一商一井十二家受之而助耕公田周乃每夫一區不知夏始畫井何不人受一區而故爲牽率如斯也（金氏）或又謂周世君子工商及庶人在官皆不受田故田多而農得百畝豈夏商君臣皆並耕而治其工商皆耕且爲耶（袁氏）或謂三代民皆百畝但夏以五十爲萊田商以三十爲萊田周人萊田在別井考周禮所謂萊田因其田非衍沃故別給此以補其不足未有一井中而半墝半次半荒半熟者此其說

皆非也余按古者建步立畝畝從步立而步以尺計尺長則步廣尺短則步狹步廣則畝數少步狹則畝

蔡氏獨斷

數多夏以十寸爲尺殷以九寸爲尺周以八寸爲尺故其數多寡不同其畝卒未嘗易要亦大數則然耳故曰其實皆什一也

公田

先王之時上以仁撫下下以義事上以仁撫下故先民而後公則駿發爾私是也以義事上故先公而後已則雨我公田遂及我私是也周禮九夫爲井又曰夫三爲屋屋三爲井似周一井九夫徹與助異本無公田及讀大田之詩而得公田之証矣其曰雨我公田遂及我私徹法不可通於助乎臣言惟助爲有公田言惟助有則徹無以明其制之異言雖周亦助見助豐凶相通徹亦豐凶相通明其意之同夫商八家

周理○裏

同井公田在私田外周九夫爲井公田即在私田中

夏小正曰三農服於公田公田之稱可施於貢獨不可施於徹乎然則周何以變八家爲九夫蓋自商至

○任鈞臺

周歷六百餘年生齒日繁無田可給不得不舉公田授之民及列國兵爭殺戮過甚民數反少於周初而徹法之壞已甚故改行助法所謂與時宜之者也

庠序學校

學之在國者有小有大學之在鄉者亦有小有大蓋國學鄉學以地分大學小學以年分也而天子又有四郊之學對國中之大學言則爲小學對國中之小學言則爲大學今以小學言之天子之小學在王宮之東所謂虎門側者即此則天子之子年八歲入學焉諸侯之小學在公宮南之左諸侯之子亦年八歲入學焉其公卿大夫元士之適子亦得入學於此故周禮師氏凡國之貴遊子弟學焉是天子諸侯之小

學各一而已若鄉之小學則無數每二十五家爲里
里之門有左右塾父師少師居之父師則致仕大夫
少師則士也凡里中卿大夫士庶之子年八歲皆入
學焉所謂里有塾即鄉之小學也繼以鄉之大學言
之及其十有五年所入者皆謂之大學而其地各殊
五百家爲黨黨有庠士庶之子入大學者在此二千
五百家爲州州有序卿大夫之子入大學者在此而
士庶之子由庠升者亦入焉由是升於鄉則曰校凡
許東陽
此庠序校三者皆鄉之大學也諸侯之大學在郊亦

曰國學凡諸侯之子卿大夫元士之適子年十有五及自鄉校而升者並入焉所謂諸侯歲貢士於天子者卽取諸此也若天子之大學則在國中亦曰國學其向在虎門側小學者年十有五皆入於此則大樂正掌其教也而天子又有四郊之學以待畿內庠序校所升及諸侯所貢之士非四學不足以容之則大司徒掌其教教成乃升諸國中之大學將以論材而用之也總之鄉學有小有大而天子有小學有大學又有郊學諸侯則小學在內大學在郊或謂三代之

鄉學各一而惟遞變其名非通論也夏之時鄉爲設校而已殷之時莫不有序焉周人修而兼用之而黨庠以遍自古及今其法寖備黨近於民故主於上齒尊長而以養爲義州則將賓於鄉故修乎禮樂容節而以射爲義鄉則將升於國故總乎德行道藝而以教爲義此黨統於州州統於鄉之義也

李文貞

井地

粤自黃帝經土設井以塞爭端立步制畝以防不足（通典）（王厚齋）而地利以開三代以來井田大備自鄉遂之法弛子駟爲田洫而喪田者以爲怨子產作封洫而伍田疇以爲謗晉欲使齊盡東其畝而戎車是利甚而兩周爭東西之流至商鞅決裂阡陌呂政決通川防井田古制蕩然矣滕以五十里僻處一隅何足區畫夫子乃以夏五十殷七十周百畝之說進是勸滕行井田也夫井田則因其田旣成井而言之井地則言其始（閻百詩）

以地而畫井故欲行井田且問井地夫井地之疑義多矣以九州言之冀州厥田惟中中兗州厥田惟中下青州厥田惟上下徐州厥田惟上中揚州厥田惟下下荆州厥田惟下中豫州厥田惟中上梁州厥田惟下上雍州厥田惟上上田異也而制亦有異其不能統九州而畫爲一者勢也就一方言之山林之地

左氏異義

九度而當一井藪澤之地八鳩而當一井京陵之地七辨而當一井淳鹵之地六表而當一井疆潦之地五數而當一井偃豬之地四規而當一井原防之地

二町而當一井隰皋之地二牧而當一井衍沃之地
九夫而當一井地異也而數亦有異其不能齊一方
而強爲同者又勢也故井地有在鄉遂者鄉之田法
陳氏禮書
同於遂而鄉於教詳遂於養詳鄉之所辨有貴賤遂
則辨老幼廢疾焉鄉之徵賦有閭師遂則里宰徵斂
而已則因地制宜自難以鄉遂拘也井地有在都鄙
者三等采地任乎土而縣地則小都量地則大都土
之受田寡而近地可容故任之以近郊大夫之田多
非遠地不可故任之以遠郊則隨地立法又必以都

鄙殊也以故不易之地家百晦一易之地家二百晦
再易之地家三百晦如大司徒之說則田肥者少授
之田瘠者多授之而地且以田限上地家七人中地
家六人下地家五人如小司徒之說則口衆者授之
肥田口少者授之瘠田而地亦以人分況小司徒有
邑邱甸縣都之別而其名與采邑同匠人有甽遂溝
洫澮之制而多寡又與遂人異而且有地必有萊萊
五十晦萊百晦萊二百晦何以與夫田不等也任地
必有征園廛二十一近郊十一遠郊二十三何以與

國宅不同也推之周禮上地家七人而王制則上食
九人中地家六人而王制則中食七人下地家五人
而王制下食亦五人考之載籍既有難通畝百爲夫
周理義
此以橫數之也夫三爲屋此以縱數之也屋三爲井
又以橫數之也驗之開方亦多不一將謂地以歲計
則一歲曰菑三歲曰畬似矣然南山猶稱禹甸西土
亦號周原則井地固不以歲遷將謂地以尺計則六
尺爲步步百爲畝固已然夏之尺十寸而殷則九殷
之尺九寸而周則八則井地又難以尺定滕也截長

補短爲地幾何文公欲行井田故使畢戰問之

經界溝洫

王厚齋

古者內爲田廬外爲溝洫在易之師寓兵於農伏險於順取下坎上坤之象溝洫之成自禹至周非一人之力溝洫之壞自周至今非一人之積故仁政必自經界始經界卽阡陌之謂也阡陌田閒之道葢因田之疆畔制其廣狹辨其橫縱以通人物之往來卽周禮所謂遂上之徑溝上之畛洫上之涂澮上之道也

曹寅谷

風俗通

然南北曰阡東西曰陌又河南以東西爲阡南北爲陌

朱子

今以遂人田畝夫家之數考之葢陌之爲言百也

遂洫縱而徑涂亦縱則遂間百畝洫間百夫而徑涂爲陌矣阡之爲言千也溝澮橫而畛道亦橫則溝間千畝澮間千夫而畛道爲阡矣至於萬夫有川而川上之路周於其外與夫匠人井田之制遂溝洫澮亦皆四周則阡陌之名亦因橫縱而命之也然遂廣二尺溝四尺洫八尺澮二尋則丈有六尺矣徑容牛馬畛容大車涂容乘車一軌道二軌路三軌則幾二丈矣此其水陸占地不得爲田者頗多所以正經界止侵爭時蓄洩備水旱爲永久之計考之周禮經野不

殊乎九夫度田不殊乎三等大司徒造都鄙則舉外見內小司徒經土地則舉內見外匠人爲溝洫則內外並言稻人掌稼下地以瀦畜水以防止水以溝蕩水以遂均水以列舍水以澮寫水而經界之制周矣或謂周禮制地經野亦有二法遂人云十夫有溝百夫有洫千夫有澮萬夫有川則一同之地有九萬夫當得九川而川澮溝洫不幾太多與匠人云井間有溝成間有洫同間有澮則一同之地惟有一澮不幾太少與說者因謂鄉遂爲溝洫法采地爲井田法不

鄭康成

陳氏禮書

知成間有洫非一成之地包以一洫而已謂其間有洫也同間有澮非一同之地包以一澮而已謂其間有澮也匠人之制舉大概而言遂人之制舉一端而言合而計之成間有洫是一成爲九洫同間有澮是一同爲九澮遂人所言者積數也匠人所言者方法也積數則計其所有言之方法則統其所圍之內者言之匠人遂人之制無不相合周家井田之法通行於天下固未嘗有鄉遂采地之異也

野九一國中什一

鄭康成

自鄉遂用貢都鄙用助之說起說者因謂貢助各從民居之便野外平曠故可行井田之法若郊外六鄉之中自五家爲比積而爲閭爲族爲黨爲州爲鄉六遂之中自五家爲鄰積而爲里爲酇爲鄙爲縣爲遂五家相聯屬不可析而爲九故遂人之法與匠人爲井田者不同不知周禮於六鄉明言九夫爲井妄見田不授井而必用貢法哉且王畿百里內爲六鄉所謂國中郊門之內是巳若百里以外至二百里爲六

○遂遂人掌造都鄙之法則云五鄙爲縣五縣爲遂自二百里至三百里爲稍地又至四百里爲小都又至五百里爲大都是都鄙固屬野而遂亦非國中安得以鄉遂之地盡屬國中哉況周禮遂人明言治野且曰夫間有遂十夫有溝又安見野之不可什一而必行助哉然則請野行助國中行貢祇據有公田無公田之别耳並非謂溝洫有二法也

圭田

孔仲達　陳可大

圭潔白也或謂德行潔白乃與之田或疑有功德者賜之若賜圭瓚則圭田可有可不有也何以卿以下

周、理、哀

必有哉必有云者固不以德行功德而異也或又疑

張横渠

圭田爲畦田誤矣予讀天保之詩有曰吉蠲爲饎或

三家本

以吉蠲爲吉圭圭田所以給粢盛也特牲少牢二禮不曰祭而曰饋食祭以粢盛爲重圭田蓋取粢盛蠲

鄭康成

潔之義夫圭田無征所以厚賢或謂無征爲殷制以周禮載師之士田爲圭田有近郊之稅豈其然哉

餘夫二十五畝

先王之於民受地雖均百畝然其子弟之衆或食不足而力有餘則又以餘夫任之此詩所謂侯疆禮所謂以疆予任甿者也餘夫或以弟言程子或謂有弟餘夫毛大可有子餘夫周理衷夫餘夫固兼子弟而子弟不皆餘夫葢一夫上有父母下有妻子旁有兄弟謂之家受田百畝其子弟助父兄以耕同食於百畝之內周禮所謂家五人家六人家七人正合子弟計之也其或丁男衆多五六七人之外又有子弟六尺以上可任男子征

役之事則爲餘夫餘夫之田不過二十五畝以其家
既受田百畝而又以百畝予之則力有不逮矣故其
田四分農夫之一而已（鄭註）或謂餘夫亦受一廛所以饒
遠非也（鄭漁仲）或謂餘夫二十五畝乃商制周則受百畝亦
非也（趙岐）周禮遂人田萊有上中下餘夫亦如之亦如上
中下之等也蓋餘夫授田亦辨地上中下以爲田萰
之多寡其大要總以二十五畝爲率至餘夫復有丁
男受宒滿五六七人之數然後更受一夫百畝之田（周理衷）
（賈公彦）
或謂三十有室則受夫田百畝夫壯而有室一夫一

婦無父母之養子孫之畜其去餘夫未遠也安得與八口之家同受百畝且受室之初無丁男助耕而遽加田七十五畝不至荒蕪乎故餘夫必俟丁衆成家方授以一夫之田不得槪云三十則受百畝也

方里而井

楊文來

方里而井或謂與方千里方百里之方同四面各得

周理衷

一里乎按開方之法合縱橫而計之濶一步長百步謂之畝畝百爲夫此以橫數之也夫三爲屋此以縱數之也屋三爲井此又以橫數之也故濶三百步長三百步爲方里以一面數之三百步只得里四之一若四面各得一里則當有十六井爲田一萬四千四百畝矣何以云九百畝乎王制方十里者爲方一里者百爲田九萬畝方百里者爲方十里者百爲田九

十億畝此縱橫皆以十數之故百倍也方里之方畝
積而成故縱橫以畝數方十里方百里之方里積而
成故縱橫以里數遂人言積數匠人言方數然則井
劉氏
曹寅谷
田之法必方乎此又不然先王疆理天下物土之宜
而布其利不必盡寬平畫方兼用算法折計授民先
二程子
張子
就得井地處爲井其不能成井者或五七夫三四夫
一夫即不成一夫亦可計百畝之數授之蓋方是法
不是形古之九數第一曰方田是也使其田果方則
執度以往足矣安用算乎如今之法橫五尺縱五尺

謂之一步何嘗不方横七丈七尺五寸縱亦如之謂之一畝何嘗不方究其所謂方者乃以東西弇折半南北弇折半而以縱與横交乘之算方而田不方故謂之方田也滕絕長補短將五十里古人所謂方者大約如此○

九河北條水

王樵

九河之名詳於爾雅或謂九河苞淪於海不知濟南

閻百詩

河間禹迹固可尋也嘗考九河故道自鬲津以北至

孔穎達

徒駭其間相去二百餘里是知九河所在徒駭最北

鬲津最南蓋徒駭是河之本道東出分爲八枝也爾

許商

雅九河之次從北而南徒駭在成平胡蘇在東光鬲

齊乘

津在鬲曰太史曰馬頰曰覆釜在東光之北成平之

南曰簡曰絜曰鉤盤在東光之南鬲之北後人往來

燕齊西道河間東履清滄九河故道蓋歷歷可指者

蔡傳

乃以碣石爲證謂九河已淪於海豈其然哉夫河自塞外而來盤曲萬山之中滙合百川之水自鞏洛以東已出險就平大伾以北地勢益復廣衍大陸則又鍾水之區也乘建瓴之勢注沮洳之鄉奔騰橫溢必不能免禹因而疏之順其性之所便從其地之所近而九河以名顧禹之行水行所無事河自大陸以北順勢下趨勢大土平自播爲九非禹鑿之而爲九也

顧景范

後儒不察或過於求詳而一一臚列其處或曲爲附會而一一剖析其名所載河渠要皆相襲而流於誤

禹貢錐指

李巡

且夫河千里一曲一直，從積石北行，又東乃折而南，計其程應三千里，然後至龍門。而爲西河。龍門地勢險，河率破山以行，禹功於此最難。自龍門南流至華陰而極，始折而東，至於底柱，又東至孟津，東過洛汭而爲南河。至大伾而極，始折而北流，爲東河。至兗州而分爲九，復合爲一，而入海。河流於是終矣。禹之首事於河者，以爲兗地平衍，河自上流而來，必就其下者先之，以待其來，則勢不至於相激，可以順受而不驁。且其派別爲九者，亦爲兗地一州，河滙衆流而下。劉黄隅必爲其多者分之以散其氣則力不至於交爭可以容者而不溢此因水之性相地之宜而行所無事也使先於龍門鑿之則承之無地積則害於冀豫決則漫於靑兗矣且先於冀州治之則歸之無路雍水既處其上豫水又逼其前矣故謂禹之治河始自龍門者此導河序次第之文也謂禹之治河始自冀州者此禹貢尊京師之文也皆非禹之功從此始也

濟

濟有二源○東源出原城東北○其水南逕其城東故縣之原鄉○與西源合○西源出原城西○東流水注之○由是濟水又東逕原城南東合北水○亂流分爲二水○其一東南流郎濟水○其一出温城西北○遂與故瀆分焉○其濟入河之道○自王屋山東南○至武德入河者○禹迹也○濟居四瀆之一○截河而過○又並流（孔傳）數里○溢而爲滎澤○在敖倉東南○若斷若續○而實有源流○或見或伏○而可尋脉絡○蓋其性下勁疾○故能入河穴地○伏見不常○奏

澤、、一伏。、、東邱、、一見。、、武德、、入河、、再伏。、、滎陽、、軼出、、再見。、、滎、、東又伏、、爲三、、伏。、、出曹、、濮間、、爲三、、見。

漯

地志

漯水出東郡東武陽○至樂安千乘入海○水經、委粟津

一統志

河北即東武陽也○漯水出焉○或謂漯河在章邱北七里○源出長白山西北流入小清河○爲禹貢之漯○不知漯上承河水○非山源也○漯者○河之支流○由濟而入漯由漯而入河○其謂從漯入濟○自濟入河者○非也○或又

任釣臺

許敬宗

謂濟與漯兩不相屬○沇濟自溫入河○伏地南出爲滎澤○又伏而出曹濮之間○汶水從入之○故書言浮汶達濟○不言合漯○不知水道變遷無常○古時濟漯本通流

也。

汝　南條水

禹貢無沿汝之文。或謂禹未嘗施功。然考周禮職方荊州其浸潁湛。杜注 湛水東入汝。詩詠汝墳。汝水出汝州天息山，逕蔡潁州入淮。水經注 蓋淮水東逕原鹿南，汝水從西北來注之。大淮所納山源之水，泗沂汝潁爲大。汝受淮瀷瀙潕等水，潁受潧洧潩濦等水，皆山源也。是潁受諸水爲荊州之浸，而又入於汝，則汝亦大矣。爾雅謂水自汝出爲濆，則與水自河出爲灉、濟爲濋、汶爲灛、洛爲波、漢爲潛、淮爲滸、江爲沱、過爲洵、潁爲沙

同其汎濫之勢禹之決汝豈無所施功者乎

漢

杜氏通典

漢水有二源秦州上邽嶓冢山西漢水所出經嘉陵曰嘉陵江經閬中曰閬江其漢中金牛嶓冢山禹導漾水東流爲漢水亦曰沔水東西二源各自了然葢漾之與沔本爲一流與隴西之嶓冢原不相涉也自後儒謂西源亦出漢中而注水經者由此多誤禹貢

漢志

以嶓冢繫梁州或謂嶓冢在雍地之隴西一誤也禹貢云嶓冢導漾或以嶓冢所出爲西漢水其漾水則出氐道二誤也禹貢之漾乃漾水枝津西出爲西漢

水或謂西漢水出西縣之嶓冢三誤也漾水不言出何山而水經云出氐道嶓冢山是氐道亦有嶓冢四誤也漾者東漢之源而續水經者以西漢接漾水爲一川五誤也漾沔枝津皆自東入西或云西漢水至（酈注）葭萌入漢六誤也川流離合地上灼然可見或以爲原始要終潛流或一故東西俱受漢漾之名七誤也（截斗源）今說漢水當主禹貢以沮沔爲漢之别源以西漢爲漾之枝津

排淮泗而注之江

禹貢泗入淮而淮自入海然則何以注之江也蓋自哀公九年吳城邗溝通江淮而江始有入淮之道然夫差雖爲通江以入淮而旣通以後水勢自上流下則爲淮注於江就自前情形指出禹功如此耳東坡又按夫差起師北征闕爲深溝於商魯之間北屬之沂西屬之濟以會晉公午於黃池蓋會黃池在哀公十三年則夫差不惟通江於淮又通淮於濟矣

淮

淮水出桐柏山○水經云、出胎簪山○東北過桐柏○胎簪
傳氏
蓋桐柏之旁小山也○或謂胎簪即桐柏山○後世又别
名之耳○淮水東北與泗水合○又東北入於海○此禹貢
之故道也○自後河奪汴泗以入淮○兩瀆并爲一瀆○淮
悉成河矣○

泗

泗水出陪尾山。其源有四。在兗州、至清河入淮。此禹迹也。自後故道爲黄河所侵，而淮不得擅會泗之名矣。

江　　丹鉛錄

禹貢岷山導江○岷山在蜀○蜀山之大者曰岷山○其川曰岷江○或謂江源出自西域與河水同一山所出○謬○

華陽國志○○○

矣予攷岷山一名沃焦山其跡曰羊膊江水所出東

益州記○○

南下二百餘里至西陵又南下一百四十里至汶山

江源之由來者如此○

場

場、場祭神所也築土爲壇除地爲場彼倍師者、半塗而
廢踰墻相從一抔之土未乾三板之封何在亦未知
廬墓之義矣子貢之築室也廻念杏壇洙泗不依依
侍側之義乎乃或謂子貢廬於冢上夫適墓不登壟
安敢於冢上而廬之乎觀孔子葬魯城北泗上子貢
索隱　閻百詩
築室在孔墓之右十數步戶東向弟子及魯人往從
而家者百有餘室因名曰孔里魯世相傳以歲時奉
祀孔子冢而諸儒亦講禮鄉飲大射於其冢或以家

爲冢亦誤矣冢豈容習禮之所乎則亦於場也云爾

江漢

濯不必以江漢也○而濯至江漢極矣○江出岷山漢出嶓冢皆在梁州之域○漢至大別入於江○二水合為一○禹貢荊州曰江漢朝宗於海○職方氏荊州曰其川江漢雖源異而流同實一水也○曾子稱江漢亦指合流者言之

胡朏明

幽谷

噫子誤矣子學許子子幾入於幽谷矣爾雅水注谿曰谷人亦有言進退維谷子入於此不已窮乎夫大谷有三自秦（三秦記）入蜀者西南曰褒谷南曰駱谷從洋入東南曰斜谷從郿入其所從皆殊也今子之所從者何以異是而爲神農之言者且曰否否昔者黄帝使伶倫取竹之嶰谷伯翳著經（山海經）東荒波谷山者有大人之國且虛者若谷之懷谷得一（老子）以盈知其榮守其辱爲天下谷即入此庸何傷不知宅嵎夷曰暘谷取日

所出之義而名也宅西曰昧谷取日所入之義而名也高岸爲谷深谷爲陵其變異雖無常然而大風有隧則有空大谷矣皎皎白駒則在彼空谷矣是谷也

盤谷序

宅幽而勢阻隱者之所盤旋窈而深廓其有容繚而曲如往而復谷至於幽則無可容也無所復也困之初六入於幽谷幽不明也子亦聞之否耶

戎狄

○魯當春秋用兵於戎狄荆舒者唯僖公耳。僖十年齊侯許男伐北戎，或以此爲僖公之所膺，其時蓋魯使人助之，師賤兵少，故不書，非也。孔疏 嘗考僖十三年秋，爲戎難故，諸侯戍周，齊仲孫湫致之。十六年秋，王以戎難告於齊，齊徵諸侯而戍周。齊桓舉義兵，僖公無役不從，况勤王戍周，尤爲大義，豈有兩諸侯而無魯在中者？魯人頌之，正以此也。閻百詩 蓋彼入寇而我當之謂之膺，我伐彼而彼畏之謂之懲。講義

荆舒（穀梁）

僖公從齊桓伐楚而頌則曰荆舒荆者楚也何爲謂之荆狄之也何爲狄之聖人立必後至天子弱必先叛故曰荆狄之也昔者高宗撻彼殷武奮伐荆楚故商頌之春秋以來莊公九年書曰荆敗蔡師於莘二十三年書曰荆人來聘頌則亦曰荆云耳其稱舒奈何舒楚之與國也實爲偃姓（世本）舒庸舒蓼舒鳩舒龍舒鮑舒龔一國而六名（唐史作五）昔者楚大饑羣舒叛之宣八年楚滅舒蓼成十七年滅舒庸襄二十五年滅舒鳩當

僖公從齊桓伐楚時舒尚未滅也故並言荊舒

湯居亳七十里

宋殷之後也當日者麥秀漸漸禾黍油油（宋世家）過殷之故墟問先王居猶有存焉者乎然溯其發祥伊始則固在大河之南也嘗考帝王建邦之所皆倚三河爲形勢太昊居窮桑少昊[illegible]阜黃帝居陳唐堯居冀而據河上游當天下[illegible]中則亳爲最商有三亳蒙爲北亳穀熟爲南亳偃師爲西亳商世居商邱自契至湯（書序）凡八遷始居亳亳偃師城也（鄭康成）或曰非也（皇甫謐）湯本自商邱遷穀熟而偃師則盤庚始遷焉耳然而穀熟湯所都（漢志）

此南亳也尸鄉亦湯所都此西亳也兩都皆湯所居故史謂湯自南亳遷西亳盤庚曰先王將多於前功適於山又曰肆上帝將復我高祖之德則西亳爲湯所居非盤庚始遷明甚第湯之居西亳在九有有截之後其居南亳則自十八年始斯時尚未伐桀也葢七十里小國耳當日者北有韋顧西有昆吾赫赫雄藩視今日之齊楚何如乎彼亳城在穀熟西南三十五里區區小國去葛僅八十里也而王政已行於鄰國矣

葛

（路史）史傳葛國有二以在寧陵者爲黃帝之後姬姓在河
內修武者爲嬴姓卽齊昭公母葛嬴之葛也湯之鄰（周理衷）
國在陳留寧陵葛鄉東距南亳六十里此蓋湯居南（皇甫謐）
亳時事若在偃師則與葛相去八百餘里又烏得爲
鄰哉

莊嶽之間

莊嶽齊街里名按襄二十八年得慶氏之木百車於莊昭十年又敗諸莊哀六年戰於莊莊在鹿門之內（周理哀）襄二十八年慶封反陳於嶽嶽在宮門之外北門之內街談巷議皆齊語也引而置之於其閒則兩道爭驅羣材輻湊車轂擊人肩摩連衽成帷舉袂成幕揮汗成雨其於語也蓋譁然矣

掘地注海水由地中行　尸子

○方洪水之逆行也龍門未闢呂梁未鑿河出孟門之上孟門爲龍門之上口梁山卽龍門之南山也禹之（賈讓）鑿龍門闢伊闕析底柱破碣石豈得已哉故治水自（朱子）下而上又自上而下上下之勢明先後之序定而洪水乃以平掘地而注之海是下之水盡殺也在所先（閻百詩）

○水由地中行則上之水漸淺在所後此禹治水方畧也後人因禹貢導江導漾導河導淮之文毋誤以禹（胡朏明）之施功自上而下不知導者循行之謂方洪水爲災

切近帝都龍門未闢而先從事於積石舍近圖遠有是理乎蓋禹治水或躬親其事或遣官屬往治及九州功畢禹册行從源至委核其治否故謂之導非疏瀹决排之謂也夫水性就下故治水先自下始禹言予决九川距四海濬畎澮距川此自下而高也九州之序首冀次兗青徐揚荆豫梁雍亦自下而高也世之誤者總由不知導水在功畢之後耳至并龍門呂朱子梁之事而疑之謂河水洶湧縱鑿龍門而下流水未分殺必且潰決四出蓋禹先決九川之水使逼於海

又濬畎澮之水使各通於川故治水當始於碣石九河而說者因以爲實自兗始其就冀州而言則以龍門爲咽吭之害故首及之耳（傅同叔）余竊以爲自下流始者此治水之大勢然上流有壅遏之甚者則亦必先達之此治水之權宜也况冀州帝都所在呂梁河之所急安得不先治之（馬明衡）葢冀州之水不經兗州故得先冀而後兗（孔疏）其謂五行之序一曰水冀爲帝都在北方屬水故禹治水先冀水生木木屬東方故次兗次青次徐皆東方也木生火火屬南方故次揚次荆皆南方（鄭樵）

也火生土土屬中央故次豫豫居天下之中也土生
金金屬西方故終之以梁雍殆因鯀汨陳其五行而
言之乎

園囿汙池沛澤

堯舜在上茅茨不翦樸桷不斲素題不枅土階不慼

路史

宮室尙陋何有汙池水處者漁谷居者牧陵阪耕畬皐澤織罔田地寖闢何有園囿汙池不有園囿不有則沛澤之實也亦久矣乃自暴君代作殫百姓之財爲傾宮瑤臺瓊室玉門肉山脯林酒池可以運船糟

通鑑

堤可以望十里一鼓而牛飲者三千人廼又厚賦稅以實鹿臺之錢而盈鉅橋之粟益收狗馬奇物充牣

史記

宮室益廣沙邱苑臺多取野獸蜚鳥置其中大聚樂

戲於沙丘以酒爲池縣肉爲林此宮室臺榭陂池所以殘害萬姓也由是園圃果實不止有桃有棘見於魏風園有林池何第見韭見杏詳於夏正以言園囿固已多矣若夫水不流曰汙左疏因地勢之自然而窊下者亦從而下停水曰池孔安國經人力之所鑿而浚深者遂就其深以言汙池又已多矣至於草棘曰沛公羊傳註豬荒煙之迷漫盡入榛蕪川澮爲澤國語傷溷世之沉淪無非陷阱以言沛澤且又多矣斯時也鳥排虛而飛獸蹠實淮南子而走長林豐草接壤成羣向之驅蛇龍而放之菹者

今則獸蹄鳥跡之道復交於中國矣世道之變可勝慨哉○

奄

奄在淮夷之旁伐紂一戎衣而有天下而伐奄何至三年之久觀周書多士多方則伐奄是成王時事而言相武王何也蓋奄固助紂爲惡者也伐奄所以除紂之黨也誅紂自不得不伐奄伐奄而奄服奄服而復叛奄叛而復伐復伐而又服又服而又叛其事非一年可已故必遲之於三年而總之皆緣誅紂而起誅紂以佐武也故曰相武王也

趙注

方奄無道武王伐紂至孟津還歸二年復伐前後共三年論者謂奄蓋三

叛而周公蓋三伐之也一則相武王伐紂時事一則成王初即政奄助三監同叛周公東征即多士所謂昔朕來自奄予大降爾四國民命四國謂殷及三監也一則成王即政之二年商奄又叛成王乃征滅之多方所謂王來自奄至於宗周蓋至是始墮其地書序言遷其君於蒲姑是也然則奄亦橫矣哉

海隅

史記

史稱飛廉善走惡來有力惡來飛廉之子也父子俱以材力事紂當武王誅紂并殺惡來飛廉獨以急足漏網竄伏海隅以爲周無如我何豈知聖人除惡務盡於窮無復之之地仍執而戮之以彰大討斯固中國之所不容者矣或謂飛廉爲紂作石槨於北方還無所報爲壇霍太山而報得石槨銘夫石槨之作正助紂爲虐之事也而乃托爲帝令處父（飛廉別號）不與殷亂石槨之賜將誰欺欺天乎此其怪誕不經亦罪之所宜

皇甫謐　酈道元

戮者也虔考河東猗縣十五里有飛廉冢霍太山上有飛廉墓蓋殺者一處葬者又一處海隅之戮恐石槨亦不爲其用矣

滅國五十

五十國非誅紂一時所滅也總計前後大約言之有滅自武王者或言武王征憝國九十有九（逸周書）然征之未嘗滅之也蓋自命伐越戲方伐靡集於陳伐衛伐磨伐宣方伐蜀伐厲伐霍伐艾皆俘之（周書世俘解）又史傳俘佚侯是也有滅自成王者三年滅蒲姑四年滅淮夷滅奄八年滅唐是也（竹書）有滅自周公者征熊盈族十有七國俘維九邑（作雒解）又商人服象爲虐於東夷周公以師逐之是也（呂氏春秋）滅國之可考者惟此然則何以云五十國也蓋

周擴山

五十國有自爲滅者有相爲滅者天道賞善而罰淫五十國之淫虐也久矣玉杯象箸五十國獻此奇巧瑤臺璇室五十國與此土木刳孕婦斮朝涉五十國作此刑官盈鹿臺充鉅橋五十國爲此掊克此而不滅是無天道也迨至罪惡貫盈天命誅之一旦牧野如林血流漂杵五十國氣奪魂褫各竄偏疆向之結怨者皆得乘隙以相攻開關延敵殺吏復仇亦時勢之所必然者觀於前徒倒戈待紂尚如此而何論五十國也此其所以自爲滅也況五十國不忠不信不

臣不友彼祇知有勢利已耳曷嘗知恤與國哉方其黨同爲惡聯爲腹心一旦勢敗急則噬臍或給賊以贖罪或賣友以立功離心離德同底於亡此其所以相爲滅也不然封建方滿四方戎衣已解一旦武周亦何毒於五十國者乃必一一滅之也哉

兼夷狄

周公兼夷狄（閻百詩）夷狄若奄若飛廉者是昔者中衍之元（秦紀）孫曰中潏在西戎保西陲實生飛廉史稱柏翳子孫或在中國或在夷狄飛廉非夷狄耶奄國在淮夷之（鄭康成）北屢與淮浦之夷徐州之戎並叛成王五年遷奄君於蒲姑蒲姑齊地近中國教化之處（孔安國傳）中國對夷狄言之蓋奄亦夷也或謂五十國中必有夷狄（林次崖）或謂非獨（邱瓊山）奄飛廉又有夷狄者然若奄若飛廉亦可概見矣

於陵

齊城有長白山魚子溝水南出長白山東抑泉口山
輿地志
卽陳仲子夫妻之所隱蓋長白臨江上於陵入濟東
張說詩
關百詩
其地有石泉在焉倘所謂井者非耶夫蓋邑在泰山
沂水西北計於陵仲子家離其母所居幾二百里矣

四書地記卷六

旌陽汪在中裳文氏輯　男應清承鐘氏校

川澤

周語

川氣之導也澤水之鍾也九州之下者莫如川澤揚州川三江澤具區荆州川江漢澤雲夢豫州川滎雒澤圃田青州川淮泗澤望諸兖州川河泲澤大野雍州川涇汭澤弦蒲幽州川河泲澤豯養冀州川漳澤楊紆并州川滹沱嘔夷澤昭餘祁職方所掌盡極九州之至下者矣爲下者因乎川九川滌源則因而濬

其始焉百川沸騰則因而疏其流焉狂瀾既倒因而障之使東潰傷必多因而決之使導防川已甚因則何必防也壅川不可因則何須壅也俯而就之此固川師所必辨其名川衡所必平其守者矣為下者因乎澤禹貢九澤下則因之為九焉楚邦七澤下則因之為七焉相麗則為兌因自必占乎兌无水則為困因初不虞其困澤虞為厲禁因則不必禁也澤人納材葦因則不必納也浚之深之此又鹿豕之不必為禮舟鮫之不必為守者矣

滄浪

葉石林

或以滄浪爲地名非水名謂此非水之正名而因地
以爲名故以水別之但考之山海經凡山水多屬詞
周理裒
之體必謂滄浪非水正名則嶓冢之山豈嶓冢亦是
鄭康成
地名乎或又以滄浪爲夏水謂夏水卽滄浪水也果
劉澄之
爾則水當由沔今溯夏水是江流沔非沔入夏假使
沔注夏其勢乃西南禹貢胡以別之爲又東也予攷
漢水有滄浪洲滄浪卽漢水故曰又東爲滄浪之水
禹貢錐指
明非他水所爲也或又曰滄浪者漢水之色也非以

洲得名而孺子之歌皆不繫此

北海東海

伯夷孤竹國之世子也遼西令支有孤竹城或謂孤竹古城在盧龍南十二里括地志余考河之入海從右碣石正古之北海在昌黎西北是當日辟紂處閻百詩去其國都不遠後人以居北海為濰者誤通志太公望呂尚者東海上人也齊世家琅邪海曲太公呂望所出焉博物記注今有東呂鄉又釣於棘津其浦尙存僉曰此璜溪獨釣所也余考海曲故城在莒東通典則當日辟紂居東海之濱即其家也後人立其碑以為汲縣人者誤崔瑗

諸馮 耕稼陶漁附

古人之發跡也多遠渾沌之初其詳不可得而知也〔路史〕說者曰太昊生於成紀神農生於列山黃帝生於壽邱其世遠年湮姑不具論而删書斷自唐虞陶唐氏之母陳豐氏曰慶都嘗觀三河之首赤帝𤍠圖生於丹陵〔帝王世紀〕年十三受封於陶年十五攺國於唐合而稱之曰陶唐氏在位七十載而禪於舜舜顓頊之裔也其初耕稼陶漁爲地不一耕於歷山歷山所在多有然〔閻氏釋地〕以河東蒲州爲是陶於河濱陶之所在何必定陶且

定陶以邱名故以陶城在河東北三十里爲是漁於雷澤雷澤與禹貢合在濮州之東南是是三者皆舜之初事在一時地宜相近吾不具論論其始生則在諸馮諸馮冀州之分（孫疏）蓋東夷也或謂舜生姚墟因姓姚氏要亦諸馮之姚墟耳（通鑑）姚墟距雷澤東十三里（括地志）或謂在河東（通典）其謂在西城者非也西城在漢中非東夷矣或又謂上虞三十里有姚邱即舜所生（會稽舊記）夫上虞餘姚舜後支庶所封何得爲舜所生地耶（路史）史傳中容之國帝舜所生或云即諸馮亦傳會之說矣

負夏

益稷之篇曰懋遷有無化居言徙有於無變化其居積之貨或以遷爲遷居非也孫疏舜販於頓丘就時負夏尚書大傳負夏與頓丘皆屬衛地繼販而言就時乃舜貿易時事鄭註予觀河濱可陶不苦窳則其遷也自售壽邱非遠作什器則其遷也不難沬土開服賈之風淇貽貿絲之利以我賄遷故曰遷遷於負夏帝王世紀或謂遷於負黍則夏當別爲一地按陽翟禹所封本曰夏與負黍俱在河南則亦非東夷矣衛本都河北朝歌之東故曰東

夷○則亦據衞地而總名負夏耳○

鳴條

舜典但言陟方乃死檀弓言舜葬於蒼梧之野說者乃謂舜南巡狩崩於蒼梧(史記)葬於江南九疑山是爲零陵予考帝舜四十九年居於鳴條五十年帝陟(竹書)鳴條有蒼梧山帝崩遂葬焉或云蒼梧山在海州(沈休文)不知海州之蒼梧山卽山海經之郁州無舜葬於此之說且距蒲都甚遠(周理表)舜亦不當至海州也嘗觀安邑西北有鳴條(括地志)湯與桀戰之鳴條在安邑之西舜之卒也則在安邑之北所謂南坂口高涯原是也距安邑三十里

距蒲都二百餘里天子出無非事者不獲崩於其宮
故云勤衆事而野死其以爲壟於蒼梧者或以鳴條
別有蒼梧山遂誤以爲江南九嶷山抑以古謂崩爲
陟陟方乃死猶帝乃殂落也後人誤以陟方爲巡狩
故有是說豈知虞舜當倦勤之時已薦禹爲天子何
至復爲南巡迢迢渡湘水之遠乎況蒼梧在虞夏時
乃無人之境豈巡狩所至其或有虞帝墳者蓋古聖
王久於其位澤沾海隅升遐之日殊方異域無不爲
位而哭而墳土以致其哀敬也與後之說者因謂二

妃從舜南征○溺死湘江○神遊洞庭之山○遂以黄陵爲二妃之墓○然檀弓明言舜葬於蒼梧之野三妃未之從也又豈有二妃從葬之事哉予故論舜之卒必以鳴條爲斷云○

畢郢

畢原有二在渭水南之畢原則名畢郢在渭水北之畢原則名畢陌原南北數十里東西二三百里無山川陂湖井深五十丈（元和志）文王卒於畢郢卒即葬也其墓在雍州萬年西南二十八里畢原上（括地志）在後名畢原在殷則名畢郢（閻百詩）或以郢爲楚故都在南郡非也（孫疏）或謂咸陽西北畢陌中爲文王大冢亦非也（皇覽）畢郢屬西安近豐鎬（杜註）帝辛六年西伯初禴於畢三十一年西伯治兵於畢（竹書）凡以其近豐鎬耳夫廣平曰原郢則何所取義

（周理夷）乎或謂郢卽程也周書大匡解惟周王宅程史以爲（王義）宅郢又武王嘗窮於畢程（呂覽）周師伐程（竹書）戰於畢則畢郢卽畢程無疑矣昔有畢程氏損祿增爵群臣貌匱比（逸周書）而戾民畢程以亡其卽國於此地者與要其去東夷遠矣

溱洧

溱洧二水名鄭風曰溱與洧方渙渙兮又曰溱與洧瀏其清矣一則曰洧之外洵訏且樂再則曰洧之外洵訏且樂使聽政者果如都鄙有章上下有服田有封洫廬井有伍握其綱而次第布之則三月上巳之辰秉蕑相謔方一洗鄭國之俗也何至以乘輿濟人

說文

夷攷溱水出鄭國洧水出潁川陽城山東南入潁至

括地志

新鄭城南洧與溱合其於洧水相鄰者若冉水汝水

酈道元

潁水濮水渠水沙水皆不見有橋梁獨洧水東逕陰

坂北水有梁焉又屈而南流其水上有梁則洧水之閻
百詩宜置有梁可知子產治鄭鄉校不毀桃街莫援何獨
於溱洧歟如其以乘輿濟人也亦不過偶於橋梁有
未修不忍冬涉者之艱苦耳然政之大體固不在此

原泉

爾雅濫泉正出詩觱沸檻泉是也沃泉縣出詩冽彼下泉是也氿泉穴出詩有冽氿泉是也泉而有原則探乎星宿發自崑崙方卜蒙亨可觀山下之出不同井冽豈嫌浚下之寒醴泉甚甘原泉則有餘甘也貪泉可酌原泉則何盡酌也相彼泉水觀其泉流夫豈（爾雅）第一見一否爲識已哉流則涓涓聲則潺潺吾狀其湧出之貌則混混云

曾子居武城

閻百詩

武城在費西南八十里石門山下魯邊邑也子游宰之則不得爲居曾子居之則不必爲宰是不當與子游並論而與子夏並論蓋賡文學之教則居西河而傳一貫之道則居武城曾子費邑人也或謂費近武城故居之蓋南武城云吾不具論第思武城中之愛曾子慕曾子而圖以居曾子也久矣分杏壇之席豈無入侍春風衍洙泗之傳亦當逢此化雨武城以曾子重曾子不以武城重其居也蓋亦寄焉耳

史記

越寇

春秋之初楚爲强春秋之末越尤横昔者越滅吳不能正江淮北楚東侵廣地至泗上（楚世家）則越與武城遠不相及何以有越寇嘗攷越王句踐徙治琅邪起館臺（漢志）春秋時琅邪屬沂州費在沂州西南七十里武城在費西南九十里其地固非遠也初武城人於吳竟田拘鄫人之漚菅者及吳伐魯拘者道之以伐武城則固嘗召吳寇也吳未滅與吳鄰吳既滅與越鄰故有越寇或云越寇季氏非寇魯哀二十一年越人始來

二十三年叔青如越越諸鞅來報聘二十四年公如越二十五年公至自越二十六年叔孫舒帥師會越入納衛侯二十七年越使后庸來聘是年八月公如越越又嘗與魯泗東地方百里以此觀之越自滅吳後與魯修好未嘗加兵而哀公嘗欲以越伐魯而去三桓武城近費季氏之私邑在焉說者因謂越寇季氏非寇魯

東郭墦閒

釋名郭廓也廓落在城外也齊之東郭多顯者昔者夷儀之役東郭書先登艾陵一敗含玉不反齊人亦聞虞殯之歌否耶且棠公之妻東郭偃之姊也自妻東郭姜而圉石據蘩入宮不見大墓之闕尙得同穴乎鄉也過富貴之門曾歎其爲墟矣邇者東郭氏有新喪引者甚衆豈其家亦卜鄰東郭者耶然則齊人邑爲之東郭蓋其知有墦閒之祭也久矣墦閒郭外冢閒趙註

閒音詩、、、靈

也則古之墓祭可知說者以爲古不墓祭抑思昔者

臺碑

慶都遷殯葬於成陽名曰靈臺上立黃屋堯所奉祠非墓祭乎周武王上祭于畢周本記畢文王墓地也非墓祭乎周禮冢人凡祭墓爲尸非墓祭乎曾子曰椎牛而祭墓不如雞豚逮親存孔子卒葬魯城北泗上魯世世相傳以歲時奉祠孔子冢豈有非禮之祭輙上聖人之冢者哉而何異於墦間而何異於墦間之祭

幽州

孔疏：或謂流四凶在治水前，此時未作十二州，其云幽州者，史據後定言之也。

閻百詩：不知幽州北裔之地，故冀城在檀州燕樂之界（括地志），當流共工時，此地已名幽州，其地狹。及後肇十有二州，取顓頊北至於幽陵、帝堯北方曰幽都以名所分冀州東北地，其地廣，則共工之流以爲其地狹者得之。竊謂虞書本曰幽洲，水中可居曰洲，則初時幽洲特洲之別名，固非必十二州中之幽州也。

崇山

禹貢無崇山○不知其處○蓋在衡嶺之南也○（孫疏）尋攷澧州

（通典）零陵地有崇山○即放驩兜之所○史以爲有驩兜墓者

○是或以爲在嶺外驩州者非也○驩州之崇山至越裳（寰宇記）○

四十里固非放驩兜之地矣○

三苗

三苗九黎之後在江南荆揚之間恃險爲亂吳起言三苗之國左洞庭右彭蠡此則負固不服者也當少昊之世上效蚩尤虐刑及高辛之衰又行九黎凶德（楚語）其惡已見於前矣頑不卽工時厪帝庭憂念蠢茲苗率猶煩大禹班師其惡尚延于後矣故凶惡可竄逆命可征而渠魁不可不殺舜之於三苗也餘黨不盡所以見寬宥之仁大慝必誅所以見除害之義讀禹貢三苗有丕敘之功讀舜典三苗有分北之勢格於

○○○○○○○○○○○○○○○○○○○○○○○

干羽之爻德先戢於斧鉞之武威故不曰亂而曰殺

三危

三危載禹貢者有二。導黑水之三危，在大河南，鳥鼠西南，與汶山接，黑水出其南。南當岷山，則在積石西南是也。若竄三苗，則在西裔沙州敦煌東南四十里。（括地象）（括地志）山有三峯，故名三危。先王居檮杌於四裔，允姓之姦居於瓜州，允姓與三苗俱放於三危，瓜州卽敦煌也。（杜註）三危當以在沙州者爲是。

羽山

羽山在沂州之東南海州之西北贛榆之西南郯城之東北實一山跨四州縣之境說者皆以此山爲舜殛鯀處山下有羽潭即子產所謂其神化爲黃熊入於羽淵者也不知其地太近非荒服放流之宅禹貢周理衷之羽自在徐域而舜典之羽當在青域二者不可以無辨今攷海中蓬萊縣有羽山在縣東十五里即殛寰宇記鯀處有鯀城在縣南六十里以近殛鯀之地而名則孔傳謂羽山東裔在海中者是

有庳（統志）

有庳、舊傳其地在零陵。夫舜都蒲坂，象居零陵，陸阻太行，水絕洞庭，往返幾將萬里，較諸驩兜放處尤遠，安得常常而見、源源而來乎？蓋有庳之封必近在帝都。（閻百詩）或謂道、永二州之間有地名鼻亭，即象所封處。（宋類苑）然舜葬九疑，象來至此，後人立祠，名爲鼻亭神，（括地志）則亦非象所封國矣。予攷鉅鹿有象城，（寰宇記）咸以象城爲舜弟所封，與帝都密邇，有庳之封其卽是與？

咸邱○

古人以所居之地得姓氏○不必常於其地○如咸邱魯
、、
地而冢則齊人○是咸邱見爾雅○左高曰咸邱○見春秋
○、、杜注、、○、、、、、
桓公七年焚咸邱或以咸邱爲魯地高平鉅野南有
、、○、、閻百詩、、○
咸亭焉咸邱得氏自以此

南河之南

堯都平陽在山西蒲州安邑之地卽禹貢所謂至於岳陽也而統之則爲冀州冀州帝都之地三面距河兗河之西雍河之東豫河之北舜何以避諸蓋避堯之子耳昔者帝堯在位七十載登庸之咨放齊曰胤子朱啓明夫止曰朱斯時尙未有國也及後三載薦舜於天朱始出封丹故有丹朱之號其避堯之子或以舜發喪在平陽耳夫朱處於丹淵爲諸侯則固明明有國矣國不可一日無主三年之喪畢朱尙在平

閻百詩

帝案

陽而未返其國乎則謂避堯之子在平陽者非也夫世遠年湮地莫能紀其名同而地異者又迄無成說故堯之子國於丹世罕能言之而說者爲記於荆州

范注

夫荆州之貢至於南河舜方避之而顧近之乎蓋河在帝都之南故曰南河至於南河之南大抵徐揚荆豫諸境耳乃舜之避之不實指其何地而渾言之曰南河之南者何也遠之也遠之故不徐不揚不荆不豫若以爲河在其南而在南河之南者幾不知其千里而近千里而遙也其避之也去中國蓋已遠矣君

子謂南河之南○劉熙九州之最南者是也○

陽城箕山之陰

堯都平陽舜都蒲坂禹都安邑皆在冀州之境舜禪
路史
位於禹封其子義均於商季釐於緡禹避之陽城者
閻百詩
蓋不敢陟位也夷考陽城在潁川去嵩山幾三十里
劉熙　張守節
箕山爲嵩高之北或云箕山在洛州陽城南十三里
括地志
或云陽城在箕山北十三里或云陽城在嵩山南二
括地志
十三里或又云嵩山一名外方山在洛州陽城西北
二十三里要之其非一山也安得曰嵩山下之深谷
乎夫陽城箕山皆在豫州之境河南曰豫州意者亦

如舜避堯之子於南河之南與又攷淯水出陽城山水經與箕山近而與淯水相鄰者有丹水夫堯處子朱於丹淵爲諸侯意者丹水即丹淵爲丹朱所封之國焉避之陽城蓋避之箕山或亦慨念帝堯之胄而欲附之與昔者堯讓天下於許由許由不受箕山潁水千古高風故名箕山爲許由山張守節其上有許由冢蓋也酈道元憑墟而弔之毋亦飄然塵外視天下如敝蓰乎至甚而避之於其陰則不爲南山之南而更爲北山之北也語曰入山惟恐不深入林惟恐不密其蹤固亦遠矣

過箕山而問之不知其視陽城何如視南河之南又何如也○

丹朱

陶唐氏讓天下於虞使子朱處於丹淵爲諸侯丹淵一記於荆州一屬於潁川潁川有丹水與陽城箕山相近禹益之避或欲附於丹朱與要之世遠年湮孑末暇考云第思堯之德格於上下當日百姓昭明黎民於變何至於子猶以不肖聞也雖其先身爲胄子在廷方譽啓明而嚚頌之號其父若獨知之也雖其後位列虞賓聞樂自遵德讓而慢遊之習大禹亦深帝王世紀路史戒之也散宜有身二女徒聞釐降監明早死九男又

○○○○○○○○○○○○○○○○○○
皆不才殄世之慘豈盡關乎罔水行舟哉

放桐

鄭康成 孔傳

或曰桐地名也有王離宮焉或又以桐爲邑俱未指

漢長鄉

爲湯葬地予攷湯冢在汾陰亳縣北東郭去縣三里

杜預 括地志

或曰湯墓在梁國蒙縣北薄城或曰在偃師東六里

總之商書太甲營於桐宮明曰密邇先王則桐去湯

閻百詩 後漢志

墓必未遠也或又謂梁國虞縣有桐亭爲太甲所放

處謂距湯都南亳僅七十里以証湯都不在偃師之

周理衷

西亳然攷之地記尸鄉南有亳坂東有城太甲所放

處也尸鄉在洛州偃師南五里則去西亳尤近

亳

湯都西亳在偃師或謂湯都在南亳卽穀熟與葛相去八十里故曰與葛爲隣又据梁國虞縣有桐亭爲太甲所放處亦距南亳僅七十里若謂湯都西亳則去虞城八百里尹安能往訓太甲乎竊謂詩宅殷土芒芒惟偃師得稱殷當爲西亳無疑蓋湯未伐桀居南亳與葛爲隣其後又遷西亳西亳距太甲所放之桐尤近或謂尸鄉南有亳坂東有城卽太甲所放處尸鄉在偃師南五里云　閻百詩

莘野

史傳伊尹產自空桑空桑在冀北陳留里後居伊水之地伊水出熊耳東北至洛陽入洛蓋在豫州之境則去亳都未遠也或以伊尹爲有莘氏媵臣故有割烹要湯之說而不知非也伊尹躬耕於有莘之野耳夫莘之地不一魯莊公十年荊敗蔡師於莘或曰莘蔡地也後三十二年有神降於莘或曰莘號地也伊尹耕於有莘之野何居或曰莘國名然世湮年遠矣

元和志

老罕能言之寻攷故莘城在汴州陳留東北三十五

闕言詩

里古莘國地計其去湯都南亳不過四百里所以湯使可三往聘若詩云纘女維莘大姒所產之莘國則在西安郃陽南二十里去亳都遠矣

牧宮

牧宮桀宮名其云造攻自鳴條者或因湯與桀戰於鳴條之野夏師敗績遂以牧宮爲鳴條耶至謂牧宮是湯祖廟湯爲牧伯故稱牧宮古者出師必告廟造攻自牧宮謂告廟而行則凡出征何莫不然而顧云造耶

垂棘

寶曰隨和此寶之以人得名也璧曰垂棘此璧之以地得名也顧垂棘之地不少概見或謂春秋僖公八年宋公衛侯遇於垂杜注濟陰句陽東北有垂亭則衛地也或謂春秋昭公二十五年宋公佐卒於曲棘陳留外黃有曲棘里則宋地也皆非垂棘也予觀晉之垂棘與魯之璵璠宋之結綠楚之和璞並稱則垂棘似專出於晉者地必屬晉故荀息之請公曰是吾寶也夫以獻公之明猶愛其寶况虞公之愚有不墮其術

中哉當日者虞叔有玉虞公求旃又求寶劍是無厭

也求尚無厭況不待求垂棘之璧晉人固早知虞公

矣

屈産

春秋時晉之屈邑士蔿所築夷吾所居在理吉昌其通典地實產駿馬在河東北二五言於獻公曰蒲與二屈君之疆也意者屈有二與又云狄之廣莫於晉爲都則屈乃在北廣莫之地沃野千里亦猶冀之北土馬之所生乎故相馬者必曰屈產

假道

晉之遷新田也新田在絳州曲沃南二里距故晉城五十里自是以故都爲故絳矣（括地志）其先晉獻公十九年正都於絳絳在太平之南絳州之北蓋去太平南二十五里云（一統志）虞在河東大陽（杜注）貫山西之平陸也（閻百詩）虢西虢國宏農陝東南有虢城實河南之陝州也（賈逵）二國地界相連虞在晉南虢在虞南依爲唇齒故晉人伐虢必假道於虞

四等地制

周語

昔我先王之有天下也規方千里以爲甸服以供上帝山川百神之祀以備百姓兆民之用以待不庭不虞之患其餘以均分公侯伯子男夫千里之内曰甸

大司徒制其畿方千里而封樹之大司馬以九畿之籍施邦國之政職方千里曰國畿職方氏辨九服之邦國方千里曰王畿九畿即九服畿言其界畫服言其服王事也園地在王城外近郊去國五十里遠郊百里甸二百里稍三百里縣四百里畺五百里皆不

出王畿千里之界詩曰考卜維王宅是鎬京書曰周公初基作新大邑乃建王國時配皇天必居上游以爲民極盍建首善自京師始（儒林傳）由是而公侯伯子男之地可畧言矣夫列爵惟五所以稱其德分土惟三所以等其功古者天子之地象日月諸侯之地象雷震（白虎通）言有等也乃自典籍云亡版章不一或謂三等之地（鄭康成）周初之制周公斥大九州始皆益之公五百里侯四百里伯三百里子二百里男百里然周之幅員不廣（蘇子由辨）於虞夏安得加封若此且武王封之周公大之其勢

必有所并有所并必有所徙一公之封子男之國爲之徙者二十餘封數大國天下盡據有是理乎或謂

唐仲友

古之封國有軍有賦自軍言之則方百里而具三軍方七十里而具二軍方五十里而具一軍自賦言之則公之國方二百一十里而具千乘伯之國方二百四十里而具六百乘男之國方百里而具三百乘子下同於男侯上同於公故百里七十里五十里者獨舉軍制而言也公五百里侯四百里伯三百里子二百里者包山川土田附庸於封疆也男百里者獨舉

其出軍賦之封疆也夫公侯伯子則以爲兼虛封男〔周理衷〕則以爲與實數其說已不可通而以合於三等之封其誰信之或謂周禮封疆方五百里徑只百二十五〔陳君舉〕里方四百里徑只百里方三百里徑只七十五里方二百里徑只五十里方百里徑只二十五里不知周禮方千里之國以封公則四公以封侯則六侯以封〔朱子辨〕伯則七伯以封子則二十五子以封男則百男其地已有定數是其說非也或又以爲百里七十里五十〔陳用之〕里乃正封之實地五百里四百里三百里則兼所統

之附庸然方五百里則爲方百里者、二十五豈公之正封僅得方百里者一而附庸反得二十四乎推之汪武曹侯伯子男皆不能通是其說亦非也或謂諸侯受封惠半農必有采地五百里四百里者、其采百里三百里者、其采七十里二百里與百里者、其采五十里采則全入於其君封爲天子之土由百里諸侯以三十七十里尚書太傳諸侯以二十五十里諸侯以十五里爲采推之其說似也而非其實也葢周官所云者制其域也兼乎山川附庸閒田在其封內者而言也所謂食者則其實周官義疏封食其土利者也若吾所聞則畧計穀土而已顧伯七十里而公侯之地同於百里子男之地同於五十里者何也（禮書）蓋四封之內尺地莫非其有一民莫非其臣尊者嫌於盛而無所屈卑者嫌於削而無所立故公之地必下而從侯男之地必上而從子

不能五十里附庸

鄭康成

或謂公無附庸侯附庸九同伯附庸七同子附庸五同男附庸三同夫民功曰庸朝會曰合謂之附庸以其有所附然後有功於民也諸侯惟公爲大侯伯子男皆有附庸公不得有附庸何耶予攷春秋所載附庸凡九國顓臾須句任風姓也葛嬴姓也蕭子姓也他若牟極鄭鄣其姓氏不可得聞則亦未必若七若

胡氏

五若三之多而又何得同耶或又云中國附庸例稱字邾儀父蕭叔是也夷狄附庸例稱名郳黎來介葛

盧是也然邾與郳皆中國附庸並非夷狄必分之則
邾當爲夷叔孫婼曰邾又夷也以邾地近戎故名乃
反曰儀父中國例稱字乎予攷莊公五年秋郳黎來
來朝名未王命也附庸未受王命爲諸侯例當稱名
白虎通
故邾儀父稱字爲貴之耳夫以庸爲通有附大國以
王制註
名通之義以庸爲城猶屬城之義凡皆附於諸侯春
任鈞臺
秋有自附庸升爲子男如邾小邾有自成國降爲附
庸如杞季入齊鄅巫屬魯有自大夫采地升爲附庸
春秋繁露
如宋之蕭叔皆春秋之變制要之字者方三十里名

○○○○○○○○○○○○○○○○○○○

者方二十里八氏者方十五里蓋不能五十里云

受地

王制云天子之三公之田視公侯天子之卿視伯天子之大夫視子男天子之元士視附庸故天子之縣內方百里之國九說者謂三公視公侯之地七十里之國二十有一說者謂卿視伯之地五十里之國六十有三說者謂大夫視子男之地不知王制所云乃夏殷之制非周制也周制董正治官雖茲三公官不必備常以六卿兼之卿兼公孤亦止食卿之祿公孤之爵不爲位故無祿則受地當自卿始夫內臣之命

降於外諸侯而祿必視乎外故以六命之卿視九命之侯四命之大夫視七命之伯三命之元士視五命之子男皆畢其命以崇其祿者元士之命不下於附庸而受地視附庸則非畢其命而崇其祿之義與卿大夫不一例矣或又謂天子之卿各受采地五十里（周禮載師疏）大夫各受采地二十五里是視子男者天子之卿也大夫尚不得視子男何論元士而謂先王之世顧強枝弱幹如此乎且采地亦非必取之畿内也禹貢百里采謂近甸服一百里之内其甸服五百里納總納

銍納秸納粟納米四面各五百里其爲千里皆畿甸一人所自取卿大夫士之采地則王畿之畿外先王居中馭外之體非必輕內也亦非必輕外也凡有公天下而已矣

百畝之糞

方氏

王制百畝之分而此則言糞分以均之存乎法糞以治之存乎力法定乎上力出乎下也周禮草人凡糞種騂剛用牛赤緹用羊墳壤用麋渴澤用鹿鹹潟用貆勃壤用狐埴壚用豕彊㯺用蕡輕爂用犬土化之法以物地相其宜者糞爲之也

費惠公

春秋時有兩費其一滑國之費成十二年晉使呂相絕秦曰殄滅我費滑至子思時其亡久矣以爲魯國之費初爲季父邑後爲季氏邑或以惠公爲季父之後非也費城在費西北二十里（齊乘）魯季氏邑費惠公爲小國之君與鄒郯邳同稱（楚世家）意戰國時魯季氏以邑爲國而僭稱公與晉者曾子有費君費子之稱魯人攻鄪曾子辭於鄪君鄪君曰寡人之於先生也（說苑）蓋魯當悼公時三桓大盛魯如小侯卑於三桓之家（魯世家）悼公爲

哀公之子則季氏之疆僭以私邑爲國亦由康子之後蓋當春秋之末戰國之初而已然矣意者惠公習見田氏簒齊三家分晉因亦跋扈而爲之與

湍磯

說文○湍疾瀨也○瀨水流沙上也○或謂湍水人輕遲水人重墬形訓○則湍水之行疾矣○然水行雖疾而其流於沙上者未嘗無瀠洄之貌○惟湍爲縈水故可以決諸東西趙註○至云磯水激石也說文○實則大石激水也○蓋石激水曰磯正韻○

牛山

牛山齊之南山也在臨淄南十里管仲冢與桓公冢並在牛山上閻百詩昔者齊景公游於牛山北臨其國城而流涕列子夫臨曰北正以山實在其南故曰牛嶺鎮其南齊都賦或曰牛山一名南郊山天齊淵出焉齊以此得名酈道元嗚呼山亦不幸而爲齊郊之山哉

秦楚之路

孟子在齊日多，即以齊論。齊都臨淄，距秦西都咸陽路二千里而遥；楚南都郢，都路二千里而近，故皆曰遠也。

閻百詩

任

趙註任薛之同姓春秋隱十一年、滕薛來朝羽父曰寡人若朝於薛不敢與諸任齒所謂諸任者皆同姓如謝世本章薛舒呂祝終泉畢過是也意者寡有禮而主擇任人亦嘗聞爭長之風而習於禮乎不知孟子居鄒季任爲任處守任國名大皡之後風姓傳曰任宿須句顓臾風姓也實司太皡與有濟之祀封近於濟去鄒城僅百二三十里宜屋廬子明日即可往問禮稱宰我無宿問連不誠有予之風哉

閻百詩

石邱

（孫疏）

石邱宋國地也○蓋宋牼者宋人○將欲往楚○而孟子游宋○適値於石邱之地○又按尹文子（藝文志）與宋鈃俱游稷下○因思齊宣王喜文學游說之士○自如騶衍淳于髡（滑稽傳）田駢接予愼到環淵之徒七十六人○皆賜列第爲上大夫○不治而議論○是以齊稷下學士復盛○孟子與宋牼有雅於齊（閻百詩）○別去久之○忽邂逅石邱○呼以先生○請其所之○殆非未同而言者比也○蓋宋鈃者、（莊子）禁攻寢兵○救世之戰○以此周行天下○上說下教○雖天下不取○强聒而

不舍者也孟子遇之葢明知其有說諸侯之事

淇河西

趙註

王豹衛之善謳者淇水名衛詩竹竿之篇泉源在左淇水在右碩人之篇河水洋洋北流活活衛地濵於淇水在北流河之西故曰處淇水而河西善謳所謂鄭衛之聲也

程敏元

顧其地嘗削而入於魏矣魏之西土段干木所居凛然有節概知去就之分至灌渠之西門豹委政之王鍾皆賢者之疇也河西人每樂道之彪嘗爲魏解紛因得游覽其山川竊聞謳吟之聲洋溢於河外其聲烏烏然如泣如訴如怨如慕餘音溺溺

不絶如縷嗚呼何其善與問其士人則曰非王豹不
至此○

高唐

髡齊人也淇入於魏則屬魏地髡且更言齊地齊有
(集註)高唐者屬齊西邑昔者晉趙鞅伐齊取犂及轅毀高
唐之郭侵及賴高唐內與賴爲鄰外與犂轅相接者
也髡聞魯莊公會齊侯盟於柯柯在濟北東阿齊之
阿邑猶祝柯也祝柯西有轅城犂在濟南而高唐則
(杜註)在祝柯西北當齊莊公之卽位也夙沙衞奔高唐以
叛齊廢封圍之弗克高唐人殖綽工僂會猶以納師
聞及齊莊公之遇難也祝佗父祭於高唐至復命不

說弁而死於崔氏則亦以殉節聞何高唐至今竟以緜駒傳也葢自景公之世孟穆姬爲桓子請高唐陳氏始大則固以高唐大也緜駒處之在齊西邑故曰齊右

慶地

先王不私尺土封康叔於殷虛封唐叔於夏虛封魯公於少皞之虛親戚之屏藩固矣卽當宣王中興土田土疆徹申伯者式是南邦實墉實壑錫韓侯者受於北國地也而要非慶也盛世不尚私恩賜弓矢然後征賜鈇鉞然後殺賜圭瓚然後爲鬯王朝之寵賚公矣卽自惠王以後龍旂赤旂齊桓拜天王之賜大輅戎路晉文邀侯伯之封慶也而亦非地也然則入疆之慶果何如哉王制曰天子巡守有功德於民者加地

進律考之周禮賞田任遠郊之地雖在甸服而畿外未嘗無閒田司勳掌賞地之法雖在六鄉而百辟亦自有職典夫亦以地可矣春秋時地多濫與如酒泉與虢虎牢與鄭固徒賞私勞矣他如隰郕向盟州陘之田由取而與陽樊溫原攢茅之田因請而與夫豈行慶於入疆者哉慨自巡狩不行強臣擅命不獨先茅之縣以賞胥臣瓜衍之縣以賞士伯也亦不獨小穀之城以爲管仲州田之賜以胙豐氏也而且城楚邱則封衛矣城緣陵則遷杞矣彭城之取以納魚石

偪陽之滅以封向戌雖慶之而不足爲慶矣孔子修春秋不與諸侯專封者正王法也當陽用命之日誰敢濫慶如是哉

葵邱

春秋有三葵邱一齊地近在臨淄之西連稱管至父所戍者一宋地在陳留外黃之東齊桓公會此遠在齊之西南故宰孔稱齊侯西爲此會也（司馬彪）一晉地在河東汾陰或有以葵邱爲在汾陰者但汾陰則晉乃地主夏會秋盟豈有不與之理故斷以爲外黃之葵邱（杜氏）或又云宰孔明言西畧而以爲陳留是仍東畧也則宜在汾陰蓋當時之不服桓公者楚而晉實次之周惠王之言可驗也故桓公爲會於晉地以致之與吾（全紹衣）

不具論篤論其會諸侯。

南陽

昔者晉文公定襄王於郟王賜之陽樊溫原攢茅之田晉於是始啓南陽此晉文所以成伯也其地在晉山南河北故曰南陽

杜註

若齊之南陽則不得爲魯有也

趙註

夷考山南曰陽岱山之南謂之南陽然史稱泰山之陽則魯其陰則齊南陽屬齊必齊之地犬牙相錯入魯介中者魯故欲一戰有之

閻百詩

或謂南陽卽汶陽山南曰陽是南陽所以得名也水北曰陽是汶陽所以得名也蓋鄆讙龜陰陽關皆齊魯相接之境通而言之

全紹衣

晉汶陽之田而皆在泰山之西南汶水之北則汶陽非即南陽乎昔者齊桓使高子將南陽之甲立僖公公羊而城魯亦以其地於魯相接耳然僖公之世以賜季友則猶未盡失也定公夾谷之會齊人來歸汶陽之田則尤不待爭也茲何以殃民爲豈始也晉韓穿來言汶陽之田歸之於齊者今必欲一戰而有之乎嗚呼爭地爭城亦不仁甚矣

魯方百里

周室之班祿也公侯皆方百里魯頌曰乃命魯公俾侯于東魯亦侯也雖王室懿親豈必有加封哉乃或者曰成王以周公有勳勞於天下封於曲阜地方七百里伯禽之命少皞之虛且曰土田陪敦不知魯頌明曰錫之山川土田附庸此第其廣封者耳而要非實封也其實封則泰山巖巖魯邦所詹奄有龜蒙保有鳧繹如魯頌所云者是其餘淮夷徐宅悉屬瀕海諸邦魯之東南勢相連屬可以服從之國也謂之大

東明非境內地許其穀土不過百里而已是以魯頌曰公車千乘又曰公徒三萬與明堂位革車千乘之數符正爲百里之地所出雖其後以璧假田鄭伯有歸祊之舉居常與許僖公有復宇之文皆非封內地也稽其始封爲方百里

齊方百里

昔周公太公股肱周室夾輔成王同姓則親親異姓則尊賢論分相等泰山之陽則魯泰山之陰則齊論地相近乃或謂齊之地視魯為大東至於海西至於河南至於穆陵北至於無棣不知此當日征伐所至之地而非其實封也南有泰山東有琅琊西有清河北有渤海不知此後日强大自雄之勢而非其始封也考其所封則於營邱昔爽鳩氏始居此地季萴因之有逢伯陵因之蒲姑氏因之而後太公因之泱泱

乎大風也哉表東海者其大公乎雖齊襄復烹鼎之仇遷郱而廣地於紀宴弱爲堙城之計圍棠而廣地於萊譚無禮而遂滅陽爲偪而使遷滅遂則益地濟北降鄣則益地東平以故臨淄即墨地誇沃饒聊攝姑尤人多億兆而溯其始封之初總之不離方百里者近是

今魯方百里者五

戴斗源

魯之始封方百里也而今何如哉蓋自隱二年入極十年敗宋師於菅取郜取防僖十七年滅項三十三年伐邾取訾婁文十年伐邾取須句宣四年伐莒取向九年取根牟十年伐邾取繹成六年取鄟襄十三年取邿二十一年邾庶其以漆閭丘來奔昭元年伐莒取鄆四年取鄫五年莒牟夷以牟婁及防茲來奔十年伐莒取郠三十一年邾黑肱以濫來奔哀二年伐邾取漷東田及沂西田三年城啓陽此魯在春秋

實兼有九國之地極項鄟邿根牟魯所取也向須句鄫鄅則邾莒滅之而魯從而有之者也此外又晉文分曹地則魯開疆於濟西而越既滅吳又與魯泗東方百里總之爲方百里者五（史記）

魯地之大皆并吞小國得之考諸春秋滅國則若項若鄟若邿若鄫若須句若根牟取邑則如伐宋取郜與防伐齊取穀伐莒取向取鄆取鄟伐邾取訾婁取繹取漷東田及沂西田有分自霸主者僖公分曹地自洮以南東傳於濟襄公分邾地自漷水歸之於我（周理表）

哀公時越滅吳與魯泗東地方百里是也有入自叛臣者邾庶其之漆閭丘黑肱之濫莒牟夷之牟婁防茲小邾射之句繹是也此魯地所以廣至五百里與

傅說

孔傳。傅氏之巖在虞虢之閒距平陸東三十五里爲說所止息處非於此築也巖東北十餘里顛軨坂有東西絕澗左右幽空窮深地壑中則築以成道指南北之路謂之爲軨橋也說身負版築爲人執役正於此地至今澗猶呼沙澗水去傅巖一十五里或以傅巖在北海之洲者非也總之傅說爲高宗賢臣作礪賴之作舟檝賴之作霖雨賴之酒醴爲麴糵和羹爲鹽梅而乃以版築閒閻也此其故吾欲搔首問之其舉也

曹寅谷

或謂武丁會遯於荒野傅說乃其舊識夢賚形求殆託言以服羣臣之心乎若謂傅說胥靡被刑築於傅巖是直以說爲刑人非也說蓋代胥靡築之耳（賈誼傳張晏註）至以築爲居是名山公輔隱居求志者也何獨以版築傳（蔡傳）

孫叔敖海濱

莊王時楚南境東境去海尙遠史稱孫叔敖楚之處

荀子

士或以爲期思之鄙人按期思在固始西北七十里

固始本寢邱卽莊王感優孟之言以封其子者傳十

說苑　呂氏春

世不絕其得爲令尹也或曰進自虞邱子或曰沈尹

秋　新序

莖力或曰楚有善相人者招聘之皆無起家海濱事

意者叔敖乃蔿賈之子楚莊王九年爲司馬爲越椒

閻百詩

所殺其子遂式微竄處海濱不七八年莊知其賢擢

爲令尹與又考蔿賈乃薳呂臣之子呂臣繼子玉官

令尹出自公族自爲楚郢人何得遠在期思之鄙意者叔敖子實不才徒世守封土莫顯於朝其地不利其名甚惡楚人鬼而越人機可長有者惟此寢邱寢邱在楚越之間地近海濱後之人以其子受封之土遂附會而爲叔敖之所隱處與是皆未可知也

東山

東山或疑魯城東之高山夷攷曲阜東二十里有防山孔子父母合葬於此所謂防山在魯東絶不高也閻百詩或曰費西北蒙山正居魯四境之東一名東山云夫東山即蒙山蒙山即東蒙本一山也後人誤析爲二元和志謂在沂州費西北八十里者蒙山在費西北七十五里者東蒙山相距僅五里不知蒙山在龜山東二山于欽齊乘相連長八十里山在魯東故曰東蒙而統之則爲東山邢疏

中天下

大司徒以土圭之法測土深正日景以求地中日至之景尺有五寸謂之地中天地之所合也四時之所交也風雨之所會也陰陽之所和也百物阜安乃建王國焉我周定鼎洛邑自服土中時配皇天乃大和會誠天下大一統之象也天下以南北為經明都以

四都經涂至廣矣王者就天下之水勢而立其中（周犢出）焉大河以南大江以北淮濟貫乎其中是為中條由是大江以南為南條大河以北為北條其間若雍土

璇冀主樞荆主衡青兖主璣徐揚主權梁主開陽豫主搖光九州之上應列星莫不因水勢以成襟帶如游龍然北爲首南爲尾中原實據其腹焉天下以東西爲緯陽谷以至昧谷緯道孔長矣王者因天下之山勢而立其中焉太岱在東太華在西太行界乎其中是爲中土由是太岱以東爲東土太華以西爲西土其間若梁稱黎徐稱埴豫稱壚青兖稱墳荆揚稱泥雍稱黄壤冀稱白壤九州之各納貢賦莫不因山勢以拱王畿如人身然東左臂西右臂中州實據其

脊焉皇兮大哉受圖籙膺貢珍以覘秦有峭函巴蜀
楚有洞庭蒼梧趙有常山河漳燕有雲中碣石之恃
險而立者其規模蓋不同矣宅中圖大居中御外其
在斯乎

制田里

田以足食，里以安居。無食誰爲菽水之甘，無居則多風雨之歎。顧田不獨在鄉也，遂之田兼萊，其於稼穡之教詳；里亦不獨在國也，農之里在野，其於饁餉之事便。小司徒井牧田野，九夫爲井，四井爲邑，四邑爲邱，四邱爲甸，四甸爲縣，四縣爲都，而皆以田計之。遂人掌造縣鄙，五家爲鄰，五鄰爲里，四里爲酇，五酇爲鄙，五鄙爲縣，五縣爲遂，而皆自里推之。人知周禮田里之詳，而不知文王當日之爲田里者至深遠也。撫岐陽之百里膴膴周原自古公亶宇以來迺疆迺理迺宣迺畝己授民田矣迺慰迺止迺左迺右己區宅里矣文王因而制之耕者定九一之規居者爲五畝之宅有時由田而歸里則我稼既同入執宫功嗟我婦子入此室處是也有時由里而歸田則亟其乘屋始播百穀同我婦子饁彼南畝是也想其時錢鎛銍艾必有扶杖而來觀厥成者曰此文王田功之所即也井里桑麻且有倚廬而樂道其故者曰此文王里居之所定也蓋文王之制田里無非爲養老計矣

范

范本春秋晉大夫士會邑語曰以受隨范是又半屬魯莊三十一年築臺於秦或謂在范西北是不知范爲齊邑王庶子所封食也蓋齊王之子生長於深宮賜第於康衢貴仕於朝内豈容遠在七八百里之下邑爲孟子所見其在范者殆猶靖郭君孟嘗君之於薛乎顧不曰之齊見王子於范而曰自范之齊意者當時最多交質此以王子出質敵國路經於范與孟子適相値乎彼許行陳相兩之滕先書自楚以許行

楚人故先書自宋以陳相宋人故此曰自范豈獨無故蓋孟子欲往齊都實從范邑而來未至齊都而於范邑望見齊王之子故曰自范他如孟子之滕孟子之平陸皆不先書自某者以不必書也

垤澤

宋門之可攷者正東門曰楊門北門曰桐門東南城門曰盧門西門無名宋之盟但稱西門之外而已其外有曹門有蒙門外城門曰桑林門其關門曰祁門周理衷今曰垤澤之門何居蓋卽襄十七年築者謳曰之澤杜註門所謂宋東城南門是也或曰得毋以禹貢孟諸澤名其門乎夫孟諸澤在故宋國微子所封之東北此閻百詩自爲南門耳今按商邱之南東南門曰垤澤門所謂括地志宋東城南門曰澤門是

尼於陳蔡之間　絶糧附

絶糧一事君子之窮君子之厄也乃或因陳蔡之厄而厄君子者遂愈多史記謂孔子居蔡楚昭王使人聘之孔子將往拜禮陳蔡大夫發兵圍於野不得行絶糧此一厄也孔註謂是時孔子自宋適陳吳伐陳陳亂故乏食此又一厄也朱子謂絶糧當在去衛如陳時是時陳服楚蔡服吳吳楚交戰無虛歲孔子齊覺翁葢爲楚昭王徘徊陳蔡而絶糧於兵間此又一厄也譚梁生謂絶糧是一事兵圍又一事兩事相去三年則更多一厄矣嗚呼厄至

絕糧亦已甚也而乃有兵圍乎哉嘗觀孔子厄於陳

江慎修云

蔡之間間者兩地相接之處以陳蔡之地及時事考之陳都宛丘蔡始封上蔡其間本相近也自哀二年夫子適陳是年十一月蔡昭侯畏楚遷於吳之州來與陳相距五六百里中間隔絕不得云陳蔡之間且自陳至州來又自州來折而西北至葉相距甚遠何爲僕僕如此然則夫子未嘗至州來也其自陳如蔡自蔡如葉指故地上蔡言之耳蔡旣遷則故蔡地皆屬楚是時楚昭王賢葉公亦賢夫子欲用楚故如蔡

如葉按哀四年傳云楚左司馬眅申公壽餘葉公諸梁致蔡於負函十六年傳云葉公在蔡盖故蔡邑葉公兼治之夫子自陳如蔡亦就葉公於蔡國無與也州來距上蔡七八百里而謂陳蔡大夫發徒圍之乎衰矣况是時楚方救陳而乃圍其所聘之人必無此

周理衷

理以傳考之此時蔡卽吳陳事楚兩國大夫趨向各別乃越國相謀共圍一無怨無德之過客尤不可解然則孔子因陳人被兵而絕糧因絕糧而見戹無所謂兵圍也哀元年楚子圍蔡吳師在陳四年蔡亂六

年吳復伐陳兵加陳蔡豈圍孔子哉是戹也其非若適陳過匡而遇匡簡子去曹適宋而遭司馬桓魋亦明矣竊意其間陳蔡孔棘其君未暇授餐也其臣未暇饋餼也從徑壺餐會嘆趙衰之餒置璧盤餐莫聞負羈之妻非出五鹿豈甘乞食於野人未舍翳桑誰爲置壺於靈輒斯時也丈人已遠宿無鷄黍之歡顏子雖賢空寄簞瓢之用以視致粟六萬之靈公書社七百之楚地相去爲何如哉吾故曰無上下之交也

棠

春秋三棠邑一宋魯之界上隱公五年春矢魚於棠
是也一楚邑伍尙爲棠君是也一齊邑昔者圍萊之
役棠人軍齊師敗之萊共公奔棠晏弱圍棠滅之有
閻百詩
棠公者爲棠邑大夫棠蓋萊邑也北海即墨有棠鄉
衞獻公奔齊齊人以萊寄衞侯及其復也以萊糧歸
厥後景公立荼置羣公子於萊萊人歌之意者棠爲
萊邑地近海濱素誇饒裕故夫子嘗發之與

土地

西濕河源東灊海漘南燿丹垠北汔幽虛帝柱之土地也北至幽陵南至交趾西際流沙東䟦蟠木顓頊之土地也南至交趾北至幽都東至暘谷西至三危神農之土地也自是以來唐都河東殷都河内周都河南三河居天下之中若鼎足其或稱五服或稱六服或稱九服皆自天子言之至於諸侯建國立社苞以黃土苴以白茅以爲土封命之天子受之祖宗傳之子孫可弗寶與封爵之誓曰長河如帶泰山如礪

盖言入也大雅之詩曰大邦維屏大宗維翰盖言固
也內爲磐石之宗外爲繡壤之錯犬牙相制自成疆
幹弱枝之形輔車相依何致脣亡齒寒之懼乃自越
在草莽輕於土芥其棄土地而虛之者邢遷夷儀杞
遷緣陵衛遷帝邱邾遷於繹許遷白羽蔡遷州來播
越之土地盡爲禾黍矣其併土地而滅之者茲子恃
姻黃人恃睦紀侯大去淳于不復鄅子無歸庭堅不
祀覆亡之土地有如魚爛矣公羊豈知諸侯當日剪桐而史記
爲弟之封錫圭而作申之寶封於少皞與夏璜繁弱

而俱長封於殷虛偕綪茷旃旌而不朽圭可測也形方無有華離之地璧以假也鄭伯猶重泰山之祊雖在蕞爾重於連城縱屬彈丸珍如拱璧哉故諸侯之

寶三以土地爲首

孟志編略六卷

清　孫葆田撰

清光緒十六年刻本

孟志編略

光緒壬寅秋季

黄巖張高署檢

孟志編略

榮成孫葆田

敘曰孟子當戰國時異説蠭起乃獨著書論道德以仁義爲本述堯舜禹湯文武周公孔子之意而作七篇遭秦滅學諸經或亡或微而孟子以儒書獨存在漢文帝時嘗立博士其後罷不復置東漢諸儒著述傳者唯趙氏而已歷魏晉六朝學術紛歧孟子之書雖存然當時得其宗者蓋鮮至唐而昌黎韓子出作原道以明聖賢之緒其言曰孔子傳之孟子孟子死不得其傳焉又曰求觀聖人之道必自孟子始厥後皮氏日休雖請以孟子爲學科訖唐之世議終不行宋興而眞宗復起始詔孫奭等

校刊孟子由是學者翕然宗之其後孟子卒升爲經及程朱諸儒出而表章愈力孟子之道日益尊科舉之制亦自此興矣元明以來其書遂大顯而祿利之途一開大義攸存學者竟莫窺其本原嗚呼由衰周至今二千餘歲王者代興名世閒生其閒得聞知之統者幾人降及末流邪說滋盛巧利相競詐僞相蒙害有甚於楊墨而舉世曾莫之能禁功利之習中於人心不有賢聖孰能起而正之我　國家昌明仁義學校之設徧天下士非六經孔孟之書勿習鄒爲孟子故里春秋秩祀載在典禮乾隆時　聖駕親臨致祭尊崇之隆曠古罕覯惜當時賢裔中絶紀載無徵不能編成盛典以彰一代之休美道光末故博

士孟廣均實始有重纂三遷志之議草創甫就旋遭寇亂稿藏
其家今撫使黄陂周公學使翰林學士鈕公尊賢興學迺合詞
奏請以唐儒韓愈配享孟子時則權濟東泰武臨道兵備陳公
實佐成斯舉往公嘗督修孟子祠廟因得博士志稿而惜其未
能雅馴也乃商諸學士發凡起例重加纂定並屬葆田以校訂
之役葆田頗復搜輯舊聞更引吾友柯君劭文爲助凡成書十
卷葆田並各綴數語於篇末以述編纂之指博士志稿故有日
照許先生瀚駁辨百數事今皆勘正其倡引之功不可沒也錄
既訖輒敘其大意如此時光緒五年冬十月

三遷志創修於前明嘉靖時沂州道僉事蒼溪史氏鶚蓋取

列女傳孟母三遷之義原序以爲孟子作聖之功由於母氏蒙養之正者是也萬歷中鄒縣令胡繼先以原書疏略重加纂訂易名孟志書佚不傳今　四庫存目獨載呂氏元善所纂三遷志凡六卷元善字季可號冠洋天啟中官山東布政司都事後殉流寇之亂提要謂其紀載頗詳而體例標目俱未能雅馴　國朝孟衍泰與王特選仲蘊錦等復增修爲十二卷所分門類及每類前四言贊一首大率尙仍其舊故四庫全書並附存目今茲新加編纂雖不敢謂辭歸雅正然事增於前文省於舊亦庶幾乎史家之正軌云爾

予旣以志稿授陳公會學士所請格於部議不果行明年春

予入都供職觀察陳公亦以憂去官是編遂未付梓今歲檢理存稿略加删定改名孟志取前五卷與末一卷刻之京師以質當世知言君子辛巳秋日葆田又識

孟志編略目錄

歷代注解傳述

卷六

雜志

孟子年表

孟子生卒年月經傳無徵舊志據孟氏世譜定爲周烈王四年四月二日生赧王二十六年正月十五日卒其説始於明人或云世譜得自孟子四十五代孫甯甯宋元豐時人也今亦未知其言何據謹案　四庫全書提要論郝敬孟子説解云是書所論孟子生卒以爲當在安王時非定王時其説近是但直斷孟子生於安王初年卒於赧王元年則似未可爲定孟子生卒大略當以閻若璩所訂爲正又論閻若璩孟子生卒年月考云是編博引諸書考孟子出處始末而於生卒年月卒無的據案山堂肆考具載孔孟生卒謂孟子生於周定王三十七年四月二

日卒於赧王二十六年正月十五日年八十四若璩獨不引之蓋先儒詁經多不取雜書義取謹嚴非其疏漏也今案周貞定王無三十七年或疑爲安王二十七年之訛考安王亦止二十六年其二十七年爲烈王元年自烈王元年至赧王二十六年當得八十有七歲與八十四歲之說亦不合或又謂孟子八十九歲而卒紛紛議論俱出自臆測非有確徵故今爲孟子年表不載生卒年月者闕疑以示慎也其他列國時事有關於孟子者則詳載於表兼爲疏論其世次與當世治古文者共證之

紀歲	周 宋秦楚附	魯	燕	齊	魏	孟子出處時地
庚辰	安王元年	穆公九年	釐公三年	康公七年	文侯二十四年	按周敬王四十一年孔子卒是歲魯

	辛巳	壬午	癸未	甲申	乙酉	丙戌
史記周本紀威烈王二十三年九鼎震命韓魏趙爲諸侯二十四年崩子安王驕立　皇甫謐曰安王元庚辰崩乙巳	二　宋休公元年	三	四	五	六	七
史記魯世家穆公三十三年卒皇甫謐云元壬申終甲辰	十	十一	十二	十三	十四	十五
史記燕世家湣公卒釐公立是歲三晉列爲諸侯	四	五	六	七	八	九
	八	九	十	十一	十二	十三
史記魏世家文侯二十二年魏趙韓列爲諸侯	二十五	二十六	二十七	二十八	二十九	三十
哀公十六年燕獻公十四年齊平公十年晉平公三十三年自孔子卒歲至安王元年凡八十二年						

	1	2	3	4	5	6
丁亥	八	十六	十	十四	三十一	
戊子	九	十七	十一	十五	三十二	
己丑	十	十八	十二	十六	三十三	
庚寅	十一	十九	十三	十七	三十四	
辛卯	十二	二十	十四	十八	三十五	
壬辰	十三	二十一	十五	十九 田和始立	三十六	
				史記田齊世家康公之十九年田和立爲齊侯紀元年二年卒		
癸巳	十四	二十二	十六	二十 田齊太公卒	三十七	

年					
甲午	十五	二十三	十七	二十一 田侯剡立 史記索隱引紀年齊康公二十二年田侯剡立 按二當作一 史記脫田侯剡一代	三十八 史記魏世家三十八年是歲文侯卒子擊立是爲武侯
乙未	十六	二十四	十八	二十二 田侯剡二年	武侯元年
丙申	十七	二十五	十九	二十三 田剡三年	二
丁酉	十八	二十六	二十	二十四 田剡四年	三
戊戌	十九	二十七	二十一	二十五 田剡五年	四
己亥	二十	二十八	二十二	二十六 田剡六年	五

庚子	辛丑	壬寅	癸卯
二十一	二十二 楚肅王元年	二十三	二十四
二十九	三十	三十一	三十二
二十三	二十四	二十五	二十六
二十七 田剡七年	二十八 田剡八年	二十九 田剡九年	三十 田剡十年 史記索隱引紀年田侯剡立後十年齊田午弑其君及孺子喜而爲公文春秋後傳亦云田午弑田侯及其孺子喜而兼齊是
六	七	八	九 史記魏世家武侯九年齊威王初立按威王當作桓公

	甲辰	乙巳		丙午	丁未	戊申
	二十五 宋辟公元年	二十六		烈王元年	二 宋剔成元年	三
	三十三	共公元年	皇甫謐云元乙巳終丙寅	二	三	四
	二十七	二十八		二十九	三十	桓公元年 史記燕世家釐公三十年卒桓公立
爲桓侯	三十一 桓公元年	三十二 桓公二年		三十三 桓公三年	三十四 桓公四年	三十五 桓公五年
	十	十一		十二	十三	十四

己酉
四

五

二

三十六
桓公六年
史記齊世家二十六年康公卒呂氏遂絕其祀田氏卒有齊國爲齊威王彊於天下按索隱引紀年齊幽公之十八年而威王立今考齊康公以十九年遷海濱凡十八年而卒史記二十六

十五

年二乃三字之訛也

庚戌	五	六	三	威王元年	十六
辛亥	六 戰國策趙策魯仲連曰昔齊威王嘗爲仁義矣率天下諸侯朝周 徐廣謂威王朝周在是年	七	四	二	惠王元年 史記魏世家武侯十六年卒子罃立是爲惠王
壬子	七 史記六國表周烈王七年今史記周本紀誤作十年	八	五	三	二
癸丑	顯王元年	九	六	四	三

甲寅	乙卯	丙辰	丁巳	戊午	己未		庚申	辛酉
二	三	四	五	六	七		八 秦孝公元年	九
十	十一	十二	十三	十四	十五		十六	十七
七	八	九	十	十一	文公元年	史記燕世家桓公十一年卒文公立	二	三
五	六	七	八	九	十		十一	十二
四	五	六	七	八	九		十	十一

壬戌	十	十八	四	十三 據史記索隱引紀年是年當爲威王元年	十二 按索隱引紀年梁惠王十二年當齊桓公十八年後威王始見
癸亥	十一	十九	五	十四	十三
甲子	十二	二十	六	十五	十四
乙丑	十三	二十一	七	十六	十五
丙寅	十四	二十二	八	十七	十六
丁卯	十五	康公元年 皇甫謐云元丁卯終	九	十八	十七

		乙亥			
戊辰	十六	二	十	十九	十八
己巳	十七	三	十一	二十	十九
庚午	十八	四	十二	二十一	二十
辛未	十九	五	十三	二十二	二十一
壬申	二十	六	十四	二十三	二十二
癸酉	二十一	七	十五	二十四	二十三
甲戌	二十二	八	十六	二十五	二十四
乙亥	二十三	九	十七	二十六	二十五
丙子	二十四	景公元年	十八	二十七	二十六

	丁丑	戊寅	己卯	庚辰		辛巳
	二十五	二十六	二十七	二十八	是歲秦孝公二十一年	二十九
皇甫謐云元丙子終甲辰	二	三	四	五		六
	十九	二十	二十一	二十二		二十三
	二十八	二十九	三十	三十一	敗魏馬陵按索隱云齊威時未稱王故戰國策謂之田侯	三十二
	二十七	二十八	二十九	三十	史記魏世家惠王三十年齊虜魏太子申	三十一

					史記是年徙治大梁
壬午	三十 楚威王元年	七	二十四	三十三	三十二
癸未	三十一	八	二十五	三十四	三十三
甲申	三十二 秦惠文元年	九	二十六	三十五	三十四
乙酉	三十三	十	二十七	三十六 史記田齊世家威王三十六年卒子宣王辟疆立	三十五 史記六國表魏世家皆云是年孟子至梁與孟子時事不合今不從說詳下文
丙戌	三十四	十一	二十八	宣王元年	三十六 改元稱一年

		丁亥	戊子
		三十五 宋王偃元年	三十六
		十二	十三
	史記燕世家是年蘇秦說文公子車馬金帛以至趙因約六國爲從	二十九	易王元年 史記燕世家文公卒太子立是爲易王
	據戰國策燕易王立齊宣王取燕十城又蘇秦爲趙合從說齊宣王則宣王當立於是時也	二	三
	史記集解索隱並引紀年惠成王三十六年改元稱一年改元後十七年卒今從之	後二年 一說是年爲後元年	三

己丑	三十七	十四	二	四	四
庚寅	三十八	十五	三	五	五
辛卯	三十九 史記秦本紀惠文君八年魏納河西地	十六	四	六	六 予秦河西地
壬辰	四十	十七	五	七	七
癸巳	四十一 楚懷王元年 史記秦本紀惠文君十年魏納上郡十五縣	十八	六	八	八 盡入上郡于秦
甲午	四十二	十九	七	九	九

乙未	丙申	丁酉	戊戌
四十三	四十四 史記孟嘗君列傳宣王七年田嬰與韓昭侯魏惠王會齊宣王東阿南據索隱引紀年在周顯王四十四年梁惠王後元十一年今按宣王七年當作十一年	四十五	四十六
二十	二十一	二十二	二十三
八	九	十	十一
十	十一	十二	十三
十	十一	十二	十三 楚攻魏破之於襄陵
按史記周本紀顯王四十四年秦惠王稱王其後諸侯皆爲王又秦本紀惠文十三年魏君爲王適當是歲據此則孟子稱梁惠爲王其相見必在此後可知已			

己亥	四十七	二十四	十二	十四	十四	
庚子	四十八	二十五	噲元年 史記燕世家易王立十二年卒子噲立	十五	十五	
辛丑	慎靚王元年	二十六	二	十六	十六	孟子至梁當在此時 史記六國表梁惠王三十五年孟子至梁當作後元十七年乃與惠王西喪地於秦二語符合說詳事實
壬寅	二	二十七	三	十七		
癸卯	三	二十八	四	十八	襄王元年	孟子去梁當在此時

讓國於子之

據戰國策當在此時

戰國策魏惠王死葬有日矣天大雨雪則惠王以十七年秋死踰年太子即位孟子乃一見而去也

甲辰　四

二十九

五

按六國表燕噲讓其臣子之在是年與燕世家不同世家繫讓國事於三年伐秦後疑當在五年前也

十九

史記田齊世家宣王十九年卒今按伐燕之役孟子與戰國策明屬宣王疑宣王實在位二十餘年史有錯誤說詳下文

皇王大紀是年孟子見齊宣王

今按孟子至齊當即在去梁之歲本書所謂千里而見王是也又按列女傳有孟子擁楹而歌孟母見之之語則此時孟母尚在而湻于髡所謂在三卿之中即鹽鐵論所云受上大夫之祿不任職而論國事也

乙巳

五

附考
司馬温公資治通鑑載齊威王在位四十六年或疑其無據今按史記威王初即位九年而國不治威王一奮而諸侯震懼故淯于髡謂威行三十六年者此蓋自十年後而言也合前數年正得四十五六年之數若依通鑑與紀年合而推之則宣王當立於周顯王四

平公元年

皇甫謐云元乙巳終甲子

六

史記趙世家齊破燕在是年六國表在燕噲七年今按戰國策子之三年燕國大亂合上文燕噲三年與楚三晉攻秦不勝而還子之相燕燕王信鹿毛壽言因舉國屬子之云云觀此兩

二十

齊人伐燕

按戰國策燕王噲篇稱蘇秦死而齊宣王復用蘇代又儲子謂宣王云云與孟子書伐燕事合高誘注齊策亦引孟子言以舉燕爲宣王獨史記移屬湣王又改儲子爲諸將而於

三

孟子自齊葬於魯當在此時

按本書齊人伐燕有與宣王問答語而宣王不用孟子言而取燕此後更無見宣王事疑齊人取燕後孟子亦因母喪去齊不然破燕後二年燕人始立公子平何孟子居齊如是之久乃默默無一語也

或謂魯平公將見當在孟子終喪時今按本書記此事於滕文公後疑孟子實先之滕而後之魯也

	丙午	丁未		戊申
十四五年與史記宣王八年魏惠王卒尤爲巧合而伐燕噲之非湣王亦不辨而自明矣惜無他徵故不敢懸決謹附此以質通人	六	赧王元年		二
	二	三		四
稱三年則伐燕在是歲也	七	八	燕人立公子平　據六國表在燕噲九年	昭王元年
齊宣復用蘇代之文尚仍其舊未免抵捂今一依孟子爲表而於湣王一代則姑闕其年以示存疑	二十一	二十二		二十三
	四	五		六
		孟子返齊當在此時	按本書所謂於崇見王疑當指此時而言繼而有師命則正燕人畔事也	孟子去齊當在此時

	己酉	庚戌
	三 是歲宋王偃二十三年	四
	五	六
按戰國策燕王噲死子之亡二年燕人立公子平是為昭王	二	三
	二十四	二十五 按大事記齊宣王立
	七	八
按閻徵君謂孟子致為臣而歸歸於鄒也中間經過地名休者少憩焉或據路史謂休為宋地在潁川非也	孟子之宋當在此時 按是歲當秦惠王改元十三年楚懷王十七年戰於丹陽秦遂取漢中地此即宋牼所謂秦楚搆兵事而孟子遇於石邱昔人以石邱為宋地是也	皇王大紀是年滕世子宏過宋見孟子 今按孟子居宋必

辛亥	五 秦武王元年	七	四	九
壬子	六	八	五	十
癸丑	七	九	六	十一
甲寅	八	十	七	十二
乙卯	九 秦昭襄王元年	十一	八	十三
丙辰	十	十二	九	十四
丁巳	十一	十三	十	十五
戊午	十二	十四	十一	十六

二十九年與通鑑同一說宣王二十五年卒未知所本今自此以下二十六年姑闕其文蓋據史記則宣王十九年卒子湣王立湣王在位四十年伐燕在湣王十年而田齊世家不載其事據索隱引紀年又謂

有數月之淹故滕文公之楚往返兩見孟子然未必定在是年也

孟子由宋返鄒由鄒之滕由滕之魯俱當在此數年中按孟子居魯之歲不可考然據孟子首篇終書魯平公將見又第六篇記魯欲使慎子為將軍魯欲使樂正子為政並在淳于髡與孟子論名實後則孟子至魯自當在去齊之後數年或謂魯平公將見在孟子終喪時其說非也

干支					
己未	十三	十五	十二	梁惠王十二年當齊桓公十八年後威王始見近人或據此移威王元年於梁惠王十五年移宣王元年於梁惠王後元十六年以伐燕為宣王事似矣然與戰國策史記乃無一合且如其說則是桓公在位二	
				十七	
庚申	十四	十六	十三	十八	
辛酉	十五	十七	十四	十九	
壬戌	十六	十八	十五	二十	
癸亥	十七	十九	十六	二十一	
甲子	十八	二十	十七	二十二	
乙丑	十九	文公元年	十八	二十三	
丙寅	二十	皇甫謐云元乙丑終丁亥　按史記魯世家文公二十三年卒	十九	昭王元年	按孟子書中梁襄王魯平公皆稱謚則書成當在此後或為自著或為門人所記亦不敢臆斷也
丁卯	二十一		二十	按史記昭王十九年卒子安釐王立三十	
戊辰	二十二		二十一		

己巳	二十三	二十二
庚午	二十四	二十三
辛未	二十五	二十四
壬申	二十六	二十五
癸酉	二十七是歲齊滅宋	二十六
甲戌	二十八	二十七
乙亥	二十九	二十八
丙子	三十	二十九
		與秦楚三晉伐齊
丁丑	三十一	三十

子悼公立悼公二十四年楚滅魯是歲秦孝文元年又五年而秦政立二十六年遂并天下

十年與紀年所謂齊幽公之十八年而威王立說更不符至宣王之卒在伐燕後十二年湣王之死又適在位十七年紛紛增移悉無確據故附辨於此餘詳事實篇內據史記是年湣王死

襄王元年

四年安釐王卒太子增立是爲景湣王十五年卒子王假立王假三年秦滅魏

戊寅	三十二		三十一	二		
己卯	三十三		三十二	三		
	史記赧王六十年崩後七歲而周滅		後五十九年滅於秦	後六十年滅於秦		

右年表起周安王元年至赧王三十三年凡一百二十年

述曰司馬子長敘孔子世家所載孔子生卒年月出處甚具至孟子列傳乃獨闕而不書豈非古史闕文之義哉後儒區區修補乃欲於二千年後懸斷二千年前不可億知之事宜其多所牴牾已愚爲考訂孟子年譜閱近代諸儒著述不下十數家其間或合或否靡所適從因先依六國表分年以繫事上起孔子卒歲下至燕人伐齊之後凡二百年證諸列國

世次然後孟子出處時地可得其大略蓋伐燕之爲齊宣王合以戰國策與他書所引紀年而可信者也子長六國表乃誤屬湣王又以梁惠王後元年爲襄王元年致與孟子游梁仕齊之歲先後歧異今爲年表起安王元年者或謂孟子生於安王時也自齊宣以下湣王年世則闕以示疑其他列國時事仍各著其終始而孟子之所謂天不欲平治天下亦若有先見云至如表所不能詳者則附見於事實而諸儒論辨之說亦以次采列焉

孟子事實

孟子騶人也史記孟子荀卿列傳

劉昭續後漢書郡國志騶本邾國注云有騶山高五里劉會騶山記曰邾城在山南去山二里城北有繹山左傳文十三年邾遷於繹郭璞曰繹山純石積構連屬城北有牙山北有唐口山唐口山北有陽山城北有孟子冢焉

閻氏若璩曰鄒爲今山東兖州府鄒縣一説孟子所生之鄒非戰國穆公之鄒國乃春秋孔子之鄒邑也故説文云郰孔子之鄉史記索隱云鄒魯地名又云本邾人徙鄒故其證也余請一言以折之曰吾之不遇魯侯豈有本國之臣民而敢

斥言其國與爵哉　又曰大興王源崑繩謂余子既證孟子爲鄒人非魯人曷爲母葬於魯何不并爲辨析焉余曰孟子蓋魯公族孟孫之後不知何時分適鄒遂爲鄒人猶葬歸於魯者太公子孫反葬周之義也然考今孟母墓碑墓在鄒縣北二十里馬鞍山陽又非魯地疑古爲魯地猶魯鄒邑今亦在鄒縣界內二國密邇左傳魯擊柝聞於邾是也

生有淑質夙喪其父幼被慈母三遷之教趙氏孟子題辭

列女傳母儀篇鄒孟子之母號孟母其舍近墓孟子之少也嬉遊爲墓間之事踴躍築埋孟母曰此非吾所以居處子乃去舍市傍其嬉戲爲賈人衒賣之事孟母又曰此非吾所以

居處子也復徙舍學宮之傍其嬉遊乃設俎豆揖讓進退孟母曰眞可以居吾子矣遂居

按此卽漢人所傳三遷之説其事有無不可知然亦足見自古聖賢之成其來有自崔氏述有云聖賢之生必不與流俗同孟子雖幼安得遂與市井墟墓之羣兒無以異乎世儒欲明孟母之善教遂若孟子之初毫無異於庸愚讀書者當察其意所在不必盡以爲實然也　又按列女傳載孟母斷織事與韓詩外傳所記亦微有不同韓詩外傳又有孟子少時問東家殺豚事疑皆附會失實今不錄

周氏廣業曰趙氏注後喪踰前喪云孟子前喪父約後喪母

奢前後雖無定時然以士大夫三鼎五鼎之言推之相隔必不甚久遠禮曰喪從死者祭從生者祭以三鼎則孟子喪父在爲士之後甚明題辭所謂夙喪者亦以父先母沒耳非必幼孤也陳鎬闕里志遂謂孟子三歲喪父考韓詩外傳列女傳俱無此說夫士及三鼎斷非襁褓間事且去喪母五六十年魯人何從知其前後豐儉懸絕而臧倉得以行其毀鬲耶王復禮曰若前喪在三歲則豐嗇非所自主倉安得譖之蓋孟父實非早卒其三遷斷織或者父出遊慈母代嚴父耳

受業子思之門人史記列傳

列女傳母儀篇云孟子旦夕勤學不息師事子思遂成天下

之名儒　漢書藝文志孟子十一篇注云名軻鄒人子思弟子　淮南子氾論訓篇高誘注云孟子受業於子思之門風俗通義窮通篇云孟軻受業於子思（按以上並漢人說與史記不同）毛氏奇齡曰王草堂謂史記世家子思年六十二孔子卒在周敬王四十一年伯魚先孔子卒已三年向使子思生於伯魚所卒之年亦止當在威烈王三四年之閒乃孟子實生於烈王四年其距子思卒時已相去五十年之久又謂魯繆公曾尊禮子思然繆公即位在威烈王十九年則史記所云子思年六十二者或是八十二之訛若孟子則斷不能親受業也子祗以本文計之梁惠王三十年齊虜太子申則孟子遊

梁自當在三十年之後何則以本文有東敗於齊之語也然孟子居梁不及二三年而惠王已卒襄王已立何則以本文有見梁襄王之語也乃實計其時梁惠王即位之年距魯繆公卒年亦不過四十餘年然而孟子已老本文有王曰叟是也則受業子思或未可盡非者與

崔氏述曰趙岐謂孟子親師子思見孟子題辭王劭謂史記人字爲衍見史記集解余按孔子之卒下至孟子遊齊燕人畔時一百六十有餘年矣伯魚之卒在顔淵前則孔子卒時子思當不下十歲即令子思享年八十距孟子之生尚三十餘年孟子何由受業於子思乎孟子云予未得爲孔子徒也予私淑諸

人也若孟子親受業於子思則當明言其人以見其傳之有所自何得但云人而已乎由是言之孟子必無受業於子思之事史記之言是也

焦氏循曰按史記魯世家哀公十六年孔子卒二十七年公卒子悼公立三十七年卒子元公立二十一年卒子顯立是爲穆公穆公立三十三年卒自穆公元年上溯至孔子卒之年當有六十八年孔子未卒子思已生而孟子明言子思當穆公時則子思之年不止六十二明矣穆公子共公立二十二年卒子康公立九年卒子景公立二十九年卒子叔立是爲平公平公元年上溯穆公卒之年當有六十年再溯穆公

初年則九十年矣則孟子不能親受業於子思又明矣草堂之說是也乃六國表魯繆公元年卽周威王十九年魏惠王元年當烈王六年相距三十八年惠王三十五年孟子來大梁上溯魯穆公時已有七十餘年加以親受業子思言之則子思年必大耋而孟子則童子時也劉向司馬遷皆西漢人一以爲受業子思一以爲受業子思之門人而史記紀年多不可據大抵異同不過此兩端識者察之

道既通（據史記補道字）游於諸侯（風俗通義窮通篇）適梁梁惠王不果所言則見以爲迂遠而闊於事情（史記列傳）

史記魏世家惠王數敗於軍旅卑禮厚幣以招賢者鄒衍淳

于髡孟某皆至梁

按史記列傳敘孟子游齊在適梁前風俗通又謂孟子晚而之梁大率皆隨事設辭初非游歷先後之次　國朝通儒如顧亭林江愼修輩皆謂孟子先游梁而後至齊今輯孟子事卽依本書所敘爲先後

顧氏炎武曰史記魏世家惠王三十六年卒子襄王立襄王元年與諸侯會徐州相王也追尊父惠王爲王而孟子書其對惠王無不稱之爲王者則非追尊之辭明矣司馬子長亦知其不通而改之曰君然孟子之書出於當時不容誤也杜預左傳集解後序言哀王於史記襄王之子惠王之孫也惠

王三十六年卒而襄王立立十六年卒而哀王立古書紀年篇惠王三十六年改元從一年始至十六年而稱惠成王卒卽惠王也疑史記誤分惠成之世以爲後王年也哀王二十三年乃卒故特不稱謚謂之今王今按惠王卽位三十六年稱王改元又十六年卒而子襄王立卽紀年所謂今王無哀王也襄哀字相近史記分爲二人誤耳　又曰魏世家襄王五年予秦河西之地七年魏盡入上郡於秦今按孟子書惠王自言西喪地於秦七百里乃悟史記所書襄王之年卽惠王之後五年後七年也以孟子證之而自明者也　又曰孟子爲卿於齊其於梁則客也故見齊王稱臣見梁王不稱臣

江氏永曰孟子見梁惠王當在周慎靚王元年辛丑是年爲惠王後元之十五年至次年壬寅惠王卒子襄王立孟子一見即去梁矣蓋魏罃於周顯王三十五年丁亥與齊威王會於徐州以相王是年爲惠王即位後三十七年於是始稱王而改元稱一年也惠王又曰惠成王有後元見汲冢紀年史記不知惠王有後元乃以後元爲襄王而襄王後有哀王哀即襄之誤耳司馬温公通鑑考異既從紀年書魏惠王薨子襄王立於慎靚王二年壬寅又載孟子一見而出語是矣乃於顯王三十三年乙酉書鄒人孟軻見魏惠王豈孟子在魏十八年乎誤矣蓋惠王卑禮厚幣以招賢在後元之末年而

史記誤謂在惠王即位之三十五年也此年尚未稱王孟子何得稱之爲王

崔氏述曰宋葉大慶考古質疑云墨客王聖美少謁一達官問聖美曰嘗讀孟子否曰都不曉其義問不曉何義曰從頭不曉孟子不見諸侯何以見梁惠王其人愕然無對近見陳氏新語云孟子不見諸侯而見梁惠王學者至今疑之大慶嘗思而得之孟子論去就之義曰迎之致敬以有禮言將行其言也則就之按史記魏世家惠王卑禮厚幣以招賢者鄒衍湻于髡孟某皆至然則孟子之見惠王非以其迎之致敬而有禮乎余按孟子之見梁王無難解者不知聖美何以不

曉達官何以無對陳氏何以致疑葉氏何以待思而後得也孟子所謂不見諸侯者謂草莽之士不屈身先容以求見諸侯耳非謂終古不可與一見也故曰庶人不傳贄爲臣不敢見於諸侯曰如不待其招而往何哉孟子居鄒季任爲任處守以幣交受之而不報他日由鄒之任見季子然則孟子之見時君皆當如是不但於梁然也即無史記之文而孟子之爲應聘而往亦無可疑者　又曰孟子在梁但如賓客然未嘗受其爵祿故史記於齊稱游事齊宣王而於梁則但稱適梁蓋并客卿亦未嘗受之矣學者不可不分別觀之也

嘗仕於齊位至卿後不能用孟子去齊風俗通義

鹽鐵論論儒篇齊宣王襃儒尊學孟軻淳于髠之徒受上大夫之祿不任職而論國事

閻氏若璩曰或問於余曰養弟子以萬鍾齊宣亦自侈其厚矣而孟子又云嘗辭十萬鍾然則齊卿之祿厚至此與余應之曰此蓋孟子通計仕齊所辭之數非一歲有也或問孟子仕齊之歲幾何余曰今不可的考矣姑以孟子所云陳戴蓋祿萬鍾戴爲齊公族祿所入如此而孟子在三卿之中使其祿同於陳戴邪則仕齊當十年矣倍於陳戴邪則仕齊當五年矣或少倍於陳戴邪當亦不下六七年矣夫燕噲讓國君臣被戮太子復與俱孟子仕齊所見聞者則固已歷五年矣

又況於崇見王喪母後歸又必有一二年故曰當不下六七年也

江氏永曰孟子去齊在燕人畔之後蓋當周赧王三年己酉孟子言由周而來七百有餘歲以邵子皇極經世金吉甫通鑑前編考之周武王伐殷己卯距赧王己酉八百一十一年與孟子言不合蓋周初自共和庚申以前有誤衍之年其誤衍始於劉歆厤譜也共和庚申以前之年史遷不能紀惟魯世家自考公以下有其年考公四年煬公六年幽公十四年魏公五十年厲公三十七年獻公三十二年眞公三十年眞公之十四年厲王出奔彘共和行政爲共和前年己未自考

公至眞公十四年凡一百五十七年魯公伯禽史記未著卒
年麻譜謂成王元年爲命魯公之歲魯公四十六年至康王
六年而薨以四十六加一百五十七則成王元年至厲王已
未二百單三年耳而麻譜累推七十六年之朔旦冬至數諸
公之年謂世家煬公卽位六十年是得史記誤本以六年爲
六十年也又謂獻公卽位五十年是又誤以三十二年爲五
十年也煬公衍五十四年獻公衍十八年共衍七十二年則
自成王元年至厲王已未有二百七十五年今經世諸書成
王立於乙酉至厲王已未二百七十五年正承劉歆之誤也
然以汲冢竹書紀年考之武王伐殷爲十二年辛卯與今傳

己卯者異武王辛卯至共和庚申二百一十年若經世諸書武王己卯至共和庚申有二百八十二年羨出七十二年正是劉歆譜厤誤衍之數前計武王己卯至赧王己酉八百一十一年除去七十二年實得七百三十九年正與孟子語七百有餘歲合矣否則孟子生於周豈不知其年數乃缺去七十餘年耶

崔氏述曰齊之取燕史記六國年表在周赧王元年於齊爲湣王之十年燕世家亦以爲湣王而齊世家無之蘇子由古史據史記年表文斷以爲齊湣王陳氏新話從之而謂孟子書爲其徒所記以故致誤惟葉氏大慶攷古質疑據戰國策

之文謂齊宣用蘇代使於燕代激燕王厚任子之燕國大亂儲子謂齊宣王因而赴之破燕必矣皆稱宣王與孟子合是矣然吾猶惜其論未盡也按孟子書中與宣王問答有明文者凡一十四章而絕無與湣王問答之事記此書者不過萬章公孫丑之屬皆嘗從孟子在齊目覩此事者必無以湣王之事無故移之宣王之理由是言之孟子之不誤無可疑者史記魏世家稱惠王三十五年而孟子至梁孟子列傳又謂孟子先至齊而後適梁自梁惠王三十五年下至齊取燕之歲凡二十有三年如是則孟子去齊已久矣何由得見取燕之事由是言之史記之有誤亦無可疑者蓋自陳恆得政以

來凡十二代而滅故莊子云田成子殺齊君十二代而有齊國鬼谷子亦云然而史記止有成子恒襄子盤莊子白大公和桓公午威王嬰齊宣王辟疆湣王地襄王法章及王建十代其悼子田侯剡二代皆遺之又誤以桓公爲在位六年是以威宣兩代移前二十二年而取燕遂當湣王世耳索隱云紀年齊康公二十二年田侯剡立又云紀年梁惠王十三年當齊桓公十八年後威王始見則桓公十九年而卒據此則齊威立於周顯王之十二三年以史記之年遞推而下之取燕正在齊宣之六七年非湣王時事矣故以紀年爲據則孟子莊子戰國策鬼谷子之言皆合若以史記爲據則此四書

無一合者而宋人乃欲據史記以駁孟子其亦異矣

林氏春溥曰史孟不合莫甚於伐燕一事案伐燕之役七篇明繫之宣王國策正同惟史記謂在湣王十年遂爲千古疑案通鑑則下減湣王十年上增威王十年以合孟子考異不載其說朱子已疑其無據又燕人畔集註引立太子平爲證依通鑑則在湣王二年仍與孟子不合今考史記索隱引紀年以爲齊宣公十五年田莊子卒明年立悼子悼子卒乃次立和是莊子後有悼子一世又云紀年齊康公二十二年田侯剡立後十年齊田午弑其君及孺子喜而爲公春秋後傳亦云田午弑田侯及其孺子喜是爲桓侯是田和之後有田

剡一世而史皆遺之又云紀年梁惠王十三年當齊桓公十八年後威王始見則桓公十九年而卒又云紀年齊幽公之十八年而威王立是史記威王之二十三年乃紀年威王之元年也又云紀年梁惠王後元十五年齊威王薨是史記湣王之四年乃紀年宣王之元年也而由是而推之湣王十年伐燕實宣王之七年湣王十一年燕人立太子平實宣王之九年一一與孟子合此其確然可據者也史記於威王以前脫悼子田剡兩世於是威王之立移前二十餘年而伐燕之事不得不屬之湣王矣通鑑但據孟子以正其誤而殊無他據其意只疑威王在位三十六年三當作四湣王在位四十

年四當作三而以孟子燕人畔一段統附於伐燕之年下即繫以宣王甍痕跡顯然朱子綱目更書孟子去齊於是年則後燕人之畔孟子何以有與陳賈問答之語與集註自相刺謬安得起二賢於九原而以紀年之說質之

按以上二說皆據史記索隱所引竹書紀年辨明齊有悼子田剡兩世因移宣王之年於後以證孟子公孫丑篇伐燕爲齊宣王與前書齊人伐燕爲一事其說頗爲有據然亦有未盡合者戰國策趙策魯仲連曰昔齊威王嘗行仁義矣率天下諸侯朝周居歲餘周烈王崩諸侯皆弔齊後往是威王之立實當周烈王時魯仲連齊人所舉齊事不

應有誤又威王立三十六年而卒涫于髡所謂威行三十六年是也若依紀年梁惠王後元十五年齊威王薨是齊威王立於顯王十三年其不及見周烈王明甚所謂生則朝周死則叱之者其説又將何屬此固不能一一悉合者也　又按列女傳載孟子處齊而有憂色孟母見之云云此則孟子爲卿時孟母尚在未幾而有母喪乃自齊葬於魯終喪而後返齊本書所謂於崇見王疑即此時繼而有師命蓋指伐燕之事趙氏謂師命爲師旅之命是也又未幾而孟子致爲臣而歸矣或謂齊伐燕有二事一爲宣王一爲湣王孟子蓋嘗兩至齊又事齊湣王其説始於宋人

近世諸儒亦有信從之者今錄於此以備參稽

附錄

王氏懋竑曰按史記齊湣王十年齊人伐燕又二年燕人立太子平通鑑齊宣王十九年齊人伐燕十年宣王卒子湣王立又二年燕人立太子平其不同如此朱子綱目一依通鑑而序說集註則從史記亦有不同今考沈莊仲所錄朱子語以編年當從通鑑伐燕當從史記而孟子齊宣王當爲齊湣王此爲晚年定論而大全不載其語諸儒亦無及此者　又曰通鑑據孟子以伐燕爲齊宣王而宣王卒於周顯王之四十五年又三年愼靚王元年燕王噲始

立又七年齊人伐燕則不可以爲宣王之事也於是上增威王之十年下减湣王之十年而移宣王之十年以就伐燕之歲其增减皆未有據而又以伐燕爲宣王時燕人畔爲湣王時與孟子亦不合此序說所以疑焉而不敢質也今以宣王爲湣王則處處相合而通鑑之失亦可置而不論矣　又曰齊湣王初年强於天下與秦爲東西帝其所以自治其國者亦必有異矣末年驕暴以至於敗亡此則唐元宗秦苻堅之比元宗開元之治幾於貞觀苻堅始用王猛有天下大半其初豈可不謂之賢君哉故孟子謂以齊王由反手王由足用爲善皆語其實後來傳孟子者乃

改湣王爲宣王以爲孟子諱語錄疑門人改之亦意其或然大略傳孟子者私改之耳　又曰孟子在齊約略之不過四五載其去齊當在湣王之十三四年下距湣王之沒更二十五六年孟子必不及見若孟子所自著則不得稱諡卽門人記其所言亦未必定在一二十年後也故公孫丑兩卷皆稱王而不稱諡乃其元本而梁惠王兩卷則稱宣王其爲後人所增無疑矣

按此謂梁惠王篇所稱宣王皆爲後人所增恐無是理如草堂此說孟子書既爲所自著或門人所記不見湣王之沒故不稱諡則孟子書中但稱齊王可已後人何增何改

而且以爲爲孟子諱乎此固說之不能兩通者矣

臧氏庸曰宋黃氏震述其鄉人蔣監簿曉說謂史記齊伐燕有二事齊宣王伐燕燕文公卒易王初立齊宣因燕喪伐之取十城是卽梁惠王篇所載問答稱齊宣王者是也齊湣王伐燕燕王噲以燕與子之齊伐之是卽公孫丑篇所載沈同問燕可伐者也余考之戰國策史記合之孟子知蔣黃之說爲是今證之　戰國策齊策宣王篇云權之難齊燕戰秦使魏冉之趙出兵助燕擊齊又燕策文公篇權之難燕再戰不勝趙弗救噲子謂文公曰不如以地請合於齊趙必救我若不吾救不得不事文公曰善令郭任

以地請講於齊趙聞之遂出兵救燕又易王篇云燕文公時秦惠王以其女爲燕太子婦文公卒易王立齊宣王因燕喪攻之取十城武安君蘇秦爲燕說齊王齊王大說乃歸燕城　史記燕世家云文公二十八年蘇秦始來見說文公秦惠王以其女爲燕太子婦二十九年文公卒太子立是爲易王蘇秦列傳易王初立齊宣王因燕喪伐燕取十城易王謂蘇秦曰往日先生至燕而先王資先生見趙遂約六國從今齊先伐趙次至燕以先生之故爲天下笑先生能爲燕得侵地乎蘇秦大慚曰請爲王取之　按合國策史記孟子考之蓋燕文虐民齊宣征之與燕再戰於

權梁惠王篇書齊人伐燕勝之與燕策權之難再戰不勝正合燕文卒於是年齊宣因喪伐之取十城固與齊湣伐燕噲顯然爲二事時燕有喪且數被兵易王尚未立故孟子有謀於燕衆置君而後去之說　諸侯將謀救燕者齊策云秦使魏冉之趙出兵助燕擊齊燕策云趙遂出兵救燕是也齊田嬰欺楚楚圍齊正在燕文末年齊宣十年楚先圍齊當必助燕於史可考者有秦趙楚燕四國故齊宣言諸侯多謀伐寡人也時不與謀者韓魏二國魏襄與齊宣睦韓兵役相尋昭卒宣惠立故不與謀也　此齊伐燕在齊宣十年燕文二十九年時周顯王三十六年也後齊

伐燕在齊湣十年燕噲七年時周赧王元年也相距上下適二十年後事亦見戰國策齊策燕策史記六國年表燕世家荀子王霸篇前事載孟子梁惠王篇稱諡者齊宣卒於孟子前也後事載公孫丑篇祇稱王者齊湣卒於孟子後也余因黃氏說爲證明如此讀孟者正之

按此據戰國策史記證明齊伐燕有二事前事屬齊宣王後事屬齊湣王其說甚辨然按戰國策燕策王噲篇及史記燕世家皆云噲立齊宣王復用蘇代必謂伐噲爲湣王事是仍未免偏信史記六國年表也況燕文不聞有虐民之事且取燕十城亦不得謂之舉萬乘之國而顧云毀其

宗廟遷其重器皆明係伐燕噲事時噲死公子平未立故曰謀於燕衆置君而後去若文公卒易王立齊宣因喪伐之斯時燕豈無君而孟子對宣王云云亦可謂迂遠而不達於事情矣　又按戰國策齊策韓齊爲與國張儀以秦魏伐韓齊因起兵攻燕三十日而舉燕國高誘注引孟子曰子噲无王命而與子之國子之无王命擅受子噲國故齊宣王伐而取之也高氏嘗注孟子此以伐噲爲齊宣王其說尤爲有本或疑趙注公孫丑篇伐燕未明指宣王得此亦可知漢儒無異說矣

又絶糧於鄒薛困殆甚風俗通義

江氏永曰孟子過薛薛君餽五十鎰當卽孟嘗君田文也

林氏春溥曰滕文公使然友問喪禮而孟子在鄒令以陳臻之問推之意必由宋之薛由薛返鄒故風俗通云云蓋與孔子陳蔡之厄相類此其所以聞戒而設備也與

退而與萬章之徒序詩書述仲尼之意作孟子七篇史記列傳

閻氏若璩曰七篇爲孟子自作莫妙於朱子曰觀七篇筆勢如鎔鑄而成非綴緝可就余亦有一證論語成於門人之手故記聖人容貌甚悉七篇成於已手故但記言語或出處耳

述曰愚讀孟子書所載生平出處事亦具矣其初以不見諸侯爲義蓋年逾五十乃游梁故梁惠王一見而稱之曰叟及

惠王卒襄王立孟子知其終不可語仁義乃去梁適齊思假手於宣王以平治天下故嘗爲之客卿中閒又因母喪居魯其去齊也在伐燕之後又因居宋而得見滕文公及文公居喪時孟子已由宋返鄒故有穆公與然友之問其後孟子乃之滕見文公爲言井田學校事也迨魯平公將見而臧倉沮之蓋至此而孟子亦自知其終不遇矣故首篇託始梁惠絶筆魯平此敘述之大旨也趙邠卿乃謂孟子先仕齊齊不用而去乃適於梁其說本諸史記而與齊宣王伐燕事絶不相符後儒因爲兩至齊之說以孟子次篇所書伐燕屬湣王至沈莊仲錄朱子語則直疑孟子書中宣王爲門人所改近代

一二通儒或遵用其說而私家著述如年譜編年之類又往往離析孟子事以傅會所見蓋愈辨而愈失其眞焉今壹以孟子書爲徵略采漢人之說爲綱而　國朝諸儒所考論則以次附載閒爲疏通其是非得失而不敢爲直斷之語庶幾有符於孟子論世之義後之君子亦可以覽而觀焉

祀典

爵享

宋神宗元豐六年十月戊子封孟子爲鄒國公七年五月壬戌

詔以孟子配享孔子

徽宗政和三年詔以孟春元日釋菜仲春仲秋上丁日釋奠以

鄒國公孟子配享殿上五年太常等言兖州鄒縣孟子廟詔以

樂正子配享公孫丑以下從祀皆擬定其封爵

元仁宗延祐三年秋七月詔封孟子父爲邾國公母爲邾國宣

獻夫人文宗至順二年九月加封孟子鄒國亞聖公

明世宗嘉靖九年冬十月奉孟子爲亞聖孟子不復稱公以孟

子父孟孫氏配享啟聖公祠稱先賢孟孫氏

國朝乾隆三年從侍郎趙殿最請追崇孟母鄒國夫人爲端範

宣獻夫人

按禮部題奏略云臣等會議得全德昭融已著休聲於萬古

母儀炳煥宜膺美號於千秋謹按亞聖孟子母仉氏守節撫

孤以慈母而兼嚴父遷居教子遂習慣而若性成斷機示勸

勵知言養氣之學擁楹誡義啟守先待後之功母訓昭垂儀

型百世昔在元代已尊封鄒國宣獻夫人崇祀廟廷我

皇上崇儒重道典禮優隆孟母鄒國夫人誠宜加增封號以

作民教而樹風聲也應如該侍郎所奏請其封號字樣由內

閣撰擬　欽定端範是年部咨山東撫臣敬備祭品委官
致祭其告祭之文由翰林院移送
乾隆十三年　聖駕東巡幸闕里、遣光祿寺卿吳應枚分
祭鄒縣孟廟二十一年　聖駕東巡幸闕里　遣內閣學士
兼禮部侍郎錢維城分祭鄒縣孟廟二十二年　聖駕南巡
夏四月己巳　回鑾過鄒縣　親幸孟廟拈香行一跪三叩禮
二十七年　聖駕南巡夏四月庚辰　回鑾過鄒縣復謁孟
廟拈香如前禮三十六年　聖駕東巡幸闕里　遣光祿寺
卿申甫分祭鄒縣孟廟四十九年　聖駕東巡幸闕里　遣
刑部侍郎杜毓林分祭鄒縣孟廟五十五年　聖駕東巡幸

闕里　遣內閣學士兼禮部侍郎翁方綱分祭鄒縣孟廟

謹案　本朝崇祀之禮莫盛於乾隆丙子壬午　聖駕兩次幸鄒此曠古所希覯當時典禮自有司存而舊籍無徵志記闕如故博士孟廣均言自乾隆二十六年宗子毓瀚卒無嗣越二十年廣均祖父傳槤乃入繼大宗中更攝祀事者數人文物散失良可歎惜謹志其目於此以俟踵事者之增修云爾

林廟

孟子墓在鄒縣東北三十里四基山之陽歲久不祀漸即湮沒宋景祐四年孔道輔知兗州始訪而表之立廟於墓之西南泰

山孫復爲之記神宗元豐七年因朝奉郎權發遣兖州軍事李梴奏請詔賜庫錢三十萬增修墓廟給祭田以嚴洒埽元至元十四年山東提刑霍天祥立碑墓前題曰先師鄒國公墓

孟子父母墓在鄒縣城北二十五里馬鞍山舊稱孟母墓宋太宗時華州進士韓丕嘗作孟母碑爲世稱誦今其文不傳馬鞍山一名天馬山在四基山西北相距十餘里明正德二年博士孟元立碑於馬鞍山之東北題曰邾國公邾國宣獻夫人墓道萬曆九年博士孟彦璞立碑墓前題曰邾國公邾國宣獻夫人墓

孟子廟堂始建於鄒之東郭舊志俱未詳歲月宣和三年孫傳

記新修孟子廟云孟子葬鄒之四基山傍冢爲廟歲久弗治政和四年部使者以聞賜錢三百萬新之又云先是嘗别營廟於邑之東郭今案鄒自熙甯五年省入仙源縣爲鎭至元豐七年始復爲縣或疑立廟東郭即在此時考元豐七年李授疏請增修孟廟稱廟在鄒鎭東北隅棟宇已壞則當時所增修者乃四基山墓廟然東郭之廟即立於斯時亦未可知觀傳文又云廟瀕水亟壞不四十年已五更修則謂别營之廟在元豐時其説當可信明趙彦重修孟廟記謂政和四年部使者别營一宇在城之東郭蓋因孫傳記而訛非别有所據也

宋政和四年詔賜錢三百萬重修孟子廟列一品戟於門又賜

田百畝以給守者
右見孫傳記按此當爲重修墓廟非專治東郭一廟也然孟
廟崇祀實始於此故明年遂封孟子弟子爲侯伯以從祀云
又按宋史程振傳徽宗時振提舉京東西路學事請立廟於
鄒祀孟子以公孫丑萬章樂正克等配享從之然則孟廟之
新蓋因振請而孫傳記内所謂部使者卽振其人也
宣和三年縣令朱缶從邑人徐紘請改建孟子廟於鄒之南門
外監察御史孫傳爲之記
元元貞元年縣令司居敬重建孟廟
按張頖記云甲戌廟毁於兵惟門垣在幾八十年孟氏有德

昌者資力四方閱歲既久僅成一堂考甲戌乃金主貞祐二年德昌爲孟子五十代孫又按司居敬碑陰記云至元九年翰林院諸儒從孟氏德昌之請疏其事俾前鄒縣儒學教諭邵景同孟氏族人惟允周游四方乃得貲以具材命匠德昌及邑士劉廷董斯役閱數年正堂成肖孟子樂正子而妥之是重修孟廟實德昌爲之倡而舊志失載故詳記於此

明洪武七年縣令桂孟同孟氏宗子思諒修廟落成有濟甯知府方克勤記宏治十年詔修孟子廟大學士劉健爲記天啟二年廟毀於白蓮教匪之亂三年山東布政司右參政管兖州府事孫朝肅重修山東巡撫趙彥左都御史鄒元標翰林院修撰

文震孟並有記

國朝康熙十三年重修亞聖廟成山東巡撫劉芳躅爲記

按記云自明天啟癸亥後五十餘年數遭兵燹又於康熙戊申六月地變大震傾圮滋甚肇修於癸丑正月迄四月終落成則重修在十二年也

康熙二十三年　詔發帑金遣官修葺孟廟明年山東巡撫張鵬始庀材鳩工又明年工畢翰林院檢討朱彝尊爲記

按記云歲在乙丑丹徒張公以右副都御史巡撫山東始庀材以葺廟明年工舉不云奉　詔修葺此據五十五年婁一均記知發帑在前一年甲子舊志失載又朱記見曝書亭集

今孟廟無此碑

康熙二十六年夏四月　御製孟子廟碑勒石廟中

雍正三年　御書孟廟扁額曰守先待後

乾隆元年　敕修孟廟四年工成十三年　御書亞聖孟子贊是年奉　敕勒石廟中二十二年　御書孟廟扁額曰道闡尼山楹聯曰尊王言必稱堯舜憂世心同切禹顏

謹按　列聖御書墨本俱恭藏博士署賜書樓

孟子廟自宋宣和三年徙建於鄒縣南門外鄒縣貢士徐紱等始於廟東爲堂祀孟子父母並疏聞於朝金大安三年縣令王瑀重修孟廟仍立室東北以祀孟子父母元致和元年監縣帖

哥及縣令楊欽等重修孟子父母祠堂禮部尚書曹元用爲記

按記云孟子廟毁於金季之兵至元間孟氏有德昌者别構孟子前殿像鄒國公若夫人於故室而時祀之蓋孟子廟堂既毁後人因合祀孟子父母與孟子於一室至德昌構新堂成始復别祀孟子而以故室祀孟子父母德昌孟子五十代孫已見前文

明宏治十年詔修孟廟始於廟東建堂各四楹前爲邾國公殿後爲宣獻夫人殿而以故殿祀亞聖夫人是後凡重修孟廟皆併修孟子父母祠堂

按邾國公祠堂一稱啟聖殿又殿名始於何時舊志俱未詳

今學政全書有啟聖郕國公殿祀生二名茲仍舊稱附記於

此以俟續考

孟母祠在鄒縣城東南隅俗傳爲孟子故宅又有子思講堂皆好事者所名元元貞元年縣令司居敬因人心所鄉復故宅遺跡構堂曰中庸精舍以祀子思兼像孟子於旁額其堂曰淵源教授張頲爲記居敬又於其右構堂額曰斷機大德六年縣令宋彰復建堂室與齋舍請於朝易名曰中庸書院至正五年邑人馬亨李元彬李儼等及孟子五十二代孫惟讓始塑宣獻夫人像別闢門宇自爲一祠明萬歷三十七年縣令胡繼先增建東西廡各三楹易斷機堂爲孟母祠　國朝康熙七年　詔發

帑金遣內務府廣儲司員外郎督理重修按此事舊志俱未詳僅見博士孟廣均重修孟母三遷祠堂記

修斷機道光十六年河道總督栗毓美捐金重修孟母三遷祠

斷機堂並建坊道左甘泉汪喜孫爲之記

中庸書院自大德間擴置請額設官至延祐二年奉詔改爲子思書院設山長以司祭祀及教事至正時縣令鄧彥禮徙建書院爲廟三楹明永樂中縣令朱玷再徙書院與斷機祠相直其後復遷故地嘉靖元年巡撫山東都御史陳鳳梧始擴而大之三十三年書院爲饑民侵毀惟子思祠僅存先是正德元年詔以衍聖公次子襲翰林院五經博士奉子思子鄒縣廟祀每歲仲春仲秋上丁日致祭自是子思子祠與斷機堂各爲專祠嘉

靖四十一年縣令章時鸞重修孟廟併子思子祠修葺如初天啟二年書院燬於兵後三年兗州府知府孫朝肅始重建祠宇

國朝康熙十二年衍聖公孔毓珂增修兩廡及重門外垣是後修葺不時至道光二十九年博士孟廣均復謀諸衍聖公捐貲

重修

鄒縣北有村曰富村舊名鄒興鄉俗傳爲孟子故里金孫弼謁祠記所謂鄒儒里是也里中皆孟氏居之明嘉靖四十一年孟

廟舉事孟承義重建孟子父母祠堂

萬子墓在鄒縣西南八里地名萬村齊乘云滕州南萬村有萬章墓即其地也以下附記孟子弟子及孟裔墓

公孫子墓在鄒縣西北十里齊乘云滕州北公村有公孫丑墓即其地今名南宫村

孟仲子墓在馬鞍山孟母墓旁有碑題曰新泰伯孟仲子墓

孟氏中興祖墓在孟母墓旁有碑題曰亞聖四十五世孫孟甯之墓元至順四年春孟惟恭立碑陰有世系圖

祭儀

遣官致祭之儀祭日地方官陳設畢凡陪祀皆地方正印官執事用佐貳典儀贊引讀祝各官皆以本地方禮生充贊引官引承祭官盥洗所盥洗畢引至行禮處立典儀唱執事官各司其事引贊就位承祭官就位立典儀唱迎神司香官捧香盒跪香爐左引承祭官就爐前立贊上

香承祭官炷香凡三上香畢引復位跪叩興承祭官陪祭官行二跪六叩禮興典儀唱奠帛行初獻禮捧帛官跪獻畢三叩退執爵官立獻爵於案上正中退讀祝官至祝案前一跪三叩捧祝文起立引贊讀祝讀祝官立讀畢捧祝文安案上帛匣内典儀唱行亞獻禮執爵官獻爵如初獻儀獻於案左退典儀唱行終獻禮獻爵於案右如亞獻儀典儀唱徹饌送神引贊跪叩興承祭官陪祭官行二跪六叩禮興典儀唱捧祝帛恭詣燎位捧祝帛官至案前行一跪三叩禮起捧祝帛司香官跪捧不叩依次送至燎爐承祭官轉立西旁候帛過仍復拜位引詣燎位焚祝帛引贊禮畢各退

謹按　本朝遣官致祭之禮乾隆時凡數次舉行故記載宜
詳他若釋奠觀禮皆各氏博士所同茲無庸濫爲編入
樂章
宋徽宗大觀三年釋奠鄒國公酌獻奏成安之曲
踧踧周道　狂瀾倒淈　躬承闢闢　高侔禹功
世興隆文　盛典惟崇　清醠嘉栗　式陳儀容
宋大晟樂府撰擬釋奠鄒國公酌獻奏成安之曲
道之由興　於皇先聖　惟公之生　人知趨正
與享在堂　情文實稱　萬年永休　遐哉天命
金世宗大定十四年釋奠鄒國公酌獻奏泰甯之曲

有周既衰　王綱既墜　是生眞儒　宏才命世
言而爲經　純乎仁義　力扶聖功　同垂萬世
金章宗明昌六年釋奠鄒國公酌獻奏德甯之曲
醇乎其醇　優入聖域　祖述堯舜　力排楊墨
思濟斯民　果行其德　祀爲上公　宜茲配食
元成宗大德十年撰擬釋奠鄒國公酌獻奏誠明之曲
洙泗之傳　學窮性命　力距楊墨　以承三聖
遭時之季　孰識其正　高風仰止　莫不肅敬
明洪武六年定祀先師樂章二十六年頒大成樂於天下
國朝祠祭之樂文廟丁祭樂名中和韶樂凡六奏迎神日昭平

初獻曰宣平亞獻曰秩平終獻曰敘平徹饌曰懿平送神曰德平春秋丁祭皆用之其亞聖配位前酌獻及鄒縣亞聖廟堂並無專奏之樂而博士所司舊有樂戶四名今春秋祭祀率用民間鼓樂此知禮之士所爲慼憤而增歎也

禮器

乾隆十四年正月二十五日内閣奉　上諭國家崇禮　先聖先賢秩祀惟謹闕里　文廟祭器自　皇考世宗憲皇帝時製造頒發宫牆美富穆然見隆古典型乃者各　壇廟升馨薦香亦既悉用古制矣惟兹　元聖周公廟及四氏先賢祠朕於東巡之次特命修葺今輪奐翼如而器具未備非

所以重明禋將誠恪也該撫準奏其飭有司遵定式敬謹成造俾奠獻几榼執事有恪肅鉅典焉欽此十五年五月奉到

欽頒亞聖廟祭器正位獻爵三鉶一簠二簋二籩八豆八篚一配位獻爵一簠一簋一籩四豆四篚一東廡三龕每龕獻爵一簠一簋一籩四豆四篚一西廡同

述曰古者釋奠之禮必各祀其國之先聖先師鄭康成謂國無先聖先師當與鄰國合又謂先聖周公若孔子先師則詩有毛公書有伏生皆可以為之然則孟子之於鄒豈非所謂先聖先師哉春秋釋奠其秩祀也固宜鄒縣之有廟祀始於宋而隆於元自明以來尊崇之禮日增今志祀典區為五目

曰爵享乃舊志所分謂歷代褒封與享祭大典也曰林廟志修建年月與監修者姓氏而歷代之崇祀備焉曰祭儀則今博士所習與　大清會典通禮諸書相表裏者也惟樂章禮器尚多闕略僅據宋金二史增樂曲二章考乾隆時部頒孔廟樂章當時禮臣無以孟子廟樂請者遂至今缺焉又亞聖廟雖須有祭器然不及先賢孟孫氏與端範宣獻夫人豈非有待於議禮者之推舉哉我　朝尊師重道依古以來所未有方乾隆丙子壬午　高宗親臨奠祀一時觀禮之士雲合風從於戲盛哉

孟志編略　　卷□　　四十六

從祀賢儒傳

宋史禮志徽宗政和五年詔以樂正子配享鄒縣孟子廟公孫丑以下從祀皆擬定其封爵樂正子克利國侯公孫丑壽光伯萬章博興伯告子不害東阿伯孟仲子新泰伯陳臻蓬萊伯充虞昌樂伯屋廬連奉符伯徐辟仙源伯陳代沂水伯彭更雷澤伯公都子平陰伯咸邱蒙須城伯高子泗水伯桃應膠水伯益成括萊陽伯季孫豐城伯子叔承陽伯凡孟子弟子十八人俱加封爵元明二代悉依舊制明嘉靖時嘗釐正祀典而孟廟享祀禮缺無聞　國朝乾隆二十一年禮臣始奏請孟廟配饗從祀各主尙皆仍侯伯封號未協禮制宜改稱樂正克公孫丑萬

章公都子四人爲先賢某子陳臻屋廬連陳代高子孟仲子充虞徐辟彭更咸邱蒙桃應季孫子叔浩生不害盆成括及從祀之唐臣韓愈宋臣孔道輔皆稱先儒某氏　制詔報可由是配享從祀之位始定而私家著述又往往互有辨證今輒依孟廟祀位考其名氏兼附近代諸儒所擬議於次以俟議禮者采焉

先賢樂正子

樂正姓子通稱孟子弟子也魯人爲魯臣克樂正子名也趙注

今按樂正蓋以官爲氏者曾子弟子有樂正子春魯人也

韓非子顯學篇儒分爲八有樂正氏之儒陶潛聖賢羣輔

錄八儒篇樂正氏傳春秋爲道爲屬辭比事之學說者以

爲卽樂正克或曰樂正子春

先賢公孫子

公孫姓丑名孟子弟子也丑有政事之才趙注

公孫子蓋公孫之後魯有公孫茲公孫敖公孫歸父公孫嬰齊齊亦有公孫氏未詳所出丑齊人也聖賢羣輔錄八儒篇公孫氏傳易爲道爲潔淨精微之學說者以爲卽公孫丑或曰公孫段也

先賢萬子

萬姓章名孟子弟子也趙注萬子卽萬章孔子在陳章一鄉皆稱原人節注

萬氏不知所自出章亦齊人史記孟子列傳云退而與萬章之徒序詩書述仲尼之意作孟子七篇　今按七篇中與萬章辨論之語爲多故孔子在陳章篇終特以萬子結之今本或誤作章

先賢公都子

公都子孟子弟子也趙注

公都子不知何國人楚有公子田食采於都邑後人因氏

公都廣韻注孟子稱公都子有學業

先儒陳氏

陳臻孟子弟子趙注陳子即陳臻也朱子集注

元和姓纂陳媯姓周武王封舜後胡公滿於陳其後以國爲氏王應麟急就章補注陳公子完奔齊爲陳氏

先儒屋廬氏

孟子弟子屋廬連連屋廬子名也趙注

廣韻注孟子有屋廬子著書今按著書云者猶言孟子書中有是篇目也或疑屋廬子必自爲書其說似鑿

先儒陳氏

陳代孟子弟子也趙注

先儒高氏

高子齊人也嘗學於孟子鄉道而未明去而學於他術趙注

按詩序絲衣繹賓尸也高子曰靈星之尸也又韓詩外傳
高子問於孟子曰夫嫁娶者非已所自親也衞女何以得
編於詩也此則高子蓋從孟子學詩者公孫丑引高子論
小弁之言疑別是一人故孟子以叟稱之

先儒孟氏

孟仲子孟子之從昆弟學於孟子者也趙注
詩周頌維天之命毛傳引孟仲子曰大哉天命之無極而
美周之禮也魯頌閟宮毛傳引孟仲子曰是禖宮也孔穎
達正義引詩譜云孟仲子者子思弟子蓋與孟子共事子
思後學於孟子者著書論詩毛氏引以爲說　今按孟仲

子與高子蓋皆從孟子受詩者愚嘗據史記孟子列傳序詩書二語以爲詩書序實作於孟子或疑其說爲孤證觀毛詩序傳所引孟子弟子遺說亦可知此言之非無稽矣

先儒充氏

充虞孟子弟子趙注

姓氏辨證充氏出自周官充人之後以官命氏戰國有充虞孟子弟子

先儒徐氏

徐辟孟子弟子也趙注

廣韻注徐氏顓頊之後伯益之子受封於徐至徐偃王爲

楚所滅以國爲氏

先儒彭氏

彭更孟子弟子趙注

廣韻注彭氏大彭之後

先儒咸邱氏

咸邱蒙孟子弟子齊人也趙注

姓氏辨證咸邱氏出自魯大夫食邑咸邱因以爲氏

先儒桃氏

桃應孟子弟子趙注

姓氏急就篇注桃氏左傳周有桃子孟子弟子有桃應

先儒季孫氏

先儒子叔氏

二子孟子弟子趙注

周氏廣業曰魯有季孫氏子叔氏並見左傳二子當是其後氏而不名與公都子同例　今按朱錫鬯重修孟子廟碑謂宋政和中太常議以弟子十八人配祀其後季孫子叔罷祀配者堂上一人廡下一十五人今孟廟祀位仍列季孫子叔二氏不知朱氏所云嘗罷於何時也

先儒浩生氏

浩生姓不害名齊人也趙注告子名不害兼治儒墨之道者嘗

學於孟子而不能純徹性命之理同上

閻氏若璩曰浩生複氏不害其名與見公孫丑篇之告子及以告子題篇者自各一人趙氏偶於告子篇誤注曰名不害且臆度其嘗學於孟子執弟子問者 今案宋政和中封告子不害爲東阿伯從趙氏說也今孟廟祀位改稱浩生不害

先儒盆成氏

盆成姓括名也嘗欲學於孟子聞道未達而去趙注

廣韻注引風俗通氏姓篇云盆成括仕齊孟子知其必死其子逃難改氏成焉 今案說苑建本篇有盆成子是盆

成複姓也又晏子外篇載盆成括葬母事是齊前後有兩盆成括其前盆成括嘗為孔子弟子今孔庭從祀獨缺其人

滕更附

滕更滕君之弟來學於孟子者也趙注

朱氏彝尊曰趙岐注孟子以季孫子叔二人為孟子弟子孫宣公奭猶因其說宋政和五年從太常議贈季孫豐城伯子叔乘陽伯自朱子集注出乃始非之世莫有從趙氏之說者矣吳立夫氏撰孟子弟子列傳書雖不傳序稱一十九人則未嘗依朱子去季孫子叔二人盍以滕更適合

十九八之數考盡心篇公都子曰滕更之在門也其爲弟子甚明不知宋太常之議何獨贈爵不及有不可解者

先儒韓氏

韓愈字退之事蹟具唐書本傳愈作原道曰堯以是傳之舜舜以是傳之禹禹以是傳之湯湯以是傳之文武周公文武周公傳之孔子孔子傳之孟子孟子死不得其傳焉又與人書曰揚子雲云古者楊墨塞路孟子辭而闢之廓如也夫楊墨行正道廢孟子雖賢聖不得位空言無施雖切何補然賴其言而今學者尚知尊孔氏崇仁義貴王賤霸而已其大經大法皆亡滅而不救壞爛而不收所謂存十一於千百安在其

能廓如也然向無孟氏則皆服左衽而言侏離矣故愈嘗推
尊孟氏以爲功不在禹下者爲此也愈它文傳述孟子者甚
衆皆奥衍閎深與孟子相表裏而佐佑六經云新唐書贊曰
唐興承五代剖分文弊質窮至貞元元和閒愈遂以六經之
文爲諸儒倡其道蓋自比孟子以荀況楊雄爲未醇甯不信
然至進諫陳謀矯拂媮末皇皇於仁義可謂篤道君子矣自
晉迄隋老佛顯行諸儒齮天下正議助爲怪神愈獨喟然引
聖爭四海之惑昔孟子距楊墨去孔子才二百年愈排二家
乃去千餘歲撥衰反正功與齊而力倍之所以過況雄爲不
少矣

先儒孔氏

孔道輔字原魯初名延魯孔子四十五代孫也舉進士爲甯州軍事推官遷大理寺丞知兖州仙源縣事有能名章獻太后臨朝召爲右正言受命日論奏樞密使曹利用尚御藥羅崇勳竊弄威福宜早斥去以清朝廷立對移刻太后可其言乃退仁宗朝奉使契丹契丹宴使者優人以文宣王爲戲道輔艴然徑出契丹使主客者邀道輔還坐且令謝道輔正色曰中國與北朝通好以禮文相接今俳優之徒慢侮先聖而不之禁北朝之過也道輔何謝契丹君臣默然又酌大巵謂曰方天寒飲此可以致和氣道輔曰不和固無害既還言者

以爲生事且開爭端仁宗問其故對曰平時漢使至契丹輒爲所侮若不校恐益慢中國帝然之歷判吏部流內銓遷尚書兵部員外郎復出知徐許二州徙應天府明道二年召爲右諫議權御史中丞郭皇后廢道輔率諫官伏閤力爭帝令宰相呂夷簡以皇后當廢狀告之道輔語夷簡曰大臣之於帝后猶子事父母也父母不和可以諫止奈何順父出母乎夷簡曰廢后有漢唐故事道輔曰人臣當道君以堯舜豈得引漢唐失德爲法耶夷簡語塞卒出道輔知泰州頃之徙徐州又徙兗州進龍圖閣直學士在兗三年復入爲御史中丞性鯁挺遇事彈劾無所避出入風采肅然會受詔鞫馮士元

獄事爲宰相張士遜所賣出知鄆州行至韋城發憤卒天下莫不以直道許之皇祐三年仁宗思其忠特贈尚書工部侍郎初道輔知兖州求得孟子墓於鄒邑之東北三十里四基山之陽爲廟以祀泰山孫復爲之記孟廟享祀遂至今不替

趙岐傳附

趙岐字邠卿京兆長陵人初名嘉字臺卿永興二年辟司空掾遷皮氏長延熹元年中常侍唐衡兄玹爲京兆尹與岐夙隙岐避禍逃避四方乃自改名字後遇赦得出拜并州刺史又遭黨錮十餘歲中平元年徵拜議郎舉燉煌太守後遷太僕終太常事蹟具後漢書本傳初孝文帝欲廣游學之路論

語孝經孟子爾雅皆置博士後罷傳記博士獨立五經而已

岐以爲周衰異端並起孟子閔堯舜湯文周孔之業將遂湮

微是故垂憲言以詒後人著書七篇包羅天地揆敘萬類仁

義道德性命禍福粲然靡所不載可謂直而不倨曲而不屈

命世亞聖之大才者也於是乃述己所聞證以經傳爲章句

十四卷

孫奭傳 附

孫奭字宗古博平人端拱中九經及第爲莒縣主簿遷大理

評事累遷工部郎中擢龍圖閣待制大中祥符初上將奉迎

天書奭獨言臣愚所聞天何言哉豈有書也四年將祀汾陽

奭上疏切諫六年將祠太清宮又疏諫帝知奭朴忠每優容之仁宗時官至兵部侍郎龍圖閣學士嘗畫無逸圖上之每進見帝未嘗不加禮以年踰七十三請致仕不許乃求近郡優拜工部尚書復知兗州尋改禮部尚書旣而累表乞歸以太子少傅致仕卒贈左僕射謚曰宣事蹟具宋史本傳奭嘗奉詔與邢昺杜鎬校定諸經正義而奭所著孟子音義尤爲學者所宗其序以爲紹六經之教者莫尚乎孟子其言精而贍其旨淵而通致仲尼之教獨尊於千古非聖賢之倫安能至於此乎奭亦可謂有功於聖經者矣

錢唐傳附

錢唐字惟明象山人博學敦行洪武元年舉明經對策稱旨特授刑部尚書二年詔孔廟春秋釋奠止行於曲阜天下不必通祀唐伏闕上疏言孔子垂教萬世天下共尊其教故天下得通祀孔子報本之禮不可廢侍郎程徐亦疏諫久之乃用其言帝嘗覽孟子至草芥寇讎語謂非臣子所宜言議罷其配享詔有諫者以大不敬論唐抗疏入諫曰臣爲孟軻死死有餘榮時廷臣無不爲唐危帝鑒其誠懇不之罪孟子配享亦旋復史本傳 右節錄明

述曰甚矣班史古今人表之陋也其列孟子爲第二等而以公孫丑居第三等萬章樂正子告子高子居第四等徐子第

五等而此外孟子弟子不與焉抑何疏且謬哉趙邠卿生東漢末造獨能仰窺聖恉推孟子爲亞聖其識卓矣邠卿所注孟子弟子十五人學於孟子者四人今皆從祀而滕更獨見遺豈以其不答於一時而遽斥之耶昌黎韓子之配祀始自宋宣和時蓋其來久矣孔氏從祀年月無可稽迹其表章孟子正色立朝侃侃不阿洵有得於仁義之旨哉錢唐以一言寤主配享之禮罷而旋復或傳孟氏舊有報德祠豈亦私祀之類與趙太常孫宣公皆爲有功於孟子然皆未與於馨香之列何哉謹按　四庫提要云表章之功在漢爲文帝在宋爲眞宗訓釋之功在漢爲趙岐在宋爲孫奭今於考訂從祀賢儒傳後附錄三人之傳孟子曰頌其詩讀其

書不知其人可乎若夫興舉之功則當世必有任之者矣

孟志編略　十一

附錄

乾隆二十一年禮部議覆衍聖公孔昭煥奏孟廟請罷季孫子叔高子告子盆成括從祀查季孫子叔爲孟子門人盆成括學於孟子見趙岐注岐去孟子近必有據孟子去齊章有高子以告之文確爲弟子無疑告子不害從祀雖見宋史然攷欽定圖書集成及孟氏三遷志皆作浩生不害改於何代不可稽見在所祀係浩生不害非告子自宋至今從祀七百餘載未便以臆說罷奉　旨依議

藝文

歷代注解傳述

孟子章句

漢程曾撰曾字秀升豫章南昌人建初三年舉孝廉遷海

西令卒於官曾著書百餘篇皆五經通難又作孟子章句

見後漢書儒林傳原書久佚

孟子注十四卷

漢趙岐撰岐字邠卿京兆長陵人初名嘉生於御史臺因

字臺卿後避難故自改名字仕至太常年九十餘卒事蹟

具後漢書本傳是注即岐避難時在安邱孫嵩家複壁中

所著

孟子章句

漢高誘撰誘後漢書無傳據誘注淮南子自序知爲涿郡人從同縣盧侍中學建安十年辟司空掾除東郡濮陽令十七年遷監河東誘作呂氏春秋序自言正孟子章句其書久佚故歷代史志皆不著錄

孟子注七卷

隋書經籍志云鄭元注按後漢書鄭康成傳凡所注周易尚書毛詩儀禮禮記論語孝經尚書大傳中侯乾象歷又著天文七政論魯禮禘祫義六藝論毛詩譜駁許慎五經

異義答臨孝存周禮難凡百餘萬言不云注孟子而隋唐志並有之疑或爲鄭學者所依託原書久佚

孟子注七卷

漢劉熙撰熙字成國北海人著釋名二十篇所注孟子隋唐志並云七卷原書久佚

孟子注九卷

晉綦毋邃撰邃世次爵里無考據隋志載邃列女傳七卷在皇甫謐後又有齊都賦二卷及所注左思三都賦三卷知爲晉人志云梁有孟子注七卷綦毋邃撰亡唐書藝文志載綦毋邃注孟子七卷蓋其書亡於隋時至唐乃復得

之故北堂書鈔及李善注文選杜佑著通典猶閒引其說

原書久佚

孟子注七卷

唐陸善經撰善經注孟子舊唐書經籍志不載新書藝文志作七卷崇文總目云善經以孟子書初爲七篇因删去趙岐章指與其注之繁重者復爲七篇原書久佚

孟子音義三卷

唐張鎰撰鎰字季權一字公度蘇州人朔方節度使齊邱之子仕至中書侍郎鳳翔隴右節度使贈太子太傅新舊唐書皆有傳舊書述鎰所著有孟子音義而經籍志失載

新書藝文志有之宋史藝文志亦作三卷原書久佚

孟子手音一卷

唐丁公著撰公著字平子蘇州吳人仕至太常卿贈尚書

右僕射事蹟具唐書本傳所著孟子手音新舊唐志均不

載宋史藝文志有之原書久佚

翼孟三卷

唐劉軻撰軻彭城人因慕孟子而命名著翼孟三卷白居

易記其事原書久佚

孟子音義二卷

宋孫奭撰奭字宗古博州博平人仕至兵部侍郎龍圖閣

學士卒贈左僕射謚曰宣事蹟具宋史本傳是編實大中祥符間奉敕校刊孟子時所著

孟子正義十四卷

舊本題宋孫奭撰朱子語錄謂邵武士人所假託蔡季通識其人　以上二書　文淵閣著錄

四注孟子十四卷

揚雄韓愈李翱熙時子四家注見宋史藝文志　後凡諸書存佚不復悉注

孟子解十四卷

宋王安石撰

孟子注十四卷

宋王雱撰雱字元澤臨川人王安石子也事蹟附見宋史安石傳晁公武曰王介甫素喜孟子自爲之解其子雱與其門人許允成皆有注釋崇觀閒場屋舉子宗之

孟子解六卷

宋蔣之奇撰之奇字穎叔宜興人官觀文殿學士事蹟具宋史本傳

孟子點注十四卷

宋張簡撰晁公武曰熙甯中蜀州張簡點節經注附以釋文以教童子

孟子解義十四卷

宋章甫撰甫字端叔蒲城人熙甯中大臣以甫孟子解義
進詔付祕書省

孟子節解十四卷

宋司馬康吳安詩范祖禹趙彥若范百祿同撰見范祖禹進書劄子
范祖禹志司馬康墓曰司馬康公休奉對邇英閣言孟子爲書最醇正陳王道尤明白所宜觀覽上尋詔講筵官編修孟子節解爲十四卷以進康力疾解孟子二卷　今按文獻通考載五臣解孟子十四卷晁公武曰皇朝范祖禹孔武仲吳安詩豐稷呂希哲元祐中同在經筵所進據此則五臣無康名也又按康爲温公子温公作疑孟而康乃

首建此論姚氏謂其父子至親不爲苟同然觀此亦可以知温公之庭訓矣

孟子解二十四卷

宋張子撰謹遵四庫書目例凡周張程朱諸賢俱稱子而不名晁公武曰張子撰孟子解並孟子統說附於後

孟子解四卷

宋伊川程子撰宋史藝文志注云門人所記文獻通考作十四卷康紹宗曰晁氏讀書志載程氏孟子解十四卷大全集止載一卷及反覆通考則皆後人纂集遺書外書之有解者也

孟子講義十四卷

宋呂大臨撰大臨字與叔京兆藍田人始與兄大鈞同事張子後從二程子遊元祐中官祕書省正字事蹟附載宋史呂大防傳

孟子解一卷

宋蘇轍撰是書　文淵閣著錄提要云舊本首題穎濱遺老字乃其晚歲退居之號以陳振孫書錄解題考之實少年作也凡二十四章

孟子解五卷

宋王令撰令字逢原元城人後徙居廣陵是書宋志作孟

子講義卷數同陳振孫曰所講纔盡二篇其第三篇盡二

章而止

孟子新義十四卷

宋許允成撰允成爲王安石門人故所解孟子亦以新義

名晁氏謂崇觀閒場屋舉子宗之卽此書也

孟子解十卷

宋龔原撰原字深之遂昌人官待制事蹟具宋史本傳

孟子解十四卷

宋鄒浩撰浩字志完常州晉陵人元豐五年進士官終直

龍圖閣謚曰忠事蹟具宋史本傳

孟子解義十四卷又雜解一卷

宋游酢撰酢字定夫建陽人元豐五年進士建中靖國初歷官監察御史宣和初終於知濠州事蹟具宋史道學傳

孟子解義十四卷

宋陳暘撰暘字晉之閩清人紹聖中登制科官禮部侍郎事蹟具宋史儒林傳

孟子通義十卷

宋葉夢得撰夢得字少藴號石林吳縣人紹聖四年進士南渡後官至崇信軍節度使事蹟具宋史文苑傳

孟子解十四卷

宋尹焞撰焞字彥明河南人事蹟具宋史道學傳按陳振孫書錄解題尹氏論語解十卷孟子解十四卷徽猷閣待制尹焞紹興中經筵所上孟子解未成不及上而卒趙希弁讀書附志謂焞於紹興初再以崇政殿說書召既侍經筵首解論語以進繼解孟子甫及終篇而卒然據韓無咎跋語則十四卷中有第三篇及某章皆未備實未成之書也

孟子解十四卷又拾遺一卷

宋張九成撰九成字子韶自號無垢居士其先開封人徙居廣陵紹興二年進士歷官宗正少卿兼侍講權刑部侍

郎卒贈太師謚文忠事蹟具宋史本傳按是書　文淵閣著録作孟子傳乃南宋舊槧提要云其盡心篇已佚而告子篇以上已二十九卷通考作十四卷蓋傳寫誤也

孟子問答十二卷

宋倪思撰思字正甫湖州歸安人歷官寶文殿學士謚文節事蹟具宋史本傳按元白珽湛淵靜語載倪思論司馬疑孟一條謂王安石援孟子大有爲之説欲神宗師尊之故光著疑孟明其未可盡信蓋出此書

孟子傳十四卷

宋陳禾撰禾字秀實鄞縣人官右正言謚文介事蹟具宋

史本傳所注孟子本傳作十卷蓋脫誤也

翼孟音解

宋陸筠撰筠字善材一字元禮金谿人平生篤志孟子著

翼孟音解九十一條周益公必大爲之序

尊孟辨三卷續辨二卷別錄一卷

宋余允文撰允文字隱之建安人是書自明中葉以後無

完本　本朝乾隆時館臣從永樂大典輯出首尾完具復

還舊觀詳　四庫全書提要

孟子集注十四卷孟子集義十四卷或問十四卷孟子問辨十

一卷孟子要略

宋朱子撰自朱子定四書之名後來注孟子者率與論語大學中庸同釋目爲四書宋史藝文志雖列孟子於儒家而朱子所爲集注集義或問皆錄入孟子類蓋不敢沒其實也今用其例仍分别著錄惟要略一書無卷數僅見眞西山序文近代漢陽劉氏始從金仁山孟子集注考證內搜出凡八十五章

孟子詳說十七卷癸巳孟子說七卷

宋張栻撰栻字敬夫廣漢人事蹟具宋史道學傳孟子說成於乾道癸巳故名癸巳孟子說書凡七卷　文淵閣著錄

孟子傳三十六卷
宋史藝文志題曰張氏傳疑郎張子韶書也
百家孟子解十二卷
晁公武曰集古今諸儒自皮日休至强至賈同百餘家解
孟子成一編
石鼓孟子答問三卷
宋戴溪撰溪字少望永嘉人淳熙五年爲别頭省試第一
歷官工部尚書文華閣學士卒贈端明殿學士紹聖初賜
謚文端事蹟具宋史儒林傳陳振孫曰岷隱初仕衡嶽祠
官領石鼓書院山長所與諸生講説者也

孟子傳贊十四卷

宋錢文子撰文子字文季樂清人紹熙三年由上舍釋褐

出身歷官宗正少卿後退居白石山下自號白石山人

孟子辨疑十四卷

宋王汝猷撰

孟子要義十四卷

宋魏了翁撰了翁字華父號鶴山臨卭人慶元五年進士

官至資政殿大學士參知政事僉書樞密院事蹟具宋史

本傳

孟子紀蒙十四卷

宋陳壽老撰壽老字耆卿臨海人登嘉定七年進士官至國子司業是書前有水心葉適序陳振孫曰耆卿學於水心者也嘗主麗水簿當嘉定初年成此書

孟子解十四卷

宋趙善湘撰善湘字清臣濮安懿王五世孫仕至資政殿大學士封文水郡公贈少師事蹟具宋史本傳

孟子集疏十四卷

宋蔡模撰模字仲覺號覺軒建安人蔡沈之子蔡杭之兄也嘗學於朱子是書　文淵閣著錄

孟子通旨七卷

宋王柏撰柏字會之號魯齋金華人受業於何基之門以
度宗咸湻十年卒事蹟具宋史道學傳
孟子集註考證七卷
宋金履祥撰履祥字吉甫號仁山蘭谿人從學於王柏德
祐初以史館編修召不赴入元隱居教授以終事蹟具元
史儒學傳
删集孟子解十卷
金趙秉文撰秉文字周臣滏陽人大定二十五年進士歷
官翰林侍講學士拜禮部尚書事蹟具金史本傳
孟子辨惑一卷

金王若虛撰若虛字從之稾城人歷官翰林直學士金亡
後微服歸里後卒於泰山事蹟具金史文藝傳

孟子集注旁通四卷
元杜瑛撰瑛字文玉父時昇其先霸州信安人瑛避地河
南緱氏轉徙教授汾晉間詳元史隱逸傳

孟子旁注七卷
元李恕撰恕字省中盧陵人有五經旁注六卷

孟子權衡遺說五卷
元李昶撰昶字士都東平須城人事蹟具元史本傳

孟子通解十四卷

孟子衍義十四卷

孟子思問錄一卷

孟子旁解七卷

右四部不知撰人見千頃堂書目黃虞稷曰皆元人所著也

孟子私鈔七卷

明楊守陳撰守陳字維新鄞人事蹟具明史本傳

孟子雜記四卷

明陳士元撰士元字心叔應城人嘉靖甲辰進士官至陳州知州是書　文淵閣著錄

謹按　四庫全書提要謂陳氏是書與所作論語類考均爲有裨於經學故特附於四書類今考其書體例繁蕪實非善本特以明一代考證之書所存無幾故今亦備錄焉

孟子訂釋七卷

明管志道撰志道字登之婁縣人隆慶辛未進士官南京刑部主事是書　四庫存目作孟義訂測提要云書分訂釋測義二例訂釋者取朱子所釋而訂之測義則皆出自臆說恍惚支離不可勝舉

孟子說解十四卷

明郝敬撰敬字仲輿京山人萬歷己丑進士官至禮科給

事中尋左降明史文苑傳附見李維楨傳末是書　四庫
存目
孟子師說二卷
國朝黃宗羲撰宗羲字太沖號黎洲餘姚人前明御史尊素
之子康熙初薦修明史以老疾未赴是書　文淵閣著錄
提要謂宗羲以其師劉宗周嘗釋大學中庸論語惟孟子
無所論著乃述其平日所聞以作此書故名師說
孟子字義疏證三卷
國朝戴震撰震字東原休甯人入　國史儒林傳是書與所
作原善三篇皆標舉古義　國史稱震晚年論述於老莊

釋氏之說辭而闢之使與六經孔孟之書截然不可以相亂具見於是書

孟子正義三十卷

國朝焦循撰循字理堂江都人是書闡發趙注申明古訓於趙說有所疑輒爲規正引據古書外所采　本朝諸人說凡六十餘家○按　國朝崇尚經學實事求是乾嘉閒經師繼起深明古訓自焦氏此書外如邵氏晉涵之孟子述義樊氏廷紹之孟子注疏解經大率皆未成編邵氏述義無傳本僅見南江札記說孟子幾四百事或謂卽述義初稿樊氏書已刻十二卷於舊疏六卷又各分爲上下卷自

離婁以下四篇竟未版行不知世尚有完本否又錢氏東垣有孟子解誼十四卷亦未見其書此外諸家撰述應復不少茲謹就聞見所及詳爲采錄其所不知姑從闕如

附錄

石經孟子十四卷

宋宣和中知成都席旦所刊以補孟蜀廣政石經晁氏讀書志馬氏文獻通考均列之孟子類今因之按此外又有北宋嘉祐篆眞二體石經南宋高宗御書石經皆有孟子

又　國朝賈三復補刊孟子以續唐石經今　國學所立石經亦有孟子謹附其目於此

孟子發題一卷

宋施德操撰德操字彦執海昌人是書　四庫存目

孟子年譜一卷孟子家記一卷

元吴迂撰

孟子弟子列傳三卷

元吴萊撰萊字立夫浦陽人延祐中以春秋貢於鄉後以薦署饒州路長薌書院山長

孟子年譜一卷

舊本題元程復心撰　四庫存目提要云朱彝尊經義考載譚貞默孟子編年略自述一篇與此書自述不異一字

疑直以貞默之書詭題元人耳

孟子事蹟圖譜二卷

明季本撰本字明德山陰人正德丁丑進士官至長沙府

知府

孟子編年略一卷

明譚貞默撰貞默字梁生別號埽庵嘉興人崇禎戊辰進

士官至國子監祭酒

孟子生卒年月考一卷

國朝閻若璩撰若璩字百詩太原人徙居山陽康熙己未薦

舉博學鴻詞是書　四庫存目入史部傳記類

孟子事實錄二卷

國朝崔述撰述字東壁大名人著考信錄數十卷辨論古事一以經文與義理爲斷是書亦其一也

述曰自班史志藝文以孟子入儒家歷代史志因之宋熙甯中用宰臣王安石之說乃罷詩賦以孟子與羣經試士是後孟子始尊爲經科舉之制亦自此興矣先是大中祥符時眞宗嘗命孫奭等校刊孟子今所傳音義一書即此時作也及安石欲援孟子大有爲之說因有是議當時元祐諸人務與爲難由是疑孟詆孟諸書紛紛作焉晁公武承其家學故郡齋讀書志仍列孟子於儒家至直齋陳氏書錄解題始與論

語同入經部其說曰自韓文公稱孔子傳之孟子孟子死不得其傳天下學者咸曰孔孟孟子之書固非荀揚以下所可同日語也今國家設科語孟並列於經而程氏諸儒訓解二書常相表裏故今合爲一類愚按陳氏此說當矣恭讀

四庫全書提要有曰表章之功在漢爲文帝在宋爲眞宗訓釋之功在漢爲趙岐在宋爲孫奭固不始於安石亦不始於程子此尤足以破諸儒門戸之見竊嘗以爲孟子之尊於王安石亦猶左氏傳周官之尊自劉歆耳初不必爲是經諱觀宋史首列王雱註則其訓釋孟子亦不爲無功特惜其湮滅無傳不復可考其他諸家所述有其名而無其書者蓋尤不可

勝數也可不惜哉今錄歷代注解傳述一以正史爲徵其有書雖佚而史傳可稽者則詳其卷數與其撰著名氏以備参考大抵宋以前著述鮮存又孟子書不列於經世儒好之者少故今所采錄諸家撰著頗詳宋以後則習孟子者卒目爲四書其所講求或專爲制義而設蓋不勝采摭故略焉

雜志

孟子生時母夢神人乘雲自泰山來將止于繹母凝視久之忽片雲墜而寤時閭巷皆見五色雲覆孟氏之居焉拾遺記宋書符瑞志通志並載此事不知何據明孫瑴古微書引作春秋孔演圖

孟子少時誦其母方織孟子輟然中止乃復進其母知其諠也呼而問之曰何爲中止對曰有所失復得其母引刀裂其織以此誡之自是之後孟子不復諠矣韓詩外傳

孟子少時東家殺豚孟子問其母曰東家殺豚何爲母曰欲啖汝其母自悔而言曰吾懷姙是子席不正不坐割不正不食胎教之也今適有知而欺之是教之不信也乃買東家豚肉以食

之明不欺也同上

孟子妻獨居踞孟子入戶視之白其母曰婦無禮請去之母曰何也曰踞母曰何知之孟子曰我親見之母曰乃汝無禮也非婦無禮禮不云乎將入門問孰存將上堂聲必揚將入戶視必下不掩人不備也今汝往燕私之處入戶不有聲令人踞而視之是汝之無禮也非婦無禮也於是孟子自責不敢去婦同上

崔氏述曰余按自裂其織以喻學之不可中輟理固當然至於啖汝云者不過一時之戲言耳因悔此一戲而遂買豚肉以彌縫之是教之以文過遂非也孟母何反出於此乎此皆說者欲極形容孟母之善教而附會之反失其正者又按獨

居而踞偶然事耳敎之可也非有大故豈得輒去聲揚覩下
亦謂朋友賓客閒耳房幃之內安得事事責之此蓋後人之
所附會必非孟子之事
孟廣均曰按荀卿子云有子惡卧而焠掌孟子惡敗而出妻
可謂能自強矣所云惡敗出妻事蓋卽韓氏所述見妻獨居
踞而請去之也後學不察眞以爲出妻謬矣
孟子車尙幼請見子思子思見之甚悦其志命子上侍坐焉禮
敬子車甚崇子上不願也客退子上請曰白聞士無介不見女
無媒不嫁孟孺子無介而見大人悦而敬之白也未諭敢問子
思曰然吾昔從夫子於郯遇程子於途傾蓋而語終日而别命

子路將束帛贈焉以其道同於君子也今孟子車孺子也言稱堯舜性樂仁義世所希有也事之猶可況加敬乎非爾所及也孔叢子雜訓篇

孟某問牧民何先子思曰先利之曰君子之所以教民亦仁義固所以利之乎子思曰上不仁則下不得其所上不義則樂爲亂也此爲不利大矣故易曰利者義之和也又曰利用安身以崇德也此皆利之大者也同上

許氏瀚曰孔叢牧民條本之子思子今之子思子則宋汪晫所編又取之孔叢子也子思子原文載在晁公武郡齋讀書志子部儒家子思子下與孔叢小有同異今錄全文於左

孟某問牧民之道何先子思曰先利之孟某曰君子之教民者亦仁義而已何必曰利子思曰仁義者固所以利之也上不仁則下不得其所上不義則樂爲詐此爲不利大矣故易曰利者義之和也又曰利用安身以崇德也此皆利之大者也

孟某問子思曰堯舜文武之道可力而致乎子思曰彼人也我人也稱其言履其行夜思之晝行之滋滋焉汲汲焉如農之趨時商之趨利惡有不至者哉孔叢子居衛篇

子思謂孟某曰自大而不修其所以大不大矣自異而不修其所以異不異矣故君子高其行則人莫能階也遠其志則人莫

能及也禮接於人人不敢慢辭交於人人不敢侮其惟高遠乎同上

孟子卒於冬至之日鄒人因哭孟子而廢賀冬至之禮遂以成俗舊志

孟廣均曰舊志引古碑云云今已不見此碑鄒縣志亦載此説

以上志孟子遺事

趙氏岐曰漢興除秦虐禁開延道德孝文皇帝欲廣遊學之路論語孝經孟子爾雅皆置博士後罷傳記博士獨立五經而已訖今諸經通義得引孟子以明事謂之博文孟子題辭

王氏應麟曰𡡒哉漢之尊經乎儒五十三家莫非賢傳也而孟子首置博士九流百八十九家莫非諸子也而通義得述孟子斯文之統紀以一多士之趨向以純非徒綴訓詁誦佔畢而已五經通義說

閻氏若璩曰按孟子題辭云孝文皇帝欲廣遊學之路論語孝經孟子爾雅皆置博士朱子謂此事在漢書無考余謂劉歆移太常博士書云孝文帝尚書初出屋壁詩始萌芽天下衆書頗出皆諸子傳說猶廣立於學官爲置博士非岐說之所本乎第史文不備耳困學紀聞箋

錢氏大昕曰漢書贊武帝云孝武初立卓然罷黜百家表章

六經以本紀考之建武五年置五經博士則傳記博士之罷當在是時矣潛研堂答問

唐寶應元年楊綰爲禮部侍郎疏請罷明經進士而復孝廉以論語孝經孟子兼爲一經令士習之下有司議如綰言而翰林以爲進士不可廢遂詔明經進士與孝廉並行而孟子終不得立學宮舊志按舊志凡引史傳皆約舉其文不標書名今悉稱舊志

王氏應麟曰國朝以孟子升經並論語孝經爲三小經玉海

按程伊川文集論禮部看詳狀曰禮部看詳博士十八六人分講六經四人分講論語孟子難以施行禮部之意卻是不知太學有四堂自來分講諸經四處各講論語孟子也 翟

氏灝曰孟子升經之事當在宋初故有自來四堂各講論孟之說史志未詳采此以備其制

祥符七年正月國子監上新印孟子及音義賜輔臣各一部玉海

景祐元年九月詔翰林學士張觀等刊定前漢書孟子下國子監須行麟臺故事

熙甯四年二月罷詩賦以經義策論取士令各占治易詩書周禮禮記一經兼論語孟子每試四場初大經易詩書周禮也次兼經禮記論語孟子俱十道後改語孟義三道次論一首次策一道舊志

許氏瀚曰熙甯四年科舉之制以王安石議也有宋尊孟子爲經蓋已久矣觀眞宗朝孫宣公奉敕校勘孟子遂作音義

進呈可見祥符七年印本即孫校也

元祐四年立詩賦經義兩科詩賦進士初場試本經義二道語孟義各一道次試賦及律詩各一道次論一道末試策一道專經進士初試本經義三道論語義一道次試本經義三道孟子義一道次論策如詩賦科自是後詩賦科或間議罷復而孟子試義不改舊志　又注初司馬温公執政欲盡變熙豐舊法范忠宣公曰孟子不可輕黜猶六經之春秋矣乃止

元祐中司馬康邇英閣進講言孟子於書最醇正陳王道尤明白所宜觀覽帝曰方讀其書尋詔講官爲孟子節解以進舊志

按此文已詳前卷孟子節解注見范祖禹志墓原文云康力疾解二卷又按玉海載元祐四年以司馬康言詔進講孟子

講官爲節解十四卷范祖禹講今樂猶古樂及公劉太王章

許氏瀚曰康傳載康言而無年數據此知是元祐四年也

呂原明元祐閒侍講大雪不罷因講孟子有感哲廟一笑喜爲二絕句晁迥客語

政和四年點檢措置祕書省官投名人並本省職掌楷書以上保引保二人引一人三館祕閣官試驗書讀孟子書三百字不誤十字讀三百字不差十字爲合格麟臺故事

宣和元年皇太子奏昨奉旨令耿南仲講孟子今已講畢東宮備覽

靖康元年夏四月立太子御史績溪胡舜陟奏向者晁説之乞皇太子講孝經論語閒日讀爾雅而廢孟子夫孔子之後深知

聖人之道者孟子而已願詔東宮官遵舊制先讀論語次讀孟子會亂不果行舊志

建炎二年九月己亥上謂宰相近將孟子論治道處手寫入於絹屏又曰語孟誦習之熟眞有可喜癸卯内出親書坐右素屏旅獒一篇大有大畜二卦與孟子之言七凡十扇遣中使宣示宰執玉海

紹興八年五月命説書尹焞解孟子八月命侍講吳表臣講孟子十六年三月辛卯終篇同上

按尹和靖有孟子解十四卷已見前卷王時敏師説曰先生曰德壽問紂亦是君孟子何故謂之一夫某曰此非孟子之

言上曰誰言曰武王誓師之詞也獨夫紂洪惟作威上又曰君視臣如土芥則臣亦便可視君如寇仇某曰此亦非孟子之言上曰誰言曰此三代之民言也撫我則后虐我則讎上大喜他日謂趙丞相曰朕嘗以此問張九成張九成曰才不爲君便是獨夫若尹某可謂明矣若九成殊不曉他意

乾道元年立太子以鄞人汪大猷爲諭德兩日一講孟子舊志

乾道時朱某嘗欲罷詩賦而分經史子時務之年其私議以易詩書爲一科三禮爲一科春秋及三傳爲一科義各二道諸經皆兼大學論語中庸孟子義一道議雖未上而天下誦之宋史選舉志

紹熙五年八月詔續潛邸所講孟子嘉泰元年十一月講徹玉海
金大定六年始置大學後漸立府州學以孟子與易書等並爲經用趙岐注孫奭疏命國子監印板頒諸學校習之又設女眞學令譯經所以女眞字譯諸經及孟子書俾女眞子弟習之舊志
元至元二十四年始定國子學制設博士助教等官凡生員讀書必先孝經小學論語孟子然後及諸經焉同上
皇慶二年始定貢舉之制蒙古色目人第一場經問五條大學論語孟子中庸設問用朱氏章句集註第二場策一道漢人南人第一場明經經疑二問大學論語孟子中庸內出題並用朱氏章句集註復以己意結之經義一道各治一經第二場古賦

詔誥章表內科一道第三場策一道同上

明洪武元年夏四月太祖至白虎殿見有孟子書顧問許存仁曰孟子何說爲要對曰勸國君行王道施仁政省刑薄賦乃其要也太祖曰孟子專言仁義使當時有一賢君能用其言天下豈不定於一乎同上

洪武三年初設科取士第一場五經義各試本經一道四書義一道後四書義增三道俱以朱子章句集註爲主仍須諸學宮焉同上

洪武時翰林學士劉三吾上言孟子一書中間辭氣太過請節去八十五條課試不以命題科舉不以取士其餘存者須之學

宮上可其奏命曰節文萬歷重編內閣書目

周賓所識小編曰洪武二十七年劉三吾奉上徵天下耆儒同校孟子中閒語氣太峻者八十五條除之其餘一百七十餘條須之中外俾皆誦讀向有板在南雍今殘缺矣

李詡戒菴漫筆曰國初嘗删國人寇讎反覆易位等章其本至今猶在南禮部堂櫃中然卒寢前旨以全書行世

今按明史錢唐傳帝嘗覽孟子至草芥寇讎語謂非臣子所宜言議罷其配享詔有諫者以大不敬論唐抗疏入諫曰臣爲孟某死死有餘榮時廷臣無不爲唐危帝鑒其誠懇不之罪孟子配享亦旋復然卒命儒臣修孟子節文云所謂孟子

節文即內閣書目所載二卷者是也據戒菴漫筆知當時此書實頒行未久故日卒寢前旨以全書行世而他書稱太祖欲廢孟子錢唐進諫以腹受箭朱錫鬯謂野史近誣不足信又引太祖諭趙晉曰孔孟之道卿幼學壯履謂太祖言必孔孟並舉其命劉三吾節文者爲發題試士恐啟諸生訕上之端耳此皆於孟子事大有關係今並附錄於此

正統元年會試出大學論語中庸題而不及孟子十年會試出中庸大學孟子而不及論語成化元年鄉試出論語二道孟子一道而不及大學中庸其後定大學中庸內量出一道論語孟子各出一道遂爲例　廖道南殿閣詞林記

以上志歷代崇習孟子遺事

淮南子氾論訓曰全性葆眞不以物累形楊子之所立也而孟子非之高誘注曰全性葆眞謂不拔骭毛據俶眞訓注當作雖拔骭一毛以利天下弗爲不以物累己身形也孟子受業於子思之門成唐虞三代之德敘詩書孔子之意塞楊墨淫辭故非之也

傅氏元曰昔仲尼既沒仲弓之徒追論夫子之言謂之論語其後鄒之君子孟子輿擬其體著七篇謂之孟子文選劉孝標辨命論李善注引

傅子又曰孟某荀卿若在孔門非唯游夏而已乃冉閔之徒也物理論引見意林

馬氏端臨曰前史藝文志俱以孟子入儒家類直齋陳氏書錄

解題始以語孟同入經類其說曰自韓文稱孔子傳之孟某天下學者咸曰孔孟孟子之書固非荀楊以降所可同曰語也今國家設科語孟並列於經而程氏諸儒訓解二書常相表裏故合爲一類今從之文獻通考

按此著録家孟子入經之始許氏瀚曰陳氏馬氏既發此論而宋史藝文志仍列子部則托克托之過也

薛氏瑄曰宋之大儒有德業聞望重於一時者猶擠孟子於法言之後尙何望於他人耶惟河南程夫子倡明絶學始表章其書發揮其旨而一時及門之士遂相與翕然服膺其說天下始曉然知其爲洙泗正傳而不敢妄議至朱子又取程子及羣賢

之說會萃折衷以釋其意與論語大學中庸列為四書由是洙泗之正傳益以明備千古入道之門造道之閫無越於此矣讀書錄

附錄許印林氏駁正孟雨山博士重纂三遷志稿三則

孟子魯公族孟孫之後說本漢趙氏孟子題辭云三桓子孫既以衰微分適他國意謂鄒人系出魯卿義固顯然也孟子父母名氏漢唐諸書不見自明李東陽纂闕里志許曰闕里誌乃山東提學憲副陳君鎬所修據李東陽序乃李奉敕來祭欲為一書適聞學使陳君鎬有事於此因舉以屬之取所定凡例稍加潤飾而已諸書引闕里誌動云李東陽皆誤也始云孟子父名激字公宜亦不言出何典記按晉左貴嬪孟母贊有斷機激子一語激子猶教子也在晉人必

不以激爲啟聖公名決矣許曰啟聖公名字誠不知所出然斷公宣二字又何從得來明永樂大典中所采書及焦弱侯經籍志中所列書今不存者多矣不得謂明人所見今人無不知也至公宣一作公宣見王氏山志姑存一說可爾孟母事詳見韓

詩外傳併劉向列女傳母儀篇皆云鄒孟某母未嘗著氏姓也至宋鄭樵通志姓氏略始云孟母仉氏仉音掌亦不言出何書元張頊撰孟母墓碑云舊碑題孟母氏李未知何據今碑已不見許曰張頊所稱舊碑即金貞祐元年孫弼所撰鄒國公墳廟之碑故云頊讀鄒國公墳廟碑蓋釋其疑也王志乃改其題日柯亭孫弼謁祠記妄矣碑云公夙喪其父母李氏以賢德見稱言之鑿鑿決非臆造即張頊亦不過曰未知何據當考而已未嘗斥爲臆說也此碑現在墓側未嘗不見只因後人磨李改仉王志因之遂疑爲不見耳瀚家藏闕里誌載此文李字甚分明此又不能存而不論矣若近世傳刻小書謂孟母仉氏乃魏公子仉胥女

孟志編略　十一

此誤不可不辨按仉脣之名見於唐小說家僞稱張說撰梁四公記四公倶蕭梁天監時人仉脣其一也明梅氏字彙仉字下注孟母仉氏又梁四公仉脣連引二事以釋之許曰字彙原文云孟母姓仉又梁有四公子其一姓仉名脣而陋者不察貫爲一條謬謂梁爲魏又妄增子女字此乃大紕繆者耳食之徒以爲創獲轉相傳說貽誤不淺取笑天下讀書人故不可以不辨

孟子師授出於子思在漢諸儒悉無異詞近代學者乃多異議許曰史記有人字無人字未可定不得以王劭之言爲太史公言烏可謂在漢諸儒悉無異詞乎小司馬明言今言門人者乃受業於子思之弟子也烏可謂近世學者乃多異議乎大約考核年代謂不相值卽通鑑所載子思言苟變於衛侯事在安王二十五年或且駁之曰孔

子沒至是百有三年子思遠事孔子未必至是尙存則此事亦不足據矣要之羣言淆亂則折諸聖聖人旣沒則吾折諸聖人之徒史遷班固劉向所言蓋皆七十子後學者所傳也孔叢子雖晚出要出於孔氏許曰孔叢出於王氏豈等後數千年鑿孔無稽者乎孔叢卽明有思孟授受數條是則聖門實錄確不可易許曰子之有家語孔叢猶經之有晚出古文尙書前儒考辨已有定論縱有一二偏信者竭力扶持終不能勝也何也其書誠僞也以今日修三遷志欲屏棄孔叢不采勢必不能然亦不過付之闕疑載至疑之列已耳如必據孔叢爲實錄以攻駁他說則斷乎不可年歲小差乃史文舛譌紀載失實又不可據彼而訂此且吾又證之經文矣經不云乎由孔子而來百有餘歲斯言也聖祖以殿全書決非少時講學之言乃耆艾成德以後之言也所謂百

有餘歲去聖人之世若此其未遠者又非百八九十年之謂乃百十數年之謂也夫此百十數年之中吾聖祖已六七十歲則吾聖祖生時距孔子沒時不過六七十年耳子思子逮事孔子而學於曾子當孔子沒時其年尚少亦可知也子思子享年蓋八十餘許曰子思年八十餘與史記不合當取王草堂之說附注句下而吾聖祖得侍函丈復何疑哉此吾所欲據本經以息羣喙者也若蔡氏清譏孔叢殆後人所爲欲湊成思孟一段授受耳此言尤非覈於事理者也孟子在前漢時知尊崇者馬遷劉向而外蓋亦無多吾不知僞撰孔叢者何人而能預窺聖道一脈正傳乎許曰漢文帝時孟子嘗置博士毛公韓生傳詩董子說春秋揚子著法言莫不引述孟子何止馬劉知尊崇耶且其書正是東漢以後知尊崇孟子者多故僞撰孔

叢以輔家語若前漢之世焉有如此好事者乎今按孔叢之書子思子上而後載孔鮒孔臧之言爲多孔鮒孔臧亦決非附會思孟一段授受之人也許曰孔鮒孔臧之言又眞乎哉是何異辨古文尚書非僞而云有孔安國序有孔安國傳安國決非作僞之人哉據爲實錄又何疑焉至於近世小書有稱孟子外篇者許曰孟子外書不必改爲外篇此書自胡震亨姚士粦等傳刻行世不得渾稱近世載孟子自明所從學曰魯有聖人曰孔子曾子學於孔子子思學於曾子子思孔子之孫伯魚之子也子思之子曰子上某嘗學焉是以得聖人之傳也此段苦心分明無論文詞鄙里非聖賢吐屬而謂學於子上亦漢唐諸儒所未聞究其意不過由史記列傳學於子思之門人一語附會而出然使子上果爲孟子師史記孔子世家述子上事不應

若是寥寥即孔叢載子上事不應若是沒沒也且趙岐注孟子親見外書四篇不容不知學於子上而題辭云師孔子之孫子思也許曰此引孔叢爲證卻無不合處何也孔叢子固喜附會者也引趙岐爲證則尚欠商何也今之外書固非趙氏所見且趙氏固云其文不能宏深似非孟子本眞縱外書有學於子上事趙氏詎肯取以爲信乎此外篇之僞不辨自明乃復僞撰問答數條益不足論矣要之聖賢授受大端天下萬世讀書人所共聞而公議之者豈余小子所敢私贅一辭哉

原志云孟子生日舊載四月初二日乃有謂周之四月即今之二月者不知三代所用歲首雖子丑寅各不同亦止以其月首歲行新歲儀非併春夏秋冬之時正二三四盡那移也許曰此論果足

據乎信如是說無論他書即如孟子七八月之閒歲十一月十二月已不得通矣如書之伊訓曰惟元祀十有二月是以十二月爲歲首而不正十二月也許曰伊訓乃僞古文至於周人豳風敘四時物候毫不爽夏時俱彰彰可見許曰豳風是述公劉時事安得以周月準夏時而改之故今以孟子之生斷於四月初二日許曰孟子生年尚無確據何論生日舊傳四月初二即四月初二云爾或云周四月當夏二月亦可姑備一說

原志云孟子字自司馬遷班固趙岐皆未言及許曰案孟子字馬班未言及若趙氏則不但未言及其題辭明言字則未聞也是以孟子逸其字不始於中論序也及曹魏人作徐幹中論序曰孟某荀卿懷亞聖之才著一家之法皆以姓名自書至今厥字不傳原思其故皆由戰國之士樂賢者寡不早記錄耳許曰此序原文與此小異今錄於此○子以荀卿子孟某懷亞聖之才著一家之法繼明聖人之業皆以姓名自書猶至於今

厥字不傳原思其故皆由戰國之世樂賢者寡同時之人不早記錄○按原文爲勝然其說甚不足據荀卿名況卿即是字故劉子政云蘭陵人喜字卿皆以荀卿也則以卿爲字者是矣即孟子書自古及今皆稱孟子亦無稱孟某子者乃云皆以姓名自書厥字不傳何也　今世所稱子車者出於孔叢子及魏衞將軍王肅所著聖證論其或稱謂子輿者出於晉司隸校尉傅元所著傅子

許曰按孟子字漢世儒者未聞聖證孔叢俱難憑信其稍古者惟傅子及劉孝標辨命論耳又晉書劉長盛云子輿所以辭大夫者良以色養無主故耳與傅子同是晉世有此說

孔叢子書雖漢隋唐藝文志內不載

許曰孔叢漢志不載隋志已著錄在論語家此云漢隋唐志不載何也

有疑其僞者而文選李善注已引用之其非後人所撰明甚

許曰孔叢之僞在魏晉閒李注引之何足異

且古人雖不諱字而孟子師子思子思師曾子豈即以曾子字爲字哉

許曰此此等世俗之見豈足以考證古書此雖舊志之文亦亟宜刊正

故孟子字從孔叢子稱子

車爲當許田劉孝標辨命論云子輿困臧倉之訴則從傳子而不從孔叢何也又正韻注軻車接

軸也故字子車音從平聲廣韻箇韻內亦收此字注曰孟子居

貧轗軻故以軻名許曰廣韻原文作軻轗軻不遇也孟子居貧轗軻故名軻字子居從去聲此

說近鑿當以平聲爲是許曰廣韻箇韻說實出孔叢雜訓篇注其注云一作子居居貧坎軻故名軻字

子居亦稱字子輿又案聖證論云子思書孔叢子有孟子居卽

是軻也據此則孔叢正作子居旣字子居則廣韻箇字注正得

其旨同一出於孔叢一信

一不信徒見其惑而已矣

按原書許氏駁辨甚多此三條蓋博士所尤用意者故按語

獨詳而許氏疏辨之說亦最明晰附錄於此以存其眞至此

外辨正各條已經采用者不復詳出惟佚文類許氏有補遺

數條今已錄入本卷原文尙有一條引史記燕世家孟某謂

齊王曰今伐燕此文武之時不可失也許氏謂此齊王爲宣爲湣誠難考斷若孟子之言則史遷必有據依然史記僅以七篇著之傳固無所謂外篇不審此七篇逸文耶抑列國舊史文耶索隱謂此語與孟子不合蓋不信其爲孟子之言也今按此四語明見戰國策燕策乃孟某謂齊宣王語史遷欲移屬湣王以合六國表故删去宣字是則國策乃史記所本而許氏謂不審此七篇逸文抑列國舊史文亦可謂智者千慮必有一失矣附志於此以見著書之難與校錄之尤不易也

受業門人陳世昌 丁汝彪校字

四書地理攷十五卷

清 王瑬撰

清光緒十七年習静齋刻本

四書地理攷

光緒辛卯季春
習靜齋重校梓

自古重九能之士山川能説其一也史載潘京辨武陵郡名崔慰祖答地理十餘事裴子野知白題滑國所出李百藥識瑯邪刈稻所本賈耽圖天下郡國劉敞以松亭徑路質虜使當時著爲美談非以博物洽聞爲世所罕覯耶

本朝鴻儒萃起輿地各有專家若無錫顧氏德清胡氏太原閻氏撰著高於前代彬彬乎盛矣吾友王君亮生好讀書工古文又長攷據著述甚富先出其四書地理考若干卷梓以問世舉眎於余曰閻百詩先生四書釋地一編風行海内

一

久矣然如中牟以爲無攷有庫未能實指滄浪云是洲名闞黨謂在滋陽識者尙病其疎葢攷證之功創始爲艱必日久而後精也今爲此書大指有八一曰證今凡地先標今名也一曰稽古凡古書所見必徵引也一曰擇雅凡古說不雅

二

馴者不載也一曰削繁凡引書删其冗長也一曰旁通因攷一地兼及他義也一曰折衷諸說紛淆定一是也一曰正訛舊說有誤駁正之也一曰闕疑無可考定不敢臆決也薈萃諸家之說以訂閻氏之書非好掎摭前人冀有裨於幼學

而已余受而讀之援引甚詳辨證甚當不矜武斷不逞才辯洵所謂實事求是而無疑誤後學之患矣以此爲好古者導夫先路將見不出戶而知天下古人不得專美於前豈惟有功於閻氏而已哉遂不辭固陋而弁其簡端

三

道光癸巳長至後四日檇李愚弟

沈維鐈拜書於池陽使院

引用書目

欽定春秋傳說彙纂
欽定大清一統志
山海經　逸周書
戰國策　管子
荀子　墨子
韓非子　莊子
呂氏春秋高誘注　史記裴駰集解司馬貞索隱張守節正義
漢書顏師古注　後漢書李賢注

淮南子高誘注　說苑劉向撰
風俗通應劭撰後人集本　論衡王充撰
潛夫論王符撰　土地名京相璠撰後人集本
地道記王隱撰後人集本　水經注酈道元注
括地志魏王泰撰後人集本　元和郡縣志李吉甫撰
元和姓纂林寶撰　元豐九域志王存撰
寰宇記樂史撰　路史羅泌撰羅苹注
通志略鄭樵撰　詩地理考王應麟撰
困學紀聞王應麟撰　通鑑注胡三省撰
齊乘于欽撰　震澤長語王鏊撰
禹貢合註夏允彝撰　地圖綜要朱朝幹撰
論語備攷陳士元撰　日知錄顧炎武撰
方輿紀要顧祖禹撰　禹貢錐指胡渭撰
地理今釋蔣廷錫撰　古文尚書疏證閻若璩撰
四書釋地仝上　春秋地名攷略高士奇撰
春秋大事表顧棟高撰　春秋說惠士奇撰
春秋地理攷實江永撰　尚書後案王鳴盛撰
潛邱劄記閻若璩撰　說文註段玉裁撰

水經注註趙一清撰　經史問答全祖望撰
潛研堂問答錢大昕撰　史記志疑梁玉繩撰
漢書人物表攷梁玉繩撰　瞥記仝上
四書改錯毛奇齡撰　四書典故辨正周柄中撰
孟子正義焦循撰　孟子疏樊廷簡撰
孟子外書註施彥士撰　戴氏遺書戴震撰
釋地辨宋翔鳳撰　釋地補樊廷枚撰
九經說姚鼐撰　研經室文集阮元撰
山河兩戒攷注徐文靖撰　竹書統箋徐文靖撰

拜經日記臧庸撰　經義雜記臧庸撰
墨子注畢沅撰　靈壽縣志陸隴其撰
乾隆府廳州縣志洪亮吉撰　卷施閣文集洪亮吉撰
四書攷異翟灝撰　山海經注郝懿行撰
廣雅疏證王念孫撰　經義述聞王引之撰
經傳小記劉台拱撰　春融堂集王昶撰
漢書西域傳補注徐松撰

其中尚有從他書徵引而未見原書者不載至所引查氏揆陸氏嵩沈氏垚之說則皆友朋貽書質證非有成書也

四書地理攷目錄

東洞庭王瑬原名仲瑬亮生著

陽虎　朱　比　尹　胡　告　東郭　沈　時　高
成龍
卷十五
以地爲氏名類
許　徐　張　戴　段干　楊　墨　飛　離　淳于
逄　庚　沈猶　儲　共　驩　咸邱　丹　彌　百里
宮　曹　白　傅　桃　馮　散宜　萊

壑舟園所著書目

鈔幣芻言一卷 已刻

重訂鈔幣芻言一卷 此書向刻於京師疑者十之七信者十之三其深信予說而以爲必可行者顧南雅通政包慎伯孝廉也然予自以前說尚未透快而於陳卧子錢田間諸先生之名論未及摭採故重定之

四書地理攷十五卷 已刻

鄉黨正義十八卷

小學大學廣義一百卷 大目三十二子目一百二十二

大學衍義廣要十六卷 大目十四子目三十九

詩多識錄十六卷

四書漢宋儒說求二十卷

四書人表十卷

太原王氏譜例一卷 已刻

道光五湖志例一卷 已刻

古文稾四卷

閻百詩先生曰荀子云幼而不學長無能也老而不教死無思也故君子少思長則學老思死則教此數語余幾一日百誦之寻謂學固無時可廢至於教育英才夫

豈易得所可自主者惟著書耳然苦無暇日奈何陸桴亭先生有言曰晝坐則惜陰夜坐則惜燈遇言則惜口遇事則惜心嗚呼此先生教人著書之術也自今以往予當服膺斯言

友朋參訂姓氏

海甯查　揆梅史

震澤張　履淵甫

元和陸　嵩希孫

烏程沈　垚子敦

元和宋清壽芥楣

吳縣汪寶濈友竹

吳縣汪　正石心

受業　海門袁志筠

吳縣徐士勳

四書地理攷卷一

東洞庭王瑬 原仲

地名類

鄹

鄹在今兗州府鄒縣○水經注云漷水又逕魯國鄒山東南而西南流春秋左傳所謂嶧山也邾文公之所遷今城在鄒山之陽依巖阻以墉固故邾婁之國曹姓也叔梁紇之邑也孔子生于此後乃縣之因鄒山之名以氏縣也王莽之鄒亭矣京相璠曰地理志嶧山在鄒縣北繹邑之所

依以爲名也山東西二十里高秀獨出積石相臨殆無土壤石間多孔穴洞達相通往往有如數間屋處其俗謂之嶧孔遭亂輒將家入嶧○括地志云嶧山在兗州鄒縣南二十二里鄒山記云鄒山古之嶧山言絡繹相連屬也今猶多桐樹○瑬按全謝山識水經注以鄹爲鄒大謬其實不然蓋鄒山長二十里跨有邾魯陬邑乃魯近邾之地相傳謂今鄒縣西北之東鄒村西鄒集是也○又按史記孔子生魯昌平鄉陬邑索隱云孔子居魯之陬邑昌平鄉之闕里也正義曰括地志云故鄒城在兗州泗水縣東南六十里昌平山在泗水縣南六十里孔子生昌平鄉蓋鄉取山得名故闕里在泗水縣南五十里案史記以國冠鄉以鄉冠邑而索隱乃謂昌平鄉之闕里正義謂闕里在泗水縣南此殆後人因夫子所居而借以名其地非眞闕里也眞闕里自在曲阜○又按左傳杜注鄹邑在魯縣東南莝城昌衍在魯縣東南有昌平城釋例作昌平亭按莝城今曲阜與鄒縣相接處昌平城在曲阜縣東南八十里則昌衍昌平鄉及春秋所書昌間皆一地也

儀

儀在今開封府附郭祥符縣○地道記曰儀封人浚儀人此縣人也○寰宇記曰東明縣儀城在縣西北二十里○釋地云衛儀邑城在今開封府蘭陽西北二十里乃衛西南境距其國五百餘里○周氏柄中曰邢疏鄭以左傳入于夷儀疑與此爲一故云衛邑攷夷儀故城在今北直隸順德府邢臺縣西百四十里而山東東昌府聊城縣亦有夷儀城皆非封人請見之儀邑邢疏非也一統志以儀爲開封府儀封縣又云儀城在蘭陽西北二十里卽封人請見處二說不同志並存焉愚按續漢書郡國志浚儀本大

梁注以爲儀封人之邑又西征記亦以浚儀爲封人之邑見水經注浚儀今之祥符縣城內有浚儀街爲遺址則儀乃祥符也王中川集云此地爲儀者有五證此去衛故都僅百數十里自衛適陳道必經由一證也水經浚水實出邑下衛詩云孑孑干旄在浚之郊浚之于儀實惟一所二證也秦漢去古未遠縣名浚儀必有所據三證也儀又加以浚者見浚爲衛水此實衛地四證也儀封在漢爲東昏縣後易東明宋元始易爲儀封今縣治又國初所遷築去衛適陳必不由此封人官名偏取儀封此不足信五證也

○焦氏循曰後漢郡國志東郡聊城有夷儀城今屬東昌府爲齊衛之界孔子至衛未嘗由齊非是此也水經注引西征記以儀即浚儀而酈氏非之按浚儀在開封漢屬陳留陳留郡之長垣封邱皆在其北孟康言長邱在封邱杜曰宋地郡國志封邱有桐牢亭或曰古蟲牢杜曰鄭地孟康言春秋匡在長垣杜曰匡本衛邑中屬鄭又祭仲杜言陳留長垣縣東北有祭城是長垣爲衛鄭交界之地長垣之東爲沛陰杜以鄭之武父在東北封邱之東爲酸棗杜以爲廩延之別名又以鄭之城棣在西南漢志東郡南燕縣南燕國然則封邱以北長垣以西尚有南燕國郡國志東郡燕縣有平陽亭有瓦亭平陽瓦皆衛地杜皆以爲在燕縣東北又衛之平邱宛濮蒲杜皆以爲在長垣縣則以漢縣計之衛境止得長垣多得封邱南燕自此而南皆鄭宋地使儀封人在浚儀當今祥符蘭陽之間雖爲由陳至衛之道而邑非衛邑矣鄭云蓋衛邑蓋者疑詞也○塗按浚儀在周初當爲衛邑春秋時爲鄭地蘭陽儀封亦非衛地在論語固未明言在衛也

陋巷

陋巷在今兗州府曲阜縣○寰宇記云陋巷在曲阜縣西南二里孔子廟北二百步○一統志陋巷在曲阜縣闕里東北今顏子廟在焉

武城

武城在今沂州府費縣○釋地云曾子居武城即南武城魯邊邑也在費縣西南八十里石門山下史記加南于武城上者別於魯之北有東武城也明曾子之爲費邑人也○大事表曰武城有三一晉地文八年秦人伐晉取武城杜注闕史記秦厲公二十一年晉取武城漢置武城縣屬

左馮翊一楚地僖六年許僖公見楚子於武城杜注在南陽宛縣北今南陽府治南陽縣北有武延城故爲申國地申滅屬楚一魯地襄十九年城武城杜注泰山南武城縣○日知錄曰澹臺祠友教堂記曰武城有四左馮翊泰山清河定襄皆以名縣而清河特曰東武城者以其與定襄俱隸趙且定襄在西故也若子游之所宰其實魯邑而東武城者魯之北也故漢儒又加南以別之史遷之傳曾參曰南武城人者創始也子羽傳次曾子省文但曰武城○趙氏佑曰仲尼弟子列傳同言武城而上獨別之以南明

是兩地曾子居武城卽今費縣之武城爲子游子羽邑而非卽南武城爲曾子本邑者若其本邑則家室在焉邱墓在焉卽云爲師亦黨庠里塾之常所謂鄉先生矣一旦寇難之來方將效死徙無出鄉相守望扶持之義而徒以舍去鳴高豈翳人情嘉祥今於曲阜爲西南與鉅野縣皆古大野地曾子祠墓在焉質之傳記或離或合要於魯有兩武城武城地險多事故見經南武城沒不見經而曾子自爲南武城人非武城人○一統志武城在嘉祥縣南五十里舊志魯有二武城此其一也俗傳爲曾子故里又云南

武山在嘉祥縣南四十里其南有曾子墓○塹按漢書泰山郡無南武城而有南城縣屬東海郡後漢書屬泰山郡至晉始爲南武城水經注引京相璠曰今泰山南武城縣有澹臺子羽冢縣人也左傳哀八年吳伐我子洩率故道險從武城又曰吳師克東陽而進舍於五梧後漢志云南城有東陽城又後漢王符潛夫論云鄗畢之山南城之冢章懷太子注南城曾子父所葬是前人皆以南城爲南武城而在費也今按嘉祥在東武城之南則宜爲南武城又按江愼修云一統志信陽州東北二十五里有武城蓋武

城黑之邑是楚亦有兩武城也合之馮翊清河定襄共有七武城矣

費

費在今沂州府費縣費惠公之費疑亦同○大事表曰費邑有二魯大夫費庈父之邑讀如字在今兗州府魚臺縣西南季氏之費邑在今沂州府費縣治西南七十里賈逵索隱俱以爲魯懿公孫費伯之食邑者非○毛氏奇齡曰大抵春秋戰國間凡都邑之長皆與有地之君相比原有邑宰都君之稱以長於其地也此所稱國猶顓臾痔極各

為君臣因亦以公名之此不特楚僭稱王始有申公葉公之稱卽以齊言之在春秋有棠公在戰國有薛公其稱邑以公皆是也况魯在戰國方五百里則費或稍寬其得以都君而僭國君容有然耳○惠氏士奇春秋說曰虞虢焦滑霍揚韓魏皆姬姓也滑國都于費謂之費滑水經緱氏縣故費滑春秋滑國都莊公十六年同盟于幽滑伯與焉滑一名費猶宋一名商孟子所謂費惠滑伯之後也自秦人滅滑而滑或屬周或屬晉或屬鄭屬周者馮滑見定六年傳屬晉者曰虛滑見成十七年傳屬鄭者費滑見襄八

年傳蓋滑介於周鄭之間仍為附庸於晉鄭故至戰國而郯邳鄒費猶號小國之君說者不知春秋有費滑遂謂戰國無費而以魯之費當之誤矣○地理攷實云費伯費庈父也見隱二年卽亦在魚臺縣故知此費為其食邑季友之費在今沂州府費縣故城在今費縣西北二十里今之費縣治祊城于欽齊乘謂伯國姬姓魯懿公之孫後為季氏之邑以費伯之費與季氏之費合為一非也○樊氏廷枚曰春秋時有三費左傳殄滅我費滑在河南府偃師縣南二十里有緱氏故城一季氏邑一費庈父邑費惠公之

費當讀如字因顏師古注古今人表音祕貽誤至今王厚齋金仁山顧亭林皆意季氏以邑為國閻氏深信其說張愓庵曰三桓之後泯然無聞此費乃魯之費費惠公非季孫之後薛方山以為庈父之後則費當讀如字曾子書有費君費子之稱說苑又有曾子辭於鄪君之語則費惠公卽屬費君無疑也○塗按水經注引魯連子稱陸子謂齊湣王曰魯費之衆臣甲舍于襄賁者也則費必附近于魯而屬於魯者也若滑國之費與魯遠無涉魯世家言悼公時三桓勝魯如小侯卑於三桓之家則謂季氏之後近是

庈父之後不見于春秋未足據也

互鄉

互鄉疑在今徐州府沛縣○元和志合鄉故城在滕縣東二十三里卽論語所謂互鄉也○寰宇記徐州沛縣合鄉故城古互鄉之地又云陳州項城縣互鄉城在縣北一里○困學紀聞云亳州鹿邑縣外有互鄉城邑人相傳謂童子見孔子處○通雅云互鄉名古廧里今在睢州○方輿紀要云合鄉城在嶧縣西北古之互鄉也○樊氏廷枚曰徐州距魯近論語互鄉應指此若今河南鹿邑縣則遠矣

○塗按古今疆界不同以爲在沛縣滕縣嶧縣者實一地也

葉

葉在今南陽府葉縣○地理攷實云左傳方城以爲城杜注方城山在南陽葉縣南今按在河南南陽府裕州東北四十里魏置方城縣金置裕州治方城元以方城省入裕州○括地志云黃城山俗名菜山在許州葉縣西南二十五里○一統志方城山在葉縣南四十里跨裕州後魏因置方城縣水經注瀙水東北逕方城郡國志曰葉縣有方

城郭仲產曰苦菜于東之間有小城名曰方城苦菜卽黃城也及于東通爲方城矣又曰於東山在葉縣東南六十里與方城山相連又云葉縣故城在今葉縣南春秋時楚邑左傳成十五年楚遷許于葉昭十八年又遷于析以葉封諸梁號爲葉公

逹巷黨

逹巷黨疑是周地○一統志逹巷在滋陽縣西北五里相傳卽逹巷黨人所居○塗按曾子問有昔者吾從老聃助葬于巷黨疑卽其地也逹巷黨人孟康以爲卽項槖乃秦人當因國策甘羅之言而臆度之耳觀夫子與門人商執似有師其言之意而後人遂漫傳以爲孔子之師歟

匡

匡疑在今陳州府扶溝縣○莊子秋水篇云孔子遊于匡宋人圍之數匝而絃歌不輟幾何將甲者進曰以爲陽虎也故圍之今非也請辭退○孔安國論語注云孔子去衛如曹曹不容又之宋遭匡人之難又之陳會吳伐陳陳亂故乏食○寰宇記云開封府襄邑縣古匡城在縣西三十里地理志云秦以承匡之地卑溼故徙縣於襄陵其城遂

廢昔仲尼遊此城匡人誤圍夫子夫子由城東南空角而出其跡猶存又云開封府長垣縣匡邑城在縣西南十里子畏於匡蓋此邑也○大事表曰文元年衛孔逹侵鄭取緜訾及匡杜注匡在潁川新汲縣東北本衞地中屬鄭今陳州府扶溝縣西有匡城定六年公侵鄭取匡此鄭國之匡也在今開封府洧川縣東南僖十五年諸侯盟于牡邱遂次于匡杜注衞地在陳留長垣縣西南今在直隸長垣縣境文十一年叔仲彭生會晉郤缺于承筐杜注宋地在陳留襄邑縣西今歸德府睢州西三十里有承筐城○地

理攷實曰僖十五年次于匡杜注衛地按徐國在泗州當
時諸侯畏楚雖無志於救徐而次師亦必稍近其地長垣
之匡去徐甚遠何爲次於此睢州之匡地屬宋距泗州稍
近次師或當在此○又曰文元年孔達侵鄭伐匡杜注在
新汲縣今之扶溝也按此年之匡非扶溝之匡也八年晉
侯使解揚歸匡戚之田於衛杜注謂匡本衛邑中屬鄭孔
達伐不能克今晉令鄭還衛及取戚田皆見元年按此則
匡與戚相近之邑也晉歸戚田并令鄭歸匡田耳戚在開
州城北七里長垣在開州南一百五十里匡當在長垣若

扶溝之匡去衛遠衛不能有其地定六年公侵鄭取匡此
當是扶溝匡城○一統志匡城在扶溝縣西水經注蔡澤
陂水東逕匡城北卽扶溝之匡亭也○遴按匡有三一衛
邑一宋邑一鄭邑後人以史記自匡至蒲以匡爲衛邑然
果係衛邑孔子方自衛去匡人何至不識而圍之耶史記
索隱以匡爲宋邑近之然匡人之圍由陽虎之侵暴宋衛
之匡陽虎何由暴之雖定六年不假道於衛定八年侵衛
未見其獨暴於匡也惟定六年伐鄭取匡此正陽虎爲政
時侵暴于匡之實證魯雖取匡地與魯遠其後必復爲鄭

有扶溝與陳國密邇孔子或適陳而經此也說文邼河東
聞喜鄉是晉亦有匡邑廣韻引風俗通云匡魯邑句須爲
之宰其後氏焉是魯亦別有匡邑也

舞雩

舞雩在今兗州府曲阜縣○水經注沂水北對稷門亦曰
雩門門南隔水有雩壇壇高三丈曾點所欲風舞處○寰
宇記云舞雩壇在沂水之南當縣南六里臨沂水

莒父

莒父疑在今萊州府高密縣○大事表曰定十四年城莒

杜注魯邑莒係以父魯人語音如梁父亢父單父是也子
夏爲莒父宰卽此今爲沂州府莒州地○一統志春秋時
有三莒一爲周境內邑昭二十六年陰忌奔莒是也一爲
齊東境昭三年齊侯田于莒十年陳桓子請老于莒是也
一爲魯邑定十四年城莒父及霄是也惟莒州爲莒國之
莒○陳士元曰春秋稱莒人莒子是國名也定十四年城
莒父是地名也山東通志謂莒始封在萊州府高密縣東
南乃莒子之都而子夏所宰之莒父也春秋時莒子遷於
城陽漢時封劉章爲城陽王置莒縣卽今青州府之莒州

莒父之邑蓋以莒子始封得名耳○釋地云春秋城莒父
及霄杜注公懼而城二邑以叛晉助范氏故是時荀寅士
吉射據朝歌朝歌在魯正西將八百里則莒父屬魯之西
鄙子夏爲宰去其家密邇要亦約略言之○壍按杜氏備
晉之說本屬臆度哀四年城西郛魯西郭也五年城毗其
地無攷六年城邾瑕杜注任城亢父縣北有邾婁城在今
濟寧州南二十里杜氏皆以爲備晉周氏柄中曰此非皆
西鄙邑也按高氏士奇曰取地于莒遂謂之莒如鄭取許
田而謂之許楚取沈邑而謂之沈魯有薛地而謂之薛然

則莒父或係莒地而魯取之卽以爲莒州之地在魯東南
與莒接壤可也又按莒初封介根今爲萊州府高密縣後
徙于莒而介根爲莒邑襄二十四年齊侯伐莒取介根卽
此漢置計斤縣則介根之地或齊與魯分有之要亦與莒
州密邇也

東里

東里鄭城內邑里名○邢疏云鄭城中里名○壍按詩鄭
風正義云鄭注云鄉士之私朝在國門魯有東門襄仲宋
有桐門右師此言卿大夫多家於國門故私朝在國門子
產過西宮之難儆而後出爲門者其在城內可知也列子
云鄭之圃澤多賢東里多才圃澤之役有伯豐子者行過
東里遇鄧析是鄧析亦居東里也鄭又有南里襄二十六
年楚伐鄭入南里門于桔柣之門杜注謂鄭遠郊之門按
此鄭南門也南里更在其外則知由城而郭而郊南道之
里皆謂之南里又攷鄭城諸門見於左傳甚多桓十四年
宋以諸侯伐鄭焚渠門蓋東門也宣十二年楚克鄭入自
皇門城南門也吳氏曰諸侯國門各以所向之地爲名皇
周邑蓋走王畿之道也襄十年晉以諸侯之師伐鄭門于

鄟門師之梁及北門吳氏曰魯嘗取鄟衛有鄟澤鄟門者
國之東門走魯衛之道也師之梁西門也襄三十年伯有
自墓門之瀆入國西門也莊二十八年楚伐鄭衆車入自
純門亦西門也或曰外郭門也昭十九年龍鬬于時門之
外洧淵鄭南門也又有閨門昭元年鄭爲游楚之亂諸大
夫私盟于閨門之外杜注閨門鄭城門薰隧門外道名或
曰閨門鄭內宮北門薰隧如後世複道又有倉門尉止之
亂子產請焚載書于倉門之外鄭之東南門也東里其在
渠門鄟門之內乎

騈邑

騈邑在今青州府臨朐縣○括地志邢城在青州臨朐縣東三十里○漢書地理志齊郡臨朐縣應劭曰臨朐山有伯氏騈邑東萊郡亦有臨朐師古曰蓋各以所近爲名此類非一○周氏柄中曰陳心叔云古者二十五家爲里里各立社以社之戸口書于版圖謂之書社騈邑卽書社也騈者相連之義書其邑之人民使相騈聯易於稽察謂之騈邑非有地名騈邑也案春秋莊元年齊師遷紀郱鄑郚應劭曰郱一作騈後爲伯氏邑杜註郱在東莞臨朐縣東

南孔安國注伯氏食邑三百家管仲奪之使至疏食而沒齒無怨言以其當理也習鑿齒曰管仲奪伯氏騈邑三百沒齒而無怨言聖人以爲難諸葛亮之使廖立垂泣李平致死豈徒無怨言而已哉據此則指管仲行罰之公而人服之非桓公奪以與仲也集註引荀子與之書社三百爲證荀子不言奪以與之富人莫之敢拒拒敵也言其富無敵非人無怨言之意晏子春秋云桓公以書社五百封管仲然則書社者桓公之所與而奪騈邑者管仲之行罰也以孔註爲是○趙氏一清曰朐是山名又是水名縣名臨朐以城臨側之故耳漢志注引應劭曰臨朐山謂臨側朐山也非以臨朐爲山之名也水經注引應說曰臨朐山名也誤矣

防

防在今沂州府費縣東北○大事表曰隱九年公會齊侯于防杜注在瑯邪華縣東南按魯有兩防此所謂東防也在今費縣東北六十里世爲臧氏食邑襄二十三年臧紇以防求後卽此隱十年取防此所謂西防也杜注高平昌邑縣西南有西防城宋防旣爲魯有欲別於臧氏之防故

謂之西防在今兗州府金鄉縣西北又有防山在兗州府曲阜縣東二十里孔子父母合葬於此又昭五年莒牟夷以防來奔杜注莒邑城陽平昌縣西南有防亭今青州府安邱縣西南六十里有故平昌城防亭

溝瀆

溝瀆卽生竇在今曹州府曹縣東北三十里○大事表曰魯生竇地爲齊魯交界莊九年殺子糾于生竇卽此○瑬按史記作殺子糾于笙瀆索隱云賈逵云魯地句竇又按鄒誕生本作莘瀆笙聲相近莘如字瀆音豆論語作溝瀆

蓋後代聲轉而字異故諸文不同爾也按索隱之說則自經溝瀆正指名忽言齊莊公執公子牙於勾瀆之邱當卽此地又按桓十二年傳公欲平宋鄭及宋公盟於勾瀆之邱杜註卽穀邱也漢濟陰郡有勾陽縣應劭曰卽勾瀆之邱水經注濮水逕鹿城南又東與勾瀆合勾瀆首受濮水枝津逕勾陽故城南春秋之穀邱左傳以爲勾瀆之邱是穀邱乃宋地也意者爲三國錯壞之地歟

闕黨

闕黨卽闕里在今兗州府曲阜縣○新序云孔子在州里

篤行孝弟居於闕黨闕黨之子弟畋漁分有親者得多孝以化之也是以七十二子自遠方至服從其德○水經注泗水篇曰泗水西南流逕魯縣分爲兩流水側有一城爲二水之分會也北爲洙瀆南則泗水夫子敎於洙泗之間今於城北二水之中蓋卽夫子領徒之所也從征記曰洙泗二水交於魯城東北十七里闕里背洙面泗南北百二十步東西六十步四門各有石閫北門去洙水百步餘又曰縣卽曲阜之地少昊之墟有大庭氏之庫春秋豎牛之所攻也阜上有季氏宅宅有武子臺春秋定公十二年公山不狃帥費人攻魯公入季氏之宮登武子之臺也臺之西北二里有周公臺高五丈周五十步臺南四里許則孔廟卽夫子之故宅也宅大一頃後世以爲廟魯人藏孔子所乘車于廟中是顏路所請者也孔廟東南五百步有雙石闕卽靈光之南闕北百餘步卽靈光殿基殿之東南卽泮宮也○寰宇記云孔子家在故魯城中歸德門內闕里之中背洙面泗矍相圃之東北也又云闕里在縣西南三里魯城東北出洙水百餘步○顧氏炎武曰水經注孔廟東南五百步有雙闕故名闕里按春秋定公二年雉門及

兩觀災注云公宮之南門兩觀闕也禮記蜡賓事畢出游于觀之上史記魯世家煬宮築茅闕門蓋闕門之下其里卽名闕里而夫子之宅在焉亦謂之闕黨荀子仲尼居於闕黨是也○釋地云孔子時無闕里漢書梅福傳始見闕里字東漢方盛稱之蓋緣魯共王造宮室有雙闕因以得名一徵于水經注孔廟東南雙闕一徵于史晨饗孔廟後碑以令日拜孔子望見闕觀式路虔跽又曰闕里里名闕黨黨名今兗州府志闕黨在滋陽縣東北一里有泉焉名闕黨泉流入泗○宋氏翔鳳曰檀弓吾與女事夫子于洙

泗之間曾子子夏皆孔子居闕黨時受業弟子洙泗之間
正闕黨矣又名闕里者蓋里黨對文則異散文則通漢書
古今人表作厥黨童子厥闕聲相近未知誰是其命名之
意亦猶達巷互鄉不能深究也○瑬按顧氏以闕黨爲闕
里是矣以爲因茅闕得名則想當然耳至所引水經注則
甚誤孔廟東南雙闕水經注明言卽靈光之南闕原文無
故名闕里四字又引雉門兩觀此乃治朝外地孔子何以
得居且既以爲孔廟之雙闕又以爲雉門之雙闕又以爲
煬公之茅闕何闕里取名之無定耶朱氏彝尊謂世本煬

公徙魯竹書煬公築茅闕門在康王二十一年至定哀五
百歲矣且闕以茅名其取材未必固其地未必密邇公宮
雉門兩觀未必卽其遺址然闕雖廢而里卽以爲名故孔
子得居之越絕書曰聖人講習學問魯之闕門以此彌縫
顧氏之說亦臆度也○又案閻氏以闕黨非闕里故引兖
州府志謂闕黨泉在滋陽余謂泗水會經闕黨又流入滋
陽後人因以名泉耳閻氏又引史晨碑證闕里以雙闕得
名皆誤史晨碑所言闕觀卽孔子廟闕與靈光之闕何與
耶○又案楊倞荀子注以居爲孔子閒居鄭注孝經以居
爲講堂似家在陬邑而設教在闕里也然孔子二十一爲
委吏乘田旋設教于闕里則在既仕之後應作遷居爲是
且閻氏解子路宿于石門謂夫子在他國使子路省家侯
郭門晨啓而入則夫子之家固遷在闕里矣○又按括地
志云兖州曲阜縣魯城西南三里有闕里中有孔子宅其
說是也又云故闕里在泗水縣南五十里其說非也

四書地理攷卷一

四書地理攷卷二

東洞庭王塗原名仲塗亮生著

地名類

中牟

中牟當在今彰德府湯陰縣○洪氏亮吉曰管子云築五鹿中牟鄴者三城相接也五鹿今直隸大名府元城縣鄴即今河南彰德府安陽縣是中牟在當時與五鹿鄴相接矣韓非子晉平公問趙武曰中牟三國之股肱邯鄲之肩髀邯鄲即今直隸廣平府邯鄲縣是中牟在當時又與邯鄲咫尺矣臣瓚引汲郡古文云齊師伐趙東鄙圍中牟趙時已都邯鄲是中牟又在邯鄲之東矣戰國策昔者趙氏襲衛魏王身披甲底劍挑趙索戰邯鄲之中鶩河山之間亂衛得是藉也亦收餘甲而北面殘剛平墮中牟之郭是中牟又在衛之北境矣太平寰宇記湯水在湯陰縣治北源出縣西牟山去縣三十五里元豐九域志亦云湯陰縣有牟山戰國策舊注云中牟在相州湯陰縣史記佛肸為中牟宰索隱云此河北之中牟蓋在漢陽西漢陽蓋濮陽之誤今湯陰縣正在濮州西也張守節史記正義亦云湯

陰縣西五十八里有牟山蓋中牟邑在此山側則中牟在湯陰無疑也今湯陰去安陽不五十里去邯鄲元城亦不出一二百里益信管子韓非子所云相接云肩髀無一字妄設也春秋傳晉車千乘在中牟中牟人欲伐之哀五年趙鞅伐衛圍中牟杜預以滎陽中牟為注而疑其回遠裴駰集解又以中牟非自衛適晉之次不知春秋傳之中牟即今湯陰中牟也晉在衛之西北今湯陰縣正在滑縣等西北為衛入晉必由之道若河南之中牟漢雖立為縣而其名實未嘗見于經傳獨怪班固地理志于河南郡中牟縣注云趙獻侯自耿徙此則以鄭之中牟為趙之中牟雖偶有未檢然殊非小失矣左傳正義以為中牟在河北不復知其處而又引臣瓚云中牟當在温水之上史記集解引瓚說温水又作漯水則又未知何據也○塗按定九年衛侯將如五氏過中牟五氏在今邯鄲縣西南蓋衛侯自今開州至邯鄲而路由湯陰是時中牟屬晉至哀五年趙鞅伐衛圍中牟則中牟屬衛矣豈因佛肸之叛地入于衛歟若臣瓚之說引作温水或引作漯水疑當為湯水之譌也

河內河東

河內在今衛輝府彰德府等地河東在今解州安邑縣等地○史記正義曰古帝王之都多在河東河北故河北稱河內河南稱河外○胡氏渭曰古者河北之地皆謂之河內自戰國魏始有河內河東之別○釋地云梁河東今之安邑等縣梁亦有河西六國表魏入河西地于秦是也梁河內今之河內濟源等縣梁亦有河外蘇秦傳大王之地北有河外注河南地是也○金仁山曰魏地在西河之東故分今河中之地謂之河東大河至華陰折而東流故溫

懷之地謂之河內一云魏都大梁在大河東南故名河東而以故安邑之地爲河內今河中府是也○遂按戰國策無忌謂魏王曰若道河內倍鄴朝歌絕漳滏之水而與趙兵決勝於邯鄲之郊秦又不敢是指鄴朝歌爲河內也又曰若道河外背大梁而右上蔡召陵以與楚兵決於陳郊秦又不敢也正義云從河外出函谷關歷同州南至鄭州東向陳州則背大梁也又曰秦故有懷地邢丘之城垝津而以之臨河內河內之共汲莫不危矣是明指共汲爲河內也又曰異日者秦乃在河西是指安邑等爲河東也又曰所亡乎秦者山北河外河內大縣數百名都數十吳云河外謂華州以東至陝虢河內謂蒲州以東至懷衛也是河東西亦謂之河內外梁之地自河西至河南幾將二千里縱長而橫不足絕長補短故蘇秦曰魏地方千里也

平陸

平陸在今兗州府汶上縣○釋地云六國表田齊世家康公貸十五年魯敗我平陸徐廣曰東平陸縣予謂漢屬東平國爲古厥國孔子時爲中都邑地爾時屬齊卽今汶上縣又有陶平陸則梁門不開張守節曰平陸唐兗州縣卽

中都在大梁東界○樊氏廷枚曰平陸爲古厥國中都屬須昌故須句國非卽平陸水經注汶水又西南逕平陸縣故城北應劭云古厥國也今有厥亭又西南逕致密城南郡國志東平國須昌故屬東郡有致密城古中都有陽穀城據此則東平陸爲厥國須昌爲中都其地相近後省平陸入須昌始合爲一爾禮記孔子制於中都鄭注中都魯邑義疏案中都地後入于齊名平陸遂爲定論

靈邱

靈邱疑在今大同府靈邱縣○施氏彥士曰史記趙世家

敬侯二年敗齊於靈邱田敬仲完世家齊威王元年三晉因齊喪來伐我靈邱趙惠文王十四年相國樂毅將趙秦韓魏燕攻齊取靈邱明年燕獨深入取臨淄是非邊邑要地何爲數被兵哉趙邠卿注但云齊下邑惟地理志代郡有靈邱應劭曰趙武靈王葬其東南二十里故縣氏之水經注及史記正義遂以此當之無論齊境不得至代而趙敬侯時安得國有靈邱胡三省以爲卽漢清河郡之靈縣今之高唐夏津皆其故地于欽齊乘則云今滕縣東三十里明水河之南有靈邱故城近世顧亭林閻百詩輩皆以

未明其據闕所疑焉彥士按魏收地形志鉅鹿郡鄡縣有靈邱參諸圖志南連大陸北界滹沱西接中山徒駭河逕其下束鹿巖峙其右外隘內廣至容千餘人東南至齊高唐三百餘里在今保定府束鹿縣縣東有鄡縣故城淄青齊之門戶也所疑者蘇秦傳以清河爲齊趙之界正義注爲貝州在今則爲夏津而鄡縣靈邱斗入西北二百餘里則焉知非趙地而單文孤證似難遽定爲齊之邊邑然水經注明云禹播九河及齊桓霸世塞廣田居同爲一河則齊境西北當跨徒駭初難限以夏津也且趙武靈王十六

年出九門爲野臺以望齊中山之境則中山未滅齊境西及束鹿可知矣又世表湣王二十九年佐趙滅中山四十年趙取齊昔陽則齊境且跨今之正定府晉州西南境矣而束鹿靈邱尙在其東南數十里其爲齊之西北邊邑夫何疑○一統志束鹿巖在束鹿縣北三十里外隘內廣可容千人俗名三邱古洞今僅存土邱又云魏書地形志鄡縣有黃邱又有青邱牛邱馳邱靈邱與黃邱共爲五邱○查氏揆曰靈邱孟子正義代郡有靈邱縣是也胡三省通鑑注疑齊地不能至代北而欲以清河之靈縣當之此未

明戰國之形勢也趙與燕南北接壤齊之西北則交錯于燕趙之間國策蘇秦說趙肅侯曰秦攻齊則趙涉河博關攻燕則齊涉渤海攻趙則齊涉清河此言三國互爲救援形勢較然蓋清河而北卽河薄落水在今甯晉隆平等地武靈所謂與齊中山共之者也出博關涉清河此齊用兵於趙之一路也出渤海抵涿易此齊用兵于燕之一路也春秋齊地北至無棣而已戰國時則攘奪相尋燕趙中山齊犬牙交錯數百里之間蓋無靜日而謂齊地安能至代北者一誤也代郡爲今渾源州蔚州易州兼得保定府以

北地地理志靈邱注滱河東至文安入大河廣昌注淶水東南至容城入河水經注滱水出代郡靈邱縣高氏山南過廣昌縣南是靈邱在廣昌之北今靈邱屬大同府而廣昌淶水縣屬易州皆代郡地也通鑑安王二十二年齊伐燕取桑邱魏韓趙伐齊至桑邱注引括地志桑邱故城名敬城在易州遂城縣桑邱靈邱皆燕南地也齊可有桑邱獨不可有靈邱乎所謂齊地不能至代北者二誤也中山策中山與燕趙爲王齊閉關不通欲割平邑以賂燕趙出兵攻中山漢志平邑屬代郡則齊又有代郡地不獨靈邱

也而謂齊地不能至代北者三誤也若清河之靈本無邱強取當之何異以虛爲桃虛棘爲棘津乎又方輿紀要謂滕縣有靈邱城引史記三晉因齊喪來伐我靈邱殊不思三晉之伐靈邱正以報桑邱之役胡注于桑邱則許之于靈邱則疑之何也○塗按東鹿靈邱據地形志特五邱之一不足當戰國時地名應劭之說臣瓚水經注俱駁之日知錄據史記孝成王以靈邱封春申君謂其必別一靈邱在齊境而後入趙者然既屬趙封無以明其不在代郡也

蓋

蓋在今沂州府沂水縣○釋地云蓋大夫王驩與兄戴蓋祿之蓋同音宋王伯厚謂漢泰山郡蓋縣故城在沂州沂水縣西北僅一處無二地按左傳趙衰爲原大夫先軫亦稱原軫先縠亦稱原縠唐孔氏曰蓋分原邑而共食之因悟蓋一也以半爲王朝之下邑王驩治之以半爲卿族之私邑陳氏世有之○樊氏廷枚曰漢地理志泰山郡蓋縣注臨樂山洙水所出西北至蓋入泗水後漢郡國志泰山郡蓋縣沂水所出注左傳會于防杜預曰在縣東南有防城水經注沂水出蓋縣艾山隱六年盟于艾因思一蓋也

而洙之入沂之出防之會艾之盟皆于其地則當時蓋洵大矣○塗按左傳杜注泰山牟縣東南有艾山高氏曰今沂州府蒙陰縣西北百二十里有艾山按此即蓋縣之艾山漢蓋縣在今沂州縣西北六十里穀梁注以艾爲魯邑當是齊魯相接之地也

嬴

嬴在今泰安府附郭泰安縣○釋地云嬴齊南邑春秋桓三年公會齊侯于嬴杜注齊邑今泰山嬴縣案嬴縣故城在萊蕪縣西北四十里北汶水之北去齊都臨淄三百餘

里○又曰孟子奉母仕於齊母卽歿於齊既歿而葬宜終喪於家此蓋終三年喪復至齊爲卿耳或訝曰充虞嗇一疑於心至三年始發之歟曰此尤足見孟門弟子之好問也陳臻從於齊於宋於薛辭受之後而問屋廬子從居鄒處平陸至見季任不見儲子之後而問充虞亦猶是爾且孝子之喪親言不文孟子援古論今幾於文矣三年之喪言而不語語爲人論說也後魏孝文帝以與公卿往復追用慟絶曰朕在不言之地不應如此喋喋然則孟子反喋喋耶故充虞問答斷自免喪之後也○侯季華曰孟子鄒

人應葬於鄒書葬於魯者蓋孟子孟孫之後祖墓在魯故○地理攷實云嬴故城在泰安縣東南五十里一云在萊蕪縣西北四十里蓋各據其縣之地望言之實一地也○鄒縣聖賢志癸卯孟子五十五歲在齊迎母仉氏就養五十六歲母卒於齊扱柩歸葬於魯五十七歲在鄒居喪五十八歲反齊齊王以爲客卿○山川志孟母墓在鄒縣東北二十里馬鞍山麓○孟子外書云孟母之喪門弟子各治其事陳臻治貨季孫郊治車咸邱蒙治器萬章治縗充虞治槨公都或治饌陳代治牲樂正克治儀公孫丑治賓客

晝

晝在今青州府臨淄縣○孟子外書云孟子去齊宿於晝王蠋請見孟子見之○水經注淄水篇云又有澅水注之水出時水東去臨淄城十八里所謂澅中也俗以澅水爲宿留水西北入于時水孟子去齊三宿而後出晝故世以此而變名也○路史云故晝城在西安城南有澅水晝齊大夫之封見風俗通有晝氏○釋地曰晝當作畫不待言齊西南之邑集注本趙注及劉熙注括地志以晝爲戟里

城在臨淄城西北三十里一南一北殊判然余謂孟子去齊歸鄒鄒實在齊之西南云南者是○毛氏奇齡曰齊有晝邑夜邑孟子宿晝邑國策齊襄王封田單以夜邑萬戶一晝一夜不錯也且晝爲西南近邑正孟子去齊還鄒之路若晝邑在臨淄西北三十里卽戟里城燕將破齊時以其地封王蠋者以燕在西北故也孟子不之燕何由宿晝乎○施氏彥士曰晝邑以澅水得名邑城在臨淄西北三十里或疑非去齊所經不知故臨淄城在縣西北八里孟子宿於晝亦不必在邑城故耕野之王蠋見之明焉智餠

曰王蠋墓在臨淄西二十里愚公山是在故臨淄西南境矣○樊氏廷枚曰時水卽乾時路史時水下引齊大夫時子然則時子或氏于居旣居近澅水適因孟子宿晝遂欲爲王留行故曰弟子齊宿而後敢言直以前此爲王留行未曾親見孟子故云○趙氏故淸曰按史記惠景間侯者年表澅清侯朝鮮尼溪相參索隱曰澅音獲水名在齊又音乎封反漢書耿弇傳云進軍畫中注云畫中邑名畫音胡麥反故城在今西安城東有畫水故名或作晝則字形之似也蓋以孟子三宿於此後人因以宿留目之方俗之音

隨之而變酈道元遊歷三齊熟其風土故云俗以晝水爲宿留水蓋宿留反語宜爲晝字其後悉改而從澅王應麟困學紀聞引水經注云澅水出時水及黄愼中刊本俱是澅字失古義矣乃毛奇齡作經問必欲強分晝畫爲二邑妄生穿鑿故不若酈注之爲當也○周氏柄中曰西安卽今索鎭在臨淄之西非西北不與歸鄒之道相反謂在臨淄西北者括地志誤耳○壄按分晝畫爲二邑誤由路史而路史又本於風俗通非始自奇齡也于欽齊乘澅水俗謂之泥河北逕臨淄城北系水入焉則固在臨淄南矣樊

氏謂留行者卽時子亦鑿

休

休在今兗州府滕縣○釋地云故休城在滕縣北十五里距孟子家約百里○任氏啓運曰路史國名紀休在潁川嘗在宋境○一統志在滕縣西二十五里通志孟子去齊居休漢楚元王子劉富封爲休侯卽此

崇

崇在今東昌府聊城縣○周氏柄中曰備攷以爲古崇國卽今鄠縣鄠乃秦地非齊地也春秋宣元年趙穿侵崇杜

注秦之與國此亦非齊地路史云彭城北三十里垞城臨泗水古崇侯城西南有崇侯廟此與齊頗近未知是否也○施氏彥士曰今聊城縣有崇武城古聊攝地在范邑東北百餘里

亳

亳南亳在歸德府商邱縣東南西亳在河南府偃師縣北亳在商邱縣北○括地志曰宋州穀熟縣西南三十五里南亳故城卽南亳湯都也大蒙城爲景亳湯所盟地因景山爲名河南偃師爲西亳帝嚳及湯所都盤庚亦徙都之

又曰薄城北郭東三里平地有湯冢按在蒙即北亳也又云洛州偃師縣東六里有湯冢近桐宮○瑬按路史言亳有五一穀熟一杜南一偃師一考城一鄭地而譙弗預按宋之亳州蒙城縣魏之譙郡山桑縣也其地近南亳高氏士奇謂襄十一年同盟之亳即偃師之亳其地有景山在縣南四十里諸家以蒙亳爲景亳者非則路史以鄭地爲別一亳者非也○畢氏沅曰墨子云湯奉桀衆以克有屬諸侯于薄呂氏春秋云湯嘗約于鄣薄矣周書殷祝解云湯放桀而復薄薄惟孟子作亳非正字也亳京兆杜陵亭

見說文別有亳王號湯在今陝西三原縣地各不同○瑬按畢說非是薄之作亳諸書甚多書已有三亳版尹矣地名相同者衆豈必京兆杜陵亭爲亳乎按史記秦本紀甯公二年遣兵伐蕩社三年與亳戰亳王奔戎遂滅蕩社集解引徐廣曰蕩音湯社作杜索隱曰西戎之君號曰亳王蓋成湯之允其邑曰蕩社徐廣云一作湯杜言湯邑在杜縣之界故曰湯杜也正義引括地志云雍州三原縣有湯陵又有湯臺在始平縣西北八里集解又引皇甫謐曰亳王號湯西夷之國也按西戎之君以成湯之允而名其國

爲亳則杜陵亭之名亳正從湯都之名亳而來何得以後之名亳者而反謂湯都之定作薄不作亳乎○又按釋地曰與葛爲鄰是湯居南亳時事若偃師之亳去寧陵之葛幾八百里何由使衆往爲之耕乎說本水經注○一統志亳城在垣曲縣西寰宇記古亳城在垣縣西北十五里縣志在縣西十里城周百四十步今謂之下亳里按此亳非湯所居之亳新志又有葛城亦屬附會○瑬按寰宇記于絳州垣縣下引湯誥王歸自克夏至於亳竟以此當湯居之亳○漢書地理志山陽郡薄臣瓚曰湯所都河南郡偃

師尸鄉殷湯所都臣瓚曰湯居亳今濟陰縣是也今亳有湯冢師古曰瓚說非也皇甫謐所云湯都在穀熟事並不經劉向曰殷湯無葬處安得湯冢乎○王氏鳴盛曰皇甫謐以偃師爲西亳以蒙爲北亳穀熟爲南亳案續志梁國屬縣有蒙有穀熟梁國又有薄司馬彪自注湯所都盤庚五遷鄭馬王皆以湯始居商邱後遷於亳當五遷之二水經注汳水東逕大蒙城北大蒙城在今商邱縣北四十里穀孰故城在商邱縣東南四十里湯本居此後遷偃師謐說似非無稽但馬鄭王惟言湯曾居商邱商邱本不名亳

觀漢志但于偃師言湯都而梁國蒙縣山陽郡薄縣不言是亳謐因經言三亳遂造北亳南亳配偃師而名三其實蒙穀熟但名商邱不名亳也杜預臣瓚司馬彪皆晉人劉昭梁人妄相附和豈如班固鄭康成之可信乎其辨一也既名三亳宜遠近相等商邱偃師相去七八百里蒙穀熟相去止數十里即如其說祇有東西二亳耳奈何於數十里強分爲二以充數乎其辨二也商邱平衍與成皐等地大不類何山險之有而云阪乎其辨三也葢諸郡皆微子所封祉獨稱亳當時人或以爲亳在宋地班氏云湯止於

薄則此爲湯嘗游息之地後人遂往往指稱亳在梁國沛陰山陽之間而其實湯都在偃師與宋地無涉也立政三亳鄭解爲遷亳之民而分爲三亳本一耳焉得有三而所謂偃師去葛太遠不便代耕不足辨矣○瀣按寰宇記宋州楚邱縣云伊尹墳在縣西北十四里書序沃丁既葬伊尹於亳今驗墳西十里有亳城在東京考城縣界是書序之亳北亳也又宋州穀熟縣云亳城在縣西南三十五里莊公十二年宋御說奔亳孟子湯居亳與葛爲鄰今甯陵縣界有葛相去八十里是左傳之亳南亳也王氏謂蒙與穀熟但名商邱不名亳過矣又古書亳多作薄左傳薄宗邑也則山陽之薄臣瓚謂薄是湯都其說可信鄭馬王以當五遷之二是也又左傳肅愼燕亳或謂即亳王奔戎之亳葢西周之北土也

莊嶽

莊嶽齊城內街里名○日知錄云莊是街名嶽是里名襄二十八年陳無宇得慶氏之木百車於莊注云六軌之道慶封反陳于嶽注云里名○惠氏左傳補注云莊在鹿門之外嶽在宮門之外北門之內

海隅

海隅疑在今登州府○爾雅云齊有海隅○馬融尚書注嵎海隅○薛季宣書古文訓曰嵎夷海隅諸夷虞書暘谷之地今登州也○史記秦本紀云蜚廉爲紂作石槨於北方還無所報爲壇霍太山而報得石槨銘曰帝令處父不與殷亂賜爾石棺以華氏死遂葬于霍太山○元和郡縣志絳州龍門蜚廉故城在縣南三里○釋地云皇甫謐云河東彘縣十五里有飛廉冢酈道元云霍太山上有飛廉墓皆與秦紀文合而不言海隅葢殺者一處葬者又一處

也○樊氏廷枚曰書君奭云海隅出日罔不率俾傳謂周都西土去東爲遠故以日出言之飛廉善走武王驅戮正在日出之地楊升菴曰飛廉助虐孟子明言戮之海隅焉得天降石棺之誕

於陵

於陵在今濟南府長山縣○釋地曰顧野王輿地記齊城東有長白山陳仲子夫妻所隱處唐張說石泉驛詩曰長白臨江上於陵入濟東我行弔遺跡感嘆石泉空石泉非孟子所謂井者耶江繡江發源長白山南今章邱縣淯河

是計於陵仲子家離其母居幾二百里矣○樊氏廷枚曰漢於陵故城章懷太子注曰在今淄州長山縣南按此即春秋夫于昭十年陳桓子以與子周杜注濟南於陵縣西北有于亭○施氏彥士曰長白山在今濟南府東百六十里之鄒平縣縣南二十里是洪稚存圖志山東北屬長山西屬章邱南界淄川葛洪云長白泰山之副嶽繡江所發源○瑬按長白山太平御覽以山中雲氣長白故名

四書地理攷卷三

東洞庭王瑬原名仲鎏亮生著

地名類

京

京在今西安府治長安縣○詩地理攷云郡縣志周武王宮即鎬京也在京兆府長安縣西北十八里自漢武帝穿昆明池於此鎬京遺址淪陷焉括地志鎬水源出長安縣西北鎬池水經注云鎬水承鎬池北流入渭又云渭水東北與鄗水合朱氏曰祼將于京周之京師也曰嬪于京依

其在京周京也王配于京鎬京也乃覲于京高邱也○陸氏嘗曰周之京師乃雒邑即王城對鎬京而言謂之東都鎬京西都也武王雖革殷命實未遷都所謂南望三塗北望嶽鄙顧瞻有河粵瞻洛伊毋遠天室者周公營之未就遽役成王復使召公營之史記召公營雒邑周公復卜申視卒營築居九鼎焉是也然成王亦仍居鎬京至平王東遷乃居于此春秋所書京師則指雒邑祼將于京之京當仍指鎬京爲是

北海之濱

北海之濱在今永平府昌黎縣○釋地云前漢遼西郡令支縣有孤竹城括地志孤竹故城在盧龍縣南十二里今永平府治河入海從右碣石正古之北海在今昌黎縣西北亦是當其國都不遠通志以居北海爲濰縣誤○塗按一統志夷齊廟在昌樂縣孤山齊乘言宋時因孟子言居北海之濱因立廟非也

東海之濱

東海之濱在今沂州府日照縣○釋地云後漢琅邪國海曲縣劉昭引博物記注云太公呂望所出今有東呂鄉又

釣于棘津其浦今存又於清河國廣川縣棘津辨其當在瑯琊海曲余謂海曲通典稱在莒縣東則太公避紂居東海之濱即是其家漢崔瑗以爲汲縣人者誤○一統志東呂鄉在日照縣東舊志有太公臺臺在縣東北二十里去海里許舊址尚存臺旁溪水清漣即太公垂釣處又云棘津河在諸城縣東南二十里○查氏揆曰太公避紂避是避世之避謂伏處不出非避地也故呂氏春秋首時篇太公望東夷之士也史記太公望東海上人皆本孟子而呂覽高誘注以爲河內人未知所據水經注以汲郡有太公泉及廟爲太公故居路史國名紀衞有棘津注冀之棗陽有棘津城有太公賣漿臺太公泉似皆其故居與游處所至非其所生當以東海海曲人爲是

諸馮

諸馮疑在今青州府諸城縣○孟子外書云舜生於姚墟禹生於石紐湯生於蒲南文王生于台疆千年一聖猶旦暮也○周氏柄中曰舜生諸馮之姚墟孫疏謂在冀州之分以史記云舜冀州之人也括地志云姚墟在濮州雷澤縣東十三里通鑑前編云姚墟在河中府河東縣未知孰

是通典謂在金州西城者非也○史記正義云會稽舊記云舜上虞人去虞三十里有姚邱即舜所生也周處風土記曰舜東夷之人生姚邱○塗按史記正義既曰越州餘姚縣顧野王云舜後支庶所封之地舜姚姓故云餘姚當以此記爲是又引會稽舊說及風土記殆不足據○一統志諸馮在菏澤縣南五十里相傳即舜生處又舜井在縣東北二十五里姚墟在濮州南又云諸馮山在絳州垣曲縣東北五十里○查氏揆曰諸馮路史謂即諸浮按左傳六卿相見於諸浮杜注晉地正義謂當在晉之近郊則諸

浮亦未定所在顧景范謂絳州垣曲縣諸馮山在縣東北四十里舜生諸馮即此亦不足據竊謂史記言舜冀州人帝王世紀援神契皆曰舜生姚墟世紀又曰家本冀州與史記合則考舜之生當求之冀州其非冀州者可勿信也尙書曰釐降二女於嬀汭嬪於虞皇甫謐曰堯以二女妻舜封之於虞今河東太陽山西虞地路史舜之先國於虞始爲虞氏系出虞幕按四岳之薦已稱虞舜明非舜所封自幕至于瞽瞍世居於虞矣稽古錄虞今河中府虞鄉縣嬀水之汭舜所居也皇甫謐曰嬀水在河東虞鄉縣歷山

西西流至蒲坂縣南入于河舜居其旁水經注以嬀汭爲二水而孔安國馬季長王肅杜預皇甫謐皆以汭爲嬀水之曲是也按蒲坂今解州地葢舜世居於虞在嬀水之汭不言姚墟者以嬀汭槩之猶言姚姓之墟里在嬀水之汭耳諸馮當是其地有二名此以尙書證孟子不必別爲穿鑿也或以諸馮當在濮州而通典謂在金州西城則均失也地里志漢中郡西城應劭注世本嬀墟在西北舜之居郡國志成固嬀虛在西北注帝王世紀亦云姚墟在西北水經漢水又東逕嬀墟爲灘注引世本云舜居嬀汭在漢中西城縣此與杜佑皆襲應劭李賢之誤金州西城今漢中府西鄉縣也距冀州甯遠詎足信耶若濮州之譌則始於應劭謂與雷澤相近而隋乃以雷夏澤爲雷澤縣樂史謂其地有歷山姚墟其實非也惟負夏則在濮陽耳○趙氏佑曰趙注諸馮負夏鳴條皆地名負海也在東方夷服之地也負海者明其地之負海也考負夏衞地見檀弓注鳴條見書序史記則曰舜冀州之人也古冀州直北位非東且亦未嘗近海惟青徐揚三州禹貢並言海而徐揚之海在東南惟青居大東海在其北故郡稱北海海在北如

負之者今青州府有諸城縣大海環其東北說者以爲即春秋書城諸者其地有馮山馮村葢相傳自古竊疑近是凡言人地以所生爲斷遷卒皆在後孟子亦據舜生而言東也由此以推則知歷山雷澤河濱與夫負夏壽邱頓邱之皆東土班班可考若河東之虞葢本舜祖虞幕之封故書稱虞舜史言冀州猶後人稱祖籍標郡望耳然自漢以來皆專主河東於是諸馮湮經意隱矣

負夏

負夏在今大名府開州○周氏柄中曰檀弓曾子弔於負

夏鄭注衛地史記舜就時負夏書大傳曰販于頓邱就時負夏則遷負夏乃舜貿易時事孫疏直言遷居非也○水經注泗水條云瑕邱魯邑春秋之負夏哀七年季康子伐邾囚諸負瑕是也○大事表曰杜注負瑕魯邑高平南平陽縣西北有瑕邱城在今滋陽縣西二十五里○一統志瑕邱在開州東南十八里義井里寰宇記瑕邱在濮陽縣東南三十里高三丈○路史曰世紀云舜遷於負黍按少室一曰黍室負黍在其南定六年之負黍也杜云陽城西南有負黍亭今在登封○查氏揆曰釋名夏假也假又通

瑕史記鄭世家傳瑕索隱作甫假魏世家魏王假列女傳作瑕後漢馮異傳封陽夏侯夏音檟禮記夏楚讀若假檀弓公肩瑕師古曰卽公肩假故負夏卽爲瑕邱也瑕邱有二公叔文子升於瑕邱衛之瑕邱也季康子囚邾子於負瑕魯之瑕邱也酈元注水經以爲魯衛雖殊土則一也謬甚鄭元注負夏衛地則衛之瑕邱是路史國名紀謂在濮陽東南三十里也唯酈注以魯瑕邱爲公叔之所升而路史又以衛瑕邱爲邾子所囚則交相悖矣尸子就時負夏販於頓邱帝王世紀始遷於負夏販於頓邱疑爲重文葢頓邱負夏皆在濮也又耕漁陶販舜無不爲然孟子於舜之生卒鄭重言之而中間僅舉其負販之地于義未安按尸子與呂覽貴因篇皆曰舜一徙成邑再徙成都三徙成國以此訓遷庶爲得之○趙氏一清曰衛瑕邱在今開州東南三十里秦置濮陽郡卽衛之帝邱成公自楚邱遷來者也

鳴條

鳴條疑在今開封府陳留縣○地里今釋鳴條岡在安邑縣北三十里接夏縣界○括地志曰高涯原出蒲州安邑

縣北三十里南坂口卽古鳴條陌也鳴條戰地在安邑西○史記云南巡守崩於蒼梧之野葬於江南九疑是爲零陵集解云皇覽曰舜冢在零陵營浦縣其山九谿皆相似故曰九疑傳曰舜葬蒼梧象爲之耕山海經曰蒼梧山帝舜葬于陽丹朱葬于陰○路史曰鳴條在河中府安邑或云陳留平邱有鳴條亭然湯伐桀與三朡昆吾同時三朡在定陶鳴條義不得在陳留又安邑有昆吾亭顯其非是也○焦氏循曰書序云伊尹相湯伐桀升自陑遂與桀戰於鳴條之野作湯誓夏師敗績湯遂從之伐三朡後漢書

郡國志濟陰郡定陶縣有三鬷亭三鬷卽三朡由鳴條遂伐三朡則鳴條當亦不遠其所在則未詳也鄭康成以爲南夷地名𦬇檀弓謂舜葬於蒼梧之野而孟子卒于鳴條又呂氏春秋簡選篇言殷湯登自鳴條乃入巢門淮南子云困桀鳴條擒之焦門又云整兵鳴條困夏南巢譙以其過放之歷山南巢卽焦門在今江南巢縣均與鳴條貫故鄭意鳴條之在南也呂氏春秋曰舜葬於紀市註云傳曰舜葬蒼梧九疑之山此云於紀市九疑山下亦有紀邑○畢氏沅曰墨子云舜葬南巳之市御覽引作南紀引尸子

作南己案路史注紀卽冀故紀后爲冀后今河東皮氏東北有冀亭冀子國也鳴條在安邑西北其地相近記謂舜葬蒼梧皇覽謂在零陵營浦縣尤失之梁伯子云困學紀聞引薛氏言蒼梧在海州界近莒之紀城亦非閻百詩曰海州蒼梧山卽山海經之郁山無舜葬於此之說○一統志曰隋書志東海縣有鬱林山寰宇記謂之蒼梧山在東海縣東北二里○震澤長語曰何孟春注家語陳留縣平邱有鳴條亭海州東海縣有蒼梧山去鳴條不遠○瑬按路史雖駁鳴條在陳留之說然陳留去定陶不遠說似可從

畢郢

畢郢在今西安府咸陽縣西北○括地志曰文王墓在雍州萬年縣西南二十八里畢原上武王墓在萬年縣西南二十八里畢原上周公墓在雍州咸陽縣北十三里畢原上又曰安陵故城在咸陽縣東二十一里周之程也○畢氏沅曰孫宣公孟子音義郢音程亦作程高注呂覽畢程畢豐𦬇以豐卽程也畢豐皆在咸陽案周書大匡解維周王宅程三年孔晁注云程地名在岐州左右後以爲國初

王季之子文王因焉而遭饑饉乃徙豐焉是豐程不得爲一地雍錄云豐在鄠縣程在咸陽東北○汪氏中曰趙注止云畢郢地名僞疏則云郢楚都在南郡此固邈不相涉按周書史記解畢程氏以亡呂氏春秋武王常窮于畢程矣周書王季宅程又曰文王在程作程寤程典召南譜正義云程亦在岐是周地之小別然則郢程程止一地形聲小異耳○瑬按詩地理攷引皇甫謐云豐在京兆府鄠縣東豐水之西文王自程徙此又引孔氏云從鮮原徙豐豐在岐山東南三百餘里則程卽鮮原畢豐不得爲一地畢

程則得爲一地矣○劉氏台拱曰漢書地里志右扶風安陵闞駰以爲本周之程邑括地志云安陵故城在雍州咸陽縣東二十一里周之程邑也此邑中之地爲程其西有畢陌一名畢原皇甫謐所謂安陵西畢陌元和志畢原即咸陽所理也原南北數十里東西二三百里亦謂之畢陌此邑外之地謂畢也畢者程地之大名程者畢中之小號杜佑曰王季都畢通國內言之春秋傳魏駘芮岐畢吾西土也注言在夏世以后稷功受此五國爲西土之長是則岐也畢也皆古之建國也周者太王所邑而岐之小別也

故係岐言之曰岐周程者王季所邑而畢之小別也故係畢而言之曰畢郢又據畢地有二其一文王墓也太史公曰畢在鎬東南杜中皇覽周文王武王冢在京兆長安縣鎬京聚東杜中而括地志以爲在雍州萬年縣西南二十八里畢原上則唐亦謂之畢原是故有咸陽縣之畢原所謂卒於畢郢也有萬年縣之畢原所謂文王葬於畢也一在渭北一在渭南異所同名往往相亂杜佑言畢初王季都之後畢公封焉此言在渭北者當矣而以爲文王所葬則失之帝王世紀云文武葬於畢畢在杜南晉書地道記亦云畢在杜南與畢陌別此則文武所葬不在畢陌明矣是以裴駰辨之云皇覽曰秦武王冢在扶風安陵縣西北畢陌中大冢是也人以爲周文王冢非也周文王冢在杜中

幽州

幽州在今順天府密雲縣東北塞外地○釋地云此幽州其地狹及後肇十二州分冀州東北地爲幽州其地廣孔疏云流四凶時未作十二州無幽州之名而云幽州者史據後定言之也非是當流共工時此地已名幽州括地志

云故龔城在檀州燕樂縣界今密雲縣○史記堯本紀作流共工于幽陵莊子在宥篇作流共工于幽都○書鄭注云北裔之地○樊氏廷枚曰爾雅釋地燕曰幽州以昭余祁爲藪而北據易水是殷之幽兼周之并也周官職方氏東北曰幽州以醫無閭爲鎮而南至淄水是周之幽兼殷之營也舜典分冀爲幽禹貢復省幽入冀

南河之南

南河之南當在今歸德府虞城縣○周氏柄中曰集註南河在冀州之南則豫州也史記集解引劉熙孟子注曰南

河九河之最南者案九河鬲津最南鬲津在鬲縣今濟南府德州有鬲縣故城則舜避朱在兖州也張守節謂濮州鄄城縣偃朱故城卽舜避朱之處濮州今屬山東曹州府亦古兖州地但豫河爲南河見於禹貢以九河之最南者爲南河則書傳無此稱也○姚氏鼐曰舜耕歷山漁雷澤作什器陶邱販於頓邱就時負夏此皆曹濮衛地在南河之南然則避堯子于南河之南者舜國也旣而不得終於諸侯于是都蒲坂舜始居衛濮也孟子謂之東夷自東夷而蒲坂故孟子謂之中國舜避堯之子自平陽而東南至

南河逾河而至於衛濮而堯子在平陽爲國君而守宗祀如舜不更建都邑則無都矣是以之蒲坂也武王勝殷猶不取紂之故都以畀武庚居焉况其在舜乎惟禹亦然鄭康成注尙書大傳謂負夏衛地是也而云歷山在河東則非也曾子固以爲指歷城南山其相去猶遠按春申君說秦王曰割濮歷之北元和郡縣志雷澤縣西北歷山舜所耕此則與其漁陶類相次疑近是矣又其地西去梁國虞縣不遠故舜居也書所謂嬪于虞者也若河東之有虞城葢有虞氏旣都蒲坂之後而名之耳舜居深山之中固兖州之歷山也徙而成都者梁國之虞縣也皆南河之南也嬀汭不能言其處然宜亦在兖豫之間皇甫謐乃因虞城而附會謂嬀在河東此何據耶吾謂虞思之國葢在河東之虞城以其承商均以來之故都且羿方强盛滅相于濮陽少康必遠避之以居河東奈何後儒反以梁國之虞爲虞思之國而河東之虞反爲舜未爲天子之故都哉○達按河東虞城在今蒲州府虞鄉縣

陽城

陽城在今河南府登封縣○釋地曰陽城山名趙注云陽

城箕山之陰皆嵩山下深谷中可藏處也案漢潁川有陽城縣以有陽城山得名洧水所出唐武后改曰告成後又曰陽邑五代周省入登封故此山在今登封縣北三十八里去嵩山幾三十里安得卽云嵩山下之深谷歟○劉熙注云陽城今潁川陽城

桐

桐在今河南府偃師縣○釋地云後漢志梁國虞縣有空桐地有桐地有桐亭太甲放處應在此今歸德府虞城縣距湯都南亳僅七十里人言湯亳爲偃師偃師去虞城八

百餘里尹豈能分身以應乎湯都仍屬穀熟鎮爲是○宋氏翔鳳曰閻說非也史記伊尹放之于桐宮集解引鄭元曰有王離宮焉正義引地道紀云尸鄉南有亳坂東有城太甲所放處也此尸鄉正在偃師不必以空桐桐宮同字遂附會在虞城也○堃按寰宇記于解州聞喜縣云桐鄉故城在縣西南八里俗以此城爲伊尹放太甲處今按放太甲處爲尸鄉在偃師界非聞喜也又於絳州曲沃縣云桐鄉城在縣西南放太甲於桐是此地誤矣

垂棘

垂棘疑在今澤州府治鳳臺縣○澤州府志云垂棘在府治東北三十里高都村古晉城縣遺址也村南垂棘洞在焉內有石堅而潤瑩澤而光潔又東漢志高都博物記云縣南地名即垂垂棘之璧出此○周氏柄中曰高都之垂不名垂棘漢志亦不言産玉恐屬附會

屈産

屈産當在今汾州府石樓縣○周氏柄中曰漢書地里志河東郡北屈縣師古注即晉公子夷吾所居劉昭後漢志注杜佑通典並云晉有屈産之乘即此樂史寰宇記晉石樓有屈産泉相傳昔有日馬母飲茲泉生得龍駒晉屈産之乘蓋此地所生良馬也案据劉杜說則屈地所産之馬今山西平陽府吉州是据樂史說則是地名在今汾州府石樓縣閻百詩謂石樓乃漢西河土軍縣非北屈也斥樂史爲附會然趙岐何休並云屈産地名則樂史亦自有本也○地里攷實云杜注二屈今平陽北屈縣或云二當爲北彙纂云今平陽府吉州東北二十一里有北屈故城按韋昭曰屈有南北今河東有北屈則是時復有南屈水經注引汲郡古文曰翟章救鄭次于南屈路史國名紀隰州

有故屈城南屈也隰之吉縣北二十一里有故屈城即北屈也○堃按水經河水又南過土軍縣西酈注云縣有龍泉出城東南道左山下牧馬川川上多産名駒駿同滇池天馬則其說久矣

石邱

石邱未詳○孫疏云宋地名○堃按石邱或以爲在今衛輝府汲縣明一統志云石邱在衛輝府胙城縣東北三十里相傳漢成帝時星隕之石據此則不可以當孟子之石邱矣

河西

河西在今衛輝府淇縣○釋地云趙注淇水名衛詩竹竿篇泉源在左淇水在右碩人篇河水洋洋北流活活衛地濱于河淇水在北流河之西故曰處淇而河西善謳○樊氏廷枚曰史記衛居河淇間故商墟案卽古朝歌城淇水逕其西河水逕其東是爲河淇之間

高唐

高唐在今濟南府禹城縣北○大事表云襄十九年夙沙衛入於高唐以叛二十五年祝佗父祭於高唐有齊別廟

蓋齊之宗邑也穆孟姬爲陳氏請之陳氏始大故城在今濟南府禹城縣北四十里

南陽

南陽在今泰安兗州二府境○周柄中曰戰國時有三南陽一屬韓卽今南陽府是也一屬魏今懷慶府修武縣是也此南陽地屬齊趙注山南曰陽岱山之南謂之南陽也釋地云史稱泰山之陽則魯其陰則齊南陽屬齊必齊之地深插入魯界中者案公羊傳齊桓使高子將南陽之甲立僖公以城魯注齊下邑史記楚攻齊之南陽索隱云齊淮北泗上地皆是實指其地竊疑南陽是總名如晉合温原欑茅之地俱謂之南陽不得指以一處全謝山曰南陽卽汶陽山南曰陽是南陽所以得名也水北曰陽是汶陽所以得名也案左傳鄆讙龜陰陽關皆齊魯接境地通謂之汶陽之田在泰山之西南汶水之北汶陽卽南陽全說是也○大事表曰定十年齊人歸三邑皆汶陽也在今兗州府甯陽縣境又杜注泰山博縣北有龜山案博縣爲今之泰安府龜山在新泰縣之西南泗水縣之東北與泰安縣接境○姚氏鼐曰泰山之南汶水之北曰南陽大行之

南南河之北曰南陽太室之南漢水之北曰南陽古者泰山之陽則魯其陰則齊也南陽者魯地也自春秋以來齊侵魯而有之齊南境包泰山外矣武王封周公於魯方百里也成王益啟伯禽之宇至方四百里故太史公封伯禽康叔于魯衛各四百里其後北爲齊侵南爲楚侵魯之削也滋甚魯餘方百里者五開方之得方二百三十里有奇視其封于成王時四百里之地削過半矣然于周公始封百里猶贏五分之四也○全氏祖望曰南陽卽汶陽益汶水出泰山郡之萊蕪縣西南過嬴縣桓三年公會齊侯于

嬴者也又西南過牟縣牟故曾之附庸也又東南流逕泰山又東南流逕龜陰之田即左氏定十年所歸也又東南流逕明堂又西南流逕徂徠山又南流逕陽關即襄十年逆臧孫之地又南逕博縣即哀十一年會吳伐博者也又南逕龍鄉即成二年圍龍者也又南逕梁父縣之菟裘城隱十一年所營也又西南過剛縣漢之剛乃春秋之闡其西南則汶陽之田又西南則棘成三年所圍也又西南爲遂莊十三年齊所滅也又西南爲讙桓三年齊侯送姜氏之地也又西南爲郈則叔孫氏邑又西南爲平陸拔郰讙

龜陰陽關皆齊魯接境地通而言之皆汶陽之田也

葵邱

葵邱疑在今歸德府考城縣東三十里○僖九年會於葵邱杜注宋地陳留外黃縣東有葵邱○地里攷實曰彙纂云據後漢志西安縣有蘧邱里亦名渠邱即古葵邱也今青州府臨淄西三十里有西安故城葵邱在其處今按水經注西安縣之渠邱時水所逕齊西之葵邱系水所逕則是二地京相璠曰葵邱在臨淄西五十里若渠邱在西安者齊大夫雍廩邑昭十一年傳齊渠邱實殺無知杜注齊國西安縣有渠邱則合渠邱葵邱爲一非也○全氏祖望曰杜預以爲葵邱若是汾陰則晉乃地主夏會秋盟豈有不豫之理然宰孔明言西略而以爲陳留是仍東略也則宜在汾陰葢當時不服桓公者楚而晉實次之故桓公特爲會于晉地以致之亦霸者之用心也至于晉侯已經赴會以宰孔之言而還而是歲獻公卒桓公爲之討亂置君則宰孔以爲不復西略者其言虛矣○括地志云葵邱在曹州考城縣東南一里一百五十步郭內即桓公所會處也○水經注河水篇云汾水西徑鄈邱北故漢氏之方澤

也賈逵云漢法三年祭地汾陰方澤澤中有方邱故謂之方澤邱即鄈邱也許氏說文稱從邑癸聲河東臨汾地名矣又泗水篇云黃溝自城南東逕葵邱下齊桓公合諸侯于葵邱即此地也又淄水篇云系水又西逕葵邱北襄公使連稱管至父戍葵邱京相璠曰齊西五十里有葵邱地若是無庸戍之引河東汾陰葵邱山陽西北葵城宜在此非也余原左傳連稱令無寵之妹候公于宮因無知之紲遂害襄公若出遠無代甯能謀及婦人而爲公室之亂乎又漳水篇云春秋古地云葵丘地名今鄴西三臺是也○

壍拔葵邱有四俱見水經注河東郟邱似名從漢起非齊桓會處鄴縣之葵邱春秋時屬衛後入晉管子所謂築五鹿中牟鄴者也今彰德府臨漳縣也考城既非西略汾陰又不宜晉不與則在鄴地似爲近之又水經注清水篇引京相璠曰河內山陽有郟城拔山陽今之修武縣此地名郟無葵邱之目京相璠疑爲連稱戍地非也

范

范在今曹州府北百六十里之范縣○釋地云今東昌府濮州范縣本春秋晉大夫士會邑又半屬魯後漢志東郡

范縣有秦亭即莊三十一年築臺于秦地道記在縣西北是也孟子時則屬齊○施氏彥士曰孟子書有兩之齊其一由平陸之齊其一自范之齊夫范在平陸西二百餘里自范者或可由平陸而由平陸則必不更經于范以地理證之則自范之齊當在孟子五十四歲去梁時也考大梁在今開封府齊都在今青州府臨淄縣而范則范武子故邑爲齊西南邊邑當時惟去梁適齊故路出於范若由鄒或由平陸當徑向東北矣何事西北至范迂廻三四百里而後折而東北哉且孟子明云於崇吾得見王方之玼以

崇爲崇武今東昌府聊城縣有崇武驛古聊攝地也又在范邑東北百餘里自范之齊或値齊王行邊至崇得見未可知也○江愼修曰士會所食之范當在山西平陽府境與濮州東北六十里之范縣無涉○大事表曰山東濮州范縣爲晉范武子封邑世多疑之以晉當春秋中葉不應拓土至此季氏私考遂以爲隨之別名此甚非也余嘗攷之武子之封范葢自宣十五年晉人滅潞之後始也案宣十二年邲之戰稱隨武子十五年荀林父滅潞十六年士會滅甲氏留吁晉侯請于王命爲太傅王享之其時止稱

武子而不稱隨十七年請老遂稱范武子以後世稱范意范爲赤狄潞氏地晉滅其族而因以爲武子賞功之邑耳何則滅潞之役士會荀林父二人同功荀林父賞狄臣千室士伯諫不殺林父猶予以瓜衍之縣士會滅甲氏留吁豈獨無賞傳但載其將中軍爲大傅而偶遺其封邑耳其范之爲狄地何也春秋時狄之疆域甚遠伐邢而邢遷夷儀攘邢之故地入衛而衛遷楚邱處衛之故墟其後屢侵齊魯曹濮之境狄地實相犬牙而晉獻之世以蒲屈爲邊案蒲屈爲今平陽府隰吉二州之境自此以東皆狄地故

曰狄之廣莫狄之東爲衞衞之東爲齊故其時晉之與齊甚遼遠齊桓會盟無由至文襄之世猶隔絕文公伐曹必假道於衞是則未滅潞氏以前晉決無由得范地旣滅潞氏二年而武子遂封范中間不聞別侵齊魯故知范爲狄之故地無疑當是時楚方强横服鄭伐宋晉槪置不問而郤缺士會專致力于狄以爲爭無益之虛名不如爲拓土之實計故求成以攜其黨滅留吁甲氏以盡其族自是以後衞之故封如河内朝歌邯鄲百泉之地悉爲晉邑幾有中原大半與齊魯衞三國爲鄰境鞌之戰遂卷甲而長驅

入齊矣後東昌之冠縣爲晉冠氏邑邱縣爲晉乾侯邑而齊烏餘以廩邱入晉廩邱亦范境此皆宣公以後之晉非宣公以前之晉也

棠

棠在今萊州府卽墨縣南○大事表云春秋棠有四隱公五年公觀魚於棠魯濟上之邑在今兖州府魚臺縣東北十二里又襄二十五年齊棠公尙杜注齊棠邑大夫今爲東昌府之堂邑縣又襄十四年楚子囊師于棠以伐吳今爲江南江寧府之六合縣又襄六年滅萊萊共公奔棠杜注棠萊邑今膠州卽墨縣南八十里有甘棠社襄十八年齊侯將走郵棠卽此○顧炎武山東攷古錄云當時卽墨爲齊大都倉廩在焉故發棠卽萊邑也○一統志棠鄉在平度州東南甘棠社在昌邑縣南八十里

四書地理攷卷四

東洞庭王鎏原名仲鎏亮生著

國名類

殷

殷始都于商在今商州○地理攷實曰八遷契始居商一也昭明居砥石二也相土居商邱三也冥離商邱奉命治河四也子亥遷殷五也孔甲復歸商六也湯自商邱遷亳七也自穀熟遷偃師八也仲丁遷囂河亶甲遷相祖乙遷耿自耿遷庇南庚遷奄盤庚自奄遷北蒙○釋地曰湯居南亳以後紂居朝歌以前凡六百四十五年都河南者三都河北者四三者何一括地志云南亳故城在宋州穀熟縣西南三十五里即湯所都一滎陽故城在鄭州滎澤縣西南十七里殷時敖地即仲丁所遷一亳邑故城在洛州偃師縣西四十四里即盤庚所遷四者何一故殷城在相州內黃縣東南十三里即河亶甲所築而都者一耿城故耿國在絳州龍門縣東南十二里祖乙時圮自祖乙前已爲都矣一邢國故城在邢州外城內西南角即祖乙所遷一朝歌故城在衞州東北七十三里本妹邑或曰武乙遷

焉或曰武丁始都此○梁氏玉繩曰自契至湯八遷本紀止言湯之一遷餘皆不載攷書疏曰世本昭明居砥石荀子昭明居砥石遷于商左傳相土居商邱是三遷也竹書帝芒三十三年商侯遷于殷冥之子振也帝孔甲九年殷侯復歸商邱不知何世是五遷也路史國名記云上甲居鄴是六遷也而水經注又引世本云契居蕃是七遷也并湯爲八釋文謂八遷惟見四孔仲達數砥石商邱及亳爲三而連契之居商爲四遷非也又曰五遷無定處僞孔傳以湯徙亳仲丁囂河亶甲相祖乙耿并盤庚居殷爲五馬鄭王肅以商亳囂相耿爲五兩者皆非上文云自契至湯八遷則不應通數成湯明甚而盤庚當作誥之時尚未徙殷尤不應列于五遷內矣考竹書仲丁元年遷囂河亶甲元年遷相祖乙元年遷耿二年圮于耿遷庇南庚三年遷奄是之謂五遷紀于前之八遷書其一而遺其七於後之五遷書其三而失其二其非疎乎盤庚至紂都復數徙史亦不盡書也又祖乙自相徙耿自耿徙庇書序專言篇名故但云祖乙圮于耿作祖乙而不及相圮遷耿事祖乙之篇正作于遷庇時故云圮于耿不云遷于耿也僞孔傳誤連上文遂

攺爲圮于相遷于耿孔疏謂孔傳與經言大不辭亦頗糾僞傳之失乃復引康成說祖乙去相居耿爲水所毀於是修德以禦之因不再徙而又誤讀竹書以爲祖巳圮耿遷奄並非○塗按盤庚所遷之殷或以爲北蒙或以爲偃師按書盤庚之誥言適于山當以偃師爲是

夏

夏都于陽翟在今開封府禹州後徙安邑在今解州安邑縣○姚氏鼐曰世本曰禹居陽城蓋在嵩山下嵩山古曰崇山故禹國曰崇國旣而不得終于諸侯于是都陽翟漢

志陽翟禹所居啟有鈞臺之享鈞臺在陽翟帝發至桀其間乃遷河東安邑故桀之國左河濟右太華伊闕在南羊腸在北臣瓚謂桀都河南其說誤矣○地理志北海郡平壽應邵曰故斟尋禹後今斟城是也臣瓚曰斟尋在河南不在此也汲郡古文云太康居斟尋羿亦居之桀亦居之吳起對魏武侯曰昔夏桀之居左河濟右太華伊闕在其南羊腸在其北河南城爲值之又周書度邑篇曰武王問太公曰我將因有夏之居南望過于三塗北望瞻于有河即河南是也

周

周在今西安府長安縣成周在今河南府洛陽縣○地理攷實曰文王都豐今西安府鄠縣南有酆城武王都鎬鎬在豐水之東豐在豐水之西相去二十五里平王遷都王城今洛陽縣西河南故城是也敬王又遷成周今洛陽縣東洛陽故城是也按王城漢河南縣即郟鄏敬王徙都成周即郟邑其故城在今洛陽東北二十里二城相去四十里○大事表曰今河南洛陽縣城內西偏即王城故址周公營洛邑澗水東瀍水西南繫乎洛水北因乎郟山自平

王東遷至景王十一世皆居此敬王遷成周王城廢至赧王復居之○攷實又曰周考王封其弟揭於王城是爲周桓公傳之威公惠公武公文君秦滅之遷於憚狐是爲西周西周惠公別封少子班于鞏以奉王于成周襄父諡爲惠公傳之其子桀秦復滅之遷于陽人聚是爲東周二公封邑之殊又于洛邑二城內以王城爲西周對成周爲東周也○大事表曰東遷後王畿疆域尚有今河南懷慶二府之地兼得汝州跨河南北有虢國桃林之隘以呼吸西京有申呂南陽之地以控扼南服又名山大澤不以封虎

牢峭函俱在王略襟山帶河晉鄭夾輔光武創業之規模不是過也平桓莊惠相繼百年號令不行諸侯攘竊王不能張皇六師更復披析其地以爲賞功酒泉賜虢虎牢賜鄭至允姓之戎入居伊川晉滅虢而鎬京之消息中斷楚滅申而南國之窺伺方張至温原蘇忿生之田與鄭復以賜晉則舉大河以北委而棄之由是懷慶所屬七縣原武屬鄭濟源修武孟縣温縣屬晉王所有者河内武陟二縣及河南府之洛陽偃師鞏縣嵩縣登封新安宜陽孟津八縣汝州之伊陽魯山許州府之臨潁縣與鄭接壤而已○

地理志云今之河南雒陽穀城平陰偃師鞏緱氏是其分也又曰初雒邑與宗周通封畿東西長而南北短短長相覆爲千里至襄王以河内賜晉文公又爲諸侯所侵故其分墜小

杞

杞都于雍邱今開封府杞縣後遷湻于今青州府安邱縣○地理攷實曰杜注杞國本都陳留雍邱縣推尋事跡桓六年湻于公亡國杞似并之遷都湻于僖十四年又遷緣陵襄二十九年晉人城杞之湻于彙纂云雍邱今開封府杞縣湻于今青州府安邱縣東北三十里有湻于故城今按史記索隱云周封杞居雍邱至春秋時杞已遷東國故隱四年莒人伐杞取牟婁牟婁者東邑也據此則春秋之前已遷青州而近莒矣青州去雍邱甚遠杞得國於此或由周王改封之疏謂雍邱湻于郡别而境連者大誤○大事表曰緣陵在今青州府昌樂縣亦曰營陵路通登萊今縣東南三十里有營陵故城

宋

宋都于商邱在今歸德府治商邱縣○地里攷實曰疏云

武庚作亂周公伐而誅之更封紂兄微子啟爲宋公都商邱今梁國睢陽縣是也彙纂云今河南歸德府治商邱縣即漢睢陽故城在縣南○大事表曰昭八年魯蒐于紅自根牟至于商衛釋例云商宋一地是也今城西南有商邱周三百步世稱閼臺○地名攷略曰孔穎達云微子初封于宋不知何爵此時因舊宋命之爲公令爲湯後蓋向第封之而已以有武庚爲嫡屬故未爲湯後至是始主湯祀也殷本紀契生昭明昭明生相土相土契孫也相土居商邱則商邱本殷舊都武王因以封微子耳襄十年宋公享

晉侯于楚邱請以桑林桑林者宋人享祖廟之樂也書傳言湯禱于桑林之社而雨昭二十一年宋城舊墉及桑林之門可見桑林卽在商邱之境矣廟社所在非書都而何又按服虔云相土居商邱故湯以爲號諜也詩天命元鳥降而生商鄭康成曰商國在太華之陽皇甫謐曰今上洛商縣是也孔穎達曰若契之居商卽是商邱不得云相土因閼伯若别有商地則湯之爲商不是因相土矣○大事表曰宋在春秋兼有六國之地宿偪陽曹其見于經者也杞戴及彭城則經傳皆不詳其入宋之年而地實兼併于

宋其封域全有河南歸德府一州八縣之地開封府之杞縣封邱縣有宋之長邱蘭陽縣有宋之戶牖衛輝府之滑縣有宋之城鉏陳州府治之淮寧縣有宋樫地西華縣有宋鬼閻地又江南徐州府之銅山縣沛縣蕭縣潁州府之太和縣山東兗州府之金鄉縣嶧縣泰安府之東平州後滅曹又得曹州府之曹縣菏澤縣定陶縣○又曰自三監作孽武庚反叛周公誅武庚而封微子於宋豈非懲創當日武庚國于紂都有孟門太行之險其民易煽其地易震而商邱爲四望平坦之地又近東都日後雖子孫自作不

靖無能據險爲患哉故殷之遺民屬之懿親康叔而杞宋接壤俱在開歸匪特制馭亦善全先代之後宜爾也入春秋時宋乃有彭城彭城俗勁悍又當南北之衝故終春秋之世宋最喜事齊興則首附齊晉興則首附晉悼公之再伯也用吳以犄楚先用宋以犄吳實于彭城取道楚之拔彭城以封魚石也非以助亂實欲塞夷庚使吳晉隔不得通也晉之滅偪陽以畀宋也非以德宋欲宋爲地主通吳晉往來之道也蓋彭城爲宋有而相爲楚地偪陽爲楚與國皆在今沛縣境如喉嚨中之有物宋有偪陽而吳晉相

援如左右手矣故當日楚最仇宋常合鄭以齮宋亦最力迨悼公已服鄭不復恃吳吳闔廬之世力足以制楚不復專賴晉而宋于是晏然無事是彭城之係于南北之故者匪小而宋常爲天下輕重者以其有彭城也自後吳日强橫齊魯俱被其毒害而宋始終不受兵亦以前日爲東道主之故而黄池之役吳歸道自商魯王欲伐宋太宰嚭曰可勝也而弗能居蓋杞宋舊封其非險阨之地久矣○地理志云宋地今之沛梁楚山陽濟陰東平及東郡之須昌壽張皆宋分也宋自微子二十餘世至景公滅曹滅曹後

五世亦爲齊楚魏所滅參分其地魏得其梁陳留齊得其濟陰東平楚得其沛

陳

陳都於宛邱今在陳州府治淮寧縣○杜注今陳國陳縣○說文云陳宛邱也舜後嬀滿之所封也○毛傳譜曰陳者太皞虙戲氏之墟帝舜之冑有虞閼父者爲周武王陶正武王賴其利器用與其神明之後封其子嬀滿於陳都於宛邱之側○一統志厄臺在淮甯縣南一里許卽孔子絕糧處又名弩臺○路史曰伏羲氏都於宛邱故陳爲太

昊之墟又曰黃帝後姬姓國有陳今鳳翔寶雞故陳倉有陳山非宛邱

齊

齊都于營邱在今青州府臨淄縣○地理攷實曰彙纂云太公所封國都今青州府臨淄縣西北營邱城是也後胡公徙都薄姑則今青州府博興縣東北今按臨淄故城在今青州府北五十里又名齊城漢書臣瓚注謂臨淄城中有邱卽營邱故營邱與臨淄爲一也若北海郡治之營陵臣瓚謂卽春秋之緣陵其非營邱明矣應劭以營陵爲營邱今昌樂縣漢爲營陵地隋於此置營邱縣一統志謂昌樂縣東南五十里營邱社卽太公所封之地又於臨淄縣注云本齊營邱地漢置營陵縣爲北海郡治誤矣○括地志云營邱在青州臨淄北百步外城中水經注臨淄縣城中有邱淄水出其前經其右故有營邱之名天齊池在青州臨淄縣東南十五里封禪書曰齊之所以爲齊者以天齊也又曰少昊時有爽鳩氏虞夏時有季萴殷時有逢伯陵殷末有薄姑氏爲諸侯國○漢書地里志齊郡臨淄縣下云師尙父所封如水西北至梁鄒入泲應劭曰齊獻公

自營邱徙此臣瓚曰臨淄卽營邱晏子曰始爽鳩氏居之逢伯陵居之太公居之又曰先君太公築營之邱今齊之城中有邱卽營邱也師古曰瓚說是也築營之邱言於營邱地築城邑○塗按地里志北海郡營陵下云或曰營邱應劭曰師尙父封于營邱陵卽邱也師古曰臨淄營陵皆舊營邱地應說固非師古以爲兩地皆號營邱亦誤矣○趙氏一淸曰獻公徙薄姑都治臨淄見于史記齊世家應劭說遂啟後人之疑然太公始封宜在北海史記云營邱邊萊故萊人與之爭國寰宇記濰州昌樂縣有古營邱城

云本夏商已前故國太公所封之處明其不在臨淄也迨獻公新造斯邑猶取故稱故臨淄亦有營邱之號而春秋之先杞自雍邱僻處東夷魯僖十五年桓公城緣陵而遷之棄地閒田市恩鄰國以收救患分災之美霸者所爲大率類是故營陵又有緣陵之目遂爲遹于公之都邑矣不然東樓之裔既非强大焉能與泱泱表海之邦爭此逼處之土乎且瓚所引晏子對景公之語本在薄姑而移之臨淄故知所傳之妄困學紀聞云齊世家胡公始徙都薄姑周夷王之時獻公因徙薄姑都治臨淄詩正義云烝民云

仲山甫徂齊傳曰古者諸侯逼隘則王者遷其邑而定其居蓋去薄姑遷于臨淄以爲宣王之時始遷臨淄與世家異毛公在遷之前其言當有據顧祖禹曰呂氏春秋太公封營邱之渚海阻山高險固之地其後五世胡公徙薄姑六世獻公徙臨淄蓋自東而西也又云顧野王云班志言臨淄名營邱此猶晉遷于新田而仍謂之絳楚遷于鄀而仍謂之郢蓋因臨淄城中有小邱而因謂之營邱也○高氏士奇曰營邱有二說諸家平之多左袒班氏營邱邊萊之說似亦近理然均之相去甚遠也安知當日之臨淄不

邊萊乎至於呂氏春秋言海阻山高二邑皆不然未宜執此以立論又史記原云獻公率營邱人以攻胡公是獻公據舊都已久其徙薄姑都治臨淄不過遷齊國之廟社以就已復新其名曰臨淄耳若緣陵爲封杞之地哀十四年宋向魋請以鞌易亳公曰宗邑也不可夫以宗邑封公族且不可況異姓乎有以知其必不然矣皇覽曰呂尚冢在臨淄城南十里此亦可爲一證薄姑城在今青州府博興縣○一統志臨淄故城在今臨淄縣北八里亦曰齊城自齊獻公以下皆都此○大事表曰齊在春秋兼併十國之

地紀郕譚遂鄣陽萊七國之滅見於經如莒之故封介根及牟介二國俱不詳其滅之何年其疆域全有青州濟南武定登州萊州五府之地獨青州府之安邱諸城二縣闌入莒地後入魯又東昌府之聊城爲聊攝堂邑縣爲棠邑茌平縣爲重邱泰安府治與魯接境又兼有東阿肥城平陰及東平州斗入兗州府之陽穀一縣沂州府之蒙陰一縣與魯衞錯壤又曹州府之范縣爲齊廩邱及顧地則齊晉宋魯衞五國交錯處也直隷天津府之慶雲縣爲齊無棣地○又曰齊於春秋號大國然以山東全省計之兗州

強半屬魯泰安與魯參半東昌晉衞錯處他如青州濟南魯地犬牙其閒齊所全有者武定登萊三府及曹沂所屬數縣而已其形勢要害不如晉幅員廣遠不如吳楚徒以東至海饒魚鹽之利西至河濾襟帶之固南至穆陵有大峴之險北至無棣收廣漠之地用管子之計官山府海遂成富強爲五伯首豈惟地利抑亦人謀之善也然管子以圖伯者陳氏亦用以竊國山木如市弗加於山魚鹽蜃蛤弗加於海以國爲餌卒成簒奪器一也而操之者異豈非得其人則用以興失其人則遂以亡歟○地理志齊地東有甾川東萊琅邪高密膠東南有泰山城陽北有千乘清河以南勃海之高樂高城重合陽信西有濟南平原皆齊分也

魯

魯國于曲阜今在兖州府曲阜縣○地理攷實曰彙簒云括地志兖州曲阜縣外城卽伯禽所築古魯城也今按曲阜本奄國都成王滅奄乃封魯又按明堂位言封周公于曲阜地方七百里魯頌言奄有龜蒙遂荒大東保有鳧繹遂荒徐宅則魯之封域蓋廣矣大畧計之北與齊分太山西與曹分濟水南近邾滕而西南至金鄉魚臺單縣鄰於宋東跨蒙陰抵諸城濱海東南與莒爲鄰則七百里有過之無不及也雖其閒不無後世增擴然亦止能侵小豈能并大其附庸之國則任宿須句顓臾根牟鄫鄅牟極鄟邿所占地固多然謂魯之實封僅于百里則魯豈止曲阜一縣乎孟子蓋爲當時諸侯土地過制者狹小言之非實錄也○瑬按孟子所言自是武王初封之制明堂位所言則成王斥大土宇爲之也○又按史記越滅吳與魯泗東地方百里則亦魯益地之事也○高氏士奇曰曲阜少皡之墟蔡墨曰少皡氏有四叔世不失職遂濟窮桑杜注窮桑少皡之號地在魯北帝王世紀少昊帝是爲元囂降居江水有聖德邑於窮桑以登帝位都于曲阜後漢志魯國卽奄國而杜預不主是說其注因商奄之民句曰商奄國名也與四國流言或迸散在魯皆令卽屬魯懷柔之按書序成王東伐淮夷遂踐奄因以封周公夫周公已封于武王時成王乃以奄地益之其非一地可知孔穎達曰奄東方之國近魯之地是矣今志言曲阜舊城卽古奄國或云奄城在縣東二里○大事表曰魯在春秋兼有九國之地極

項根牟鄟邿魯所取也向須句鄅鄅則邾莒滅之而魯從而有之者也其疆域全有兖州府之曲阜寧陽泗水金鄉魚臺汶上濟寧州嘉祥八州縣之地後兼涉滕縣鄒縣嶧縣與邾接境又泰安府之泰安縣與齊接境兼有新泰縣萊蕪縣沂州府治及費縣沂水縣曹州府之鄆城縣為魯西鄆鉅野縣為獲麟處城武縣單縣為高魚邑涉范縣界又兼涉青州府之安邱諸城二縣與莒接境又河南陳州府項城縣為魯所滅項國地又涉江南之海州○又曰魯平衍無高山大川為之限隔無魚鹽之利為之饒沃故終

春秋之世常畏齊而附晉又其西南則宋鄭衛及邾莒杞鄫諸國地犬牙相錯時吞滅弱小以自附益祊易之鄭防取之宋須句取之邾向鄅取之莒而邾則空其國都致邾衆退保嶧山與莒爭鄆無寧日逮晉文分曹地則有東昌府濮州西南而越既滅吳與魯泗東方百里地界稍稍擴矣然終不能抗衡齊晉豈特其君臣之孱弱亦其地當走集以守則不足以固以攻則不足以取勝也徒以周公之後世為望國為晉楚所重至戰國猶存耳○地理志東至東海南有泗水至淮得臨淮之下相睢陵僮取慮皆魯分也○又曰東平須昌壽張皆在濟東屬魯非宋地也當考

四書地理攷卷五

東洞庭王鎏原名仲鎏亮生著

國名類

衛

衛都于朝歌在今衛輝府淇縣○杜注衛國在汲郡朝歌○疏曰譜云康叔居殷墟今朝歌是也文公徙居楚邱成公徙帝邱今東郡濮陽是也○地名攷略曰杜佑云衛縣西二十五里有古朝歌城是古朝歌與衛縣復非一地今河南衛輝府淇縣東北有朝歌城張洽集傳以爲在淇縣

北關西社是也據漢置朝歌縣原在衛都不知從于何年又相州圖經安陽紂都也戰國策紂聚衆百萬左飲淇水竭右飲洹水不流邑正在二水間相州爲今彰德府據此則康叔未嘗仍紂之都然水經注所述川渠之迹甚明當以淇縣爲是○水經注云淇水又東右合泉源水水有二源一水出朝歌城西北東南流其水南流東屈逕朝歌城南晉書地道記曰本沬邑也殷王武丁始遷居之爲殷都也紂都在禹貢冀州大陸之野卽此矣今城內有殷鹿臺紂昔自投于火處也地居河淇之間戰國時皆屬於趙○

高氏士奇曰祝鮀曰封畛土略自武父以南及圃田之北竟取於有閻之土以共王職取于相土之東都以會王之東蒐聃季授土陶叔授民命以康誥而封于殷虛此衛之疆域也杜註武父衛北界圃田鄭藪澤有閻衛所受朝宿邑蓋近京畿相土東都爲湯沐邑王東巡以助祭泰山今按圃田藪在中牟縣境有閻之土卽閻沒所爭者乃周地相土東都或以爲相州因河亶甲居相爲名非也相土爲契後六世君居商邱者其東都不知所在孔穎達曰言共王職猶魯之許田蓋近王畿會王東蒐從王巡狩猶鄭之

祊田蓋近泰山也斯言諒矣○又曰開皇十六年同時置兩楚邱縣一在漢巳氏縣以戎伐凡伯之楚邱爲名巳氏春秋時爲戎州在晉時濟陰之城武居東濟陽之巳氏居西兩相鄰並成武之西南卽巳氏之東南楚邱亭漢晉屬成武而隨時或割隸于巳氏故取以爲名今在曹縣東南四十里此楚邱之在南者也一在漢白馬縣卽水經註所云者壽改名衛南杜佑通典云白馬春秋衛國漕邑衛南衛國楚邱也元和郡縣志云隋置楚邱縣後以曹縣有楚邱改名衛南朱子集傳云漕楚邱皆在滑州其故城在今

滑縣東六十里此楚邱之在北者也○又曰鄭箋云自河以東夾于濟水文公將徙登漕之虛以望楚邱之旁邑及其邱山審其高下所依乃建國焉然則楚邱與漕本爲一地而在衛東明矣孔頴達云濟自河北而南入于河又出而東楚邱在於其間東有河西有濟故曰夾于濟水若城武之楚邱則在濟外不夾於河濟矣攷漢白馬縣在朝歌東當日衛之遺民渡河野處其去國都故不當遠但知漕邑楚邱非二地則異解息矣至于唐宋以來之曹縣卽漢之成武乃古之曹國與衛漕邑自別也○焦氏循曰漢書

地里志山陽郡成武有楚邱亭齊桓公所城遷衛文公于此杜於隱七年之楚邱及僖二年之城楚邱並云衛邑則固以齊之所城戎之所伐爲一地也康成時成武屬泲陰不屬東郡而疑在東郡界中者葢不以成武之楚邱爲衛之楚邱也見正義引鄭志水經注濮水枝津上承濮渠東逕鉏邱縣南京相璠曰今濮陽城西南十五里有鉏邱城六國時沮楚同音以爲楚邱非也然則京相璠始以濮陽有楚邱酈氏既斥其非矣唐人作括地志乃以爲在滑州衛南縣通典元和郡縣志皆言衛文公自漕邑遷於楚邱卽衛南

縣太平寰宇記於澶州衛南縣言楚邱城在縣西北四里然於宋州楚邱縣又云古之戎州卽已氏之邑景山在縣北三十八里是兼兩地言之至歐陽忞言拱州楚邱非衛之所遷縣近世學者遂以楚邱爲在今滑縣西成武之楚邱在今曹縣而戎所伐與齊所城竟分兩地矣余按閔公三年立戴公廬于漕僖公元年諸侯城楚邱封衛於是去漕遷楚邱十二年爲狄難諸侯城衛楚邱之郛十八年二十一年狄皆侵衛三十一年冬狄圍衛遷於帝邱是必帝邱可以避狄故去楚邱而遷此若楚邱在滑縣則與帝

邱接壤相去不足百里狄可圍楚邱於滑獨不可圍帝邱乎必不然矣惟楚邱在成武爲衛之東南與宋魯接壤狄人出沒於此凡侵魯侵宋侵衛皆在於此帝邱西憑大河北擁清濟地近於漕實遠於楚邱自遷之後狄乃移患於魯宋雖文公十三年乘衛侯在會亦爲患於邊不足爲衛難矣故未遷則苦之既遷且乘狄亂侵以報之葢狄雖無定而出沒之地亦有常處河濟之間非其所及矣襄公十年宋公享晉侯于楚邱卽此楚邱也是時晉悼公與魯衛諸君會于柤遂滅偪陽柤與偪陽俱在漢彭城國在今邳

州之北自此歸國道經楚邱葢由衛渡河時以偪陽與宋公故宋享之而道實不由矣故享於衛之楚邱不致晉侯于宋而享之者尊晉也楚邱衛之舊都城郭宮室必完美享之於此有行禮之地也○塗按水經注云河水分濟于定陶東合黃水北逕景山東又北逕楚邱西郡國志曰城武縣有楚邱亭卽詩所謂望楚與堂景山與京也又東北逕成武西是主城武之楚邱矣又云白馬濟有白馬城衛文公東徙渡河都之是又主衛南矣兩說聚訟究以城武爲是○僖三十一年衛遷于帝邱杜註今東郡濮陽縣故

帝顓頊之虛故曰帝邱○高氏士奇曰梓慎曰衛顓頊之虛也夏爲昆吾氏所居國語曰昆吾爲夏伯今開州東二十里有顓頊城一曰東郭城城里昆吾臺是也又左傳衛成公夢康叔曰相奪予享卽知夏后相亦嘗居此城東南有浚城又有寒泉詩云爰有寒泉在浚之下其後又曰濮陽以地在濮水北也○大事表曰衛之始封兼三監之地封域本大後再遷至帝邱而其舊封多入于晉其地有今之直隸大名府之開州及府治元城縣魏縣長垣縣廣平府之邯鄲縣爲邯鄲邑旋入晉河南衛輝府之淇縣爲朝

歌汲縣爲河內輝縣爲百泉後俱入晉滅邢有順德府邢臺縣地後亦入晉僅有滑縣之楚邱及漕地又兼涉懷慶府修武縣界有彰德府之安陽縣內黃縣林縣歸德府之睢州爲襄牛地又錯入開封府之封邱縣山東曹州府之濮州爲城濮地曹縣爲南楚邱地又錯入兗州府之陽穀縣泰安府之東阿縣地多與諸國相交錯也又曰衛地西鄰晉東接齊北走燕南拒鄭宋楚之與晉爭伯也爭鄭宋而衛不受兵以鄭宋南面爲之蔽也晉文城濮之戰楚始得曹而新昏於衛葢欲爲遠交近攻之計結衛以折晉之

左臂使不得東爭向鄭也故晉文當日汲汲焉首事曹衛豈惟報怨之私亦事勢有不得不爾晉欲救宋則不得不先伐衛晉欲服鄭亦不得不先服衛衛服而鄭魯諸侯從風而靡矣葢衛踞大河南北當齊晉鄭楚之孔道晉不欲東則已晉欲東則衛首當其衝曹衛以北方諸侯而爲楚之役天下幾不復知有中夏此晉之用兵所以不獲已也自是以後衛幾同晉之鄙邑其曹濮之地與晉犬牙錯互宣成之世屢受齊師每有齊師則乞援於晉至春秋之季年晉鄭之大夫擅權孫林父以戚如晉晉取衛懿氏邑六

十與孫氏戚近帝邱衛都肘腋之地世爲孫氏邑自是衛非復衞有弁不爲晉有而爲晉衞大夫所營狡兔之三窟也失其地利首受强鄰之見侵繼受叛臣之桀驁衞之爲衞亦可哀哉

唐

唐都於平陽在今平陽府治○說文陶再成邱也在濟陰夏書曰東至于陶邱陶邱有堯城堯嘗所居故堯號陶唐氏○段氏玉裁曰定陶故城在今曹州府定陶縣西南古陶邱在焉堯始居於陶邱後爲唐侯故曰陶唐氏○漢書

地理志中山國唐縣堯山在南應劭曰故堯國也唐水在西○滋按唐縣是堯所封地一統志云陶唐城在太原府清源縣東南四十里

虞

虞都於蒲坂在今蒲州府治永濟縣○史記集解皇甫謐曰舜所都或言蒲坂或言平陽或言潘今上谷也正義云括地志云平陽今晉州城是也蒲坂今蒲州南二里河東縣界蒲坂故城是也○滋按全氏祖望正皇甫謐云或言潘潘當爲漢爾雅云漢大水尾下郭云今河東汾陰縣有水口如車輪濆沸湧出其深無限名之曰漢

九夷

九夷今高麗地○說文南方蠻閩从虫北方狄从犬東方貉从豸西方羌从羊此六種也西南僰人僬僥从人蓋在坤地頗有順理之性惟東夷从大大人也夷俗仁仁者壽有君子不死之國孔子曰道不行欲之九夷乘桴浮於海有以也○爾雅云九夷八狄七戎六蠻謂之四海○漢書地里志云東夷天性柔順異於三方之外故孔子悼道不行設浮於海欲居九夷有以也夫樂浪海中有倭人分爲

百餘國以歲時來獻見云○皇侃義疏云四方東有九夷一元菟二樂浪三高麗四滿飾五鳧更六索家七東屠八倭人九天鄙南有八蠻一天竺二咳首三僬僥四跂踵五穿胸六儋耳七狗軹八旁春西有六戎一僥夷二依貊三織皮四耆羌五鼻息六天剛北有五狄一月支二濊貊三匈奴四單于五白屋也○劉原父七經小傳云九夷蓋在徐州莒魯之間中國之夷非海外之夷也周末時戎夷與中國雜居仲尼周流其羈旅之際適偶可居九夷耳非忿懟中國莫能宗已而去之也○呂東萊大事記云史記李

斯曰惠王用張儀之計南取漢中包九夷制鄢郢戰國策
張儀曰楚破南陽九夷內沛許鄢陵危以此考之九夷之
地略可見方孔子在陳蔡相去葢不遠也○塗按孔子自
是乘桴之意不必以爲中國之夷

蔡

上蔡在今汝甯府上蔡縣西南十里新蔡在今汝寗府新
蔡縣下蔡在今壽州北三十里○地里志汝南郡上蔡縣
云故蔡國周武王弟叔度所封度放成王封其子胡十八
世徙新蔡汝南郡新蔡縣云蔡平侯自蔡徙此後二世徙

沛郡下蔡縣云故州來國爲楚所滅吳取之遷蔡昭侯於
此後四世侯齊竟爲楚所滅○路史國名紀黃帝後姞姓
之分云蘄春江中有蔡山在廣濟縣大龜納錫故曰蔡非
姬姓蔡○塗按今黃梅縣西南九十里有蔡山西接廣濟
縣杜注左傳以僂句爲地名而不詳其處然則出龜之地
當卽是蔡山也

滕

滕在今兖州府滕縣○左傳杜注滕國在沛國公邱縣東
南疏云譜云今沛郡公邱縣是也○彙纂云今兖州府滕
縣西南十五里有古滕城卽滕國也○金仁山曰赧王元
年孟子自齊歸鄒二年卽如宋與宋句踐戴不勝問答則
滕世子過宋而見孟子當在此時自滕而西南過宋三百
五十餘里○釋地曰自臨淄抵滕不滿五百里一往一還
將千里公孫丑曰齊滕之路不爲近矣○顧氏棟高曰先
王建國其小者不能五十里若邾滕郳薛近在一縣之地
又曰滕縣爲滕薛郳三國滕城在縣西南十四里薛城在
縣南四十里郳城在縣東六里又縣北爲邾絞邑又曰滕
縣南十五里有漷河爲邾田襄十九年取邾田自漷水哀

二年季孫斯伐邾取漷東田由是魯地兼涉滕縣之境又
曰襄四年臧孫紇侵邾敗于狐駘哀二十七年越子使后
庸來言邾田封于駘上卽此今狐駘山在兖州府滕縣東
南二十里○金氏履祥曰是時楚地東得彭城而齊自濟
鄆以南至薛則滕西南迫于楚東北迫于齊也

薛

薛在今兖州府滕縣南○杜注曾國薛縣○施氏彥士曰
薛地入齊久矣通鑑綱目顯王四十八年齊號薛公田文
爲孟嘗君孟子於赧王元年去齊二年之宋自宋歸鄒而

至於薛蓋在馮諼營窟之後孟嘗高枕之時矣或曰六國表顯王四十八年封田嬰於薛安知以金餽者非靖郭君耶曰此史記駁文不足憑也齊策靖郭君曰受薛于先王則嬰封于薛當自威王始而綱鑑于顯王末所書孟嘗君者爲得其實也初嬰將城薛因客海大魚之諫而止文見國策其後田文卒城之續漢書輿地志云薛河北有大城田文所築是也孟子過薛已當齊湣王時今滕縣南四十里之薛城在故滕南少東二十六里○邃按薛任姓侯爵黃帝之後左傳奚仲遷于邳仲虺居薛大紀云武王封仲

虺弟雍滑之後于薛地道記曰仲虺城在薛城西三十里按春秋薛侯來朝乃獻侯也後益爲齊威王所滅又春秋築臺于薛杜注魯地則魯別有名薛之地耳○路史國名紀雜國云淄州南四十里謂之大薛非滕南之薛

晉

晉國於大夏在今平陽府翼城縣○地理攷實曰成王封叔虞於唐始都于翼今平陽翼城縣是也昭侯封其叔父成師于曲沃今之聞喜縣也今之曲沃縣後魏所置非成師所封也至武公徙居絳在今絳州之北景公又徙新田

在今曲沃縣南晉復命新田爲絳故以絳爲故絳故絳在今平陽府太平縣之南○括地志曰平陽即晉州城西面今平陽故城東面也城記曰堯築也又曰故唐城在絳州翼城縣西二十里徐才宗國都城記云唐因帝堯之裔子所封至周成王時唐人作亂成王滅之而封大叔更遷唐人子孫於杜謂之杜伯又曰故唐城在并州晉陽縣北二里國都城記云唐叔虞之子燮父徙居晉水傍今并理故唐城○詩緝曰堯都有四地理志太原晉陽注云故詩唐國晉水所出一也河東平陽注云堯都也在平河之陽二

也中山唐縣張晏注云堯爲唐侯國於此三也河東彘縣順帝改曰永安臣瓚于晉隄下注云所謂唐今河東永安是也去晉四百里四也詩之唐國其說有三詩譜以爲堯始居晉陽後乃遷平陽於詩唐國爲晉陽皇甫謐以堯始封於中山唐縣後徙晉陽及爲天子都平陽詩唐國爲平陽臣瓚又以唐國爲永安今考堯都雖有四而詩之唐國當從詩譜爲晉陽蓋成王封弟叔虞于堯之故墟曰唐侯其子燮以晉陽實晉水所出因改爲晉然則唐叔虞之始在晉陽矣唐以堯得名晉以水得名其地一也自叔虞始

封于晉陽其後三世至成侯徙曲沃八世至穆侯自曲沃徙絳十世至昭侯自絳徙翼至桓叔孫武公并晉又自曲沃徙絳也○日知錄曰史記晉世家成王封叔虞于唐唐在河汾之東方百里翼城正在二水之東而晉陽在汾水之西又不相合竊疑唐叔之封以至侯緡之滅並在于翼所謂大夏者正今晉絳吉隰之間○查氏揆曰毛詩唐魏並列明國非都也史記晉世家唐有亂周公誅滅唐成王遂以封叔虞地理志亦云成王滅唐封弟叔虞既曰滅唐則爲堯裔子之國而非堯之都明矣史記謂唐在河汾之

東方百里是也鄭氏因季札有陶唐遺風語追述唐堯舊都并晉之世次與唐改爲晉之由初不以詩之唐爲太原晉陽也而嚴氏詩緝謂唐國當從詩譜爲晉陽殊不知曲沃絳翼之人之詩與晉陽何涉蓋拘守鄭義轉失其意指矣究其舛譌不始嚴氏班史以成王滅唐屬晉陽之下其誤一也括地志故唐城在并州晉陽縣北二里國都城記燮父徙居晉水傍按唐城即燮父初徙之處若叔虞始封在晉陽即已在晉水之傍又何容徙其誤二也世紀帝堯始封中山唐縣後又徙晉陽按此當是爲唐侯時其後未嘗爲國成王何由滅之以封叔虞其誤三也太原大夏大鹵參墟夏虛所括遼遠杜預注多疏畧如宣汾洮障大澤以處太原注太原晉陽也汾固發源晉陽洮則非其水也水經注涑水所出俗謂之華谷至周陽與洮水合司馬彪曰洮水出聞喜縣故王莽以縣爲洮亭按聞喜縣即曲沃然則汾洮之神專主晉陽乎是知傳之所言太原者固已兼有河東矣杜氏釋例以洮水闕不知所在於定四年命以唐誥而封於夏虛亦謂夏墟大夏今太原晉陽其誤四也詩正義謂序名晉爲唐之意以其憂深思遠有陶唐之

風故名之唐然則何以不近取平陽轉遠託太原晉陽乎其誤五也按竹書紀年周成王十年命唐叔虞爲唐侯康王九年唐遷於晉宣王十六年晉遷於絳唯無成侯徙曲沃事漢志聞喜故曲沃晉成侯自晉徙此詩譜據之是也蓋叔虞本封于唐其子燮父始徙晉陽爲晉侯至成侯徙曲沃穆侯又自曲沃徙于絳紀年於成侯徙曲沃闕文而漢志補正之不然穆侯始遷于絳而成侯則僖侯穆侯父祖使無曲沃之徙則蟋蟀之刺釐侯當在晉陽矣近徐位山竹書統箋以漢志爲誤非也有成侯之徙曲沃而自唐

之晉自叔虞以至緡侯始末粲然矣而叔虞之始封臣瓚謂永安括地志故唐城在絳州翼城縣西二十里卽堯裔子所封史記翼晉君都邑也臣瓚所謂永安今之霍州春秋亦屬絳耳絳卽故絳卽翼晉語宰孔曰景霍以爲城汾河涑澮以爲淵蓋絳之形勢如此也水經注汾水過永安縣又東歷唐城東又逕霍城又南經趙城西與臣瓚合括地志所謂翼也揆又得一證定四年子魚曰分唐叔懷姓九宗職官五正正義謂唐之餘民隱六年翼九宗五正頃父之子嘉父逆晉侯於隨杜注翼晉舊都紀年王師滅唐

遷其民於杜據此則九宗五正係唐人未遷之族成王留之以賜唐叔是世居於翼者可以證唐叔始封之卽在翼矣○大事表曰晉所滅十八國又衛滅之邢秦滅之滑皆歸于晉景公時翦滅衆狄盡收其前日蹂躪中原之地又東得衛之殷墟鄭之虎牢自西及東延袤二千餘里有山西全省又有直隸大名府之元城縣爲沙鹿山廣平府之邯鄲成安清河永年四縣順德府之邢臺任唐山三縣俱與衛接境眞定府之晉州趙州冀州及藁城欒城柏鄉臨城四縣山東東昌府之恩縣冠縣曹州府之范縣與齊魯

二國接境又河南懷慶府之濟源修武孟溫四縣衛輝府之汲縣淇縣輝縣濬縣新鄉縣南自解州平陸縣渡河有河南府之陝州閿鄉靈寶桃林之塞在焉永寧澠池偃師三縣後又得嵩縣陸渾地與周接境其西自蒲州永濟縣渡河有陝西同州府之朝邑韓城澄城白水四縣及華陰縣又延安府爲晉河西上郡西安府之臨潼縣爲所滅驪戎地商州爲晉上雒及菟和倉野之地俱與秦接境後驪戎地入秦爲侯麗地○又曰晉地近王畿方周新東遷時列侯未甚兼併沈姒蓐黃實在太原虞虢焦滑霍楊韓魏

列于四境晉於其中特彈丸黑子之地勢微甚而桓莊之時猶能命諸侯以討有罪曲沃之叛王命虢公伐曲沃至翼侯滅矣而虢仲芮伯荀侯賈伯同日興師庶幾方伯連帥之義安在江漢常武不可再覯哉而釐王貪其寶賂列爲諸侯肆其狂猘吞滅小國自武獻之世兼國多矣蓋天下之無王自晉始及勢既強大乃復勤王以求諸侯周室之不亡復于晉重有賴焉自虢滅據殽函之固啟南陽扼孟門太行之險南據虎牢北據邯鄲擅河內之殷墟連肥鼓之勁地西入秦域東軼齊境天下扼塞鞏固之域無不

為晉有然後以守則固以攻則勝擁衞天子鞭笞列國周室藉以緜延者二百年是猶倒持太阿之柄而復假之以自衞也然使晉不兼併諸國周亦無能聯絡形勢以自強何則周行封建其勢散而晉併列國為郡邑其勢聚封建之不如郡縣自春秋之世不已較然哉

趙

趙氏食邑在今平陽府之河津縣後徙邯鄲在今廣平府邯鄲縣○左傳賜趙夙耿杜注在平陽皮氏縣○張晏曰邯山在東城下鄲盡也城郭從邑故加邑○史記云周繆

王賜造父以趙城正義曰晉州趙城縣史記云賜趙夙耿索隱云今河東皮氏縣耿鄉○括地志云今晉州趙城縣是故彘縣地後改曰永安即造父之邑也故耿城在絳州龍門縣東南十二里故耿國也都城記云耿嬴姓國皮氏故城在絳州龍門縣西百三十步○地理志曰趙分晉得趙國北有信都眞定常山中山又得涿郡之高陽鄚州鄉東有廣平鉅鹿清河河間又得勃海郡之東平舒中邑文安東州成平章武河以北也南至浮水繁陽內黃斥邱西有太原定襄雲中五原上黨上黨本韓之別郡也遠韓近趙後卒降趙○國策蘇秦曰當今之時山東之建國莫如趙強趙地方三千里帶甲數十萬車千乘騎萬匹粟支十年西有常山南有河漳東有清河北有燕國燕固弱國不足畏也且秦之所畏害於天下者莫如趙然而秦不敢舉兵甲而伐趙者畏韓魏之議其後也

魏

魏氏食邑在今解州芮城縣後徙大梁在今開封府治祥符縣○釋地云張儀說哀王曰梁南與楚境西與韓境北與趙境東與齊境梁之地勢固戰場也○括地志云魏故

國在芮城縣北五里○一統志安邑故城在夏縣北帝王世紀禹都安邑春秋時魏絳自魏徙此戰國為魏都史記魏武侯二年城安邑至惠王九年徙都大梁又云拔元和志以安邑縣為本夏舊都不知此後魏所分之南安邑也孔安國書傳鳴條岡在安邑縣西今鳴條岡實在夏縣之西安邑之北則故安邑在夏縣可知○趙氏佑曰孟子獨稱梁不一言魏則是時必有因遷都而並改國號之事○樊氏廷簡曰案詩譜魏國周以封同姓其地在古冀州雷首之北析城之西南枕河曲北涉汾水大率不出河東之

界此始封魏之疆域魏策鮑彪注魏自高陵以東盡河東河內南有陳留及汝南之召陵㶏彊新汲西華長平潁川中牟陽武酸棗卷此戰國魏之疆域也張儀說魏王曰魏地四平諸侯四通條達輻湊無有名山大川之限從鄭至梁不過百里從陳至梁二百餘里馬馳人趨不待倦而至梁南與楚境西與韓境北與趙境東與齊境魏之地勢固戰場也魏南與楚而不與齊則齊攻其東東與齊而不與趙則趙攻其北不合於韓則韓攻其西不親於楚則楚攻其南此所謂四分五裂之道也此言大梁形勢最詳焉閻

若璩曰魏之失計未有如都大梁之甚者也去河山之險而就平衍四達之地棄文侯武侯兩代之霸迹而爲新造之邦安邑既去後五十四年遂獻安邑於秦未幾而秦兵至大梁矣又未幾而秦圍大梁矣○謹按鮑彪注即引漢書地理志文○國策蘇秦曰大王之地東有鴻溝陳汝南有許鄢昆陽邵陵舞陽新郪東有淮潁沂黃煑棗無踈西有長城之界北有河外卷衍酸棗地方千里

韓

韓氏食邑在今蒲州府萬泉絳州河津縣境○地理攷實曰晉滅韓曲沃并晉韓萬御戎復采韓原則韓原韓萬之采邑葢在山西平陽府河津萬泉之間韓氏復滅鄭徙都河南○又曰韓城縣今屬陝西同州府地在河西本秦漢之夏陽縣隋始析置韓城縣以古韓國爲名然十五年秦晉戰韓原獲晉侯非此地也韓原當在河東文十年晉伐秦取少梁韓城地始入于晉耳○又曰左傳邗晉應韓杜無注似以十五年之韓原爲古韓國括地志云同州韓城縣南十八里爲古韓國說韓奕詩者同王肅則謂今涿郡方城縣有韓侯城魏書地形志亦云范陽郡方城縣有韓

侯城方城今爲順天府之固安縣在府西南百二十里與詩之王錫韓侯其追其貊奄受北國者正相符使韓國在關中豈役燕師爲之築城乎又何能奄受北國乎或又以梁山在韓城爲可據然燕地亦有梁山水經注鮑邱水過潞縣西高梁水注之首受㶟水於戾陵堰堰水枝分東逕梁山南接潞縣今之通州其西有梁山固當固安縣之東北也禹治冀州水恒衛既從則燕地之山固其所奠定者也近韓城有梁山名偶同耳○地理志潁川郡陽翟下云夏禹國周末韓景侯自新鄭徙此○方輿紀要曰哀侯滅

鄭徙陽翟今開封府禹州治北有鞏洛成皋之固西有宜陽商阪之塞東有宛穰洧水南有陘山宜陽今河南府宜陽縣商坂即商洛山在商州東南九十里宛在南陽穰在鄧州洧水出禹州密縣境至陳州西華縣北入潁水陘山在禹州新鄭縣南二十里○塗按景侯時鄭尚未滅當作哀侯地理志誤○一統志韓城在固安縣東南水經注聖水東南逕韓城東按舊說皆以韓國在同州韓城縣顧炎武辨之曰水經注引王肅言方城有韓侯城今固安縣即漢之方城水經注又言濕水逕良鄉縣之北界歷梁山南

高梁水出焉是所謂奕奕梁山者矣曹氏曰武王子初封於韓其時召襄公封於北燕實爲司空王命以燕衆城之同州去韓二千里即令召公爲司空掌拜土亦當發民於近甸而已豈有役二千里外之人而爲築城者哉況其追其貊乃東北之夷而蠻父之鄣國不到亦似爲韓土在北陲之遠也又考王符潛夫論曰昔周宣王時有韓侯其國近燕溝時去古未遠當有傳授今以水經注爲定○地理志曰韓分晉得南陽郡及潁川之父城定陵襄城潁陽潁陰長社陽翟郟東接汝南西接宏農得新安宜陽皆韓分

也鄭國今河南之新鄭及成皋滎陽潁川之崇高陽城皆鄭分也○國策蘇秦曰韓北有鞏洛成皋之固西有宜陽常阪之塞東有宛穰洧水南有陘山地方千里○國策范雎曰舉兵而攻滎陽則成皋之路不通北斬太行之道則上黨之兵不下一舉而攻宜陽則其國斷而爲三

四書地理攷卷六

東洞庭王瑬原名仲鎏亮生著

國名類

顓臾

顓臾在今沂州府費縣○左傳杜注在泰山南武陽縣東北彙纂云今費縣西北八十里有顓臾城○釋地曰前漢志顓臾國在泰山郡蒙陰縣蒙山下費縣爲曾季氏邑則屬東海郡杜氏通典總收在沂州費縣下曰有蒙山有東蒙山有顓臾城余謂酈注沂水條云沂水從臨沂縣東流

逕蒙山下又東南逕顓臾城又東流逕費縣故城南按其里程相去七十里耳故曰近

周南

周南在今鳳翔府岐山縣○詩地理攷云譜云周南者禹貢雍州岐山之陽地名今屬右扶風美陽縣朱氏云岐周在今鳳翔府岐山縣左傳周桓公注云周采地扶風雍縣北有周城史記自序太史公留滯周南摯虞曰古之周南今之洛陽張晏曰洛陽而謂周南者自陝以東皆周南地也○括地志曰周公故城在岐山縣北九里○水經注江水篇云周書曰南國名也南氏有二臣力均勢敵競進爭權君弗能制南氏用分爲二南國也按韓嬰敘詩云其地在南郡南陽之閒呂氏春秋所謂禹自塗山巡省南土也是郡取名焉○瑬按奏南郡治江陵據韓詩之說則二南不指周地也

召南

召南在今鳳翔府治鳳翔縣○詩地理攷釋文召地名在岐山之陽扶風雍縣南有召亭水經注雍水東逕召亭南世謂之樹亭川亭故召公之采邑京相璠曰亭在周城南

五十里括地志邵公故城在岐周岐山縣西南十里故召公邑孔氏曰晉書地道記河東郡垣縣有邵亭今爲召州是也唐地理志絳州垣縣武德元年曰邵州今垣曲縣通典河南府王屋縣古召公之邑傳氏曰武王分陝之後徙於王屋郡縣志王屋縣本周時召武公之采邑○彙纂曰雍縣召亭今陝西鳳翔府境其山西平陽府垣曲之召原則東遷後別受此采地也

微

微在今泰安府東平州○左傳莊二十八年築郿公穀皆

作微杜注魯下邑彙纂云京相璠曰壽張西北三十里有故微鄉魯邑也今東平州西有微鄉故城○地理攷實曰壽張故城在東平州○陸氏嵩曰微子當封商之畿內一統志謂在今潞安府潞城縣東十五里有微子城其東南去朝歌不遠即微子始封之地是也京相璠曰壽張東北三十里有故微城魯邑也則以微在今兗州府壽張縣矣按莊三十八年冬築微左氏微作郿路史因之遂謂微子始封岐之郿縣不知古本左傳本作麋不作郿且郿在岐乃周地紂不得以封微子也徐文靖曰古器有微伯媜

氏鼎又周微欒鼎銘曰王命微欒繼治九服用錫康嗣魯休是魯地必微子命為宋公後有別封於微者春秋時有微虎為魯大夫豈其後與路史又以謂微子後徙封聊城寰宇記亦云博州聊城縣有微子城博州今東昌府治春秋時屬齊既遠于商之畿內又非魯地疑未可據

箕

箕在今遼州榆社縣○周氏柄中曰箕本商畿內之國呂新吾所謂山西遼州唐名箕州者即箕子所封之故城在今榆社縣東南三十里○一統志箕子臺在西華縣儒學內相傳西華城本箕子所居唐改名箕城縣以此○又云霍邱縣南開順鎮有箕子城

楚

楚都于丹陽在今宜昌府歸州武王遷郢在今荆州府江陵縣昭王又遷鄀在今襄陽府宜城縣○地理志楚地今之南郡江夏零陵桂陽武陵長沙及漢中汝南郡盡楚分也江陵故郢都西通巫巴東有雲夢之饒○國策蘇秦曰楚地西有黔中巫郡東有夏州海陽南有洞庭蒼梧北有汾陘郇陽地方五千里帶甲百萬車千乘騎萬匹粟支十

年此霸王之資也○地理攷實曰杜注楚國今南郡江陵縣北紀南城疏云地理志南郡江陵縣故楚郢都楚文王自丹陽徙此世本云鬻熊居丹陽武王徙郢丹陽在南郡枝江縣今江陵北有郢城史記稱文王徙都于郢彙纂云今江陵縣屬荆州府紀南城在府北十里枝江縣亦屬荆州府今按一統志丹陽城在歸州東七里熊繹始封此後移枝江亦曰丹陽今歸州屬宜昌府昭十二年子革曰昔我先王熊繹僻在荆山此據境內大山言之其實歸州去荆州尚遠然以較之枝江在江之南則歸州差近矣○高

氏士奇曰通典云楚初都丹陽今秭歸東南故城是後移枝江亦曰丹陽蓋諸侯徙都常襲前都之名如晉遷新田仍謂之絳也又按楚遷郢後又徙羅人居枝江後漢志曰枝江本羅國班固地理志楚始封在丹陽郡丹陽縣大謬又按江陵有三城紀南城其一也其二曰故郢城漢志註云楚別都又曰蓋楚未都紀南時常居之或即若敖蚡冒之所營不可攷矣其三曰江陵城楚記郢都南面舊有二門一曰修門一曰龍門東面亦有二門按史記索隱楚都郢今在江陵北紀南城是平王更城郢今江陵東北故郢

城是此誤也杜預歷注甚明始終一紀南城並無平王所城別是一城之說定四年遷于鄀今鄀城在宜城縣西南九十里所謂鄀郢也故曰遷郢于鄀史記襄王二十一年秦白起拔我郢楚王東北保陳城謂之郢陳考烈王遷鉅陽或曰即潁州西北之細陽城也二十二年又遷壽春命曰郢即今壽州又按鄀謂之鄢郢江陵謂之紀郢後人則通名耳班固地理志謂楚昭王自郢徙鄀尋復還郢說似未確○大事表曰楚在春秋吞併諸國凡四十有二其西北至武關在今陜西商州東少習山下文十年傳子西爲

商公即商州之雒南縣也與秦分界其東南至昭關在今江南和州含山縣北二十里昭十七年吳楚戰於長岸即和州南七十里之東梁山與太平府夾江相對是也與吳分界其北至河南之汝寧府南陽府汝州與周分界其南不越洞庭湖全有今湖北十府八州六十縣之地惟隨州爲隨國僅存又全有河南之汝寧南陽二府光州一州又闌入汝州之郟縣魯山縣河南府之嵩縣開封府之尉氏縣許州府之郾城縣及禹州與鄭接境四川夔州府之奉節縣與巴接境江西之南昌南康九江饒州與吳越錯壤

又全有江南之廬州鳳陽潁州三府及壽州和州之地江寧府之六合太平府之蕪湖徐州府之碭山則與吳日交兵處也後廬壽之地多入於吳又曰余讀春秋至莊六年楚文王滅申未嘗不廢書而歎也曰天下之勢盡在楚矣申爲南陽天下之膂光武所發迹處是時齊桓未與楚橫行南服由丹陽取荊州以立根基武王旋取羅鄀爲鄢郢之地定襄陽以爲門戶至滅申遂北向以抗衡中夏然其始要非一朝一夕之故也平王東遷即切切焉戍申與甫許豈獨內德申侯爲之遣戍亦防維固圉之計有不獲巳

逮桓王莊王六七十年之久楚之侵擾日甚卒爲所滅自
後滅呂滅息滅鄧南陽汝寍之地悉爲楚有如河決魚爛
不可底止遂平步以窺周疆矣故楚出師則申息爲之先
驅守禦則申呂爲之藩蔽城濮之敗而子玉羞見申息之
老楚莊初立而申息之北門不啟子重欲取申呂以爲賞
田而巫臣謂晉鄭必至于漢申之係於楚豈細故哉故論
當日楚之形勢東拒齊則召陵之陘爲咽喉之塞西拒晉
則少習武關通往來之道東面扞吳則鍾離居巢州來屹
爲重鎮迨州來失而入郢之禍始兆楚之植基固而形勢

便使周家猶緜延四百年不遂併于楚者桓文之力也

秦

秦都於雍在今鳳翔府治鳳翔縣○地理攷實曰非子爲
周孝王主馬汧渭間馬大蕃息封爲附庸而邑之秦今秦
州清水縣故秦城是也屬鞏昌府又鳳翔府隴州南三里
有秦城一統志云非子所封按此地本漢之汧縣襄公討
西戎有功平王賜以岐豐之地列爲諸侯甯公徙平陽今
郿縣西有平陽故城屬鳳翔府後魏改郿縣爲平陽德公
徙雍今鳳翔縣也獻公徙櫟陽今西安府臨潼縣也縣北

五十里有櫟陽城一云在西安府咸寍縣渭水之北孝公
徙咸陽今咸陽縣在西安府北五十里又曰意非子始食
邑于汧縣後復封之清水歟○地名攷畧曰史記大駱生
非子非子居大邱又云秦嬴三傳至秦仲宣王時秦仲死
于戎宣王命其子莊公爲西垂大夫居其故西犬邱生襄
公世紀襄公二年徙居于汧或以爲即漢之汧縣似誤也
史記不載襄公徙都兩漢地志亦不言汧縣嘗爲秦都又
秦記襄公葬西垂則仍居西垂明甚水經注汧水東逕汧
縣故城北秦文公東獵汧田遂都其地易襄爲文於史稍

合然史稱文公東獵汧渭之會卜居之而此邑即今隴州
反在汧源之上去渭甚遠猶未合也今寶雞縣東北有陳
倉古城二城相連一爲秦文公所築其地在汧水之南渭
水之北所謂汧渭之間也漢志陳倉有羽陽宮秦武公所
起武公文公之曾孫也辛氏三秦記秦武公都陳倉城即
是說矣汧渭與汧縣非一地然文公原未定居武公始居
之武公寍公之子也○地理志曰其界自宏農故關以西
京兆扶風馮翊北地上郡西河安定天水隴西南有巴蜀
廣漢犍爲武都西有金城武威張掖酒泉又西南有牂柯

越巂益州皆宜屬焉○國策蘇秦曰天王之國西有巴蜀漢中之利北有胡貉代馬之用南有巫山黔中之限東有殽函之固田肥美民殷富戰車萬乘奮擊百萬沃野千里○大事表曰秦以西陲小國乘衰周之亂逐戎有岐山之地是時兵力未盛西周故物未敢覬覦也值平桓懦弱延及寧公武公德公以次蠶食盡收虢鄭遺地之在西岐者垂及百年至穆公遂滅芮築壘爲王城以塞西來之路而晉亦滅虢東西京隔絕由是據豐鎬故都判然爲敵與中夏抗衡矣然滅滑而滑爲晉有不能越崤函以東一步滅

都而都爲楚有不能越武關以南一步其地有鳳翔府延安府平凉府秦州西安府商州同州府乾州不越陝西一省其同州與商州之地猶與晉楚錯壤○又曰秦與晉以河爲界河以東爲晉河以西爲秦然秦當春秋時疆域褊小非特隔于函關之外爲晉所限閡而不得出也攷史記繆公立五年而晉獻滅虞虢是時新立而晉武獻已絕盛滅虢而桃林已畢秦之門戶在晉肘腋中矣後晉文公初伯攘白狄開西河魏得之爲西河上郡白翟之地爲今陝西延安府東去山西黃河界四百五十里又惠公之世韓

之戰曰寇深矣若之何可見晉之幅員廣遠斗入陝西內地不始于文公時此亦可爲秦晉疆域之一証也故終穆公之世未嘗一日忘東向其援立惠公也實貪河外五城之賂葢欲圖虢之故地以爲東出之謀旣而韓之戰秦始征晉河東未幾復屬於晉秦之不得志于晉可知也迨初立文公秦欲納王而晉辭秦師獨下文公梟雄賴秦之力而實陰忌之必不使勤王之舉得分其功晉之抑秦又可知也至其年老智昏背晉與鄭盟已復襲鄭而穆公之始終不忘東向其情益汲汲矣後與晉絕日尋干戈少梁北

徵彭衙刳首迭有勝負然終不能越河以東一步葢有桃林以塞秦之門戶而河西之地復犬牙於秦之境內秦之聲息晉無不知二百年秦人屛息而不敢出氣者以此故也至孝公發憤渡洛魏人納地恐後而河西始悉爲秦有矣吳起去西河而泣豈無故哉○又曰史記秦文公收地至岐岐以東獻之周則豐鎬故京在岐之東秦未嘗有也所以莊王與虢酒泉猶在同州府澄城縣而虢公敗犬戎于渭汭猶在西周封內也方輿紀要曰秦右隴蜀左關坂北有甘泉谷口南帶涇渭自晉滅虢斷桃林之隘而秦亦

築壘爲王城而故京遂判若異域周之遺地盡入于秦自晉獻秦繆始也鄭詩譜謂秦襄公逐戎橫有西都八百里之地者其說誠疏謬

康

康在今開封府禹州○釋地曰康畿內國名世本宋忠注云封從畿內之康始封衛衛卽殷墟畿內之康不知所在括地志故康城在許州陽翟縣西北三十五里陽翟今禹州正周畿內地○惲氏敬曰康叔故城在潁川水經潁川東歷康城寰宇記陽翟縣康城少康故邑其諸康叔始封

因其地歟○陸氏嵩曰寰宇記管叔廢黜封康叔爲懷侯故懷城在武陟縣西按王肅書注曰康國名在王都之內括地志曰故康城在許州陽翟縣西北二十五里蓋叔受采于康後徙封衛無封懷事寰宇記之說不足信也

葛

葛在今歸德府寧陵縣○地理攷實云左傳杜注葛國在梁國寧陵縣東北彙纂云寧陵縣有葛城在汴河之南僖十七年齊桓公夫人葛嬴則葛國嬴姓今按葛城在寧陵北十五里故葛伯國也○周氏柄中曰漢書地理志陳留郡寧陵縣注故葛伯國今葛鄉是唐隸宋州東距南亳六十里路史載有二葛以在寧陵者爲黄帝之後姬姓在河內修武者爲嬴姓卽左傳葛嬴之葛

昆夷

昆夷西戎○後漢書西羌傳武丁征西戎鬼方○竹書紀年周王季伐西落鬼戎○詩孔疏云氐羌之種漢世仍存其居在秦隴之西○漢書楊惲傳云安定山谷之間昆夷舊壤○地理志引詩周道郁夷師古曰言使臣乘馬行於此道也○瀗按今鳳翔府隴州西五十里有故郁夷城書

宅嵎夷史記作郁夷此謂海嵎之夷若韓詩郁夷當卽指昆夷

獯鬻

獯鬻北狄在周爲玁狁○毛傳云焦穫周地接於玁狁者○爾雅云焦穫周地郭注今扶風池陽縣瓠中是也邵氏正義云焦穫在雍州水經注沮水東注鄭渠渠首上承涇水於中山西邸瓠口所謂瓠中也爾雅以爲周焦穫矣郡縣志焦穫藪亦名瓠口卽所謂鄭白二渠是也晉書扶風郡池陽縣今爲西安府三原縣焦穫澤在涇陽縣界○寰

宇記云在京兆府涇陽縣北外十數里亦名瓠口○史記索隱引括地志曰夏桀無道湯放之鳴條三年而死其子獯粥妻桀之衆妾避居北野隨畜移徙中國謂之匈奴其言夏后苗裔或當然也○瑬按史記黃帝本紀北逐葷粥集解云匈奴傳曰唐虞以上有山戎獫狁葷粥居于北蠻索隱云唐虞以上曰山戎亦曰葷粥夏曰淳維殷曰鬼方周曰玁狁漢曰匈奴則獯鬻之由來久矣豈待桀子為之耶

吳

吳始都梅里在今常州府無錫縣後遷姑蘇在今蘇州府治○大事表云吳地記曰泰伯築城于梅里平墟周三里二百步外郭周三百餘里漢為無錫縣地通典云無錫縣東南三十里有泰伯城地曰梅李鄉亦曰梅里村東五里有皇山一名鴻山後遷於姑蘇○史記正義云自泰伯至壽夢俱居梅里村在無錫縣東南六十里蘇州北五十里諸樊始徙吳○吳越春秋闔閭使伍子胥相土嘗水造築大城周四十七里陸門水門各八○地名攷畧曰國語云命圭有命固曰吳伯不曰吳王則吳為伯爵矣吳子乃春秋之書法恐非本爵○大事表曰武王定天下時泰伯之子孫已自立于勾吳武王因而封之時大江以南尚屬蠻夷之地分茅胙土所不及非若中原齊魯星羅碁置也故其地最廣遠春秋初尚服屬于楚自後寖强遂為勍敵其所并吞之國大抵北出則據廬壽西出則向鄱陽其地畧有江南全省而徐州屬宋廬屬楚安慶屬羣舒最後廬鳳亦入于吳而入郢之禍自此始太平府則與楚之和州對岸江寧府則與楚之六合接境其自浙之嘉興以及湖州杭州則與越日相角逐之區也其自浙之嚴州以及江南

之徽州江西之饒州則與楚日相窺伺之地也方輿家以江西全省亦為吳地然于經傳無見第存其說云○又曰長江之險吳楚所共而楚居上游故長岸之戰司馬子魚曰我得上游何故不吉卒得其乘舟餘皇故吳楚交兵數十戰從水道則楚常勝而從陸則吳常勝楚以水師臨吳而吳常從東北以出楚之不意當其始叛楚也即伐巢伐徐伐州來爭鬬于廬州鳳陽之間蓋欲自上而瞰下子重之克鳩茲也為今太平之蕪湖而吳報之伐楚取駕則在廬之無為矣楚靈之克朱方也為今鎮江之丹徒此用水

也而吳報之取棘櫟麻則出碭山與汝寧矣至昭二十三年州來入吳州來爲今之壽春以淮爲固撤楚之籓籬而據其要害而入郢之禍兆矣當日舍舟于淮汭自豫章與楚夾漢淮汭卽州來豫章今鄱陽舍舟爲沉船破釜之舉由陸路爲出奇擣險之謀欲避所短而用所長懸師深入千里襲人盖亦逆知楚瓦不仁而後敢出此使當日但歛兵持重勿與交鋒絕其餉道吳人輕銳師老欲歸正不必毁舟與塞城口之計止欲徐行驅之吳人遇險則必爭舟以濟爭則必亂半渡擊之可使隻輪不返故當日楚之失

計在速戰而吳亦第僥倖而一得也夫地勢何常人能用之則勝厥後越兼吳之地而卒覆於楚豈非楚常得地勢之便哉

徂莒

徂莒疑二國名○焦氏循曰依鄭君箋說徂爲國名遏徂之說不可攷遏莒之事見於韓非子云又王侵孟克莒是已

四書地理攷卷六終

四書地理攷卷七

東洞庭王瑬原名仲鑾亮生著

國名類

燕

北燕國於薊在今順天府治大興縣南燕在今衛輝府治汲縣○杜注南燕國今東郡燕縣○大事表曰今衛輝府東南三十五里廢胙城縣是○說文鄚周封黃帝之後于鄚也上谷有鄚縣○段氏玉裁曰樂記武王克殷未及下車而封黃帝之後于薊陸德明曰今涿郡薊縣是也卽燕

國之都也孔安國司馬遷及鄭皆云燕召公與周同姓案黃帝姓姬君奭蓋其後也或黃帝之後封薊者滅絕而更封燕召公乎疑不能明也而皇甫謐以召公爲文王之庶子記傳更無所出左傳富辰言文王之昭亦無燕玉裁案地理志曰廣陽國薊燕召公所封則班意謂黃帝之後卽召公也而周本紀以封堯後于薊封召公于燕並言張守節疑薊爲燕所并未知其審○括地志曰燕山幽州漁陽縣東南六十里國都城記云周武王封召公奭于燕地在燕山之野故國取名焉○地理志東有漁陽右北平遼西

遼東西有上谷代郡鴈門南得涿郡之易容城范陽北新城故安涿縣良鄉新昌及勃海之安次皆燕分也樂浪元菟亦宜屬焉○國策蘇秦曰燕東有朝鮮遼東北有林胡樓煩西有雲中九原南有呼沲易水地方二千里又曰秦之攻燕也踰雲中九原過代上谷彌地踵道數千里雖得燕城秦計固不能守也秦之不能害燕亦明矣今趙之攻燕也發號出令不至十日而數十萬之衆軍于東垣矣度呼沲涉易水不至四五日而距國都矣故曰秦之攻燕也戰于千里之外趙之攻燕也戰于百里之内

鄒

鄒在今兗州府鄒縣○地理攷實曰左傳杜注云邾今魯國鄒縣是也譜云文公徙于繹戴侗六書故曰邾鄒同聲實一地春秋時邾用夷故謂之邾婁合邾婁之音爲鄒故邾改名鄒又案輿地廣記淄州鄒平縣古鄒國兗州鄒縣邾文公所遷邑按此本是二國鄒平屬濟南府水經漯水逕鄒平縣故城北注云有鄒侯國舜後姚姓非邾國明矣鄒平距鄒縣數百里地非相接豈能越遠而遷都魯文公十三年邾文公遷于繹葢自其國都遷于繹山之下必非自鄒平來徙也○施氏彥士曰鄒國曹姓大紀云武王封祝融安期之裔挾于邾後穆公改爲鄒故城在今兗州府鄒縣東南二十六里鄒嶧山下三遷志云鄒城北二十五里馬鞍山下有付村卽孟子所生地前臨白馬河孟母泉出焉今改爲馬鞍泉又鄒城南崇教門外左側有中庸精舍世傳卽孟母三遷之地○焦氏循曰左穀作邾公羊作邾婁邾婁之合聲爲鄒國語孟子作鄒趙岐曰鄒本春秋邾子之國至孟子時改曰鄒此未知其始本名鄒也周氏廣業曰鄒有二皆顓帝後所封國一早著於幽王之世史

伯謂鄭桓公曰當成周者東有齊魯曹宋滕薛鄒莒又曰黎爲高辛氏火正命曰祝融其後以姓存者妘姓鄔鄶偪陽曹姓鄒莒皆爲宋衛此鄒人春秋不復見惟晏子載景公爲鄒之長塗晏子諫而息疑爲齊所滅漢志濟南郡有鄒平梁鄒二縣水經注謂鄒平古侯國舜後姚姓葢卽今濟南府鄒平縣地也其一卽邾大戴記顓頊子老童產重黎及吳回吳回產陸終陸終六子其五曰安是爲曹姓曹姓者邾氏也俠以下至儀父始見春秋十四世文公遷於繹今兗州府鄒縣北繹山是也終春秋不聞有鄒至戰國

更無邾名故趙氏以爲至孟子時改也○瀣按國語所稱之鄒當卽是邾國語以爲重黎之後大戴記以爲𡚁回之後則傳聞之異也鄒平之鄒則水經注言舜後姚姓別一國也

邠

邠在今邠州三水縣○括地志云豳州三水縣西十里有豳原周先公劉所都之地也豳城在此原上○地理攷實云邠州在西安府西北三百五十里州北六十里三水縣有豳城有豳亭有豳谷○寰宇記云邠州三水縣栒邑故

城在縣東二十五里卽漢栒邑屬右扶風有邠鄉應劭注云左傳畢原酆郇文之昭也郇侯賈伯伐晉是也又云古邠城在縣西南三十里有古邠城在隴州水西蓋古公劉之邑卽此城也國都城記邠國者后稷之曾孫曰公劉始都焉邠國名也與古郇邑城相去約五十餘里漢志注云邠鄉是也

管

管在今開封府鄭州○杜注管國在滎陽京縣東北○彙纂云鄭置管城縣今開封府鄭州治廢管城是也○括地志云鄭州管城縣外城古管國名也○地理志河南郡中牟下云圃田澤在西豫州藪有管叔邑○陸氏嵩曰宣十二年晉師救鄭楚子次於管以待之晉師在敖鄗之間陸德明云管城管叔所封也杜預云敖鄗二山在滎陽西北晉載記石虔襲破閻振吳仲于潡水振仲退保管城則管城當在潡水之北又郡國志曰河南中牟縣有管城

戎狄

戎在今曹州府曹縣東南四十里○隱公二年春會戎于潛秋及戎盟于唐○說文鄋北方長狄國也在夏爲防風

氏在殷爲汪芒氏春秋傳曰鄋瞞侵齊○段氏曰魯語仲尼曰昔禹致羣神于會稽山防風氏後至禹殺而戮之其骨節專車防風汪芒氏之君也守封嵎之山者爲漆姓在虞夏商爲汪芒氏在周爲長翟按國語本作在虞夏爲防風氏在商爲汪芒氏爲說苑說文所本今國語及史記誤奪數字耳韋注云防風汪芒氏國名汪芒長翟氏國名此依孔子防風汪芒氏之君而言之今訛爲汪芒之君名則不可解矣韋注云封嵎二山在今吳郡永安縣周世其國北遷爲長狄也永安今浙江湖州府武康縣顧氏祖禹曰

鄭瞞在山東濟南府北境或云今青州府高苑縣有廢臨濟故城古狄邑即長狄所居○地理攷實曰山戎無終爲一今直隸永平府地北戎當在河北莊二十八年大戎小戎在太原交城成元年之茅戎在解州平陸北戎蓋此等戎耳又允姓之戎在瓜州今肅州西五百餘里驪戎在臨潼縣東二十四里犬戎在今蒲州府對河爲山西華陰渭水入河處爲渭汭皋落氏赤狄別種在太原府樂平縣揚拒泉皋伊洛之戎在洛陽縣盧氏縣鞏縣之地陸渾戎在河南府嵩縣廧咎如赤狄別種姜戎居晉南鄙白狄在西

河之西今延安府地潞氏赤狄別種今潞安府潞城縣甲氏留吁赤狄別種在潞城縣徐吾氏茅戎之別○壅按戎狄之類不一與魯交兵者惟楚邱之戎及潞氏之狄與鄭瞞耳○大事表曰四裔之中戎種最雜亂難稽或三名而爲一族或一種而隨地立名隨時易號綜而計之其別有七一戎州巳氏之戎二北戎山戎無終三允姓之戎陸渾之戎小戎姜戎陰戎九州戎四揚拒泉皋伊雒之戎五蠻氏茅戎戎蠻六犬戎七驪戎如文十六年戎伐楚西南則爲楚山間民非有名號不列于戎之數又曰春秋之世有

赤狄白狄長狄長狄兄弟三人無種類而赤狄白狄種類最繁案經傳所見赤狄之種有六曰東山皋落氏曰廧咎如曰潞氏曰甲氏曰留吁曰鐸辰白狄之種有三曰鮮虞曰肥曰鼓然以予攷之閔僖之世狄尤橫其時止稱狄未有赤白之號蓋當時之單以狄稱者皆赤狄也赤狄最强能以威力役其種類白狄故居河西其別種在中國者赤狄能役屬之而長狄尤其酋豪中之魁異者合諸部爲一力大勢盛故能以兵威伐邢入衛滅溫伐周又能仗義執言救齊伐衛以齊晉之强莫之能抗也其疆域自晉蒲屈

以東東與齊魯衛爲界蓋自平陽潞安以及山東之境雜居山谷緜地千里故當日邢衛宋魯齊晉鄭諸國咸被其患迨魯僖公之三十二年而狄始亂明年伐晉而白狄子見獲蓋其種類自相攜貳各分部曲如匈奴之分五單于勢分力弱自是而赤狄白狄紛然見經而狄始不競矣論者謂長狄赤狄之各爲一國非也蓋其初皆屬于赤狄後稍稍離異始以名見于春秋文宣之世威令不行四出侵伐屢見挫衄經書晉侯敗狄于箕郤缺獲白狄子叔孫得臣敗狄于鹹獲長狄僑如皆狄之將佐後僑如之弟焚如

與潞俱滅則狄之死國難者春秋賤之故不書綜而計之莊公三十二年而狄伐邢暴横中國更三十有四年而狄有亂赤狄白狄始分又三十有五年而赤狄潞氏滅于晉又六十有五年而晉滅肥又十年而晉滅鼓白狄止存鮮虞首尾百四十有四年之間盛衰强弱之故豈不較然也哉晉里克之避狄也曰懼之而已無速衆狄則當狄之合狄之所以盛也郤成子之求成于狄也衆狄疾赤狄之役遂求成于晉則當狄之分狄之所以衰也○塏按赤狄白狄俱隗姓則謂其本為一國可也長狄號鄋瞞漆姓則别

為一國可知

舒

舒在今盧州府盧江縣○彙纂云今盧州府舒城盧江二縣之境皆羣舒地○樊氏廷簡曰劉耕南曰荊以東卽為舒地僖公三年徐人取舒杜注舒國今盧江舒縣彙纂云今盧江縣西舒縣故城是林堯叟曰舒楚之同類徐附齊故為齊取楚之與國案此懲舒之事葢舒偃姓子爵同宗而異國者謂之羣舒在楚成王時舒固楚屬國也自楚穆王以後羣舒屢嘗叛楚魯頌荊舒是懲毛傳舒無明詁鄭箋指為羣舒孔疏羣舒楚之與國故連言荊舒葢因鄭為說也公羊傳其言取之何易也何休注據國言滅徐彥疏卽莊十年齊師滅譚十三年齊人滅遂之屬是也趙鵬飛曰齊桓自莊二十六年伐徐意徐遂服于齊徐服于齊則取舒之謀齊謀也舒隸於盧而迫近楚齊之為謀襲其不備而取之奪楚援也其後楚疾于徐而兩伐之齊桓公為合八國之君于匡而使大夫救徐則楚之伐葢憤徐滅其與國而桓公救之亦以其有取舒之功李廉曰徐始見經而得書人始滅國而得書取是必未滅之辭路史云少昊

後偃姓舒國徐人取舒杜云盧江舒縣今盧之舒城也一作郚據此舒自為徐所取其國已滅與羣舒不同而當以徐人取舒為荊舒是懲之確證文十二年羣舒叛楚夏子孔執舒子平及宗遂圍巢杜註羣舒偃姓舒庸舒鳩之屬今盧江南有舒城舒城西南有龍舒平舒君名宗巢二國羣舒之屬正義曰世本偃姓舒庸舒蓼舒鳩舒龍舒鮑舒龔以其非一故言屬以包之王應麟詩地理攷春秋有舒舒鳩舒庸謂之羣舒皆偃姓皐陶後孔氏曰又有龍舒據此舒與羣舒其姓同其地相近因舒而兼該羣舒則可卽

以舒爲羣舒則不可也○塗拔宜八年楚滅舒蓼杜註舒蓼二國名孔疏曰二國轉寫之誤當云一國是也孔氏又云卽文五年所滅之蓼時復故而楚更滅之非也蓼在安豐羣舒在廬江不得相混成十七年楚滅舒庸杜註舒庸東夷國人杜既以舒庸當羣舒之一則謂東夷國人者誤也襄二十五年楚滅舒鳩定二年吳子使舒鳩氏誘楚人曰以師臨我楚師于豫章吳敗之杜註舒鳩楚屬國葢楚雖滅之猶存其祀故爲屬國也杜氏但以漢舒縣爲古舒國餘羣舒惟巢國有注云廬江六縣東有居巢城其舒蓼

舒庸舒鳩及宗四國皆不能明其處但云廬江南有舒城及龍舒城約畧四國所居在此兩城間而已高氏士奇曰龍舒故城在廬江縣東一百二十里

奄

奄在今兗州府曲阜縣○地理攷實曰曲阜舊城卽古奄國或言奄城在縣東二里○說文云郁周公所誅國在魯○段氏玉裁曰爾雅弇葢也故商奄亦呼商葢墨子曰周公旦非關叔辭三公東處于商葢韓非子曰周公旦將攻商葢辛公甲曰不如服衆小以劫大乃攻九夷而商葢服矣商葢卽商奄也奄在淮北近魯鄭注書序云奄乃淮夷之北注多方云奄在淮夷旁祝鮀云因商奄之民封魯者杜云或迸散在魯是也○樊氏廷簡曰周伐奄凡三孟子所謂伐奄者葢第一舉也林之奇曰奄卽淮夷之一種總言則謂之淮夷如春秋赤狄之有潞氏甲氏也書序武王崩三監及淮夷叛周公相成王將黜殷作大誥傳云三監管蔡商淮夷徐奄之屬皆叛周多士篇王曰昔朕來自奄傳謂先誅三監後伐奄與淮夷正義曰金縢之篇說周公東征言居東二年罪人始得則昔來從奄者謂攝政三年

時也於是王不親行而言我來自奄者周公以王命誅四國周公師還亦是王來還也此時奄與三監叛周公作大誥以征之是周第二次伐奄也書序成王東伐淮夷遂踐奄傳云成王卽政淮夷奄國又叛王親征之遂滅奄而徙之多方曰王來自奄至于宗周傳云周公歸政之明年淮夷奄又叛魯征淮夷作費誓王親征奄滅其國五月還至鎬京是周第三次伐奄也皆與相武王伐奄無涉孟子言伐奄以助紂爲虐也三年者趙註云武王伐紂至孟津還歸二年復伐前後三年也

鄭

鄭都于新鄭在今開封府新鄭縣○地理攷實曰杜注鄭在滎陽宛陵縣西南譜云宣王封弟友于鄭今京兆鄭縣是也彙纂云朱子詩傳鄭本在西都畿內咸林之地武公得虢鄶之地乃徙其封而施舊號於新邑是爲新鄭縣東北有宛陵城卽古宛陵縣也今按京兆鄭縣今陝西同州府華州治是也咸林亦作棫林○括地志鄭故城在華州鄭縣西北三里○寰宇記黃帝都於有熊卽其地又爲祝融之墟於周爲鄭武公之國按國語史伯曰若前華後河

右洛左濟主芣騩而食溱洧修典刑以守之惟是可以稍固又曰唯謝郟之間言在謝之北郟之南謝在南陽郟在雒陽○高氏士奇曰竹書紀年晉文侯二年同王子多父伐鄶克之乃居鄭父之丘名之曰鄭八年王錫司徒鄭伯多父命十四年鄭人滅虢十六年鄭遷于溱洧此鄭國東徙之說也班固曰今河南之新鄭及滎陽成皋潁川之崇高陽城皆鄭分也鄭爲韓所滅韓哀侯自平陽徙都之又按史伯曰前華後河右洛左濟惟今鄭州形勢足以當之郡國志州東有華城此前華之說也若新鄭在鄭州南四十里華在後矣或者初遷時居此卽竹書所謂鄭父之丘歟又按公羊傳曰古者鄭國處于留而史伯所言十邑中無留或者其卽㮚歟留後爲陳併故曰陳留又有南鄭今之漢中桓公死幽王之難其民南奔居于褒斜之中故號南鄭此華州鄭縣民也與新鄭無預○大事表曰鄭桓公武公當幽平之世以詐取虢檜之地其地當中國要害四面皆强國故雖以鄭莊之奸雄無能爲狡焉啓疆之計終春秋二百四十年僅再滅許肆其吞噬而已而虎牢入晉犨櫟郟入楚鄭之封疆亦蝕于晉楚焉其地有開封府之

祥符蘭陽中牟陽武洧川鄢陵尉氏鄭州河陰汜水滎陽滎澤兼涉杞縣與楚接界陳留與陳接界封丘與衛接界許州府爲所奪許國地禹州爲櫟都汝州之魯山郟縣本楚以餌鄭旋復爲楚奪又闌入衛輝府之延津縣河南府之登封縣鞏縣偃師縣陳州府之扶溝縣懷慶府之武陟縣歸德府之睢州其闌入直隸大名府之長垣縣者爲祭仲邑東明縣有武父地僅彈丸黑子而已○又曰齊晉迭伯與楚爭鄭者二百餘年是時鄭西有虎牢之險北有延津之固南據汝潁之地恃其險阻左支右吾蓋滎陽成皋

自古戰爭地勢然也至子產之世虎牢已先屬晉犨櫟郟已先屬楚鄭之地險盡失徒善其區區之詞命以大義折服晉楚葢亦人謀之善匪關地勢矣然自三家分晉而韓得成臯卒以滅鄭則鄭之虎牢豈非得之以興失之以亡者哉

三苗

三苗在今湖廣武昌岳州二府江西九江府地○釋地曰張守節據吳起言昔三苗氏左洞庭右彭蠡洞庭在岳州巴陵縣西南一里南與青草湖連彭蠡在江州潯陽縣東

南五十二里以天子在北故洞庭在西爲左彭蠡在東爲右今江州鄂州岳州三苗之地也杜氏通典以潭州岳州衡州皆古三苗國地○江氏永曰張守節所指太廣胡氏渭謂三苗今爲岳州府地也舜竄其君及民于三危之地○山海經三苗國在赤水東其爲人相隨注云昔堯以天下讓舜三苗之君非之帝殺之有苗之民叛入南海爲三苗國○淮南子墬形訓有三苗民高誘注云三苗蓋謂帝鴻之裔子渾敦少昊氏之裔子窮奇縉雲氏之裔子饕餮三族之苗裔亦謂之三苗又云三苗國民在豫章之彭蠡

○塗按三苗在四凶中而高氏以爲三族之苗裔不可從

有庳

有庳在今趙州之隆平縣○周氏柄中曰舊說有庳在今永州府零陵縣閻百詩曰據經文欲常常而見之云云豈有兄居蒲坂弟居零陵陸阻大行水絶洞庭較諸驩兜放處尤遠千里之理乎按路史謂九域圖經樂史寰宇記並以象城爲象所封象城屬鉅鹿與帝都密邇是也○括地志鼻亭神在營道縣北六十里故老傳言舜葬九疑象來至此後人立祠名爲鼻亭神○塗按後漢書東平王蒼傳

曰昔象封有鼻註云有鼻國名在今永州營道縣北此道州鼻亭之說所由來也羅泌路史以有鼻與象城並列似兩地皆其封者不知其地去蒲坂絶遠决無源源而來之理說者又謂中土無地可封故封之遠裔此亦無稽之言路史寰宇記以爲鉅鹿象城者得之攷趙州志曰隆平縣即禹貢所謂大陸既作之地戰國時趙武靈王嘗遊於此西漢志廣阿象氏二縣東漢省後魏復置廣阿縣孝昌二年改置殷州治於此隋初改爲象城縣後改爲大陸縣唐武德初仍爲象城縣天寶元年更爲昭慶縣宋太宗下并

汾因觀此地四無山阜曠然平地始改名隆平按庳字從阜得聲廣韻下也玉篇短也國語陂唐汚庳以鍾其美周禮其民豐肉而庳此地既無山阜則與有庳之名亦合趙州志又云寍晉縣卽舜典納于大麓處今按寍晉與隆平接壤則此地實爲舜舊遊之處必見其平曠肥美而以封象亦親愛之意也隆平寍晉在秦漢閒俱屬鉅鹿郡麓與鹿古字通鉅者大也應劭曰鹿林之大者也臣瓚曰山足曰鹿鉅鹿因大麓得名自庳與鼻音近而訛後遂以鼻亭當有庳云

虞

虞國于夏墟在今解州平陸縣○史記武王求虞仲之後巳君吳乃封周章弟虞仲于周之北故夏墟又曰予讀春秋古文乃知中國之虞與荆蠻勾吳兄弟也○杜注在河東大陽縣○大事表曰唐改大陽曰平陸今平陸縣東北四十五里有古虞城又云今大陽廢縣在平陸縣東五十里又東北三十里爲故下陽城○釋地曰裴駰引賈逵註云虞在晉南虢在虞南按爾時爲晉獻公十九年正都于絳絳在太平縣之南絳州之北土人至今呼故晉城杜注莊二十六年士蔿城絳註絳今平陽絳邑縣成六年不如新田又註新田今平陽絳邑縣是竟爲一地也果爲一地不應將遷新田之時名獻公所都曰故絳矣新田括地志在絳州曲沃縣南二里今土人呼王官城距故晉城五十里又攷明一統志平陽府古蹟載晉城在太平縣南二十五里晉士蔿所築獻公都焉○一統志吳山在安邑縣東南三十二里跨夏縣平陸縣界一名虞山一名吳坂寰宇記太行山有路名曰虞坂周武王封仲雍之後虞仲于夏墟因虞爲稱謂之虞坂晉假道于虞以伐虢卽此路也州志石崖峻險亦中條支阜也今爲孔道○高氏士奇曰周書王會解曰天子立于堂上堂下之右唐公虞公南面立焉又史記解曰君娛于樂臣爭于權民盡于利有虞氏以亡虞仲得封夏墟蓋在古虞既亡之後也寰宇記曰平陸縣西六十里有虞芮所讓之閑原東西七里南北十三里此虞周初尚存

虢

虢都于上陽在今陝州○地理攷實曰杜注虢叔東虢君也今滎陽縣彙纂云此爲東虢國虢叔所封後并于鄭有

故城在今汜水縣東十里近滎陽界今按虢仲虢叔爲王季子姓氏書曰仲曰西虢後遷上陽爲南虢晉滅之叔曰東虢平王奪其地與鄭據此則虢叔國在東也左傳疏云虢叔封西虢仲封東而此云虢叔東虢君者言所滅之君字叔此孔氏從賈逵說也僖五年疏云賈逵云虢仲封東虢制是也虢叔封西虢虢公是也賈之言亦無明證不可審知據此則賈說亦非定說矣又云左傳鄭人以王師虢師伐衛杜注西虢國也宏農陝縣東南有虢城彙纂云今河南陝州即陝縣也今按虢叔初封于虢爲西虢故城在

原缺第十八葉下

原缺第十九葉上

上陽爲西虢班志則謂北虢道元又謂南虢迄無定論今以通志通釋爲正云○大事表曰西虢舊都在鳳翔府寶雞縣東五十里後隨平王東遷更封于上陽其支庶留于故都者爲小虢莊公七年爲秦所滅○趙氏一清曰陝與大陽夾河對岸南虢即北虢故有上陽下陽之分亦有南虢北虢之稱矣

有莘

有莘在今開封府陳留縣○釋地曰元和郡縣志故莘城在汴州陳留縣東北三十五里古莘國地計其去湯都南

亳不過四百里故湯使可三往聘若太姒所產之莘國則在今西安府郃陽縣南二十里道遥遠矣○大事表曰桓十六年使盜待諸莘杜注衞地今東昌府莘縣有莘亭故城成二年師從齊師于莘卽此杜注以爲齊地者非是又莊十年荆敗蔡師于莘杜注蔡地在今河南汝寍府汝陽縣境又莊三十二年有神降于莘杜注虢地高氏地名攷以爲今陜州硤石鎭西十五里莘原是也惟僖十八年晉侯登有莘之墟杜注故國名元和志汴州東北陳留縣東北二十五里有故莘城爲古莘國地又曹州濟陰縣南三

十里有莘仲故城爲伊尹所耕地濟陰今之曹縣也○括地志曰古㜪國城在同州河西縣南二十里世本云莘國姒姓夏禹之後卽散宜生等求有莘美女獻紂者○樊氏廷枚曰今河南開封府陳留縣有莘城山東曹州府曹縣有莘仲集其地接二縣莘字又作㜪列女傳湯妃有㜪是也○鋆按有莘與莘不同孟子明言有莘之野僖十八年獨言有莘之墟當爲一地從在陳留之說爲是○一統志莘城在陳留縣東北

任

任在今濟寍州○釋地云任國名太皡之後風姓今濟寍州東任城廢縣是去古鄒城僅百二三十里宜屋廬子明日卽可往問○施氏彥士曰按洪稚存地志濟寍州東至鄒縣界泗河四十里縣志泗河至縣治三十五里又東南二十六里嶧山之陽卽故鄒國使屋廬子之今鄒治南孟子故宅不過七十五里卽之故鄒國亦僅百里釋地似微誤

越

越都于會稽在今紹興府山陰縣○史記正義引吳越春

秋云少康恐禹迹宗廟祭祀之絕乃封其庶子于越號曰無餘又曰輿地志云越侯傳國三十餘葉歷殷至周敬王時有越侯夫譚子曰允常拓土始大稱王春秋貶爲子號爲於越○地理攷實曰外傳芊姓歸越是越本楚之別封或非夏后之後○鋆按路史曰越芊姓古南越盟會圖疏曰南越廣州按南海桂林象郡皆是非姒姓之越東南二越諸儒皆一之疎矣觀羅氏此言則國語指南越言也○地名攷畧曰禹葬會稽蓋陵墓所在故分封支庶以守之也范蠡曰我先君固周室之不成子也按周禮諸子之國

封疆方二百里越不能成子爵言其小也自夫餘以下二十餘世至允常宣公八年楚人盟吳越名始見于春秋昭五年會楚伐吳事始見于經當是時越之封域南至于句無北至于禦兒東至于鄞西至于姑蔑蓋跨有錢唐之東西矣又按句踐初歸越吳封以百里之地東至炭瀆西至周宗南造于山北薄于海蓋不得有浙西之地也後又增其封東至于勾甬西至于檇李南至于姑末北至于平原縱横八百餘里則視允常之故封又加廣矣吳敗檇李時檇李地尚屬吳在石門縣東二十里有石城鎮吳人壘石為門以距越即其處也○大事表曰越自少康初封歷商至周初千有餘歲武王因其舊而不改延及春秋之季又五六百年至允常始與吳相戰伐見于經傳其封域極隘國語與越絕書所載不同其北向所至曰禦兒曰平原皆在今嘉興一府之地其西南至于姑蔑則在今衢州府龍游縣然昔人稱餘汗為越地淮南王安謂越人欲為變必先田餘汗界中通典亦謂為越之餘則自江西廣信至饒州皆越之西界國語所云姑蔑蓋未盡矣又案越大夫胥犴勞王于豫章之汭實在今鄱陽湖蓋鄱陽為楚餘汗為

越分時湖之兩岸楚越相結歸王乘舟應在于此若北出則千餘里皆吳地越方仇吳豈能以孤軍徑行其地而與楚會耶其地全有浙之紹興甯波金華衢溫台處七府之地其嘉杭湖三府則與吳分界由衢歷江西廣信府至饒之餘干縣則與楚分界又曰史記越滅吳而不能正江淮以北故楚得東侵廣地至泗上與魯泗東之地方百里張守節正義曰泗上謂廣陵徐泗等州則今揚淮以及徐州泗州之地皆棄與楚余嘗著論謂越棄地利不守延至五世為楚所滅幸矣後閱吳越春秋有云越既平吳北渡淮會齊晉諸侯徙都于琅琊水經注亦云琅琊越句踐之故都也越絕書勾踐平吳霸關東從琅邪起觀臺周七里以望東海諸書所載較若畫一史記所云越滅吳棄江淮以北徼之左傳他事皆不合按哀公二十二年越滅吳二十七年越使后庸來正邾魯之界公與之盟于平陽後哀公嘗欲以越伐魯而去季氏公又嘗如越曾子居武城有越寇見于孟子武城在今沂州府費縣西南九十里與沂州近夫越既滅吳與齊晉諸侯會于徐州天子致胙方欲正邾魯山東之侵界豈其棄江淮不事且既棄之以予楚矣

如后庸使命之往來及出兵侵魯豈反假道于楚耶又范蠡既雪會稽之恥變姓名寓于陶陶爲今曹州府曹縣葢先時吳屢伐齊魯沂曹之地久爲吳之錯壤越滅吳因有其地則其遷都瑯琊葢盡吳之境與北方諸侯爭衡豈有反棄江淮之地以資勍敵之楚耶且史記言自勾踐以後五世至無彊中間嘗欲伐齊齊與吳接境若勾踐棄江淮以北則其後世必不能拓有吳境與齊遠不相接無緣有伐齊之事則史記之自相矛盾更皦然矣

貉

貉東北狄○說文云貉北方豸種孔子曰貉之爲言惡也又羌字注云東方貉从豸

四書地理攷卷八

東洞庭王塈原名仲塈亮生著

山名類

泰山

泰山在今泰安府泰安縣北五里○說文云岱大山也○段氏玉裁曰域中最大之山故曰大山○白虎通曰岱宗者何言萬物更相代於東方也○風俗通曰岱始也宗長也萬物之始陰陽交代故爲五嶽之長○塈按禹貢海岱惟青州鄭注東自海西至岱孔傳東北據海西南據岱海

岱及淮惟徐州鄭無注但青州旣言東自海西至岱則徐州亦必以爲西至岱孔傳以爲北至岱按二州雖同有海岱之文而岱畎絲枲之文見於青州則山屬青州也爾雅齊曰營州注云自岱東至海此葢殷制又濟河間曰兗州注云自河東至濟周禮河東曰兗州賈疏以爲侵禹貢青徐之地葢以其山鎮爲岱澤藪曰大野知之殷之兗州自河東至濟與禹貢同其徐州自濟東至海亦與禹貢同而周則言河不言濟葢其境越濟而東得岱矣岱爲青徐接界徐州曰大野既豬是知侵禹貢青徐之地矣魯頌泰山

巖巖魯邦所詹傳云詹至也疏云泰山在齊魯之界言所詹見其不全屬魯也禮器云齊人將有事於泰山必先有事於配林後漢書梁松等議云蓋諸侯之禮也河嶽視公侯王者祭焉宜無即事之漸不祭配林盧植曰配林小山麓配泰山者也風俗通云林樹木之所聚生也配林在泰山西南五六里

首陽

首陽疑在今蒲州府治爲是○寰宇記云遼州和順縣首陽山在縣東四十里按論語鄭康成注首陽山在河中蒲

坂城南今陽匽山俗號爲首陽山又蒲州河東縣首陽山即雷首山阜也昔夷齊守節於首陽又伯夷墓在縣南三十五里雷首山○釋地云史記正義首陽山凡五所王伯厚以爲在蒲坂者得之蓋爲讓國而餓則他處皆可爲諫伐而餓則石曼卿詩云恥生湯武干戈日寧死唐虞揖遜區是也○括地志曰蒲州河東縣雷首山一名中條山亦名歷山亦名首陽山亦名蒲山亦名襄山亦名甘棗山亦名猪山亦名獨頭山亦名薄山亦名吴山此山西起雷首東至吴坂凡十一名隨州縣分之○宋氏翔鳳曰按史記伯夷列傳注馬融曰首陽山在河東蒲坂華山之北河曲之中正義曰曹大家注幽通賦云夷齊餓於首陽山在隴西首陽又戴延之西征記云洛陽東北首陽有夷齊祠今在偃師縣西北又孟子云避紂居北海之濱首陽山說文云首陽山在遼西按孟子北海之濱空語無實說文山部嵎山在遼西廣韻引說文同無首陽在遼西之文所可據者爲蒲坂洛陽隴西三處今統核數說論語餓於首陽之下斷在洛陽東北元和郡縣志河南府偃師縣首陽山在縣西北二十五里盟津在縣西北三十里武王伐紂夷齊

叩馬而諫正當在盟津後隱首陽亦當不甚遠又攷尸鄉爲湯都在今偃師縣西北二十五里首陽亦在尸鄉之西北蓋本尸鄉名西山也漢人多以偃師首陽爲夷齊所隱惟馬融注論語謂在蒲坂漢志河東蒲坂縣有堯山首山祠雷首在南則蒲坂之山乃是雷首非首陽也又在蒲坂南安得有西山之目顔師古謂在隴西者漢志隴西首陽縣禹貢鳥鼠同穴山在西南今甘肅蘭州府渭原縣東北有首陽故城東距河濟之間幾二千里蓋山名偶同不可牽合也王伯厚據曾子言二子居河濟之間又以首陽在蒲

坂爲得實案漢志河東郡垣縣禹貢王屋山在東北沇水所出東南至武德入河此濟源也垣縣故城在今山西絳州垣曲縣西北二十里王屋山在今河南懷慶府濟源縣西八十里蒲坂故城在今山西蒲州府城東五里計王屋西至蒲坂四百餘里使以蒲坂首陽爲夷齊所隱則與河濟之間渺不相涉詩唐風采苓首陽之巓此亦指偃師首陽盇偃師東七十餘里至今開封府汜水縣即春秋時鄭虎牢地晉欲霸中國必先固結鄭心故設言登首陽以望鄭繼言首陽之下則自晉至鄭之所經也終言首陽之東

正指鄭國在首陽之東矣○塗按宋說亦未足據曾子言夷齊死於溝澮之間猶言不忘溝壑耳又言二子居河濟之間謂其諫伐耳非必指其餓地也雷首山勢甚緜延豈必自蒲坂言之而謂不當稱西山耶且以唐風之首陽而謂指鄭之首陽其說亦近於鑿矣○盧龍縣志曰莊子云伯夷叔齊西至岐陽見周武王伐殷曰吾聞古之士遭治世不避其任遇亂世不爲苟存今天下闇周德衰其並乎周以塗吾身也不若避之以潔吾行二子北至於首陽之山遂饑餓而死又下詩登彼西山今渭源縣首陽山在岐山西北明即夷齊餓處也宋白北番地里志曰首陽山在平州舊志言今府城東南十五里有嵎山一作陽山即其地竊意二子當日之逃爲國人之將立已耳及中子既爲君則名分已定可以無嫌子臧之反於曹季札之反於吳古之人有行之者二子何獨不然況西土之人皆爲讐國箕子之去又適東夷天下宗周之時舍故都其何往孤竹遠在夷陬周初隔山戎而蔽於燕燕史無通於中國中國之首陽表著爲口實而海濱孤竹無從稱之矣是或一說也○塗按張守節言首陽有五余按寰宇記和順縣亦有

首陽則首陽有六矣然孟子言北海之濱正指遼西地耳則首陽止有五矣今本說文嵎字下無首陽字當係傳寫脫落據玉篇漢書王貢兩龔傳注所引皆有首字諸家各指一地未可懸斷姑並存之以備攷可也○一統志蒼山在鞏縣北帝王世紀以爲即東首陽山在偃師縣西北北按孟津縣界舊志即邙山最高處○一統志叩馬村在孟津縣東三十里相傳夷齊叩馬諫武王處

東蒙

東蒙在今沂州府蒙陰縣○釋地云東蒙即書之蒙羽其

藝詩之奄有龜蒙也元和志誤析爲二以在沂州費縣西北八十里者爲蒙山在費縣西北七十五里者爲東蒙山按漢地理志蒙陰縣注云禹貢蒙山在西南有祠顓臾國在蒙山下可證其爲一山也○皇侃疏曰蒙山在東故曰東蒙主也○禹貢錐指曰蒙山在今蒙陰縣南四十里西南接費縣界劉芳徐州記蒙山高四十里長六十九里西北接新泰縣界齊乘曰龜山在今費縣西北七十里蒙山在龜山東二山連屬長八十里禹貢之蒙羽論語之東蒙正此蒙山也後人惑於東蒙之說遂誤以龜山當蒙山蒙

山爲東蒙山而隱沒龜山之本名故今定正之邑人公鼐論曰蒙山高峰數處俗以在東者爲東蒙中央者爲雲蒙在西者爲龜蒙其實一山龜山自在新泰其北有沃壤所謂龜陰之田亦非卽龜蒙峰也參之以邢疏東蒙卽蒙山非有二山明矣

南山

南山在今西安府附郭長安縣南○釋地云詩詠南山可指實者二一曹之南山郡縣志在曹州濟陰縣東二十里南山朝隮是也今在曹縣一終南之山如南山之壽幽幽南山節彼南山信彼南山是也今長安咸寧藍田盩厔四縣之境○樊氏廷枚曰詩凡三南山采薇南山周南山也南山崔崔齊南山也南山朝隮曹南山也在書禹貢詩秦風爲終南左傳爲中南地理今釋云終南山在今陝西西安府長安縣南五十里東至藍田縣西至鳳翔府郿縣縣亘八百餘里○元和郡縣志云終南山在京兆府萬年縣南五十里一名太一亦名中南○詩地理攷云張衡西京賦云終南太一隆崛崔崒則非一山矣李善曰終南山之總名太一一山之别號○柳子曰惟終南據天之中在都

之南西至於褒斜又西至於隴首以臨於戎東至於商顏又東至於太華以距於關○塗按左傳杜注在武功縣南地理志在武功縣東武功今之郿縣及武功縣境也

華

華山在今同州府華陰縣南十里○白虎通曰華之爲言穫也言萬物成熟可收穫也○風俗通曰華者華也萬物滋然變華於西方也○括地志曰華山在華陰縣南八里古文以爲敦物也○塗按禹貢雍州終南惇物至於鳥鼠鄭注云地理志終南惇物皆在右扶風武功也孔氏正義

云地理志云扶風武功縣有太一山古文以爲終南垂山古文以爲惇物山在今武功縣東南二百里卽太一之北峰括地志以爲華山誤矣○禹貢華陽黑水惟梁州孔氏正義云周禮職方氏豫州其山鎭曰華山在豫州界内此梁州之境東據華山之南不得其山故言陽此山之西雍州境也○塗按梁在華陽雍在華陰而山屬於雍至周方以爲豫州鎭也

嶽

嶽在今鳳翔府隴州西南○廣雅吳山謂之開山○白虎

通嶽之言桷也桷功德也○地理志吳山在右扶風汧縣西古文以爲汧山雍州山也○廣雅疏證曰兩漢志并以汧山爲吳嶽胡渭曰周尊汧山曰嶽山俗又謂之吳山或謂之吳嶽史記又以嶽山與吳嶽爲二而汧山之名隱矣在周禮通謂之嶽山禹貢總謂之岍山俗以在州西四十里者爲汧山在州南八十里者爲嶽山其實一山也○邵氏晉涵曰周營成周宅於土中華山在成周境内故首舉之吳岳在岐周境内故次及之又曰冀州之霍山與泰華衡恒唐虞之五嶽也華嶽泰恒衡周之五嶽也泰衡華恒嵩高漢初相傳之五嶽也泰華霍恒嵩高武帝所定之五嶽也○塗按霍山名大岳書至于岳陽鄭注太岳之南一名霍太山此職方冀州之山鎭也職方雍州其山鎭曰嶽山卽岍也禹貢導岍及岐鄭注云四列導岍爲陰列西傾爲次陰列嶓冢爲次陽列岷山爲正陽列馬融注云三條導岍爲北條西傾爲中條嶓冢爲南條

岐

岐下在今鳳翔府東五十里之岐山縣○顏師古曰其山兩岐俗呼箭括嶺○括地志岐山一名天柱山○寰宇記

其峰高峻迥出諸山狀若天柱因以爲名○一統志周城廢縣在岐山縣東北水經注岐山水屈逕周城南城在岐山之陽而近西所謂居岐之陽也又歷周原下北則中水鄉成周聚故曰有周也○釋地云孟子言去邠踰梁山言山而不及水詩言率西水滸言水而不及山太史公合而作周本紀曰遂去邠渡漆沮踰梁山止於岐下將自邠抵岐東南二百五十餘里登山涉水敘次如畫然程大昌雍錄謂渭水實在梁山下之南循渭西上可以達岐則詩水字又與漆沮無涉益精確矣○施氏彥士曰邠州南界永

壽縣縣南九十里爲乾州州北五里卽梁山其山横而長自邠至此百三十里適界邠岐之間乾州西界鳳翔府扶風縣又西六十里爲岐山縣是岐在邠之西南而百詩云自邠抵岐東南二百五十里誤矣且程大昌旣知循渭西上可以達岐而雍錄又云邠在岐西北亦誤蓋邠的在岐之東北也○又曰孟子外書云文王生於台疆台卽后稷所封邑在今乾州西南六十五里武功縣岐周在其西八十里故岐周亦曰台疆太王遷岐亦是復后稷之故地也○壍按詩疏引鄭志豳在岐山西北四百里豳譜但謂在

岐山北詩疏屢言豳在岐西北則閻氏謂在西北固有所本也尚書大傳注謂在東北以今地理攷之則在東北爲是或者岐之西北岐之東北皆爲豳地歟

梁山

梁山在今乾州○釋地云雍州有二梁山一在今韓城郃陽兩縣境書治梁及岐詩奕奕梁山春秋梁山崩爾雅梁山晋望也皆是孟子之梁山則在今乾州西北五里其山横而長自邠抵岐二百五十餘里山適界乎一百二十里之間○尚書大傳云過梁山邑岐山鄭注云梁山在岐山東北岐山在梁山西南

轉附朝儛

轉附朝儛當爲山名在今登州府文登縣○趙注云皆山名又言朝水名也疏云顧野王釋云潕水名出南陽恐誤潕爲儛○釋地云二山不知所在宋趙德有轉附附作鮒屬萊州之說殊無依據竊意此二山當在海之東○樊氏廷枚曰程是菴曰景公傳轉附乃太公之墓朝儛乃桓公之墓按太公反葬於周檀弓疏云葬鎬陪文武冢王泰謂桓公墓在牛山牛山在臨淄縣南十里則非轉附朝儛也

金仁山云朝儛海旁之山溯至如舞陳士元孟子雜記朝如朝夕之朝衛有朝歌齊有朝舞皆以俗好嬉遊故名其地諸說不同○宋氏翔鳳曰水經白水出朝陽縣西東流過其縣南又云潕水出潕陰縣西南潕陰漢書地理志作舞陰與朝陽皆屬南陽郡漢舞陰在今南陽府泌陽縣西北六十里朝陽在今鄧州南八十里則朝儛二水皆在南陽明甚案轉謂周流附謂薄附言周流朝儛之水而薄至楚之國都此齊桓伐楚之故道也管子戒篇桓公將東游問於管仲曰我游猶軸轉斛南至瑯琊景公思復修桓之

業故欲觀其舊蹟僖四年左傳君處北海寡人處南海此遵海而南亦泛指楚地非必浮舟海中也蓋朝舞尚在齊西東行至瑯琊方是齊之南境故云南放琅邪也○焦氏循曰按史記秦始皇二十八年並渤海以東過黃腄窮成山登之罘立石頌秦德焉而去南登琅琊大樂之三十七年自琅琊北至榮成山至之罘漢書郊祀志後五年東幸琅琊禮日成山登之罘浮大海司馬相如子虛賦云且齊東陼巨海南有琅琊觀乎成山射乎之罘晉灼云之罘山在東萊腄縣蓋之罘即轉附也之與轉一聲之轉罘與附

古音通秦皇漢武所游自琅琊而北則至之罘成山自之罘成山而南則至琅琊齊景公欲觀乎轉附朝舞轉附即之罘也朝舞即成山也于欽齊乘云召石山在文登之東伏琛齊記云始皇造橋觀日海神爲之驅石豎柱今驗成山東入海道水中有豎石往往相望似橋柱之狀又有柱石二乍出乍沒又云召石山與成山相近因始皇會海神故後世遂呼成山曰神山然則召石即成山也朝召古字通朝舞即柱之綴聲蓋以石形似柱而綴呼之爲朝舞古舞石聲近閻氏疑此二山當如成山召石山之類未以聲音借求之故不能定耳或謂轉附朝舞即華不注乃華不注在今濟南歷城之西去齊都不遠無煩欲觀毛氏奇齡謂轉附朝儛即管子猶軸轉斛按傅子謂管子乃後之好事者所加剌取孟子之文入之是猶軸轉斛爲轉附朝舞之譌不得謂轉附朝儛即猶軸轉斛之譌也然即其斛字益知儛爲石字韋昭國語注云石今之斛也

瑯邪

瑯邪在今青州府諸城縣○釋地云趙注齊東南境上邑集註因之今諸城縣東南一百二十里有瑯琊山山下有

城即其處○諸城縣志曰此山三面環海惟西南通陸○括地志云密州諸城縣東南百七十里有琅琊臺越王勾踐觀臺也臺西北十里有琅邪故吳越春秋云越王勾踐二十五年徙都琅琊立觀臺以望東海遂號令秦晉齊楚以尊輔周室歃血盟即勾踐起臺處又曰瑯琊山在密州諸城縣東南百四十里始皇立層臺於山上謂之瑯邪臺○水經注琅邪山孤立特顯出於衆山上下周二十餘里傍濱巨海所作臺基三層層高三丈上級平敞方二百餘步高五里臺上有神淵○山海經琅邪臺在渤海之間琅

琊之東注云今琅邪在海邊有山特起狀如高臺即琅邪臺也

崇山

崇山在今澧州永定縣○釋地云孔疏謂在衡嶺之南非也通典澧州澧陽郡澧陽縣本漢零陽縣地有崇山即放驩兜之所宋則在慈利縣路史以爲今有驩兜墓是○周氏柄中曰在今湖廣澧州永定縣大庸所東有驩兜冢寰宇記以嶺外之驩州爲所放處非

羽山

羽山在今登州府蓬萊縣○蓬萊縣新志云羽山在縣東南三十里寰宇記云登州蓬萊縣東十五里即殛鯀處有鯀城○王氏鳴盛曰馬融書注云東裔也禹貢蒙羽其藝即此昭七年子產云昔堯殛鯀於羽山杜注在東海祝其縣西南漢地理志云東海郡祝其縣有羽山續漢志亦然劉昭注引博物記云縣東北獨居山西南有淵水即羽泉也俗謂此山爲懲父山晉地理志亦云羽山在祝其縣之西今屬江南贛榆縣界縣南有祝其故城即漢舊縣是也○地里攷實云羽山在沂州之東南海州之西北贛榆之西南郯城之東北實一山而跨四州縣也祝其城則在贛榆○澍按祝其之羽山其地近較之崇山幽州三危不類故近儒皆以在蓬萊者爲是與孔傳言東裔在海中者合也○一統志在蓬萊縣東南三十里之罘水所出

三危

三危當在今西藏土司境○戴氏震曰鮮水西北白龍堆沙之東曰三危是山不協禹貢之文其名葢後起也鮮水今之青海在沙磧之東而寧夏府之西肅州甘州之南積石之北元和郡縣志沙州燉煌縣三危山在縣南三十里

有三峰故曰三危即指此也考之書黑水西河惟雍州華陽黑水惟梁州導黑水至於三危入於南海河既行積石之南東北屈曲過雍州之北折南左右冀雍之閒爲龍門西河而河所出山自枯爾坤西南接岡底斯西北爲于闐南山直抵葱嶺則河北之水不得絕之而南以入南海今所謂三危山者其下亦無水逕三危不在河北甚明屈原天問篇云黑水玄趾三危安在今河源西南三百餘里爲金沙江之源又東南五百餘里爲潞江之源潞江自發源即成池三皆黝黑殆所謂元趾者歟三危葢其所經之地

歲久名湮無從證實耳此水導源三池去金沙汀源不遠三源跂置如鼎足皆在岡底斯東北然則雍之西南境至此水上遊梁之西境至此水無可疑也左傳允姓之姦居於瓜州瓜州漢敦煌也允姓所居在瓜州三苗所居在三危後世失傳而一之也瓜州值析支西北三危葢值崑崙東歟〇程氏同文曰爾雅謂河出崑崙山海經謂河與黑水同出崑崙是爲雍梁二州之黑水亦卽導水之黑水其雞山所出乃別一黑水水經注黑水出張掖雞山南流過三危入南海之說非也黑水旣由雍以入南海其不假道於

梁無疑然則雍梁以黑水爲距皆西距耳三危所在當以康成引地記書在鳥鼠之西南當岷山者爲確葢鳥鼠南少西爲岷山其曰鳥鼠西南當岷山者其地必更在岷山之西與岷山南北相當處其不直曰岷山西乃曰鳥鼠西南者當時達三危必由鳥鼠取道傍岷山北循黃河南岸經今四川松潘屬郭羅克土司境西南行乃抵焉岷山之西爲西藏土司境三危當在其處葢枯爾坤之西爲巴薩通拉木又西爲諾莫渾烏巴什雖隨地異名實同爲一山其卽古之崑崙乎黃河出其東格吉河出其南流爲瀾滄江喀喇烏蘇河出其西流爲怒江皆經雲南此二江必有一古之黑水矣孰爲近瀾滄爲近今金沙江之西乃瀾滄江也〇張氏邦伸曰黑水之名見於禹貢者三出崑崙者此導水之黑水也水經注所謂黑水此雍州之黑水也唐樊倬以麗江爲黑水卽金沙江此梁州之黑水也葢雍州之黑水其源在黃河之北梁州之黑水其源在黃河之南岷山脊東之水皆入江岷山脊南之水始入南海耳〇塗按以黑水爲有三則三危亦有二地矣然按經序所導之水皆名見於上九州者也若置雍州梁州之黑水不釋而

別敘一所導之黑水經文豈有此體例乎當以禹貢三見之黑水爲一水者是也

箕山之陰

箕山之陰在河南府登封縣〇劉熙注云箕山嵩高之北〇釋地云張守節云箕山一名許由山在洛州陽城縣南十三里括地志遂云嵩山一名外方山在洛州陽城縣西北二十三里互相證明斷非一山也觀酈道元注先敘太室山次五渡水並屬崇高縣又敘禹避商均於此及周公測日影處次箕山及上有許由冢並屬陽城縣雖同見潁

水條內而山固區以別矣○一統志箕山在登封縣東南水經注陽城縣南對箕山山上有許由冢下有牽牛墟潁水側有犢泉是巢父還牛處○宋氏翔鳳曰史記夏本紀益讓禹之子啓而避居箕山之陽集解曰陽字一作陰劉熙曰崇高之北正義曰箕山之陽卽陽城也箕字誤本是嵩字而字相似其陽城縣在嵩山南二十三里則爲嵩山之陽也按張守節言箕本字誤者熟思其文定當爲嵩高之南箕山之北也

牛山

牛山在今青州府臨淄縣○劉熙注云南小山曰牛山○釋地云齊之東南山也本趙氏注方向稍錯今目驗在今臨淄縣南十里亦在唐臨淄縣南二十一里○塗按牛山旣名南郊山齊又以此得名則詩咏南山崔崔應卽指此○水經注天齊水出南郊山下謂之天齊淵五泉並出南北三百步廣十步水在齊八祠中齊之爲名起於此矣其水北流注於淄水○宋氏翔鳳曰南郊山卽牛山牛山爲齊臨觀之阜非過險峻樹木宗生斧斤易盡故爲小山韓詩外傳稱齊景公遊於牛山而北望齊曰美哉國乎鬱鬱泰山參天入雲視此小矣曰北望知山在齊南史記管晏列傳引括地志亦云管仲冢在青州臨淄縣南三十一里牛山之阿趙云東南非也

東山

東山當卽東蒙山○釋地云集註魯城東之高山案曲阜縣東二十里有防山孔子父母合葬處絕不高大也或云費縣西北蒙山正居魯四境之東一名東山孔子登東山指此

四書地理攷卷九

東洞庭王瑬原名仲瑬亮生著

水名類

河

河出今西番之阿勒坦〇爾雅河出崑崙虛色白所渠并千七百一川色黃百里一小曲千里一曲一直〇邵氏晉涵曰今西寧府界西南千四百餘里有大山厥色紫黑是產金銀唐人所謂紫山稱斯名矣自紫山以西又南迤西連諸山綿亘二千餘里其卽古崑崙之虛歟〇括地志阿

耨達山亦名建末達山恒河出其南滸海出書於西河北隅按書字當衍河 黃海出東北隅其三河去山入海各三萬里此謂大崑崙肅州謂小崑崙也禹本紀云河出崑崙二千五百餘里日月所相隱避爲光明也又曰崑崙山在肅州酒泉縣南八十里禹貢崑崙在臨羌之西卽此明矣〇瑬按崑崙既有大小之異禹貢又指國名則崑崙所稱之地廣矣〇徐氏松西域傳補注曰傳云南北有大山按通鑑注南山在于闐之南東出金城與漢南山接北山在車師之北卽唐志所謂西州交河縣地柳谷金沙嶺等以今地

理證之西藏東北三百十里有岡底斯里卽古崑崙釋氏謂之阿耨達其山分四幹向北者曰僧格喀巴布當和闐正南分爲二支一支東趨爲張騫傳及此傳所稱南山以在西域之南也一支過和闐西北趨千六百餘里又西而北折又折而東環千八百餘里統名葱嶺蔥嶺又東趨爲天山過回疆北至巴爾坤東北而止是爲西域之北山葢西域三面皆山惟東面缺也傳云中央有河按卽塔里木河河東流亘西域中說文曰河水出敦煌塞外崑崙山傳云東西六千餘里南北千餘里按今回疆輿地以鳥道法

計之南北兩山千二百餘里西自和什庫珠克嶺東至黨河五千餘里漢書據步測言也傳云東則接漢阨以玉門陽關孟康云二關皆在敦煌西界按敦煌郡有敦煌縣龍勒縣今敦煌縣治以北爲漢敦煌縣地縣治以南爲漢龍勒縣地漢志龍勒縣有玉門陽關後魏改龍勒爲壽昌史記正義引括地志陽關在壽昌縣西六里玉門關在縣西北一十八里傳云西則限以蔥嶺今按伊犂西南善塔斯嶺卽蔥嶺之一山山上悉生野蔥傳云其南山東出金城與漢南山屬焉按葉爾羌和闐境南諸山自和闐南復東

出經羅布淖爾南又東經安西州南又東經靑海甘州涼州南又東經渭水南爲武功太乙諸山又東至西安府長安縣南五十里爲終南山言西域南山至此而終也傳云其河有兩源一出葱嶺山一出于闐按河有兩源者特據兩地言之其實河有三源也河出葱嶺者二一曰葱嶺南河其河東源爲聽雜阿布河西源爲澤普勒善河合爲葉爾羌河一曰葱嶺北河其河西源爲雅璊雅爾河東源爲烏蘭烏蘇河合爲喀什噶爾河河出于闐者一其河東源爲玉隴哈什河西源爲哈喇哈什河合流爲和闐河傳云

于闐在南山下按南山在和闐額里齊城南五百八十里傳云其河北流與葱嶺河合按和闐河二源自南山出東北流東源經額里齊城東西源經額里齊城西又各北流三百餘里合爲和闐河又東北流四百餘里至噶巴克阿克集之地葱嶺北河葱嶺南河皆自西來會傳云東至蒲昌海按和闐河與葱嶺南北河既合經阿克蘇城南有阿克蘇河自北來會乃合而東流是爲塔里木河東至哈喇沙爾城入於羅布淖爾卽蒲昌海也自和闐河葱嶺河合流之地至蒲昌海千四百餘里傳云蒲昌海一名鹽澤者也

按水經注河水又東注于泑澤卽蒲昌海也水積鄯善之東北龍城之西南地廣千里皆爲鹽而剛堅行人所經畜產皆布氊臥之掘發其下大鹽方如巨枕以次相累類霧起雲浮寡見星日少禽多鬼西接鄯善東連三沙爲海之北隘矣史記正義引括地志蒲昌海一名泑澤一名鹽澤一名輔日海亦名牢蘭亦名臨海在沙州西南傳云去玉門陽關三百餘里按玉門陽關在今色爾騰海之東羅布淖爾在今吐魯番城西南相去千餘里不得云三百餘里水經注作東去玉門陽關千三百餘里爲是漢書傳寫奪

去千字傳云廣袤三百里按尙書正義引此傳文作廣袤三四百里今測淖爾東西二百餘里北有圓池三南有方槽池四澤之廣袤不能知其確數大約在三四百里間也今本脫去四字傳云其水停居冬夏不增減皆以爲潛行地下南出於積石爲中國河云按羅布淖爾水潛於地下東南行千五百餘里至今燉煌縣西南六百餘里之巴顏哈喇山麓伏流始出山麓有巨石高數丈山崖土壁皆黃赤色蒙古語謂石爲齊老謂北極星爲噶達素謂黃金爲阿勒坦山麓之石遠望如北極星故蒙古名其地曰阿勒

坦噶達素齊老伏流自壁上天池湧出歕爲百道皆黃金色東南流爲阿勒坦河又東北流三百里入鄂敦塔拉中其泉數百泓卽元史所謂火敦腦兒譯言星宿海者也又東南流百三十里豬爲扎淩淖爾又東南流折而南五十里豬爲鄂陵淖爾又自東北出東流五十里折而東南百四十里又南流二百六十里折而東南三百里又東北二百四十里經阿木奈瑪勒占木遜山南麓卽大積石山漢書地理志金城郡河關縣積石山在西南羌中今在西寧府西南邊外五百三十餘里卽禹貢導河之地自古言河

源者多不了獨此傳綜括詳盡所言地形與今若合符節惟謂重源出於積石仍因山海經之訛○塗按河出阿勒坦去積石幾千五百里而漢書謂南出於積石故徐君以爲訛爾○戴氏震曰自紫山西連犛石山又南迤西連接恒水所出山今番語呼岡底斯者緜亘二千里皆古昆侖之虛也犛水出犛石山與河源相去僅三百六十餘里中隔一嶺犛水亦呼犛牛河語之轉爲麗水今名金沙江又名布賴楚也岡底斯水經注謂之阿耨達山厗阿耨達山數水其北流者逕且末城西左會于闐葱嶺之水入鹽澤

西流者逕于闐安息右會葱嶺西流之水入雷翥海恒水則南流入南海用是知岡底斯延緜而西北抵葱嶺實羣山之大脊也河源以南唐吐蕃今西藏之境古崐崘國在焉積石東北今青海之境古析支在焉而漢大宛西域踰葱嶺而西古渠搜在焉三地大小諸國通稱西戎繫于雍州者也○塗按葱嶺和闐之河皆注鹽澤潛行千五百餘里出阿勒坦東南流至星宿海約三百里又行千一百餘里至禹貢之積石而元人都實測河源則誤以積石爲昆侖也禹貢不言河源惟記積石漢志金城郡河關積石山

在西南羌中是也其山有九峯緜亘三百餘里河行山南遶東而轉西旋山之三面如玦然也又有小積石山去大積石尚千餘里卽唐述山也尚書後案曰元人誤以積石爲崑崙遂以小積石爲禹貢積石自積石至龍門河東北流折而北折而東又折而南難于屬詞故不言其方向龍門漢志在馮翊夏陽縣北隋攺縣曰韓城括地志云龍門山在韓城縣北五十里此河西之山也東與壺口隔水相望通典云同州韓城絳州龍門二縣皆有龍門山是河東亦有龍門矣然禹貢龍門在雍不在冀自積石至龍門當

有五千五百餘里遼史云龍門山石壁對峙高數百尺望之若門徼外諸河及沙漠潦水皆於此趨海雨則俄頃踰千仞晴則清淺可涉矣又二百里南至華陰華山之北也此山跨梁豫二州間河在關內潼激因謂之潼關河自鹽澤至此凡四大折矣其初一折自積石至鄯蘭也其再折自鄯蘭州至豐州也其三折自三受降城至勝州東也其四折自勝州至華陰也自華陰東行至底柱地說云河水東流貫砥柱觸闕流酈注以三門為底柱以底柱下五戶灘為闕流而王翰遊三門記謂底柱在三門東百五十步

崇約三丈周數丈要之諸峯在當時總為一巨石禹鑿而廣之以通河三門亦底柱也河行底柱夾兩山間其流湍悍至于孟津其勢稍緩可舟而渡漢志河內郡河陽縣孟津在其境是固在洛北亦在河北也又過洛汭杜預謂洛汭在鞏縣南皇甫謐謂在鞏縣東北二說不同按杜云在南以洛之曲流言之皇甫云在北以洛之入河言之要皆在縣東也至隋時鞏縣移治東界則洛汭反在其西矣水經云河水東逕成皋大伾山下鄭康成曰地說云大坏地喉也沇水出坯際矣在河內修武武德之界沛沇水與滎

播澤出入自此按鄭說謂在修武之西武德之東也此以河北岸之山言之水經謂逕成皋蓋以河南岸之山言之二說二而一者也臣瓚謂修武武德無山可當當在黎陽在今衛輝府東北不知爾雅山一成坯山僅一成卑淺已甚修武武德臨河岡阜豈無足當之乎水經以南岸之成皋當之則又差高大矣若大坯在黎陽則河已折而北經文何以東字貫大伾而以北字係大坯下耶塗按降水即漳水也降水出今山西潞安府屯留縣西南八十里盤秀嶺至潞安府潞城縣入濁漳水亦由是有衡漳之名漢志

云漳水至安平阜城入河行千六百八十里此漢時入河之道禹時必更在其上游也括地志云降水源出潞州屯留縣西南方東北流冀州入海蓋會漳入河以入海也蔡氏以南宮枯洚當之非也鄭康成以其水當之亦非也恒衛既從錐指謂恒水出曲陽縣西北至縣東北入滱衛水出靈壽縣東北至縣東南入滹沱既入之後曲陽以下之滱亦名恒靈壽以下之滹沱亦名衛其滱水之出高是山滹沱之出泰戲山則恒衛之別源也自周以滹沱嘔夷為并州之川其名著而恒衛之名遂隱於是恒衛二水僅以

恒陽溪雷溝河當之其原委不過歷數十里之地曾謂是尋常之溪澗而勤禹功之荒度乎大陸鄭注謂在鉅鹿至唐人所言不一通典有二一在趙州昭慶縣一在深州陸澤縣元和志有四一在邢州鉅鹿縣一在深州鹿城縣併上爲四今按昭慶卽趙州陸澤卽深州鉅鹿卽今順德府鉅鹿縣鹿城卽今保定府束鹿縣澤在鉅鹿西北接昭慶界蓋一澤跨二縣之境也大陸宜在邢趙二州界而深州不與焉廣平曰陸是處有之謂大陸爲澤者蓋大陸之旁有澤而因地以名澤也今經言大陸既作則是其地已可

耕作而澤則非可言作矣爾雅九河之次自北而南逆河者既分爲九又合爲一以一迎八而入於海逆河卽渤海也禹河入海在碣石此臣瓚說而胡渭宗之謂地理志碣石在右北平驪城縣西南計渤海距碣石五百餘里今則逆河與碣石俱淪于海或以在今昌黎縣北十里之山當之此山距海數十里非也或以海豐之馬谷山當古之碣石抑又舛矣而吳廷華獨據漢志兩碣石下無河水入海之文斷以爲逆河入海在直沽禹貢之碣石當在章武而淪于海中非驪成絫縣之碣石其說甚辨然亦無實據也

○地理今釋曰積石山在今河州北一百二十里通典云禹施功自積石而東今西平郡龍支縣界山是也按諸家言積石者多以此爲小積石別有大積石說本漢書西域傳至水經云積石在葱嶺北則失之矣或譏杜佑主龍支之積石因唐置積石軍于澆河故城誤攷後漢書郡國志隴西郡河關縣積石山在西南又桓帝紀燒當羌叛段熲追擊于積石注卽禹貢導河積石在鄯州龍支縣南是河州積石之名非始于唐矣○塗按此說與錐指異疑後漢志脫羌中二字若段熲追擊之積石安知非卽大積石乎

○禹貢錐指曰冀三面距河而不言治河蓋舉山與地以別之壺口梁山志龍門西河之治也岳陽志南河底柱之治也覃懷志孟津洛汭之治也大陸志徒駭河之治河自大陸以北禹疏爲九道然後恒衞從而大陸作碣石志逆河之治也雖不言治河而河已無不治矣又曰孟子引書洚水警余洚水者洪水也此水迫近都邑堯親見其狀故口能言之而心實懼之正尸子所謂河出孟門之上大溢逆流蓋凡水逆流皆謂之洪水而龍門呂梁之河爲害尤甚禹受命治水無急於此者此而不治則帝都將有其魚

之患又何暇救天下之昏墊哉馬明衡曰朱子謂治水當自下流始下流當自碣石九河始此意固是余竊以爲自下流始者此治水之大勢然上流有壅過之甚者亦必先達之此治水之權宜也又曰懷縣故城在今懷慶府武陟縣衡漳一名降水其入河在今廣平府肥鄉曲周二縣界經文所謂北過降水者也又曰懷襄之世河從大伾以東早已潰決四出太史公曰行平地數爲敗是也不待鑿龍門而始然且龍門未鑿水由地上氾濫而南亦終入於河河中之水不加少龍門既鑿水由地中行復其故道河中

之水亦不加多鑿與不鑿其利害皆在冀於兗青徐無損益也唯覃懷底績之後河東河內大小諸水悉歸於東河崩騰北注向之青徐分受其患者至此兗獨當之勢甚危急而恒衛大陸亦瀰漫難治非先疏九河不可故經曰恒衛大陸於田賦之下以見二役在九河既道之後不與覃懷之役相連也○夏允彝禹貢合注曰桓譚云河水濁一石水六斗泥而民競引河溉田令不通利至三月桃花水至則決以其噎不泄也可禁民勿復引河夫引河且不可況分爲九乎然則禹之導爲九河也何居蓋河不可分謂

其上流耳若入海之處泄之愈速則河愈通利又何害哉今九河之下卽爲逆河殆謂自此而下卽海潮逆入矣蓋名雖爲河實卽海也海水內吞九河外灌不惟藉水力以刷沙而海之潮汐亦藉河力以敵之禹之以水治水所爲不可及也後世不知其說而徒欲棄地以授河其名則大豈知水性者哉○水經注淮南子曰龍門未闢呂梁未鑿河出孟門之上大溢逆流無有邱陵高阜滅之名曰洪水大禹疏通謂之孟門孟門卽龍門之上口也實爲黃河之巨阨○錐指曰龍支之積石至龍門約計有四千三百餘

里若禹貢之積石更在龍支之南塞外一千二百餘里則自積石至于龍門當有五千五百餘里也龍門以上禹功所不加故數千里之河總括爲一句又曰底柱之險者不減於龍門自古患之三門之險非鐫鑿所能除堯都平陽冀之島夷及兗青徐揚荊豫之貢道必由底柱或疑其時亦參用陸運以余觀之三門之險不專在底柱其下兼有關流爲之阻蓋自底柱以東夾河羣山之水竝注于河禹功既遠泥沙日積河上激六峯下阻十九灘湍波倍加洶湧昔人計不及此但欲鐫廣三門一試于楊焉再試于

李齊物不惟無益而害且滋甚則以鑴石落水河身愈淺三門雖廣不能勝百二十里之闞流故也禹治河率自下始度禹當日必先浚闞流而後析底柱二險皆去則貢舟直達帝都不必參用陸運矣又曰自古論河患者皆云孟津而下地平土疏移徙不常失禹故道然吾觀孟津以上亦不能無患其所以不至遠泛濫者徒以夾河之山脈未盡地高土堅耳然上流之怒不泄則害必鍾於下流漢明帝詔曰左堤彊則右堤傷左右皆彊則下方傷孟津之隄所謂左右皆彊則下方傷者也至滎陽則左隄強而右隄

傷矣治河者欲使洛汭以東永無溢決其可置孟津底柱於度外乎又曰凡二水並行一盛則一微自然之勢也故上流宜合不宜分合則流急而沙去分則流緩而沙停而禹顧於大伾之南釃爲漯川者則以河勢欲東不得不分之以泄其怒以漯川一道分河流十之一二不使指大於股亦未爲害耳及周之衰諸侯各擅其山川以爲已利於是有滎陽下引河爲鴻溝者至定王五年河遂南徙無他河水之入鴻溝者多則經流遲貯不能衝刷泥沙故也宿胥之塞實鴻溝致之又曰大陸地也非澤也以地爲澤自

班固始若爾雅十藪自當主澤言孫炎解不誤穎達引以證經之大陸則誤耳又曰堯時河從大伾山南東出或決而北或決而南氾濫兗豫青徐之域禹乃厮爲二渠一引而北載之高地爲大河之經流而餘波循故道以東者名之曰漯漯川受水不多雖平地不爲害竊意禹穿地自宿胥口以至鄴東引河合漳水入海是爲北過降水耳又曰遷書疎畧頗多言北載之高地而不知大伾以東非高地也又曰地理志鄴縣故大河在東北入海水經注宿胥故瀆受河於遮害亭東黎山西者卽王橫所云禹之行河隨

西山下東北去者也自黎陽以下水經所稱大河故瀆一名北瀆俗謂之王莽河者卽周定王時所徙西漢猶行之至王莽時遂空者也所稱河水自鐵邱南東北流至千乘入海者卽王景所治東漢以後見行之河也司馬遷知引河北載之高地矣而不知當時所行者非禹河王橫知禹河隨西山下東北去矣而不能實指其地名班固知有鄴東故大河矣而不知其上承宿胥口酈道元知宿胥故瀆爲白溝矣而不知其下卽鄴東之河杜佑知衡漳至肥鄉入河矣而不知其河卽經北過洚水之河故自大伾以下

凡降水大陸九河逆河之所在皆不得其眞也○又曰漢河堤率謂之金堤禹引河北載之高地使隨西山下東北去無藉於隄而亦不妨有堤李垂導河書言曹公所開運渠東北有伯禹古隄葢鯀所作也而禹修之遂目之曰禹隄賈讓所謂東薄金隄者卽此也在今濬縣鯀用之以防川而河有逆行之患禹因之以導水而河得就下之宜勝棋所用敗棋之著也○夏允彝曰汾河之源有二一出天池一出林溪山天池卽管涔山谷也鯀堤在今開州博州亦有鯀堤又名禹堤衛州亦有禹堤通名金隄一名千里隄

今按汾水自管涔而下西瀕省城不數百里地卑濕又河土疏且沙淖故善徙說者謂河出山陿中勢旣得逞又值東山暴埒注下兩觸而成一勝故易徙全賴石堤堅固乃免患古爲金堤故非得已也又曰岳陽向爲堯都鯀極意祟防但不察源委以致罔功禹先疏下流以殺河勢河流旣定太原以上只修鯀功自可奏功矣○鄭康成曰下尾合名爲逆河言相向迎受○蘇氏曰逆河者旣分爲九又合爲一以一迎八而入於海卽渤海也○薛氏曰河入海處舊在平州石城縣東望碣石其後大風逆河皆漸於海舊道湮矣○錐指曰九河之所以入海而無壅者賴逆河之復合爲一也逆河旣漸於海則八枝之亾無日矣淮南水利考云海水潮汐日二至每入也以二時其出也亦二時二時之出係湖水二時之入則海水海水遏湖水不得流者每日有八時黃沙宝無停乎此最精於物理者然此猶就淸水言之耳若黃河則一石水而六斗泥海之所入者沙河之所出者亦沙也以沙遇沙如膠投漆唯受以廣二百餘里之逆河翻騰入海而又有碣石以當其衝則潮汐不能踰而西內沙不停外沙不入此禹河所以千載無

患也自逆河變爲渤海而潮汐直抵九河之口九河勢分力弱不足以攻沙外沙日至內沙不出徙駭猶能相敵八枝立就湮廢矣漢人不知此義而唯以九河爲急縱令穿爲四五亦不旋踵而淤耳蓋逆河旣淪則河不宜分而宜合合則行疾而湍悍力能衝刷泥沙故周定王時上流雖徙而章武入海之道自若宋北流入海之道只一獨流口闊六七百步深八九丈趨海之勢甚速其明效也又曰按水經注黎陽以上河水所過有金城天水武威安定北地朔方五原雲中定襄鴈門西河上郡河東馮翊河南河內

凡十六郡黎陽以下大河故瀆所過有魏郡東郡清河平原信都勃海又六郡而班固云過郡十六行九千四百里殊不可曉今攷禹河所過有魏郡廣平鉅鹿信都勃海而無東郡清河平原過郡凡二十一也以經言之河自章武東出為逆河遝驪成至絫縣碣石山入海又過郡二右北平遼西行三百餘里也又曰宋君臣論治河多格言神宗曰河決不過占一河之地或東或西若利害無所較聽其所趨如何又曰水性趨下以道治水則無違其性可也如能順水所向徙城邑以避之復又何患雖神禹復生不過

如此此格言也然施於商河北流適得其宜若地平土疏潰溢四出所占不止一河之地者豈亦當順水所向遷城邑以避之乎歐陽修曰河本泥沙無不淤之理淤常先下流水行漸壅乃決上流低處故大河已棄之道自古難復此格言也然瓠子決二十餘年而武帝塞之河復北行二渠河侵汴注淮泗六十餘年而王景治之仍由千乘入海今橫隴之徙裁二十年安見必不可復但北流實為利便不當更事橫隴耳蘇轍曰黃河之性急則通流緩則淤澱既無東西皆急之勢安有兩河並行之理此格言也然自古河未有不兩行者禹厮二渠為萬世法自參以上則必敗宋之二股卽唐之馬頰以此為枝渠受河水十之一二亦自無害但不可令指大如股耳張商英曰治河當行所無事一用隄障猶塞兒口止其啼此格言也語出賈讓然讓意謂正道常流不可倣戰國為之曲防耳若衝激之處潰溢可虞非增卑培薄何以禦之任伯雨曰禹之行水不獨行所無事亦未嘗不因其變以道之此格言也然必如北流之合於禹迹者不妨因其勢而利導之若注鉅野通淮泗安得不反之使北耶此孟子所以惡執一也○尚書

後案曰漢志右北平驪成縣大揭石山在縣西南遼西郡絫縣有揭石水南入官不言有山蓋驪成有大揭石則絫縣有小揭石可知酈道元言淪海者蓋海水波襄偶然漸及山下非眞淪焉蕩焉也○錐指曰史記秦始皇誓刻碣石門漢書武帝東巡海上至碣石此海濱之山斗入海者故賈讓言禹之治水鑿龍門闢伊闕析厎柱破碣石蓋伊闕類龍門夾峙兩岸水出其間者也碣石類厎柱橫絕中流當河之衝者也析之破之不容已矣但此石不知何年苞淪於海水經云碣石山在遼西臨渝縣南水中酈注云

昔燕齊遼曠分置營州今城屆海濱海水北侵城垂淪者半王橫之言信而有徵碣石入海非無證矣又云今枕海有石如甬道數十里當山頂有大石如柱形往往而見立於巨海之中潮水大至及潮波退不動不没不知深淺世名之謂天橋柱也酈氏言碣石淪海可據如此而後魏文成帝太安四年東巡登碣石山望滄海改山名樂遊蓋此山雖淪於海而去北岸不遠猶可揚帆攬勝不知何時復遭盪滅今昌黎縣南海中無一山此酈氏之說所以不信於今也近世有郭造卿著碣石叢談以昌黎縣北十里仙

人臺當之夫天橋柱者酈註明言在海中其又可移之乎陸耶又曰壺口有三一在吉州西南禹貢之壺口也一爲汾陰縣西南之平山亦名壺口山一在長治縣東南哀四年齊國夏伐晉取壺口杜注潞縣東有壺口關是也孟門有二一在龍門山之北如尸子所言龍門未闢呂梁未鑿河出孟門之上者即龍門之上口也一在太行山東襄二十三年齊侯伐晉取朝歌入孟門是也呂梁即梁山之別名梁山漢志在夏陽縣西北而諸志所言不同蓋是山縣亘百里自今郃陽西北抵韓城西北皆梁山然向南則益

西而去河愈遠惟韓城西北之山首枕西河北連龍門當以是爲禹鑿之跡耳岐山在今岐山縣晁以道用水經注以爲呂梁狐岐皆冀州山河水所經治之以開河道也案呂梁在今永寧州東北一名穀積山去河一百五十餘里狐岐在今孝義縣西去河三百餘里安得謂河水所經乎晁說甚謬曾彥和云壺口梁岐一役也不可分言於二州故并言於冀愚謂禹貢書法亦有變例凡山皆係本州而雍之梁岐獨書於冀也治梁以除河患而遂及岐者何也蓋地上之積潦未經疏洩不可以耕作故併治之爲帝都

艱食計也河道通而汾水之來始有可受然後修鯀之功太原在平陽東北今之晉陽也岳陽就附近山南者言之則爲今岳陽趙城二縣然經之所主亦不止此二縣揚雄冀州牧箴曰岳陽是都則堯都平陽亦岳陽也覃懷二字共爲一地曾氏曰覃懷平地當在孟津之東太行之西懷襄之時平地致功爲難故曰厎績地形南北爲從東西爲橫河北流而漳東流注之則河從而漳橫矣夏氏僎曰冀州三面距河河爲大患故所治自壺口至衡漳皆所以治河之害與夫別流之入於河也按恒衛皆於文安入河禹

必先道九河而後治恒衞從河以入海不然海卬壅塞雖欲治二水不可得也大陸地形洿下東有大河北有恒衞彌漫之勢平田既成巨浸至是乃濬其畎澮達於支川其澤亦爲之陂障以資蓄洩而耕作以興故復言既明其非一役也九州之末各載其通於帝都之道傳以爲禹治一州之水既畢遂還帝都白所治鄭康成謂治水既畢更復行之觀地肥瘠定賦高下王肅謂詳記各州往還乘涉之事皆非也周希聖謂天子之都必求其舟楫所可至使夫諸侯之朝貢商賈之貿易雖其地甚遠而其輸甚易此說

得之又曰河自禹告成後下迄元明凡五大變而暫決復塞者不與焉一周定王五年河徙自宿胥口東行漯川至長壽津與漯別行而東北合漳水至章武入海二王莽始建國三年河決魏郡至千乘入海三宋仁宗時商河決河分爲二派北流合永濟渠至乾寍軍今青縣入海東流合馬頰河至無棣縣入海四金章宗明昌五年河決陽武分爲二派一由北清河入海一由南清河入淮五元世祖二十六年會通河成北派漸微及明宏治中築斷黃陵岡支渠遂以一淮受全河之水是也○地圖綜要曰周用論黃河每歲冬春之間自西北演迤而來未見爲害及夏秋霖潦時至吐洩不及震蕩衝激考之前代決於夏月者十之六七秋月十之四五冬月蓋無幾焉周用又言河之不安其流由于阡陌之壞溝洫不修誠確論也古之溝洫卽今之渠今江南之地水患鮮者以渠多而水勢分也誠若古者溝洫之法豈止可平河患抑且可興民利一旦有釁又可以禦戎馬是爲寓武備于農功資人和于地利者也

海

海論語浮海指勃海孟子舉於海指楚藪澤○說文海天

池也以納百川者又云澥勃澥海之別也○潛邱劄記云太史公多言勃海河渠書謂永平之勃海也封禪書謂登萊之勃海蘇秦列傳指天津衞之海朝鮮列傳指海之在遼東者勃海之水大矣非專爲近勃海郡者也○姚氏鼐曰楚地不至於海孫叔敖蔿氏蔿賈之子亦非居海濱者也蓋藪澤亦謂之海荀子孫叔敖期思之鄙人也○彙纂云固始縣東北有蓼城岡卽古蓼國又云期思古蔣國今在固始縣西北七十里○毛氏奇齡曰淮水逕期思之北而東注于海以淮通海故稱海○劉熙釋名云海晦也其

水黑如晦也○孫炎注爾雅云海晦也晦闇于禮儀也○
塗按寢邱乃沈國之別邑先爲楚所得者期思即其地

四書地理攷卷十

東洞庭王塗 原名仲達 亮生著

水名類

汶

汶出今泰安府萊蕪縣○釋地曰有徐州之汶有青州之汶此指徐州言也○王氏昶曰前漢書于泰山郡萊蕪下云禹貢汶水出西南入濟又于琅琊郡朱虛下云東泰山汶水所出東至安邱入濰按水經汶水出泰山萊蕪縣原山西南過羸縣南又南過奉高縣北又西南至安民亭入

濟又云汶水出朱虛縣泰山北過縣東又北過淳于縣西又東北入于濰是則萊蕪之汶由西南行入濟朱虛之汶由東行入濰以達于海二汶固不同矣以今地理核之汶河水有數源其經流一自萊蕪縣原山之陽發源一自泰安縣泰山之北仙臺嶺發源至故縣鎮二水合流謂之大汶河又西南與萊蕪牟汶嬴汶會牟汶之源有二合流會于嬴汶嬴汶之源亦有二分流入于牟汶由是俱合于大汶又西與北汶會北汶本于泮水自泰安縣泰山西發源東南流有石汶水入之又東合大汶又有小汶水自新泰

縣東北龍堂山南麓發源至柴城謂之柴汶亦合于大汶此汶之名不一也詩言汶蓋指大汶言之酈氏又云汶水逕鉅平縣故城而西南流城東有魯道詩所言魯道有蕩者也按成二年齊侯伐我北鄙圍龍注龍在泰山博縣西南桓三年公會齊侯于嬴注齊邑今泰山嬴縣哀十一年會吳子伐齊克博壬申至于嬴然則嬴博以南屬魯界龍以北屬齊界故成二年取汶陽田蓋汶之南皆魯地也齊魯往來孔道實在嬴博當今盃陽東平間故襄公之來會由之也○壅按齊乘云齊有三汶入齊之汶見禹貢入濰

之汶見漢書入沂之汶見水經注所謂㝢崮水東經蒙陰者也一統志云汶有二源一出臨朐縣沂山即瀑布泉一出縣西南峿山北流七八里與沂山水合亂流逕縣北三里又東入濰此二水皆朱虛之汶也○錐指曰元和志乾封縣界有五汶原別而流同五汶者北汶嬴汶柴汶牟汶其一則經流也按酈注無嬴汶五汶之外有小汶在州東南七十里源出宮山流逕徂徠山南又西入汶水所謂大汶口也嬴汶合牟汶故酈不言五汶以小易嬴斯爲當矣○趙氏一凊曰泰安圖志嬴汶與牟汶合自萊蕪縣至泰安縣與仙臺嶺水會名曰大汶亦曰塹汶又西南流與石汶合石汶者環水也又西南流與北汶合北汶者泮水也四汶共流而西南小汶水會之小汶出新泰縣至泰安縣逕徂徠故柴城北而合于大汶尋其川脈即古柴汶之道柴汶出梁父縣至陽關城南而西合于汶今梁父縣東之上源已絕而下流僅至古柴城即合于大汶然小汶之行甚遠倘古有是水道元無容不記此必溝通之以合于柴汶其後水流既盛而柴汶遂爲所奪大汶小汶之名皆起于後世彼以合嬴牟北石四汶故名之曰大此則專合柴

汶故名曰小是五汶者又并爲二以出于大汶蓋嬴牟二汶由東達西橫水也北石二汶由北注南直水也柴汶出東北以注西南亦橫水也五汶之名不當去嬴道元不別出嬴汶者以嬴爲發源經流也○壅按寰宇記據述征記以浯汶當五汶之一按水經注引地理志曰靈門縣有高槀山與峿一山浯水所出東北入濰說文云水出靈門山世謂之浯汶矣在今莒州與萊蕪之水無涉也

川上

川上疑在今兖州府泗水縣○釋地曰相傳即泗水發源

處今之泉林寺在泗水縣東五十里陪尾山下四源竝發會而成溪是爲泗水○塗按此說不必拘水經注洙水西南至魯縣東北分為二流北爲洙瀆南卽泗水孔子設敎于洙泗之間是闕里故在川上也

沂

沂在今兗州府曲阜縣○大事表曰沂水在今曲阜縣南二里西入滋陽縣境合于泗水論語所謂浴乎沂卽此齊亦有沂水今沂州府沂水縣西北一百七十里雕崖山接蒙陰縣界南流至江南淮安府宿遷縣北滙爲駱馬湖又

南入運河書淮沂其乂是也又出武陽之冠石山者亦謂之沂水在今兗州府費縣俗呼小沂水哀二年取沂西田是也○水經注沂水出魯城東南尼邱山西北平地發泉流逕魯縣故城南沂水北對稷門亦曰雩門門南隔水有雩壇又西逕圓邱北又西右注泗水○元和志沂水亦名雩水源出縣東南八里垌澤詩駉駉牡馬在坰之野是也○一統志此沂水齊乘謂爲西沂又云曲阜縣境凡二十八泉入泗者七由沂入泗者二十有一温泉在曲阜縣東南十里雖冱寒時水常暖可浴卽曾點浴沂處也西北流

入沂河○塗按水經沂水出泰山蓋縣艾山水經注云小沂水出黃孤山又云治水出太山南武陽之冠石山世俗謂此水爲小沂水是論語沂水之外又有三沂水也

津

津問津處在今南陽府葉縣○寰宇記河東縣蒲津關在縣西二里卽子路問津之所又曰長垣縣又名蒲縣子路隨夫子於此問津卽蒲邑之津也又云葉縣黃城山下有東流水卽子路問津所又云閿鄉縣蒲城子路爲孔子問津之所○水經注方城山水東流注潕水故地理志曰南

陽葉方城邑西有黃城山是長沮桀溺耦耕之所有東流水則子路問津處尸子曰楚狂接輿耕于方城蓋于此也盛宏之云葉東界有故城始犨縣東至瀙水逕泚陽界南北聯聯數百里號爲方城○塗按寰宇記于葉縣旣載問津處則河東長垣閿鄉可知其誤

漢

東漢水出今漢中府畧陽縣西漢水出今秦州○洪氏亮吉曰山海經漢水出鮒魚之山水經沔水出武都東狼谷如淳曰此方人名漢水爲沔水今按漢書地理志武都郡

沮縣沮水出東狼谷南至沙羨南入江與水經所言出東狼谷同是沮水卽漢水又名沔水也今畧陽縣本漢武都郡沮縣地在沔縣西四十里畧陽縣東南有大丙山左思蜀都賦嘉魚出于丙穴注丙穴在漢中沔陽縣樂史云大丙山小丙山竝在順政縣東南七十里北有穴有水潛流土人相傳爲丙穴沮水經穴門而過或謂之大丙水按今之大丙山卽山海經之鮒魚山也東狼谷卽鮒魚山之別名或谷在山左近總之漢水出鮒魚山西漢水出嶓冢山又氏道之漾水亦出嶓冢山以班志考之西漢水出嶓冢

之西則漾水當在嶓冢之東故至武都合沮亦有東漢水之目今氏道廢縣已無攷矣自魏收始誤以華陽郡嶓冢山爲漢水所出而後人如杜佑李吉甫皆承其誤也又攷班志沮水過郡五乃武都漢中南陽南郡江夏也若今之寍羌州爲漢廣漢郡葭萌縣地西漢水所經東漢水竝不經其地後人以州北之嶓冢山附會爲沮水之源誣矣至氏道之漾水至武都沮縣已合于沮二水合乃有沔水之名也○說文漾水出隴西豲道東至武都爲漢又曰沔水出武都沮縣東狼谷東南入江○段氏玉裁曰豲道不屬

隴西當作氐道乃與漢志合鄭注尚書曰漾水出隴西氐道至武都爲漢至江夏謂之夏水又注梁州沱潛云潛蓋西漢出嶓冢東南至巴郡江州入江行二千七百六十里班鄭皆謂東漢西漢同出嶓冢與今水道不合○尚書後案曰水經注敘西漢源流其中合濁水則與東漢通矣逕通谷又與東漢通矣至寒水注之則卽郭璞所謂東漢一支從沔縣南流至漢壽入大穴中通峒山下西南潛出而入西漢者亦卽鄭梁州注所謂漢別爲潛其穴本小水積成澤流與漢合大禹自廣漢疏通卽爲西漢水者亦卽水

經注所云葭萌西漢鄭康成之所謂潛水者也西漢出自山源似非漢別但從沔陽伏流至葭萌者係漢別之潛而此潛旣與西漢合則通西漢上源皆得名潛又以潛沔通流故可以西漢山源冠東漢水也○水經注云漢中記曰嶓冢以東水皆東流嶓冢以西水皆西流卽其地勢源流所歸故俗以嶓冢爲分水嶺○錐指曰郭璞爾雅音義云有水從漢沔陽縣南流至梓潼漢壽入大穴中通峒山下西南潛出一名河水舊俗云卽禹貢潛也括地志潛水一名復水今名龍門水源出緜谷縣東龍門大石穴下此梁

州之潛也在今廣元縣廣元舊志云源出縣北木寨山與括地志不同意者木寨山乃水自沔陽來之所經而人誤以爲出歟水經注西漢卽潛水自沔漢溯流而届于晉壽界阻漾枝津南歷岡穴迤邐而接漢沿此入漾書所謂浮潛而逾沔矣以今輿地言之浮嘉陵江至廣元縣北龍門第三洞口舍舟從陸越岡巒而北至第一洞口出谷乘舟至沔縣南所謂浮潛逾沔也又曰韻會潛出伏流也荆州之潛雖不如出龍門石穴之奇亦必漢水伏流從平地涌出故謂之潛承天府志云漢水自鍾祥縣北三十里分流

爲蘆伏河經潛江縣東南復入于漢卽古潛水也按潛江縣本漢竟陵江陵二縣地今漢水之分流者名蘆伏而其地又名白洑皆取洑流之義此水起鍾祥縣北訖潛江縣東南行可三百里以爲古之潛水庶幾得之〇樊氏廷簡曰導嶓冢至于荆山內方至于大別荆山在今襄陽府南漳縣西南內方地理志云章山在江夏竟陵縣東北古文以爲內方山在今安陸府鍾祥縣胡渭曰禹貢三澨當在淯水入漢處一在襄城北卽大隄一在樊城南一在三州口東皆襄陽縣地易氏曰漢水自滄浪洲東南流三百六

十里至襄陽縣境大別鄭元云在廬江安豐縣杜預以爲非是元和志魯山一名大別山在漢陽縣東北一百步水經云又南至江夏沙羡縣北南入于江註庾仲雍曰夏口一曰沔口矣左傳謂之夏口自此則滙澤爲彭蠡在注江之後鄭元曰滙回也漢與江鬬轉東成其澤矣〇地理志武都東漢水受氐道水一名沔過江夏謂之夏水入江錢氏坫曰武都在今階州成縣西漾漢一源志不言水所出山遂迷漾水之原而後人復以爲東漢水出今寍羌者非矣水經注引庾仲雍云獻水南至關城合西漢水是當有

一水從徽縣南下至陽平關與東西二漢相通今則山坡零雜無從究辨求所謂獻水渺不知所在矣今漢水從寍羌州北東南流折東逕沔縣南褒城縣南又東南逕漢中府城西南又東逕成固縣南洋縣西西鄉縣北又東南逕石泉縣南折南逕紫陽縣西南折東逕興安府城北洵陽縣南白河縣北折北又東逕鄖西縣南鄖陽府城南均州東北又東南逕光化縣西南又南逕穀城縣西折東逕襄陽府城北折南逕宜城縣東安陸府城西荆門州東又東逕潛江縣北天門縣南沔陽州北漢川縣南至漢陽府城

東北武昌府城西入江云過江夏謂之夏水漢水東合夏水漢水亦得夏水之稱矣○沮沮水出東狼谷南至沙羡入江過郡五行四十里荆州川錢氏坫曰沮縣在今漢中府畧陽縣東南一百二十里東漢水之别源也東狼谷在畧陽縣東北沮水逕縣東合漢云南至沙羡入江者卽漢耳過郡五武都漢中南陽南郡江夏也○氐道禹貢養水所出至武都爲漢錢氏坫曰養卽瀁字氐道在今秦州清水縣西南縣在上邽之東南下辨之東北則瀁水亦出嶓冢山其明徵矣隴坻山阪參雜溪澗糾互眾流莫析以今

證古則水從嶓冢東南流逕故河池而合泉街水蓋今黑谷水之源似卽瀁水之源濁水之流似卽瀁水之流但自酈氏以後俱衍黑谷水入濁濁水入西漢爲説而莫曉山坂紊糾二水互通之緣遂令迷于所始是談地理之一蔽也余奉檄委勘涇渭二水道徑秦隴之間熟悉其處故知禹貢暨本志之文皆無所誤證以山海經嶓冢之山漢水出焉東流注于沔水經嶓冢山在氐道南二説更信言之非舛矣○西禹貢嶓冢山在西西漢水所出南入廣漢白水東南至江州入江過郡四行二千七百六十里錢氏坫曰西在今秦州西南一百二十里嶓冢山在今秦州西南六十里白水墊江也墊江至昭化縣北合西漢水○墮按近儒皆疑東漢之不出嶓冢惟錢氏之説最爲明晰故備錄之

淇澳

淇在今衞輝府輝縣彰德府林縣○説文水出河内共北山或曰出隆慮西山○山海經北山經沮洳之山瀤水出焉南流注于河注云今淇水出隆慮大號山東過河内縣南爲白溝郝氏註曰沮洳之山在今河南輝縣○水經淇水出河内隆慮縣西大號山注云自元甫城東南逕朝歌

歌縣北○地理志出河内共縣北山東至黎陽入河○通典淇水至衞州衞縣界入河謂之淇水口古朝歌也衞居河淇之間○詩地理攷呂氏曰泉水卽今衞州共城之百泉也淇水出相州臨慮縣東流泉水自西北來注之故曰亦流于淇○錢氏坫曰肥水在衞博物志謂之澳水亦詩所謂泉源之水矣水有二原一出朝歌城西北東南流與左水合左水謂之馬溝水出朝歌城北異出同流之謂也在今衞輝府淇縣○郤氏晉涵曰説文隩水隈崖也詩釋

文引孫炎云水曲中也詩疏引陸璣云淇澳二水名劉昭郡國志注引博物志奥水流入淇水水經注云肥泉博物志謂之澳水案劉昭酈道元所引與陸璣説同然肥泉卽泉源之水俱見衛風不得以爲奥水爾雅以隈釋隩毛傳因之是淇澳非二水名也

四海

四海或以水言或以地言或泛指天下言○壡按尚書外薄四海康成謂四面相距爲方萬里七千里內爲九州其外爲四海爾雅九夷八狄七戎六蠻謂之四海此指地言

之也書言決九川距四海言通九川于海孟子四海爲壑此指水言之也周禮鄭注四海猶四方也孟子定四海之民中庸富有四海此則泛指天下言耳然以地言海則四海可以實徵以水言海則四海不可以確驗左傳南海北海指齊楚孟子東海之濱劉昭謂在瑯琊海曲縣北海之濱當指遼西郡令支縣漢書有東海郡北海郡南海郡獨無西海郡王莽欲立之至獻帝時始立西海郡是以地言海可據史傳以攷其地也顧亭林言禹貢東漸于海入于南海不言西海北海南海者猶西河止一河也禮記曰祖

天地之左海也明右之無海矣洪邁曰海一而已地勢西北高東南下北至青滄曰北海東漸吳越曰東海南至交廣曰南海其實一也無有所謂西海者屈子賦云指西海以爲期蓋寓言也然程大昌謂條支之西有西海先漢使固嘗見之而著于史西海之西有大秦夷人與海商相來往唐書又言突厥部北海之北有骨利幹國在海北岸是實有西海北海者洪稚存亦力辨有西海北海山海經之紀大荒有東海西海南海北海又有西北海西南海東北海東南海則是天地之勢四邊有水九州皆居水內故謂

之州州古之洲字四海固環乎四裔也此以水言四海有不可以實驗者矣

水滸

水滸疑在漆水沮水渭水之側○詩自土沮漆傳云沮水漆水也箋云公劉失職遷于豳居沮漆之地正義云此沮漆謂在豳地但二水東流亦過周地故下傳云周原沮漆之間是周地亦有漆沮也○率西水滸傳云率循也滸水厓也箋云循西水厓漆沮水側也疏云循西方水厓漆沮之側東行而至于岐山之下○周原膴膴傳云周原沮漆

之間也○自西徂東周爰執事箋云豳與周原不能爲西
東據至時從水滸言也正義曰豳在周原西北而經言自
西便是從其正西而來故辨之鄭志張逸問豳與周原不
能爲東西何謂答曰豳地今爲栒邑縣在黃山北沮水西
有涇水從此西南行正東乃得周故言東西云岐山在長
安西北四百里豳又在岐山西北四百里如志此言發豳
西南而行從沮水之南然後東行以適周也○詩地理攷
曰沮漆名稱相亂水經云沮水出北地郡直路縣東過馮
翊祋祤縣北東入于洛此沮水之源流也漢志扶風有漆

縣漆水在縣西東入渭此漆水之源流也沮自沮漆自漆
也至孔氏引水經云沮水俗謂之漆水又謂之漆沮則名
稱相亂矣諸家書解以出扶風之漆水與出北地之沮水
爲二謂扶風之漆水至岐山入渭在灃之上流而書言渭
水會涇之後乃過漆沮則漆沮在灃水涇水之下流故以
書之漆沮爲出北地之漆沮與詩扶風之漆别也但水經
出北地者止是沮水而謂之漆沮耳如上所言則詩之漆
沮自是二水書之漆沮止是一水卽詩之沮也然水經之
沮入洛書之漆沮則入渭沮水若爲漆沮一名洛水則漆

沮卽洛也而又云入洛何也姑闕之以俟知者○又曰緜
詩沮漆指豳國是漆沮之上流也周原傳漆沮之間指岐
周是漆沮之下流也吉日及潛言漆沮指鎬京當亦去岐
周不遠也史記正義云二水源在雍州西其名洛水者在
雍州東又曰十三州志萬年縣南有涇渭北有小河卽
沮水也○禹貢古今合註曰程大昌云漆沮在雍名凡四
出緜詩之謂漆沮者普潤之漆水也大王文王之都在岐
而普潤者岐地也禹貢之謂漆沮者卽富平縣石川河至
白水縣入洛而與洛水俱自朝邑入渭者是也以其在涇

下故也若邠州雖有漆水而其地在邠邠乃公劉所都則
不爲緜詩之漆沮矣鄭白二渠自雲陽谷口來入石川河
石川河既爲漆沮故世亦誤認二渠以爲沮漆也○壍按
緜詩正指豳地言而程氏以爲指岐地言舛矣當由泥毛
傳周原漆沮之間而云然○程大昌雍録曰禹貢止有漆
沮秦漢以後始有洛水諸家言洛卽漆沮所謂洛水者地
理志曰出北地郡歸德縣戎夷中今按其水自入塞後逕
鄜坊同之三州乃始入渭孔安國輩謂自馮翊懷德縣入
渭者是也漢懷德同州衙縣也所謂沮水者長安志曰自

邠州東北來至華原縣南流乃合漆水入富平縣石川河
石川河者沮水正派也所謂漆水者自華原東北同官縣
界來南流入富平縣石川河是爲合沮之地此三水分合
之詳也若槩三水而命其方則漆在沮東至華原而西乃
始合沮沮在漆西既巳受漆則遂南東而合乎洛洛又在
漆沮之東至同州白水縣則遂混爲一流故曰洛卽漆沮
者言其本同也○段氏玉裁曰葢漆水出豳地漢漆縣以
水爲名西南流至周岐地漢人皆審知形勢今則茫昧難
詳矣說文及水經云出杜陽岐山者容舉其近源言之○

汪氏龍曰山海經揄次之山漆水出焉地理志右扶風漆
縣漆水在縣西闞駰曰漆水出漆縣西北至岐山東入渭
此涇西之漆注涇以入渭者也闞駰曰有水出杜陽縣岐
山北漆溪謂之漆渠西流注岐水水經注杜水東南流合
漆水水出杜陽之漆溪謂之漆渠南流注岐水至美陽縣
注於雍水隋書地理志扶風普潤有漆水此涇西之漆合
杜岐雍以入渭者也說文瀘水出北地直路西東入洛水
經注濁水入沮至白渠俗謂之漆水又謂之漆沮水此涇
東之漆入洛以入渭者也○錢氏坫曰漆水同出俞山一

流南入杜一流北入涇俱得漆水之名○王氏引之曰胡
朏明謂偏考羣書邠地有漆無沮謹案士當從齊詩讀爲
杜杜水名在漢右扶風杜陽南南入渭今屬麟遊武功二縣
漆水在右扶風漆縣西北入涇今屬邠州沮當爲徂自土
徂漆言公劉去邰適豳自杜水往至於漆水也下章率西
水滸專指漆水言此漆水在涇西與禹貢小雅周頌之漆
沮在涇東者不同若以此爲涇東漆沮則與邠地無涉以
邠在涇西故也且漆沮是一水之名故詩書皆二字連稱
分言之則謬矣又曰率西水滸箋曰循西水厓沮漆水側

也毛鄭詩攷正曰邠值岐北而少東孟子言去邠踰梁山
梁山在今乾州西北五里此涇西岐東渭北之梁山正當
邠之南踰梁山則不浮涇水入渭也率西水滸者既踰梁
山自東向西循水厓而上皆馬行不舟楫水滸渭水北厓
也箋未審於地勢邠之漆水北流注涇非適岐所取道程
泰之雍錄云渭水在梁山之南循渭西上可以達岐閻百
詩云自邠抵岐二百五十餘里梁山適界乎一百三十里
之間二說可據以證箋之誤謹案如考正說太王循渭水
北厓而至于岐山之下則當云率北水滸不當云率西水

滸矣且詩敘太王去邠遷岐之事自當始于邠而終於岐不當始於梁山之南渭水之北而略去自邠至梁山百餘里之地也爾雅云率自也西邠之西也大王自邠西漆水之厓南行踰梁山又西行至于山之下故曰率西水滸至于岐下毛鄭皆訓率爲循循漆水而西則非適岐之道故致後人之疑○埜按康成明言邠在沮水西不得謂邠無沮水且沮者沮洳之謂水之名沮者獨多荆有沮漳兖有灉沮沔亦名沮詩言彼汾沮洳攷豳地之水甚多豈無足當沮者耶程泰之謂沮水自邠州東北來禹貢合註圖邠

州有沮水而漆入之又史記先言渡漆沮後言踰梁山則水滸在梁山之前自當兼指漆沮言之惟豳在岐之東北鄭志云從此西南行正東乃得周方向稍誤而疏屢言豳在岐西北則與地理不合者也

四書地理攷卷十一

東洞庭王埜原名仲埜亮生著

水名類

九河

九河在成平之南鬲縣之北今交河縣東有成平故城德州北有鬲縣故城○李巡曰徒駭者以徒衆起故曰徒駭太史大使徒衆通其水道馬頰河勢上高下狹狀如馬頰覆鬴水多渚其渚往往而處狀如覆釜胡蘇其水下流胡下也蘇流也簡大也河水深而大也絜言河水多山石治

之苦絜絜苦也鉤盤言河水曲如鉤屈折如盤也鬲津河水狹小可鬲爲津○墨子灑爲九澮○淮南子剔河而道九岐高誘注剔洩去也九岐河水播岐而爲九以入海也○錢氏坫曰九河見於地志者三成平徒駭東光胡蘇鬲縣鬲津今交河東光二縣及德州太史簡潔在今南皮縣馬頰在今安德縣覆鬴在今德州鉤盤在今樂津縣○埜按爾雅九河之序徒駭太史馬頰覆釜胡蘇簡潔鉤盤鬲津就許商之言攷之徒駭在成平胡蘇在東光鬲津在鬲縣徒駭最北鬲津最南徒駭是河之本道東出分爲八枝

太史馬頰覆釜當在成平之南東光之北簡潔鉤盤當在東光之南鬲縣之北邢昺云自鬲津以北至徒駭相去三百餘里成平今獻縣也方輿紀要以徒駭歸獻縣是也太史河自昔無攷元史地理志謂在滄州南皮縣治北馬頰河唲一統志謂在東光縣界通典云安德縣有覆釜河畿輔通志謂安德故城在今山東陵縣德平界胡蘇河漢書東光縣有胡蘇亭今寧津也齊乘謂滄州南有大漣澱西踰東光東至海非胡蘇歟大漣澱南至西無棣有大河名曰沙河此非簡潔等河歟潔河金史志謂在南皮方輿紀

要謂在渤海與簡相近鉤盤河漢書平原郡有般縣師古注謂即鉤盤般縣故城在今德平縣東北河在縣南二十里河間府志謂九河俱經南皮今攷徒駭所經即漳水滹沱所行者自獻縣交河青縣靜海大城寶坻至天津注於渤海彼德平樂陵齊河濟陽慶雲海豐有土河以爲徒駭者非也徒駭豈反出鬲津南哉則南皮無徒駭惟太史簡潔覆釜當經其縣耳○胡氏渭曰九河所在後人牽多附會其名爲某河者未必即古之九河不名爲某河者又未必非古之九河○吳廷華曰禹貢言九河第謂之道孟子

言九河第謂之疏則不過因勢疏濬非强鑿九河以泄之行且按水經如桑乾漳衛白溝巨馬沙治諸水俱世所謂巨浸覗濰沮濰淄有過之無弗及而禹貢第載衡漳之名他水曾未之及豈桑乾諸水禹時尚微無待於治耶抑治之而經有缺文耶竊謂禹斷無平地鑿九河之理桑乾諸水斷無不治自安之理所謂九河者豈即從桑乾諸水中就其近河者而分河以寄之則言九河而諸水悉舉矣○靈壽縣志曰明錢楩云班固以滹沱爲徒駭未必無據禹時黃河北流西山諸水皆東注入河滹沱其一也滹沱正

在大陸北九河即恒山以東諸水逆河即易水逆與易音相近呼稍訛耳黃河自南而北易水自北而南故曰逆河相合東行趨入直沽故曰同爲逆河入於海蓋直以今保定眞定諸水爲九河皆天作之川禹特疏而合之而非分河之謂也又謂漢唐諸儒以九河在滄州南皮東光間者皆非滄州南皮東光皆在大陸正東且濱海矣又何藉于分播耶大陸北播經有明文滹沱爲北播之始易水爲北播之終其說似是但如此則禹貢九河既道之文應在冀州不當在兗州矣洪荒之事本難臆斷存之以備一說可

也○謝氏身山曰河水出積石之西寒涼之甚者但水雖堅流于眾石之間則不能濁此積石以西之水所以最清至積石東漸遇柔虛之土所以漸濁水降土升隨之而去則溝底漸下今觀底柱以上地高河低則水降土升確然可見滎陽以下則水復上升土復下降此河底所以日高然黃河之水萬里奔濤直趨而下又何能使之暫停于上以取其泥哉聖人於此再四躊躇乃於河外加河而作逐一遞濬之法遂將一河播爲九道每至夏秋水涸之後乃以八河通流注海一河閘斷上流之口使河底之淤盡露

然後濬而去之則此一河之內無淤塞之泥因而遞及一歲必深濬一河九歲必各濬一次周而復始永濬勿廢萬載可無患焉

濟

濟出今懷慶府濟源縣西八十里王屋山○濟源記曰山海經王屋之山聯水出焉聯沇聲相近濟之爲水瑩潔如玉性下勁疾貫大河而不濁有東池有西池自王屋山頂流入太乙池乃伏池地中東行九十里復見此滙爲二池地志謂東源周迴七百步其深不測西源周迴六百八十五步其深一丈合流至溫縣歷虢公臺西南入于河自今觀之東池卽東源周僅百餘步亦不甚深西池卽西源周如東池深纔三四尺耳王屋山頂太乙池亦涸矣○說文泲沇也東入于海○段氏玉裁曰郡國志河東垣有王屋山兗水出河內溫濟水所出王莽時大旱遂枯絕水經注曰濟水故瀆在溫當王莽之世川瀆枯竭其後水流逕通津渠勢改尋梁脈水不與昔同是在西漢以後所謂東流爲濟入于河者已非禹蹟之舊矣許云東入于海此謂禹時故道獨行達海故謂之瀆今之大清河小清河非無濟

水在其閒而混淆莫辨矣又曰前志垣縣下曰禹貢王屋山在東北沇水所出東南至武德入河軼出滎陽北地又東至琅槐入海過郡九行千八百四十里過郡九者河東河內陳留梁國濟陰泰山濟南齊郡千乘也○括地志云沇水出懷州王屋縣北十里王屋山頂崖下石泉停不流其深不測至縣西二里平地其源重發而東南流爲沇水○尚書後案曰武德入河南直成皋者禹迹也水經所敘溫縣河南直鞏縣者則所謂津渠勢改也今其故道又盡陷河中泲水惟從枝津之合溴水者至孟縣東南入河南

直孟津縣其流益短自禹以來泲水入河之道凡再變愈徙而西又曰泲水自東平以下唐人謂之清河至宋又有南北清河之名河渠志云熙寧十年河決澶州徙而南東滙於梁山張澤濼分爲二派一合南清河入於淮一合北清河入於海南清河卽泗水北清河卽泲瀆也南渡後北清河又有大小之分葢自劉豫導濼東行始齊乘以大清河爲古濟水小清河爲豫所創志家皆沿其說今以水經注元和志寰宇記諸書攷之泲水最南濕水在中河水最北今者小清所經自歷城以上至東阿固皆泲水故道而

自歷城東北如濟陽齊東青城諸縣則皆古濕水所行蒲臺以北則古河水所經葢宋時河嘗行濕瀆及河去則大清兼行河濕二瀆其小清所行則斷爲泲水故道也○樊氏廷簡曰濟水發源於冀經流於豫分流於徐入海於青故濟有河北之濟有河南之濟禹貢沇水東流爲濟此北濟也屬冀州溢爲滎東出於陶邱北此南濟也屬豫州又在徐州爲魯濟至青州爲齊濟禹貢滎波既豬導菏澤被孟豬此豫州也大野既豬東原底平此徐州也浮于汶達于濟此青州也濟河惟兖州傳云東南距濟西北距河正

義曰濟河之閒相去路近兖州之境跨濟而過東南越濟水西北至東河也雷夏既澤灉沮會同晁氏曰爾雅云自河出爲灉濟出爲濋求之於韻沮有楚音二水河濟之別也茅瑞徵曰河濟爲兖州二大水灉沮其支流也二水並治而兖境無復水患矣○瑬按孔傳濟水入河並流正義則以爲河濁濟清南出還清故可知也蘇軾則以爲以味別也按濟少河多濟入河則清濁不復辨其出還清故知爲濟二水旣合則味不可辨其溢爲滎也味與濟同故知爲濟二說未嘗不可通而林之奇必駁之過矣○樊氏曰

吳澄曰濟入河潛行地下溢爲滎澤溢者言如井泉自中而滿非有來處鄭曉曰濟水凡三伏而四見一見于王屋而遂伏再見而爲濟再伏而入河三見而爲滎三伏而穴地四見而出陶邱之北自此不復伏矣胡渭曰伏見之說二孔無之然泰澤一伏東邱一見本水經注武德入河再伏滎陽軼出再見本唐書許敬宗傳葢濟瀆所經之地其下皆有伏流遇空竇卽便涌出故一見於滎澤再見於陶邱不必以入河之濟爲上源亦不必并泰澤東邱數之爲三伏三見也又曰杜佑曰濟水之在河北者王莽時此水

枯涸水但入河而已不復截河而南而水經叙濟乃一依禹貢舊道此不詳之甚黃度曰濟水雖絕其瀆猶在雖中間穿鑿變易或斷或續然水之附入於其瀆者猶可尋求緝之以存禹迹非無理佑言為過程大昌曰兗豫之境凡水自南北濟以行者皆循濟故道不獨菏汶顧菏汶特其大而可數者耳今世所稱南北清河者皆古濟流派而菏汶則其要會也陶邱以東適與菏會而遂分派會泗水以注於淮者濟之注河而分者也東北兼汶與之同入于海者濟之正派也此二者比濁河皆清故後世以南北清河目

之于欽齊乘入濟之汶即今大清河于慎行筆塵大清河第得汶之首尾實以東平諸泉由濟故瀆入海案二子皆山東人皆實指大清河為濟也又曰曾氏曰職方云其川滎雒者禹時為滎澤而已至周則為川據此禹時滎澤渟而不流後人導為滎川其說創自彥和蓋陶邱滎澤相去可五百里滎澤至周時已導為川與陶邱復出之濟相接自滎口石門至東逕宛朐縣南皆禹後代人所導職方豫州之川水經謂之滎瀆而河濟合焉者也過此則為陶邱復出之濟矣○壄按水經云又東北過甲下邑入於河又東北入海注云河水入濟非濟入河此酈注之駁正經文者也又東北入海五字戴氏震謂此注之混於經者也註引郭景純曰濟自滎陽至樂安博昌入海此酈氏自證其說也○周氏柄中曰閻百詩曰余嘗討論濟瀆至五載評以二言曰新莽後枯而復通唐高宗前通而後枯愚按有北濟有南濟北濟王莽時大旱枯絕其後復通南濟自東漢時滎澤既堙而陶邱之流遂絕水經叙濟水自滎陽以下之道乃河水之行於濟瀆者實非濟也酈注所云枯後復通津渠勢改但當指北濟言蓋北濟初於河內武德入

河後于溫縣入河是即所謂津渠勢改者而南濟實無復通之事閻氏亦考之未審也愚竊更定之云北濟新莽時枯而復出南濟東漢後絕而不通

漯

漯出今曹州府朝城縣○尚書後案云前漢志東郡東武陽下云禹治漯水東北至千乘入海過郡三行千二十里續志則但云東郡東武陽漯水出案東武陽今朝城縣也應劭云在武水之陽酈道元謂武水即漯水其故城在今縣西漢志言漯水所經除東武陽尚有四縣一平原郡高

唐二濕陰三千乘四濕沃也過郡三者謂東郡平原千乘也水經注無濕水惟第五卷敘畢河事更說河之支流其文云河水又東北逕委粟津河北卽東武陽也濕水出焉上承河水于武陽縣東南西北逕武陽西城東引水北注又東北逕陽平縣之岡城西又北絶莘道城西北又東北逕樂平縣故城東又北逕聊城縣故城西又東北逕清河縣故城北又東北逕文鄉城東南又東北逕博平縣故城南右與黃溝合溝承聊城郭水自城東北出逕清河城南又東北逕攝城北又東逕文鄉城又東北出高唐注濕水

桑欽地理志曰濕水出高唐案穆天子傳丁卯天子自五鹿東征釣于漯水己巳天子東征食馬於漯水之上尋其沿歷不得近出高唐桑氏所言蓋津流出次於其間也俗以上承于河亦謂之源河矣濕水又東北逕援縣故城西又逕高唐縣故城東又東北逕濕陰縣故城北又東北逕著縣故城南又東北逕崔氏城北又東北逕東朝陽故城南又東逕漢徵君伏生墓南又東逕鄒平縣故城北又東北逕東鄒城北又東北逕千乘縣二城閒又東北爲馬常坑坑東西八十里南北三十里亂河枝流而入于海以今

輿地言之朝城莘縣堂邑聊城清平博平禹城臨邑濟陽章邱鄒平齊東青城高苑諸州縣界中皆古漯水所經也○禹貢錐指云河既與漯合復分爲二濕由濕陰故城北河由平原故城東蓋自高唐以西至武陽河在南而濕在北自高唐以東至海則漯在南而河在北矣○地里今釋曰今朝城縣南有漯河陂廣十餘里又高苑縣北有漯河禹城縣西二里有漯河東北入臨邑縣界蓋朝城漢之東武陽高苑漢之千乘禹城漢之高唐也漯水本出高唐至千乘入海自禹導河至大伾始分河之一支又東北流首

經東武陽至高唐合漯水則高唐以南武陽以北之河皆被以漯名矣漢志於高唐注云漯水所出於東武陽則云禹治漯水東北至千乘入海漯水源流固瞭然矣○張參五經文字曰漯水字本作濕經典相承作漯而以濕爲燥溼之溼○禹貢錐指曰禹引河自大伾山西折而北循大陸東畔入河而漯首受河自黎陽宿胥口始不起東武陽也自定王五年河徙從宿胥口東行漯川至長壽津始與漯別津以西漯水之故道悉爲河所占而上游較短然河之故瀆不經東武陽亦不經高唐迨漢成帝末河決館陶

由東武陽絕漯水而東北至高唐又絕漯水東北至千乘入海明帝永平中王景修之遂爲大河之經流自是委粟津以西漯水之故道悉爲河所占上游益短矣漯水一出于東武陽再出于高唐據成帝後言耳○瑬按漯之受河雖自宿胥口始然委粟津以上自是河之分流至武陽合漯而始被以漯名高唐乃其源之再出者胡氏謂據成帝後言之殆未然也

汝

汝出今汝州魯山縣○括地志云汝水源出魯山縣西伏

牛山亦名猛山汝水至豫州郾城縣名濆水○水經汝水出河南梁縣勉鄉西天息山東南過其縣北又東過潁川郟縣南又東南過定陵縣又東南過郾縣北又東南過汝南上蔡縣西又東南過平輿縣南又東至原鹿縣南入於淮酈注云地理志曰出高陵山即猛山也亦言出南陽魯陽縣之大盂山又言出宏農盧氏縣還歸山博物志云汝出燕泉山並異名也今汝水西出魯陽縣之大盂山蒙栢谷西即盧氏界也○方輿紀要曰今汝水出汝州魯山縣西南七十里大盂山東北流出縣北經伊陽縣汝州南又

東南經寶豐縣郟縣南入南陽府裕州界經葉縣北又東入許州之襄城郾城縣南而入汝寧府西平縣境東南流經上蔡縣西汝陽縣北又東經新蔡縣西息縣北至江南潁州南而注于淮蓋非復漢以前水道矣○水道提綱曰汝水舊從舞陽縣北而南入西平界自元末於濄河揭斷其流使東歸潁於是西平雲莊諸石二山之水明時亦塞今水道與古全異○焦氏循曰汝水禹貢無之漢書地理志汝南郡定陵云高陵山汝水出東南至新蔡入淮過郡四行千三百四十里南陽郡魯陽縣注云有魯山滍水所

出東北至定陵入汝又有昆水東南至定陵入汝續郡國志潁川郡亦有定陵劉昭于潁川定陵引地道記云高陵山汝水所出汝南定陵蓋即潁川定陵前漢有一縣分隸兩郡者定陵在汝南潁川之閒故分屬之光武時省併爲一故續志屬潁川耳班氏於魯陽滍水至定陵入汝於定陵序汝入淮定陵以西統汝于滍滍亦汝也連滍水數之歷南陽河南潁川汝南故有四郡杜預春秋釋例郭璞山海經注並云汝出魯陽縣大盂山東北至河南梁縣東南經襄城潁川汝南至汝陰褒信縣入淮襄城晉置汝陰魏

置在晉則歷六郡也說文言汝水出宏農盧氏還歸山班志盧氏縣熊耳在東伊水出東北然則漢時盧氏縣在伊水之南與魯陽接壤酈氏目驗之故水經注言汝出魯陽縣大盂山蒙栢谷西即盧氏界許氏雖與班氏異而其指則同若水經言出河南梁縣勉鄉西天息山此本山海經非班許義也酈注于滍汝分流始言汝水趣狼皋山狼皋在梁縣西南六十里見寰宇記葢汝自魯陽越百餘里始至梁縣元和志謂出魯山縣是也謂出魯山縣之天息山是又以魯陽大盂混入勉鄉之天息也淮南子地形訓云

汝水出猛山猛與蒙柏谷長短讀蒙谷即猛山而猛與盂形近而譌大盂山即猛山也○樊氏廷簡曰水經滍水篇註滍水又與波水合水出霍陽西川大嶺東谷即應劭所謂孤山波水所出也馬融廣成頌曰浸以波溠其水又南逕犨城下波水又南分三川于白亭東而俱南入滍水滍水自下兼波水之通稱也是故闞駰有東北至定陵入汝之文全氏祖望曰周禮豫州其浸波溠康成師古皆不知波水所在而以滎波之波當之後人或疑其非而以爾雅洛出爲波之波當之不知滎洛既爲川矣不應復以其支

流爲浸也書滎波既豬鄭賈以波爲播古作嶓若從豫州之浸波溠則不必改字矣禹貢無治汝之文而孟子有之明乎波爲霍陽之水是即禹之治汝也又按水經注湛水出魚齒山西北東南流入汝襄公十六年楚公子格及晉師戰於湛坂杜預亦以是水爲湛水矣周禮荆州其浸潁湛鄭元云未聞葢偶有未檢也左傳杜注襄城昆陽縣北有湛水東入汝彙纂云今葉縣北二十里有昆陽城趙一清曰漢志註師古曰潁水出陽城陽乾山宜屬豫州許慎又云湛水豫州浸葢川土相鄰故也全祖望曰周禮荆州

之浸潁湛案湛是汝水支流而潁亦與汝互相出入之水也又豫州之波亦汝水支流然則汝雖不見于禹貢未嘗不重於職方康成既不知湛水又不知波水非善長之註何以證明之哉全氏又曰詩遵彼汝墳葢汝旁之水爲濆則汝旁之土亦爲濆謂突起也毛公乃以大防解之非也

觀孟子則汝水宜決不宜防也

淮

淮出今南陽府桐柏縣○水經淮水出南陽平氏縣胎簪山東北過桐柏山東過江夏平春縣北又東過新息縣南

又東過期思縣北又東過原鹿縣南汝水從西北來注之
又東北至九江壽春縣西沘水泄水合北注之又東潁水
從西北來注之又東過壽春縣北肥水從縣東北流注之
又東過當塗縣北過水從西北來注之又東過鍾離縣北
又東北至下邳淮陰縣西泗水從西北來流注之

又東過淮陰北中瀆水

出白馬湖東北注之又東兩小水流注之又東至廣陵淮
浦縣入于海○說文淮水出南陽平氏桐柏大復山東南
入海○段氏玉裁曰今桐柏縣有平氏故城前漢志云平

氏禹貢桐柏大復山在東南淮水所出至淮陵入海過郡
四行二千二百四十里按桐柏大復山以四字爲名禹貢
祗云桐柏省言之也今淮水自桐柏山東流經羅山縣眞
陽縣息縣固始縣光州又入江南界經潁州府霍邱縣潁
上縣壽州懷遠縣鳳陽府臨淮縣五河縣盱眙縣泗州至
清河縣合於河經山陽縣阜寍縣安東縣至雲梯關入於
海古水道河於冀州入海不與淮同入海淮之古水道今
未有異淮自平氏至入海大致東北行東多北少許云東
南南字誤也○禹貢合注曰淮但可導之以入海而必不

能使之由湖以入江淮南之地由高寶而東則俱下由邵
伯而南則又昂淮之不得達于江也地限之也○孫氏蘭
輿地隅說云淮水發源胎簪至桐柏流百里而伏溢爲二
瀆又流千里會泗至清江浦入海揚州地勢散漫不能約
東淮流禹則開清江一渠堰其下流入揚之處一自清江
浦入海其餘波之流散不盡者又導之由廬州巢湖胭脂
河以入江又導之由天長六合以入江所謂排淮泗者也
久而入江之口漸淤今故蹟猶存也或曰高堰始于陳登
是不然若禹不築堰則下流散漫何以入海葢高堰創於

神禹修補或登耳○孫氏星衍曰孟子言排淮泗而注之
江今不得其解或以爲誤或以爲據吳溝通江淮之後言
之不知禹貢揚州已云沿於江海達于淮泗解者謂沿江
入海自淮入泗此僞孔之言本不足信貢道迂回海運古
無是法又有泥四瀆各自入海以爲淮不注江者不知各
自入海言入海處與江分道不謂上游支流也孟子言排
者通其上游支流以殺淮之勢水經注淮水與沘水泄水
施水合泄水注濡須口施水受肥水東南流逕合肥縣又
東注巢湖謂之施口而應劭漢書注並以夏水爲出城父

東南至此與肥合故曰合肥合肥壽春之閒有芍陂船官湖逍遙津見於水經注王象之輿地紀勝云古巢湖水合於肥河故魏窺江南則循渦入淮自淮入肥合肥受南北湖貨殖傳誤作潮也歐陽忞輿地廣記王存元豐九域志合肥有肥水淮水宋時廬州有鎮淮樓葢肥合於淮淮水盛則被於肥此淮水至合肥之證孫叔敖時開芍陂當因舊迹爲渠方輿勝覽引合肥舊志肥水北支入淮南支入巢湖合于爾雅歸異出同之說合肥城在四水中故梁韋叡堰水破城近世水利不修淮肥流斷然巢湖之水夏閒

猶達合肥也且古說大別在安豐爲今霍邱地禹迹至此排淮故導江有至大別之文此亦淮流與江通之證也然則禹時貢道正可由巢湖溯施肥水之流通淮達於菏澤菏澤合泲泗之流故曰達於淮泗從此達河則至帝都矣江淮泗通流不必在吳王溝通之後也淮之上游壽春東則有施肥通流西則有芍陂宣洩盛夏水漲則逕合肥入巢湖以達于江故宋以前淮流不爲洪澤湖之患也○焦氏循曰說者疑淮泗不入江乃汝亦入淮不入江而孟子以汝漢並稱爲決下承注江豈孟子不知淮亦不知汝耶

嘗細推之有精義焉淮自桐柏而東在上則汝潁沙渦等水入之在下則泗挾沂入之以一淮受諸水泗口以東地勢散漫難於專流入海故在上則決之在下則排之趙氏以壅解排其義爲至精何爲壅於泗口之下築堤以東之不使其流漲洩於樊良射陽之閒則推抵之使東入于海有此排而淮乃挾泗入海而不致南漲於江矣乃壅障之功施于泗入淮以下而汝潁諸流之入於淮者則不可以此壅之故於泗口以西決之使注于江此地泗未入淮所決者淮實決汝也泗既入淮所壅者淮實壅泗也言排泗

而沂在其中言決汝而潁渦等水在其中下以泗與淮並言此汝卽入淮之汝不可言決淮汝故云決汝漢是時漢在六安安豐之閒入江汝入淮而決之入江葢與漢合故云決汝漢謂決汝以合于漢而南注之江也葢注江者汝漢之決也注海者淮泗之排也以上文言注諸海故此但言注江此古人屬文互見之法也以今推之汝水至汝寍鳳陽之閒汝口入淮至霍邱西決出會於巢湖入江淮決卽汝決而汝入淮之勢洩矣又東則潁水自潁上縣入淮沙水渦水自懷遠縣入淮而淮勢又盛至盱眙又決出由

天長六合入江而潁沙渦諸水入淮之勢又洩矣又東泗沂乃自宿遷入淮而淮勢又盛遂不決之入江而轉壅障入江之路排之專由安東入海汝入淮則決之使合漢水以注之江泗入淮則排之使並入于海故云決汝漢排淮泗而注之江自漢不至安豐而汝漢之合遂莫可解孟子稱決汝漢可以見當時之地益知杜預酈元疑大别不在安豐之非也詩言江漢浮浮孔氏正義引大别在廬江安豐縣界則江漢合處在揚州之境漢近淮故淮水之決出者與之合不言決淮而言決汝明決淮所以決汝入淮之

勢不言決汝淮而言決汝漢明決淮所以決汝入漢之勢也淮決於六安安豐閒入漢與漢合入江也

泗

泗出今兗州府泗水縣○說文泗水受泲水東入淮○段氏玉裁曰地理志濟陰乘氏下云泗水東南至睢陵入淮過郡六行千一百一十里又魯國卞縣下云泗水出縣北西南至方與入泲過郡三行五百里青州川出乘氏者其遠源出卞者其近源過郡三當作過郡二二者魯山陽也水經泗水出魯卞縣北山西南過魯縣北西過瑕邱縣東屈從縣東南流漷水從東來注之又南過平陽縣西又南過高平縣西洸水從西北來流注之又南過方與縣東菏水從西來流注之又屈東南過湖陸縣南涓涓水從東北來流注之又東過沛縣東又東南過彭城縣東北又東南過下邳縣西又東南入於淮此舉卞縣以下二郡也卞縣故城在今泗水縣東五十里許云受泲水則又舉其源之至近者也水經言泲水又東過湖陸縣南東入於泗水前志言泗水至方與入泲酈氏云泗泲合流故地紀或言濟入泗亦言泗入泲胡渭曰泗水自泗水縣歷曲阜滋陽濟

寍鄒縣魚臺滕縣沛縣徐州邳州宿遷桃源至清河縣入淮此禹迹也今其故道自徐州以南悉爲黃河所占矣○水經注水出卞縣故城東南桃墟墟有澤澤方十五里澤西際阜俗謂之嬀亭山自此連岡通阜西北四十餘里便得泗水之源也石穴吐水五泉俱導泉穴各徑尺餘西南流逕魯縣分爲二流北爲洙瀆南則泗水○閻氏若璩曰按浮于淮泗達於河說文作菏爲是蓋菏者澤名爲濟水所經又東至于菏者是在豫之東卽徐之西北舟則自淮而泗自泗而菏然後由菏入濟而達于河以上文兗州浮

于濟漯達于河攷青州便浮于汶達於濟不復言達于河矣又攷徐州浮于淮泗達於菏亦不復言達於濟矣至揚州則沿于江海達于淮泗亦不復言達于菏矣不復言者蒙上文也

四書地理攷卷十一終

四書地理攷卷十二

東洞庭王瑬原名仲瑬亮生著

水名類

江

江出今龍安府松潘廳○范氏成大曰江出岷山其源實自西戎萬山來至嘉州而沬水自嶲州合大渡河穿夷界十山以會之至敘州而馬湖江會之又十五里而南廣江會之至瀘州而內江又自資簡會之至恭州而嘉陵江自利閬果合等州會之至涪州而黔江合南夷諸水會之至

萬州而開江水自開達等州會之夫然後總而入峽是江自峽而西受大水凡八及出峽而下岳陽則會之者洞庭湖所受湖南諸水也又自是而下鄂渚則會之者漢水所受興元諸水也又自是而下黃州東四十里則會之者巴河也又自是而下九江則會之者彭蠡所受江西諸郡水也又自是而下則會之者皖水所受淮西諸水也夫然後總而入海是自峽而東又受大水凡五也計天下之水會于江者居天地間之半其名稱之大而可攷者凡十有三故曰江源其出如甕而能滔滔萬里以達海所受者衆也

嗚呼問學者可以觀矣〇說文江水出蜀徼外崏山入海
〇段氏玉裁曰漢志湔氐道禹貢岷山在西徼外江水所
出東南至江都入海過郡九行七千二百六十里過郡九
者蜀郡犍爲巴郡南郡長沙江夏廬江丹陽廣陵國也崏
山封禪書謂之瀆山李膺益州記謂之羊膊嶺今松潘廳
北二百三十里之大分水嶺是流經茂州成都府眉州嘉
定府敘州瀘州重慶府忠州夔州府湖廣之宜昌府荆州
府岳州府武昌府漢陽府黃州府江西之九江府江南之
安慶府池州府太平府江寧府鎮江府常州府至北岸通
州南岸蘇州府昭文縣境入海此禹貢漢志所謂北江也
〇水道提綱曰金沙江卽古繩水鴉龍江一名打沖河卽
古若水金沙江出番地至雲南姚安府大姚縣合鴉龍江
至四川敘州府治宜賓縣西南入于江金沙自犛石山發
源至雲南麗江府境已四千二百餘里自麗江至四川敘
州府又二千五百餘里源遠流長所受大水數十小水無
數其爲大江上源無疑也〇水經崏山在蜀郡氐道縣大
江所出東南過其縣北〇趙氏一清曰按瀁水出隴西郡
氐道縣江水出蜀郡湔氐道二縣名稱各著自蜀漢號湔

氐道曰氐道晉改曰升遷於是始相混淆矣酈注舉蜀漢
之制以釋經後人因并經而改之〇水經注崏山卽瀆山
也水曰瀆水矣東南下百餘里至白馬嶺而歷天彭闕又
曰東北百四十里曰崍山中江所出東注于大江又東百
五十里曰崌山北江所出東注于大江又曰江水又東別
爲沱開明之所鑿也〇遵按漢志蜀郡汶江縣江沱在西
南東入江在今之茂州〇水經注云又逕江原縣鄗江水
出焉〇禹貢錐指曰江原縣鄗水近世謂之大皁江者岷
江之正流而班氏以爲首受江故康成云沱之類〇水經
注又云江水又東逕成都縣縣有二江雙流郡下〇趙氏
一清曰按漢志郫縣下云禹貢江沱在西東入大江顧祖
禹曰世或以成都內江外江爲沱水夫二江爲李冰所引
非禹貢之沱也宛溪之說誠然又曰益州記曰二江者郫
江流江也常璩華陽國志曰李冰壅江作堋穿郫江檢江
檢江卽流江冰穿一江而爲二則冰以前無支流可知何
得以郫江爲沱耶胡朏明云李冰所穿之二江一是流江
乃冰所創造一是郫江卽禹貢之沱時必淤淺冰復濬之
夫既云二江皆冰所穿何以獨指檢江爲冰之創始而郫

江僅加疏濬耶此欲附會班志出於胸臆不可從也○水經又東過魚復縣南夷水出焉注云縣有夷谿卽很山清溪也○水經云又東過枝江縣南注云江沱枝分東入大江縣治洲上故以枝江爲稱地理志曰江沱出西南東入江是也○水經又云又東至華容縣西夏水出焉○塗按東别爲沱胡氏渭以郫江爲梁州之沱在今瀘州以夷水爲荆州之沱在今宜都縣王氏鳴盛以鄗江爲梁州之沱在今崇慶州以夏水爲荆州之沱在今監利縣古之華容也而汶江枝江何以不數全謝山謂汶江之沱闕明所鑿

郫縣之沱李冰所堰梁州之沱宜指鄗江荆州之沱惟枝江足以當之趙一清謂梁荆之沱當指夷水夷水首出魚復江尾入宜都江行五百餘里是亦荆州之沱也按梁荆之潛既異水則沱亦當異水也宜兼枝江數之○水經又南過江陵縣南注云縣北有洲號曰枝迴洲江水自此兩分而爲南北江也○錐指曰袁中道曰南江卽江水由澧入洞庭者也陵谷變遷今之大江始獨專其澎湃而南江之跡僅存衣帶細流然江水會澧故道猶可攷此論最爲精覈按道元所稱北江此後世大江之經流南江從江陵

縣虎渡口東南至於澧水同入洞庭蓋所謂潛水也○塗按東至于澧史漢皆作醴裴駰引鄭注以爲陵名不以爲水名然漢有醴陵縣江水不至其地非也按水經是澧入江非江入澧寰宇記澧口在華容縣也○樊氏廷簡曰釋文九江潯陽地記云一曰烏白江二曰蚌江三曰烏江四曰嘉靡江五曰畎江六曰源江七曰廩江八曰提江九曰箘江張須元緣江圖云一曰三里江二曰五州江三曰嘉靡江四曰五上江五曰白蚌江六曰烏白江七曰箘江八曰沙提江九曰廩江參差隨水長短或百里或五十里始

於鄂陵終於江口會於桑落洲太康地記曰九江劉歆以爲湖漢九水入彭蠡澤也案湖漢也鄱也餘也修也淦也盱也蜀也南也盧也凡九水劉歆所指當此矣若彭水則卽豫章水之上源非有二水豫章爲章水在贛縣東南湖漢爲貢水在贛縣西合二水以名縣酈道元云贛水總納十川注于彭蠡是也蔡傳九江卽今之洞庭水經言九江在長沙下雋西北楚地記曰巴陵瀟湘之淵在九江之閒今岳州巴陵縣卽楚之巴陵漢之下雋也今沅水漸水元水辰水敘水酉水澧水資水湘水皆合於洞庭意以是名

九江也○錢氏坫曰禹貢東別爲沱又東至于澧今華容縣過九江今九江府至于東陵今光州固始縣東迤北今望江東流二縣會于滙今具區○又曰漢志廬江郡金蘭西北有東陵鄉此金蘭當在安慶府境水經注灌水導原廬江金蘭西北東陵鄉大蘇山然則大蘇山卽東陵也在今光州固始縣○水經利水從東陵西南注之注云利水出廬江郡之東陵鄉江夏有西陵縣故是言東矣○全氏祖望曰按此則善長不以洞庭爲九江第四十卷九江在長沙下雋之文知非本經所有○姚氏鼐曰九江在今黃

州府九江府之閒今黃梅漢尋陽故地地里志云尋陽禹貢九江在南皆東合爲大江是也朱子以洞庭當九江則失之昔禹主名山川九河自河分故名曰河三江九江皆自江分故名曰江洞庭受湘沅尚未入江安得名曰江其失一也秦置九江郡于今黃州安慶地其名蓋因殷周以來漢昭宣閒以其地爲廬江郡禹時九江納錫大龜故褚先生云廬江郡常歲生龜長尺二寸以嘗求之洞庭耶其失二也江自黃州安慶而下水勢北行故其西山曰西陵漢江夏郡西陵縣是也漢武帝以前廬江郡在今江西及

池州地故地志廬江郡云金蘭有東陵鄉蓋謂今池州山也此係漢初廬江郡之舊記與昭宣後之廬江不合班氏不悟而載之然賴此得知東陵在漢初廬江之域金蘭疑爲石城舊名漢石城縣今爲貴池禹南江于是分經貴池靑陽南陵而東迤行山隘中故曰東迤今乃以三國吳拒蜀之西陵云巴陵與相對爲東陵其於南江東迤不亦遠乎其失三也禹時目驗江分爲九至後世固不必然然春秋時蓋猶浦溆縱橫合成巨浸行塗不利故吳楚交爭必取徑淮南濡六避其險也逮西漢其狀猶存故太史公

曰予南登廬山觀禹所疏九江也自後江水中深旁岸皆出民益居之無復大龜是古今之變朱子乃謂江有九道必有九洲而疑尋陽不能容之其失四也九河禹疏之故曰北播爲九河九江自成故第曰過過洛汭三澨皆是也設九江爲洞庭則當云會九江不當曰過矣其失五也以是斷之九江在尋陽蔑以易矣○阮氏元曰廣陵卽東陵晉以後人誤解北會於滙之滙爲彭蠡勢不得不在湖口彭澤求東迤求東陵不知大江之勢自武昌至彭澤皆正東流惟過彭澤由望江向安慶池州蕪湖以至江寧皆東

北流此禹貢所以稱爲北江也東迆之處卽在池州古石城由石城而趨震澤實是正東流禹貢于東迆之上書曰至于東陵是以東陵定東迆之地卽當于相近之地求所謂東陵者晉人誤以東迆在彭蠡之上遂失東陵之名不知漢書廬江郡下云金蘭西北有東陵鄉淮水出屬揚州廬江出陵陽東南北入江此乃漢人之說最爲明白討東陵之大非一二邑所可盡陵之形乃長山之形其脊稜稜然緜延而行水兩地而流方稱其名今廬州府舒城縣廬卽是東陵之首過此以東爲滁州淸流關嶺脊最高再東

則六合天長以至揚州甘泉江都始爲東陵盡處試觀此陵緜延數百里其脊分南北脊南之水皆入于江脊北之水皆入於淮界限分明後漢志江都廣陵有東陵亭卽此地也書曰至于東陵東迆明以爲北中兩江分路之處而北江千里僅以東爲北江入于海七字畢之是明以東陵數百里與北江同起止矣爾雅各陵注者惟以西隃雁門爲可攷西隃雁門之陵橫亘塞門數百里是非一二邑地所可盡與東陵同東陵必非舒廬之閒一山所能盡爾雅云東陵阠阠之一字乃吾鄉大山之主名北江之北東陵之東吾所居也故攷定之○姚氏鼐曰漢書地理志所稱中江南江北江禹貢之三江具是矣職方以爲揚州之川國語以爲環吳越之境夫江漢旣合其下流爲北江者非必漢水爲中江者非必江水也然而導川之文分紀之者約其地勢南北而概分之以明江漢之均爲瀆耳鄭康成本地志以註禹貢故疏引其說曰江分于彭蠡爲三孔東入海言江自彭蠡而下始流爲三也又曰經言東迆爲南江其解尤善蓋地志石城縣分江水首受江者南江之始而在吳縣東南入海者南江之委也導川有北江中江而

遺南江豈其理哉故言導江至于東陵其分而東流入海者是南江也其北流者又會於滙而爲中江也世皆說會於滙爲彭蠡而實非是今江合彭蠡過湖口乃東北流是會滙而後北非北會于滙也且導漾已言東滙澤爲彭蠡矣導江不必再言也然則滙在石城分南江之後蕪湖分中江之先其巢湖也歟夫說禹貢三江者莫詳於漢地理志莫善於康成之註惜乎康成之文不盡傳徐堅初學記不知得誰氏之說誤以爲康成乃以彭蠡爲南江岷江爲中江漢爲北江夫經於導川言其下流乃爲三江耳而求

之上流上流所受之大水奚啻六七而何以謂之三江耶且揚州其川三江而漢水入江之地非揚州也其論無一可通此豈康成言哉夫說經義理後人容有勝前人者若目驗地形則古人得者多矣愈古則其得愈多夫地理志班氏蓋取於西漢人之書也其記戶口必曰元始二年則其爲書之時可知矣胡朏明不思地志之可信而猥謂蕪湖石城之水鑿于闔廬非禹迹何其謬耶墨子云禹南爲江漢淮汝東流之注五湖之處以利荆楚越南夷之民夫以江漢東流之注五湖之處是石城蕪湖水眞禹所爲非

闔廬鑿也荀子曰禹通十二渚疏三江墨子荀子之去闔廬未遠也使石城蕪湖水果闔廬鑿耶其知之必先於胡氏矣○阮氏元曰三江之名自禹貢始職方國語之三江卽禹貢之三江也兩漢之解三江者若班氏地理志桑氏水經許氏說文解字皆合鄭氏尚書注世已殘闕見諸正義所引者正合于班志其註云三江分於彭蠡爲三孔東入海則非分於震澤以松江婁江東江爲三江也亦非合於彭蠡爲一孔以合漢爲北江合彭蠡爲南江也且云東入海則非三江入震澤亦非彭蠡與漢入三江僞孔傳以

既入爲入震澤固殊鄭氏之指蘇軾以豫章江入彭蠡入海爲南江尤非鄭氏之指也又鄭氏云東迆者爲南江則讀東迆爲句也三江之中惟南江之勢北會于具區所謂北會於滙也若彭蠡則在江之南無所謂北滙矣班志南江分自石城中江分自蕪湖石城蕪湖在彭蠡東故云分自彭蠡所以釋經言三江於彭蠡既豬之下也分自彭蠡則彭蠡以西猶未分知以漢入江爲北江鄭必不作此說也江水自石城分爲南江正是東迆南江至吳縣南入具區具區在北正是北會于滙班志曰南江在南鄭注云東

迆者爲南江其義一也班志言北江至江都入海中江至陽羨入海南江至餘姚入海卽鄭云爲三孔入於海也鄭解九江孔殷云從山谿所出其孔衆多三孔據孔殷爲說也孔爾雅訓爲閒與孔相通水之分出如器之有孔故亦謂之孔也○又曰南江由太湖折而西南又由錢塘折而東南非自石城直注錢塘也惟江至江都而曲故廣陵之江曰曲江惟江至吳南而折故餘姚入海之江曰浙江曲猶環曲之義折則方折矣○洪氏亮吉曰漢書地理志丹陽郡石城縣下注分江水首受江東至餘姚入海會稽郡

吳縣下注南江在南東入海常疑分江水與南江爲二今細按水經注沔水下道元引地理志云江水自石城東入爲貴口東逕石城縣北東合大溪溪水首受江北逕其縣故城東又北入南江是分江水至石城縣境外已與南江合矣又云南江又東北爲長瀆歷湖口南江注于具區是又分江水與江水合後並入太湖矣說文云江水東至會稽山陰爲浙江晉灼說亦同道元注江水又東逕餘姚縣故城南縣西去會稽百四十里江水又東注于海又引十三州記云江水至會稽與浙江合浙江自臨平湖南通浦

陽江又于餘暨東合浦陽自秦望分派東至餘姚縣又爲江也蓋南江實合具區臨平湖浦陽三大水始入海班固云南江在吳縣南東入海東之一字所包甚廣不必泥在吳縣南境入海也韋昭注國語亦以松江浙江浦陽江爲三江蓋此三江實岷江之下流岷江合之方可入海惟班固桑欽皆漢和帝以前人並云江至餘姚入海至許慎晉灼止云江至山陰爲浙江不更及餘姚餘姚在山陰之東北山陰圖經云鑑湖本通潮汐漢永和五年太守馬臻始環湖築塘瀦水溉田九千餘頃疑南江自築塘後已不能

直抵餘姚故許慎等言與班固異耳○段氏玉裁曰方輿紀要曰今溧水在溧陽縣北四十里卽永陽江祥符圖經溧水承丹陽湖東入長蕩湖丹陽湖卽應劭所云南湖也張鐵曰溧水卽永陽江之上源大江之水南會於此江上有渚曰瀨渚又謂之陵水范睢言子胥出昭關至陵水是也自瀨渚東流爲瀨溪鄉民誤曰爛溪入長蕩湖分流東行爲吳王漕蓋五代時楊行密漕運所經也自東壩築而丹陽湖之水不復入於溧水永陽之源流亦滋晦矣水利攷云永陽江一名潁陽江古名中江按中江者前漢志丹

陽郡蕪湖下云中江出西南東至陽羨入海揚州川謂禹貢職方三江之一也今蕪湖河東接太平府南之黃池河又東接溧水縣之固城丹陽石臼諸湖未築東壩以前諸湖滙長蕩湖而入太湖此正古中江之道今則壩西諸水俱西流入江與古絕異又按禹貢三江既入惟北江徑入海中江則合太湖以入海南江則合漸江爲浙江以入海旣合之後統謂之江故班志直云入海不云入太湖也○又曰錢唐江漢志水經皆謂之漸江不名浙江江至會稽山陰古曰浙江說文浙漸二篆分舉劃然後人以浙冒漸

蓋由二水相合如吳越春秋越王至浙江之上史記始皇至錢唐臨浙江是也○壡按三江之說以毗陵北江吳縣南江陽羨中江言者地理志也以漢爲北江彭蠡爲南江岷江爲中江者初學記所引僞孔安國鄭康成註也以松江浦陽江錢塘江爲三江者韋昭也以漢志分江水與松江浙江言者水經注也以江之北爲中洪即北江江之南爲南洪即中江合蕪湖之江爲南江者李如箎東園叢說也以江出岷山至楚都爲南江至潯陽爲中江至南徐州爲北江者盛宏之荆州記也以山海經岷山大江所出崍

山中江所出崌山北江所出者楊愼也以松江婁江東江言者顧夷庾仲初也以岷江松江浙江言者郭璞也以彭蠡江分爲三入震澤者僞孔傳也主初學記僞鄭注而輔以味別之說者蘇軾也以浙江吳江松江言者劉耕齋也以松江到彭蠡分爲三者虞喜志林也有疑太湖之下別有三江吳松特其一者金仁山也有疑古之中江北江南江即郭璞所云三江者顧亭林也有以禹貢之三江指松江婁江東江異於周禮國語之所謂三江者閻若璩也有以中江北江九江當之者李紱也有以松江中江北江爲三江者李如箎所載別說也近儒以班固之說爲是則郭璞顧亭林之說尚可通餘說皆可廢矣然尚有可疑者三一疑國語言吳越之境三江環之越地不能至毘陵陽羨按春秋大江以北若廬州和州無爲州六合縣等處均楚地若大江以南廣德州寍國府池州府則吳越交相錯處楚於此侵吳亦於此追越則三江正吳越所有也一疑江水從烏程南以東達于餘姚中高不可通按趙一清言南江與浙江合由太湖長瀆口上通臨平湖以合浙江自有纏絡何必載之高地乎一疑石城蕪湖通湖於江非禹迹

按太史公引夏書曰禹抑洪水于吳則通渠三江五湖則明以通渠爲禹迹也得此三辨而三江宜從班固之說可無疑至于東會于滙或以爲震澤或以爲巢湖巢湖不見於經當指震澤也

滄浪之水

滄浪之水在今襄陽府均州○水經沔水篇又東北流又屈東南過武當縣東北注云縣西北四十里漢水中有洲名滄浪洲庾仲雍漢水記謂之千齡洲非也是世俗語訛音與字變矣地說曰水出荆山東南流爲滄浪之水是近

楚都余按尚書禹貢言導漾水東流爲漢又東爲滄浪之水不言過而言爲者明非他水決入也蓋漢沔水自下有滄浪通稱耳纏絡鄂郢地連紀都咸楚都矣漁父歌之不違水地按攷經傳宜以尚書爲正耳○釋地曰集註滄浪水名殊非蓋地名也漢水中有洲名滄浪漢水流經此地遂得名滄浪之水云○周氏柄中曰閻氏說太泥禹貢錐指曰滄浪者漢水之色也非以洲得名李白詩曰漢水鴨頭綠正所謂滄浪言其清也或云漢水本清而滄浪又去源遠名之滄浪者惟其清也案漢自發源嶓冢流至武當

之滄浪洲已二千里去源遠矣襄陽縣志云漢水重濁與大河相似然則漢水本濁其時而清者正以合他水而流澄耳一統志兖州府嶧縣有滄浪淵卽孺子歌處案此歌見於楚詞漁父當以漢水爲是○洪氏亮吉曰劉澄之云夏水古文以爲滄浪水與禹貢又東爲滄浪之水合○焦氏循曰滄浪是夏水本以清得名則其清是本然濁乃習染耳○塈按括地志亦云漢水至均州爲滄浪水水經注既明辨其爲非他水決入漢水至江夏方稱夏水未可以爲滄浪水

溱洧

溱當作潧出今開封府密縣洧出今河南府登封縣○毛氏奇齡云溱洧二水而合爲一故詩人前可並稱曰溱與洧下卽云洧之外○說文潧水出鄭國詩曰潧與洧洧水出潁川陽城山東南入潁○水經洧水出河南密縣西南馬領山東南過其縣南注云溱水注之又東過習陽城西折入于潁潧水出鄭縣西北平地注云潧水出鄶城西北雞絡塢下又南懸流奔壑崩注丈餘其水積水成潭廣四十許步淵深難測南注于洧世亦謂之鄶水詩云溱與洧

是也世亦謂之鄶水也○段氏玉裁曰前漢志陽城山洧水所出東南至長平入潁過郡三行五百里過郡三者潁川南陽汝南也方輿紀要云洧水出登封縣至新鄭合溱水爲雙洎河至西華縣入潁大致東南流也一統志襄十一年濟隧九年陰坂二十六年欒氏說者皆謂洧津也溱水今在開封府密縣東北流至新鄭縣西北南流合洧水爲雙洎河而洧盛溱涸矣○釋地云水經注於洧水相鄰者若丹水汝水潁水濮水渠水沙水皆不載有橋梁獨洧水曰又東逕陰坂北水有梁焉又曰又屈而南流水上有

梁謂之桐門橋則洧水宜置有梁言非無因○瑬按說文溱字云出桂陽臨武入滙則潧洧之溱當從陸元朗作潧爲是春秋分記曰鄭之溱水故鄶國居之亦曰鄶水是也

舜井

舜井未詳孰是○水經注云鄭元曰歷山在河東今有舜井又云歷城縣城南封山上有舜祠山下有大穴謂之舜井○括地志舜井在嬀州懷戎縣西外城中其西又有一井耆舊相傳並舜井也又云濮州雷澤縣有歷山舜井又有姚墟又云越州餘姚縣有歷山舜井又有姚墟○寰宇記偃師縣西北

二十五里有舜井又歷城縣舜井在縣東一百步○杜預左傳注魯國卞縣東南有桃虛世謂之陶墟舜所陶處也井曰舜井○路史池之建德縣北二十里有舜井○一統志舜井在泗水東南又曰江陰縣亦有舜井

四書地理攷卷十三

東洞庭王瑬原名仲瀛亮生著

宮室類

太廟

太廟一在今曲阜縣一在今許州○杜注成王營王城有遷都之志故賜周公許田以爲魯朝宿之邑後世因而立周公別廟焉○彙纂曰今許州西南有魯城後置邑寰宇記謂在許昌城南四十里者是也○括地志許田在許州許昌縣南四十里有魯城周公廟在其中

三歸

三歸臺在今泰安府東阿縣○括地志穀城故城在濟州東阿縣東二十六里○說苑曰桓公謂管仲政卒歸子矣政之所不及惟子是匡仲故築三歸之臺以自傷于民○韓非子曰管仲相齊曰臣貴矣然而臣貧桓公曰使子有三歸之家○包注三歸取三姓女○戰國策齊桓公宮中女市女閭七百國人非之管仲故爲三歸之家以掩桓公非自傷于民也○凌氏曙曰據韓子因貧而使有三歸則三歸意亦貯藏之所也○梁氏玉繩曰翟晴江云以管氏本

書證之三歸特一地名讀輕重篇自見蓋其地以歸三不
歸而名之也本公家地桓公賜以爲采邑耳案晏子春秋
雜下篇晏子相景公老辭邑公曰先君桓公有管仲身老
賞之以三歸澤及子孫今欲爲夫子三歸澤及子孫豈不
可哉○一統志管仲井在東阿縣穀城內○東士元曰一
統志三歸臺在東平州東阿縣西二里然今之陳阿縣卽
古阿邑考之春秋則阿乃衛邑襄公十四年孫林父敗衛
侯于阿則是時阿尙屬衛其後齊威王烹阿大夫乃衛亡
之後管仲豈築臺于衛故知東阿三歸爲妄○壄按陳說

非是莊十三年公會齊侯盟于柯杜註齊之阿邑齊威王
烹阿大夫卽此今故城在兖州府陽穀縣東北五十里曰
阿城鎮與東阿密邇衛之阿澤亦在其境

長府

長府在魯城內○左傳公居於長府杜注長府官府名○
釋地曰長府今不知所在意其與季氏家實近公居焉出
不意而攻之又慮公微弱將攻權臣必先據財貨之府庶
可結士心應劭曰曲阜在魯城中委曲長七八里酈道元
曰阜上有季氏宅宅有武子臺臺西北二里爲周公臺周

公臺南四里許爲孔廟卽夫子之故宅也然則今知孔廟
所在則可以知季氏宮又可想像而得長府所在矣○翟
氏灝曰長府蓋魯君別館稍有蓄積扞禦可備騷警之所
季氏惡公恃此伐己故于巳事後率魯人卑其閈閎俾後
此之爲魯君者不復有所憑恃其居心豈可問乎閔子能
爲婉言諷之則與聖人强公弱私之心深有契矣

石門

石門魯城次南第二門○水經注洙水西北流逕孔里又
西南枝津出焉又南逕瑕邱城東而南入石門右結石

爲水門跨于水上○呂氏春秋歸父居石門○皇甫謐高
士傳石門守者魯人也爲魯守石門○皇侃疏曰石門地
名一云魯城外門也○高氏春秋地名攷曰魯國都其城
十二門正南曰稷門南之左曰章門右曰雩門正北曰圭
門北之左曰齊門右曰龍門正東曰建春門東之左曰始
明門右曰鹿門正西曰史門西之左曰歸德門右曰麥門
又有郭門西郭門也又萊門則東北郭門也又有爭門吏
門石門○釋地曰或曰石門齊地隱公三年齊鄭會處卽
此水經濟水注水有石門以石爲之京相璠曰今濟北盧

縣故城西南六十里有故石門去水三百步案子路宿於石門非此也太平寰宇記古曾城凡有七門次南第二門名石門又古注云石門曾城外門葢郭門也因悟孔子轍環四方久使子路歸視其家甫抵城而門已闔故宿于外之郭門

靈臺靈囿

靈臺在今西安府鄠縣○僖十五年秦獲晉侯舍諸靈臺杜注周之故臺在京兆鄠縣○三輔黃圖曰在長安西北四十里高二丈周回百二十步靈囿在長安西四十二里

沼在長安西三十里○水經注灃水北經靈臺西○地理志云文王作豐注云今長安西北界靈臺鄉豐水上是○五經異義曰天子有靈臺以觀天文高二丈周回一百二十步○彙纂曰今西安府鄠縣東五里有酆宮又東二十五里有靈囿囿中有靈臺○周氏柄中曰東陽許氏云文王本都岐遷豐而作靈臺七十里之囿在岐山舊都何義門讀書記云周都岐山之下大約七十里之內皆岡嶺林麓爲多故四時之田在其中因而名之曰囿非規其地以養禽獸恣遊觀也若靈囿則璧雍之旁不過一射圃耳據許何之說則靈囿非七十里之囿釋地云三輔黃圖云靈囿在長安縣西四十二里王伯厚以文囿七十里注于下余謂正漢地理志所謂文王作酆有鄠杜竹林南山檀柘號稱陸海爲九州膏腴者有物以蕃界之遂名曰囿此實作邑于豐時事非初岐山事也豐去岐三百餘里據閻氏之說靈囿卽七十里之囿案周禮囿人掌囿游之獸禁鄭注囿游囿之離宮小苑觀處也賈疏孟子文王之囿方七十里是田獵之處今此云禁故知非大囿也據此則靈囿是游觀之小苑七十里之囿乃四時田獵之所與三靈不

同處趙注亦以爲在岐許何之說爲是○方輿紀要曰左傳康有酆宮之朝杜預云豐宮有靈臺康王于是朝諸侯

雪宮

雪宮在今青州府臨淄縣○元和郡縣志齊雪宮故址在青州臨淄縣縣卽齊故都東北六里○釋地曰解者謂雪宮孟子之館宣王就見於此因誇其禮遇之隆賢者指孟子按賢者當仍指人君言晏子春秋齊侯見晏子於雪宮葢齊離宮之名游觀勝迹宣延見孟子於其地非就見之謂○劉熙注雪宮離宮也與趙注同○明一統志雪宮在

青州府城內○曹氏之升曰閻說非也趙注孟子將朝王章亦云就孟子之館相見也蓋雪宮如漢甘泉唐九成之屬齊宣尊禮孟子館之離宮不使儕于稷下故景丑以爲王之敬子也

明堂

明堂在今泰安府治泰安縣○鑿域記州東北四十里有周明堂址州東十里有漢明堂址○孔氏廣森曰此非如國中明堂爲五室十二堂之制荀子曰築明堂于塞外而朝諸侯楊倞注云明堂壇也謂巡狩至方岳之下會諸侯

爲宮方三百步四門壇十有二尋深四尺加方明于壇上蓋其堂祀方明故以方明名之而朝事義言方明之下公侯伯子男覲位亦並與明堂同○毛氏奇齡曰明堂在會地而後爲齊有此卽出王配帝所也蓋天子二郊既祭昊天上帝而於明堂則兼及五帝原是殺禮故明堂九室祇以中央太室與東西南北之太廟合名五室而祀方明於其中故天子祖文王於明堂而嘗則得以大宗宗之天子以歲祭饗上帝於明堂而嘗亦得以四時迎氣五方饗帝十二月聽朔及之蓋周郊在二至而嘗郊祇在孟春祈穀季秋報享鎬京明堂並祀文武而泰山明堂則祇祀文王孝經所謂嚴父配天則周公其人者

牧宮

牧宮疑在今衛輝府汲縣○趙注牧宮桀宮也○瑬按古文尚書作鳴條趙注以爲桀宮似指安邑桀之都矣然以文義求之造攻始攻也湯之始攻不在桀都詩曰韋顧既伐昆吾夏桀按韋在今之滑縣顧在今之范縣昆吾在今之開州皆與朝歌之牧野相近滑縣尤爲接壤括地志引水經注云自朝歌南至青水土地平衍據臯跨澤悉牧野

也意湯既伐桀之與國桀必起兵應之因致於牧野而與之戰牧宮當爲牧野之宮也書序敗桀鳴條遂伐三朡三朡在濟陰則鳴條亦當相近不得在安邑也舊說陳留有鳴條亭則去朝歌約百餘里耳○寰宇記陳留縣故莘城在縣東北三十五里故莘國國語湯伐桀桀與韋顧之君拒湯于莘之墟遂戰于鳴條之野

垤澤之門

垤澤之門宋城東南門○釋地曰卽襄十七年築者謳曰之澤門杜氏注宋城東南門是也案睢陽故城在今商邱

縣南東南門曰垤澤門也○周氏柄中曰宋他門可攷者正東曰陽門見昭二十年注北曰桐門見襄二十六年注東南曰盧門見桓十四年注西門無名又有曹門見成十八年有蒙門見襄二十七年外城曰桑林門見昭二十一年關門曰耏門見文十一年○朱氏彝尊曰垤澤云者垤以言閎伯之邱澤睢水也葢直謂邱爲垤矣

上宮

趙注上宮樓也○爾雅陜而修曲曰樓郝氏義疏云說文云樓重屋也釋名云樓言牖戶之間諸射孔婁婁然也按婁空也說文廔云屋麗廔也玉篇麗云麗廔綺窗然則樓之言婁又言廔也門戶洞達窗牖交通足資登眺故月令云可以居高明鄭注高明謂樓觀也樓最高而在上爾雅不言高者蒙上四方而高曰臺也云陜而修曲者言屋之形勢陜隘修長而迴曲異於臺之四方也

四書地理攷卷十四

東洞庭王瑬原名仲瀊亮生著

以地爲氏名類

有

有在今開封府洧川縣○潛夫論云歸姓胡有何○路史國名紀云歸姓宛地今開封扶溝有洧水有曲洧城○元和姓纂云風俗通有巢氏之後仲尼弟子有若○瑬按路史發揮云氏姓之書不知其由妄爲之說春則自于春申有則自于有巢則以姓纂之說爲非

曾

曾鄫鄫在今兗州府嶧縣東八十里有鄫城○元和姓纂云夏少康封少子曲烈于鄫春秋時爲莒所滅鄫太子巫仕魯去邑爲曾氏見世本巫生阜阜生晳

樊

樊疑在今兗州府滋陽縣○路史商後國慶姓今襄之鄧城有樊城鎮又曰帝堯時有樊仲文今武昌有樊山又曰樊仲山甫采鬱也今京兆杜陵有樊鄉樊川昔惠王使虢公伐樊執仲皮者王符以爲封南陽南雝州記荊州圖副

摯虞等皆以爲襄之鄧城然兗之瑕丘亦云樊仲皮國吉甫之墓則在南皮亦作𨟚註云寰宇記瑕丘西南樊故城漢縣郡國志云樊仲皮國○廣韻云周宣王封仲山甫於樊後因氏焉今在南陽○大事表曰樊一名陽樊今濟源縣東南三十里有古陽城東遷後仲山甫子孫所封莊二十九年樊皮叛王卽此○高氏士奇曰仲山甫食采在今西安咸寍縣之樊鄉東遷後再封于河北莊公二十九年樊皮叛王三十年虢公入樊執樊仲皮其後遷無終爲陽氏○說文𨟚京兆杜陵鄉○壄按路史釋樊參差不一難

可徵信姓纂以樊遲謂出商人七族之後以其爲魯人也然史記弟子列傳註引康成說又以爲齊人

林

林疑在今泰安府泰安縣○元和姓纂云比干之後比干爲紂所滅其子堅逃難長林之山遂姓林氏○唐氏仲冕曰放城之爲林放故里可信者三宋刁衎贊林放曰東岳稱美長山表封宋時封林放爲長山侯一也論語曾謂泰山不如林放孔子竝時知禮者蓋不乏人何獨取例于放當時必就其近者言之耳二也乾隆巳卯秋土人掘地得古碑字畫磨滅惟隱隱見林放唐太和二年數字此則千年以上之物尤可據信三也○壄按後漢志云竟陵縣有章山括地志云章山在長林縣東北六十里今荆門州寰字記引荆州記云當陽縣東有櫟林長坂昔時武寍至樂鄉八十里中拱樹修竹隱天蔽日長林蓋取名于此按章山內方山也長林名縣起于晉殷時未有長山在泰安縣東南崇禮鄉放城鎭之北相傳爲先賢林放故里長山豈卽長林山歟通志又謂林氏出自姬姓周平王世子林開之後則與此不同

申

申在今南陽府治北二十里申城○路史云申伯爵初爲侯平王母申姜國楚靈遷之今信陽軍之方城內也唐申州之南陽漢之宛縣潛夫論謂在南陽宛北序山之下所謂于邑于序者序卽謝也○壄按徐位山云路史以爲序卽謝非也水經注謝水出謝城北其城之西舊棘陽縣治是謝特與申近耳詩言肅肅謝功召伯營之小序謂刺幽王則是宣王之前召伯亦嘗治謝至是復營之以益申也竹書平王三十三年楚人侵申至於晁佰而遷乃自申遷

謝按魯有申氏有謝氏申繻謝息是也

晏

晏在今濟南府齊河縣○寰宇記禹城縣有晏嬰城○金史地里志齊河有晏城鎮○一統志晏城在齊河縣西北二十五里○大事表曰高氏曰晏子春秋景公封晏子于都昌辭不受都昌故城在今萊州府昌邑縣西舊以爲即邸殿然古者增封每因其原封而附益之晏子本封于晏在今濟南府齊河縣境邸殿當亦在此都昌之說不可通余謂高氏之言非也皇輿表以高密爲晏子封邑高密縣

屬萊州府蓋以晏弱滅萊棠之故太史公亦謂晏子爲萊之潍夷人昌邑與高密爲接壤則其增封非無據晏城之爲晏或其未封高密時所食邑耳○逵按歐陽公曰有姜之後實爲晏氏則晏爲齊之同姓

崔

崔在今濟南府章邱縣○左傳崔成請老于崔杜注濟東朝陽縣西北有崔氏城○水經漯水東北逕崔氏城北

寗

寗在今懷慶府修武縣○左傳晉陽處父聘于衞反過寗杜注晉邑汲郡修武縣○彙纂云今河南衞輝府獲嘉縣西北有修武故城古寗邑秦置縣○地理攷實云韓詩外傳武王伐紂勒兵于寗改曰修武今懷慶府修武縣衞輝府之獲嘉縣與之接境亦修武地漢武帝置獲嘉縣東魏又置西修武皆寗地周既改寗修武矣而猶稱寗蓋後人復舊名也衞有寗氏爲世卿似食邑于此獲嘉近衞則寗當屬衞定元年魏獻子還卒於寗杜注今修武縣近吳澤疏云寗即修武也

左

左在今絳州聞喜縣○路史云左徹後有左氏今聞喜漢之左邑○路史又以爲出于宋之後○陸氏嵩曰通鑑衞有胥靡亡之魏嗣君以左氏易之左右曰以一都買一胥

靡可乎注左氏郡邑名師古曰凡邑言氏者皆謂因之而立名也審是則左爲衞地矣時衞地獨有濮陽在今開州治西南三十里

顏

顏魯地未詳○廣韻注云顏姓出琅邪本自魯伯禽支庶有食采顏邑者因而著族○高氏引陋巷志云夏父爲邾

婁顔之長子友爲顔之次子友子曰志亦小郲君而不見于經傳志弟爽則復聖之先祖也○塈按顔氏爲魯之著姓仲尼弟子達者八人路回之僕會何祖辛高也公羊所記郲婁顔叔術之事荒誕不可信顔氏之得姓以爲系出伯禽本於王儉魯公疑其不足據顧亭林曰左傳襄十九年齊侯娶魯顔懿姬則顔氏姬姓明矣按路史國名紀文昭之分有顔又齊有顔涿聚衛有顔讎由

冉

冉在今荆門州○路史云武王之封毋弟也惟季載少使

食于沈成王立爲司空爰封之冉曰冉季是爲郙騁有冉氏郙氏呥氏駢氏○注云冉卽郙見國語冉耕冉會姓纂出叔山冉妄傳多作聃尤繆○塈按大事表曰聃季國於那處今荆門州東南有那口城疑卽冉地

原

原在今濟源縣西北十五里有原鄉○元和姓纂云周文王第十六子原伯之後封在河內子孫氏焉○杜注沁水縣西北有原城○急就章顔師古注云周文王之子封爲原伯其地今在河內後爲晉所滅遷之於冀因稱原氏而晉更以原封其大夫先軫故號原軫之苗裔亦姓原焉又周之采地亦名爲原莊公襄公皆食之也其後亦命族孔子之門有原憲原壤○高氏士奇曰原爲文昭葢絶封而地歸于王也晉受原不服伐之後趙衰爲原大夫故趙同爲原同水經注濟有二源東源出原城今孟州西北九里有古原城路史曰帝杼卽位居原卽其地後爲軹卽聶政所居後漢志河內郡軹縣有原鄉

臧

臧魯地未詳○元和姓纂云魯孝公子彄食采於臧因以

爲氏○塈按世本云公子彄字子臧以字爲氏而路史高辛紀云其以邑氏者臧衆鄣秦運鄆管柳厚郈顔郎費茂魯也按左傳冠臧于僖伯之上則彄巳氏臧似非以字爲氏者

祝

祝卽祝柯在今濟南府禹城縣○元和姓纂云黃帝祝融之後周武王封黃帝之允於祝因氏焉鄭有祝聃衞有祝鮀或以祝史之後以官爲姓○高氏士奇曰漢祝柯縣唐時河決淪陷移治于遷善鎭今禹城縣也宋白曰故祝柯

城在今長淸縣豐齊鎭北二里○陸氏嵩曰祝國有二一爲姬姓國樂記武王封帝堯後於祝是也一爲任姓國左傳不敢與諸任齒疏引世本任姓有謝章薛舒呂祝終泉畢過十國是也諸家不知而合爲一旣誤以帝堯後之祝爲卽祝柯又誤以祝柯爲卽祝其而祝國所在終莫能定今攷樂記鄭注曰祝或爲鑄路史亦云祝國卽鑄國杜預曰鑄國卽北蛇丘所治劉昭曰蛇丘縣有鑄鄉城鑄在今兖州府寗陽縣是姬姓之祝卽鑄春秋時爲魯地不得混於齊地之祝柯無疑矣齊祝柯當是任姓之祝國竹書平

三年齊人滅祝于是祝地入齊一統志曰周爲祝國漢置祝柯縣屬平原郡晉屬濟南是也而服虔乃言祝在東海郡祝其縣郡國志亦有東海祝其春秋時夾谷地之說無論祝柯祝其春秋並見杜預兩注之不言祝其卽祝柯何得合兩地爲一且東海在今海州贛榆縣與濟南相距千里而遙古地名同者甚多安得謂東海祝其卽濟南祝柯爲古祝國地乎徐位山欲通其說乃謂齊人滅祝遷其民于濟南故濟南有祝其縣肌度未足爲據愚謂祝柯固卽祝國任姓之地而祝其則別一地名也其所在則當以顧氏炎武在今萊蕪縣之說爲正顧氏曰舊說齊靈公滅萊萊民流播此谷邑落荒蕪故曰萊蕪會於此地故得有萊人按濟南府萊蕪縣有夾谷峪名勝志亦以爲萊兵劫魯侯處與顧說同是也祝柯故城則在今長淸縣本漢盧縣地屬平原郡高士奇謂唐時河決遷治禹城縣或然○塗按世本祝任姓唐世系表謂出自姬姓黃帝之後若祝聃祝鮀則以官爲姓非以地也

彭

彭在今徐州府治○水經注云獲水於彭城西南廻而北

流逕彭城獲水又東轉逕城北而東注泗又曰城卽殷大夫老彭之國也于春秋爲宋地楚伐宋并之以封魚石○梁氏玉繩曰彭祖始見鄭語帝繫世本彭姓封于大彭名籛字鏗葬彭城下案彭祖乃彭姓之祖與老彭爲二人老者尊稱蓋其裔也故人表列彭祖二等老彭三等彭祖縣壽永世莊子釋文引晉崔譔李頤注荀子修身篇注並云鏗堯臣七百歲楚詞注云事堯至八百歲史五帝紀敘堯舜十臣置彭祖于禹益皐夔之間而顓頊傳三百五十年嚳傳四百年加唐虞百五十年政得八百彭祖當生高陽

中世則壽七百較實若老彭是殷初人表列成湯時包咸論語注殷賢大夫自莊子大宗師言彭祖上及有虞下及五伯鄭康成王弼解老彭爲老聃彭祖于是誤合彭祖老彭老子三人作一人世本云在商爲守藏史在周爲柱下史一云卽老子如其所說則彭祖何止壽益八百哉

棘

棘疑在今衛輝府汲縣○路史云棘名所在有之楚有棘櫟唐有棘陽趙有子棘宋有大棘有曲棘鄭有上棘棘澤衛有棘津而齊魯皆有棘矣○澐按路史注云冀之棗陽

東北二十七里有棘津城呂望乞食于此以爲衛之棘津按子成衛大夫或出于此其他棘名之見於春秋傳者甚衆叔孫僑如圍棘在今寗陽縣西北季氏私考曰棘當爲肥城縣地公斂處父與陽虎戰於棘下注城內地名此皆魯之棘也陳桓子召子山而反棘焉在今臨淄縣此齊之棘也鄭伯及晉趙同盟于垂棘其地未詳盟于赤棘其地亦未詳晉荀吳帥師涉自棘津在今汲縣南師及齊衛鮮虞伐晉取棘蒲在今趙州此皆晉之棘也楚師伐鄭次于魚陂右師城上棘在今禹州次于棘澤其地未詳此皆鄭之棘也克棘入州來在今永城縣此楚之棘也宋華元鄭公子歸生戰於大棘在今寗陵縣宋公卒于曲棘在杞縣此宋之棘也其專以棘稱者惟齊魯楚之地又按冀之棗彊當爲晉地而汲之棘津衛亦得有之則棘津當指此也

皐

皐在今六安州○路史云大業取少典氏女曰華生繇虞帝求旃以爲士師封之於皐是曰皐陶虞禪禹巽之卒崩於皐所謂公琴者注云在今六安縣北十五里安豐芍陂中大冢也酈元曰楚人謂冢爲琴

伊

伊在今河南府嵩縣○路史夏世侯伯摯所尹六渾伊川許氏所云伊維侯國又云嵞亦上世所國今洛之伊陽縣有伊水堯之母家伊侯國○左傳辛有適伊川杜注周地○大事表曰伊水源有二酈注伊水出南陽蔓渠山逕陸渾縣三塗山東注虢略其地卽伊川後漢書則云伊水出盧氏近志因之謂伊川出盧氏悶頓嶺東流經嵩縣洛陽偃師入洛水嵞原有二水合流諸家各言所見耳○澐按武氏億曰蔓渠山卽悶頓嶺在盧氏縣東南一百六十里

南宮

南宮疑在今冀州南宮縣○冀州志南宮近魯邊邑周南宮括所封國南容居之故以爲氏漢時名縣取此○路史武王時有南宮仲春秋時南宮極其裔也卽冀之南宮縣呂后封張偃爲侯國

卞

卞在今兖州府泗水縣東五十里○僖十七年會于卞杜注魯國卞縣○釋地云卞今泗水縣莊子爲其邑大夫子路卽其治民○廣韻云縣名在魯又姓出濟陰本自有周

曹叔振鐸之後曹之支子封于卞遂以建族○路史云卞古國名黃帝妃嫘祖生龍苗龍苗生吾融吾融生卞明封于卞爲卞氏湯代有卞隨○鄭元注曰卞莊子秦大夫○黃氏丕烈曰案秦策王不聞夫管與之說乎有兩虎爭人而鬬管莊子將刺之管與止之此陳軫對秦惠王言可爲秦大夫之證案史記軫傳作卞索隱引國策作管卞管古聲通用荀子大略篇則云齊人欲伐魯忌卞莊子不敢過卞故餘說皆謂魯人○瑬按陳軫說君亦不必定引本國之人從魯爲長

蘧

蘧在今大名府長垣縣○路史云伯玉先國陳留傳云長垣有蘧伯鄉一曰新鄉伯玉之家

柳下

柳下當在今泰安府治○淮南子云展禽家有柳樹身行德惠故號柳下惠○釋地云展禽爲魯公族居應於曲阜而食邑則在柳下今不可的知所在以國策顏斶言秦攻齊令有敢去柳下季壟五十步而樵採者死不赦證古人多葬於食邑壟所在卽邑所在則柳下者自當在齊之南

魯之北二國接壤處昔爲魯地後爲齊有也○一統志柳下惠墓在泰安府東八十三里柳里村○路史曰展禽邑地里風俗記高城縣東北五十里有柳亭故縣世謂逆亭○沈氏垚曰高城縣東北之柳亭爲今天津府之鹽山縣地在魯東北九百里柳縣漢屬勃海郡魯地豈得至此其非不言可知

陽

陽在今沂州府沂水縣○閔公二年齊人遷陽杜註陽國名○徐氏文靖曰地理志城陽陽都縣故陽國東海陽縣

齊人遷陽後漢書注陽都故城在今沂水縣南是陽後遷
東海也俞臯云姓爵未詳攷略據淮南子陽國御姓侯爵
案高誘注曰陽侯陵陽國侯也以之釋經鑿矣○顧氏棟
高曰陽虎欲以已更孟氏疑與孟孫同族

夷

夷在今萊州府即墨縣○路史云邥姓詭諸邑楚滅之今
亳之城父陳之夷邑○塗按隱元年紀人伐夷杜註夷國
在城陽壯武縣壯武故城在今即墨縣西六十里孔穎達
曰世本妘姓傳無其人不知爲誰所滅又莊十六年晉武

公伐夷執夷詭諸杜註詭諸周大夫夷采地路史以爲妘
姓詭諸邑是混二夷爲一也又以亳之城父當之則周大
夫采地焉能至此其誤可知

朱

朱即邾○路史朱曹姓子爵邾也周封挾後遷婁是爲邾
婁今濟之任城南二十里有邾婁城又朱虎國號之朱陽

比

比在今南陽府泌陽縣○路史云比干國今唐之比陽有
比水後魏爲殷州而比干墓乃在偃師西北十五里寰宇
記在汲北十里有石銘云大夫比干之墓有廟在滑又汾
之西河縣北百二十里有比干山

尹

尹在今汾州府治○高氏士奇曰今山西汾州有尹吉甫
墓即古尹城○路史云殷之封今汾州鄭樵說故尹地及
周爲尹氏采王符云慶姓葢亦作允○元和姓纂少昊之
子封于尹城因氏焉○方輿紀要尹在河南府城東北○
塗按此東遷後之尹

胡

胡在今潁州府治○襄二十八年胡子朝於晉杜註汝陰
縣西北有胡城○高氏士奇曰按三十一年公薨立胡女
敬歸之子子野杜注胡歸姓之國定十三年楚滅胡以胡
子豹歸漢置汝陰縣屬汝南郡金爲潁州今仍之志云州
有二城南城周五里故汝陰城也北城周四里故胡國城
也二城相連並爲州治○路史胡歸姓范史汝陰本胡國
今潁治西二里有胡故城九域志開封有陳胡公廟胡公
嬀姓而盟會圖胡在豫之郾城此姬姓胡越世家云析酈
宗胡索隱云宗胡邑也爲胡姓之宗又曰姬國也○羅苹

注云平王二十六年鄭伐胡武公曰胡兄弟之國也又曰索隱謂胡姓之宗非乃宗姓之胡爾○塏按胡齕之胡疑爲嬀姓近之係田氏之同族耳

告

告卽郜今曹州府城武縣東南二十里有郜城○路史告分南北南後入晉北後入宋有告氏郜氏注云國姓之字古少從邑其從邑者皆出後世朱晉之類反謂去邑妄矣○春秋桓二年取郜大鼎于宋隱十年取郜僖二十年郜子來朝杜註郜姬姓國孔疏曰二十四年富辰所云聃季

之弟文王之子惟此年一見無時君謚號不知誰滅之○高氏士奇曰漢有郜成縣屬山陽郡後漢省入城武縣屬濟陰郡范志云有郜城近志郜有二城北郜城爲郜國又南二里曰南郜城則宋邑也鄭夾漈亦云單州城武縣有兩郜城○塏按路史南後入晉北後入宋南北二字宜互易羅苹謂國姓從邑皆出後世殆未可憑攷之說文可見○又按水經注云黃溝又東北徑郜城北十三州志云今城武縣東南有郜城俗謂之北郜者也黃溝東逕平陸縣故城南又曰泡水又東逕郜成縣故城南故世有南郜北郜之稱也據此則南郜北郜非止相去二里者北郜在城武南郜在郜成也

東郭

東郭在今青州府臨淄縣○孟子疏云東郭齊國之東地號爲東郭也○塏按孟子言卒之東郭墦間則在國城之外可知姓纂言東郭氏出自齊桓公之後按春秋傳有東郭偃東郭書東郭賈又有東郭牙見呂氏春秋與桓公管仲同時又有東郭亥見孔叢子與孔子子貢同時路史又言齊有東西南北四郭氏

沈

沈在今汝寧府治○左傳杜註沈國名汝南平輿縣北有沈亭○元和姓纂云周文王第十子聃食采於沈因氏焉○高氏士奇曰定四年蔡公孫姓帥師滅沈史記蔡昭侯十三年與晉滅沈是也後屬楚爲平輿邑秦始皇二十二年李信攻楚平輿漢置平輿縣屬汝南郡亦謂之懸瓠城南北用兵懸瓠爲必爭之地今汝寧府治東南有平輿故城在汝水之南岸沈亭在其北又陳州沈邱縣亦沈國地先爲楚所得又金天氏之後有沈封於汾川晉滅之此別

是一沈沈約自序合而爲一非是○夕日宣十二年沈尹將中軍杜注沈或作寢寢縣也今汝陰固始縣按此沈國之別邑也而楚取之以爲重鎮故沈尹見於春秋甚詳史記楚莊王召孫叔敖子封之寢邱四百戶卽此邑之分壤矣漢置寢縣光武改名固始晉屬汝陰郡隨末于寢邱地別置沈邱縣又立沈州治之荀子曰孫叔敖期思之鄙人也期思亦爲固始地則寢邱本叔敖之鄉縣而因以封之汝陰爲今潁州屬鳳陽府固始屬光州沈邱屬陳州三縣分割屬三郡而地則相接沈邱縣南百步有寢邱云○路

史云沈逞奔楚曾孫諸梁爲右司馬采於葉○注云沈子逞奔楚字循之爲沈氏生嘉字唯良二子尹丙尹戌戌字中達爲右司馬生諸梁字子高采於葉○塗按汝陰爲今潁上縣屬潁州府又按昭二十三年沈子逞滅卽平輿之沈君死曰滅非滅國也定四年晉使蔡滅沈以沈子嘉歸時沈尹正爲楚左司馬安得以爲嘉之子路史之說殆謬

時

時在今青州府臨淄縣○路史云少昊後李姓國博昌有時水春秋之乾時元凱云旱則涸故曰乾時齊大夫時子

高

高卽高唐今禹城縣北四十里有古高唐城○路史有高氏高堂氏注云風俗通云高傒采高堂後爲氏○塗按姓纂云齊太公六代孫文公子高孫傒以王父字爲氏與此異

成

成在今兗州府寧陽縣○路史云郕是也伯爵濮之雷澤北三十里故城是漢屬濟北晉屬東平後遷其陽曰成陽與周曾蘇之成異○急就章注云成者周之采地卿士所

食成肅公簡公桓公是也故稱成氏焉又楚令尹子玉若敖孫也號成得臣亦爲成氏晉有成鱄成何宋有成讙秦有成差並爲成姓○高氏士奇曰今兗州府寧陽縣東北三十四里有堈城壩卽漢剛縣故地而郕在其西南益近寧陽矣○徐氏文靖曰水經注曰瓠河北有郕都城隱五年郕人侵衛京相璠曰東郡廩邱縣南三十里有故郕都此則郕邑之與衛界者邑有先君之廟曰都也衛師入郕杜注郕國也東平剛父縣西南有郕鄉卽漢志泰山郡之剛一作岡水經注曰洸水上承汶水於岡縣西又西南逕

盛鄉縣西郕作盛穆天子傳盛姬即成姬也後漢郡國志屬濟北國又析置成縣晉爲剛平縣杜注剛父父字訛也郕廹於衛而遷於成之陽括地志濮州雷澤縣東北三十一里漢成陽縣是也魯文十二年郕太子以夫鍾與郕邽來奔公以諸侯逆之故春秋書曰郕伯來奔今東平州汶上縣北有郕城有夫鍾里蓋即郕太子以之奔魯者也一統志汶上縣北三十里有郕國城考略以爲誤非也○札樸曰公羊傳成者盛也桓十一年公會宋公于夫鍾杜注夫鍾郕地此與孟氏之郕邑遠不相涉孟氏郕邑杜氏注

謂在泰山鉅平縣東南括地志謂在兗州泗水縣西北五十里

龍

龍在今泰安府治泰安縣○路史國名紀高辛後云龍晏龍國王符云優姓魯之北鄙預云太山博縣西南後爲博城今奉符有龍山非長垣之龍○路史注云夔龍皆以名爲國

四書地理攷卷十五

東洞庭王瑬原名仲瀣亮生著

以地爲氏名類

許

許在今許州○說文鄦炎帝大嶽之允甫侯所封在潁川○段氏玉裁云炎帝神農之裔子爲大嶽封于呂其裔子甫侯又封于鄦前志潁川郡許故國姜姓四岳後大叔所封左傳正義作文叔說文叙目云呂叔作藩俾侯於許然則封鄦者文叔非甫侯也鄭注呂刑曰呂侯受王命入爲

三公引尚書刑德放云周穆王以呂侯爲相呂刑今文尚書作甫刑呂甫許皆姜姓封國詩王風申甫許三國並言武王既封文叔於許矣豈待穆王封甫侯于許哉說文言甫侯所封者即謂呂叔亦即謂文叔無二人也今河南許州州東三十里有許昌故城○瑬按許行蓋以國爲氏者許本神農之後故託爲神農之言

徐

徐在今泗州○地里志云臨淮郡徐故國盈姓春秋時徐子章禹爲楚所滅後志云下邳國徐本國○瑬按徐辟亦

以國爲氏者下邳國今泗州北五十里有故徐城又曾東亦有徐邑說文作郤云郤邾下邑也曾東有郤城讀若塗按周禮薙氏注伯禽以王師征徐戎書序徐夷並興東郊不關昭元年周有徐奄葢郤戎也徐戎滅後卽爲鄒邑

張

張未詳孰是○路史云黃帝次妃彤魚氏生揮揮次十五主造弧矢及司率留受封于張爲弓氏張氏又國名紀云揮之封然黃帝後自有張若故河東解有張陽城漢之東張今邢之任縣是紀年齊師逐鄭太子齒奔張陽城南鄭

是也○潛夫論云河東解邑有張城有西張城豈晉張之祖所出耶又云桓叔之後有張氏○元和姓纂云黃帝第五子青陽生輝爲弓正觀弧星始制弓矢主祀弧星因姓張氏○水經涑水篇又南過解縣東又西南注於張陽池注云又西南逕張陽城竹書紀年齊師逐鄭太子齒奔張城南鄭者也漢書之所謂東張矣○漢書曹參傳别與韓信東攻魏將孫遨東張○塈按路史有舛誤邢之任縣本漢張縣然與河東之解相去殊遠安得以爲卽東張耶又按通志略謂張氏皆出解張之後亦妄

戴

戴在今歸德府考城縣東五十里○左傳杜注戴國名陳留外黃縣東南有戴城○塈按姓纂以爲戴公後以謚爲氏非也路史云其支於戴者鄭取之有戴氏甾氏菑氏則戴乃以邑爲氏者隱十年宋人蔡人衞人伐戴鄭伯伐取之取三師非取戴也自後戴不見經傳顧復初以爲地入于宋者是也

叚干

叚干魏地疑在今芮城縣○史記云老子之子名宗宗爲

魏將封於叚干集解叚干魏邑名葢因邑爲姓○塈按大名縣志云史記魏世家文侯客叚干木任西門豹守鄴而河內稱今大名本魏縣地壤接于鄴有文侯禮賢臺在府西南四十里其西路有叚村此當爲叚干木游止之地而非叚干得姓之地也○一統志叚干木故居有三一在安邑縣東南曰下叚里一在安邑縣西南曰上叚里一在芮城縣西北二十七里山麓叚村○水經注河北芮二城之中有叚干木塚○臧氏庸曰廣韻叚姓出武威本自鄭其叔叚之後風俗通云叚干本之後史記集解云叚干應是

魏邑名也魏世家有叚干木叚干子田完世家有叚干朋疑此三人是姓叚干也劉淵林注魏都賦引呂氏春秋曰叚干木者魏文侯敬之過其廬而式之其僕曰干木布衣耳而君軾其廬不亦過乎文侯曰干木不趍俗役懷此先秦古書非漢魏以後文人割裂之辭可擬而獨稱其名則魏何妨並有叚氏叚干氏乎裴氏疑干木不姓叚過矣○查氏撰曰叚干複氏也而王充論衡魏無干木秦兵入境抱朴子嘉遁篇寢宜遼之舍閉干木之廬又逸民篇云魏文非不能屈干木也又欽士篇云干木之隱又譏惑篇云

魏式干木銳冠旋師劉勰新論干木處魏秦人罷兵又魏之干木遁世幽居又干木在魏身不下堂孟子正義干木泄柳並稱似皆以叚爲氏唯班固幽通賦木息偃以蕃魏申重繭以存荆則以叚干爲氏矣孟堅精於地理當可依據而應劭風俗通十反篇干木息偃以藩魏包胥重繭以存郢全用班賦而增一字誤矣費袞梁谿漫志云今之稱複姓者皆從省文如司馬曰馬諸葛曰葛歐陽曰歐夏侯曰侯鮮于曰于此類甚多蓋漢魏文人已蹈此弊不獨如袞所云也國策有叚干綸叚干崇複姓無可疑者魏都賦

注引呂覽稱干木皆高士傳語呂覽作叚干木新序引呂覽全文俱無去叚字語高誘注同此文選注之應校正者也魏地叚干見史記老子傳老子之子宗爲魏將封於叚干無更姓叚干語且宗爲魏將最先亦當在武侯或文侯時而文侯已師事叚干木與宗當同時人其得姓已與宗無涉而宗之子注注之子宮又不及木非其族可知傳並不言以地爲氏則宗注宮後未必不仍李姓也葛洪神仙傳引史記作封於叚通鑑注引唐氏族志李耳之後李宗封於叚路史謂先居叚後居干皆因史記裴注致譌細玩

此注文義裴駰因叚干地名遂引叚干木等三人以證叚干之因邑爲姓與李宗本不相蒙讀者不察耳此史記注之不可不辨正者也唯叚干魏地未詳所在詩小雅斯干箋干澗也爾雅山夾水曰澗釋名同魏風伐檀箋干厓也易鴻漸於干注謂大水之旁王伯厚詩攷考盤在干地下而黃曰干引文選注又干磽确也引釋文据此叚干之干是河干也又詩地理考魏風河之干引水經河水東過河北縣南按今芮城縣漢河北縣地水經注河水自河北城南東逕芮城二城之中有叚干木冢方輿紀要叚干木隱中

條山之虞原芮城縣之首陽山卽中條之異名水經注芮城南西二面並去大河二十餘里北去首山一十許里處河山之間土地迫隘故魏風著十畝之詩也竊疑晉本有叚氏如國語之叚規呂覽之叚喬爲司空或其先居於河于遂以係所居之地爲叚干因以爲氏耳

楊

楊在今平陽府洪洞縣○路史云楊侯也宣王子幽王封之曰楊侯其地平陽楊氏縣漢之河東楊縣地○元和姓纂云周武王第三子唐叔虞之後至晉出公遜於齊生伯

僑歸周天子封爲楊侯子孫以國爲氏一云周宣王曾孫封楊爲晉所滅其後爲氏焉或曰周景王之後楊雄自叙云伯僑不知周何別也

墨

墨本墨胎在今永平府盧龍縣○元和姓纂云孤竹君之後本墨胎氏後改爲墨氏望出梁郡戰國時宋人墨翟著書號墨子○路史曰黃帝後姜姓國怡一曰默怡今營之柳城亦作台卽墨台禹師墨如或云墨台又曰孤竹今平之盧龍東有古孤竹城小白之所至地道記在肥如南十二里秦之離支縣漢令支也營州皆其地一作觚○塗按風俗通墨夷氏宋大夫有墨夷須墨夷皐則墨胎之爲墨氏無可疑者伯夷叔齊氏墨胎則孤竹卽墨胎非二國也

飛

飛在今絳州河津縣○路史國名紀少昊後嬴姓非蜚也蜚廉國龍門縣南七里有蜚廉故城非子祖也又絳之正平蜚廉城云事紂所居○姓纂云風俗通飛廉國秦所滅因氏焉○塗按飛廉乃秦之先安得謂飛廉國秦所滅耶周毆飛廉海隅戮之其國豈不在滅國五十中哉此風俗

通之誤

離

離未詳○路史三皇之世國名有離○又周世侯伯云離本舒鳩地今通利軍之黎陽有故東離城漢鄧颺爲離侯於此史表或云黎非○塗按漢魏郡黎陽縣在今衛輝府濬縣西三里晉灼曰黎山在其南太平寰宇記云黎侯寓居之處則本作黎亦非舒鳩之地路史誤也舒鳩之離城今廬江縣與此無涉離婁莊子作離朱司馬彪注云黃帝時人風俗通以爲孟子門人疑司馬說是離爲古國也

淳于

淳于在今青州府安邱縣○路史云淳大昊後是爲淳于故城在高密之安邱東北故淳于縣屬北海酈元云本夏之斟灌國武王以封淳于公杞併之遂遷江南預云華容今監利也

逢

逢在今開封府治祥符縣○地里志河南郡開封逢池在東北或曰宋之逢澤也○元和郡縣志太平寰宇記並云在開封縣東北十四里○水經注渠水逕開封縣睢渙二

水出焉右則新溝水注之其水出逢池池上承役水于苑陵縣別爲魯溝水東南流逕開封縣故城北魯溝南際富城東南入百尺陂即古之逢澤也○路史逢伯爵伯陵之國黃帝所封夏有逢冡（一作蠭又作麗）穆天子傳逢公其後也地今開封蓬池一曰逢澤又曰內傳齊之先有逢伯陵盉伯陵前封逢後改于齊故山海經有北齊之國姜姓是兩齊云○路史注云九域志逢陂忌澤汲冢紀年梁惠王發逢忌之藪以賜民者秦孝公使公子少官會諸侯于蓬澤

庾

庾在今河南府偃師縣○路史云帝堯時侯國春秋時有庾子皮皮子過邑於維氏爲庾氏庾公差姓書以爲帝堯時掌庾大夫之後○沈氏垚曰路史維氏疑緱氏之訛緱氏縣在雒水之南偃師縣在雒水之北今皆爲偃師縣地庾信哀江南賦云居負雒而重世邑臨河而晏安緱氏本春秋時滑國後地屬晉曰負雒曰臨河緱氏地差爲近之○塗按左傳荀躒軍於侯氏杜注周地侯氏疑即緱氏也維與侯訓詁通侯轉爲緱耳

沈猶

沈猶在今青州府高苑縣○路史周世國云沈猶古附庸後魯沈猶氏姓苑云太山人地在千乘○塗按縣名千乘者寰宇記云齊景公有馬千駟畋於青邱

儲

儲齊地未詳○路史國名周世侯伯云齊大夫有儲子姓源云儲人後謬

共

共當在今河南府靈寶縣○路史三皇之世國云地在宏農虞帝時共工或云居此又商後國云共今衞之共城文

王侵阮徂共卽共伯國漢之共縣共故城縣東百步非叔段邑○陸氏嵩曰竹書厲王十三年共伯和攝行天子事魯連子曰衞州共城縣本周共伯之國漢志共國北山淇水所出水經注淸水徑共縣故城卽共和故國共伯旣歸政逍遙共山之上在國北所謂共北山也莊子曰共伯得乎共首按此周共伯之國在今衞輝府輝縣春秋初叔段奔共杜注共國汲郡共縣當卽共伯之後其國至隱公時尚存後入於衞爲衞地左傳益之以共滕之民卽故共國也魏策通韓上黨于共甯又秦遷齊王建于共皆此輝縣

之共此一共也桓十年虞公出奔共池杜注地名闕彙纂案今山西平陽府平陸縣西有共池志云虞公出奔地去縣四十里許與讓畔城相近此又一共也詩侵阮徂共張氏曰共阮之地名皆在今涇州有共池徐位山考春秋經傳共池爲秦地以張氏說爲是然此非虞公所奔之共池葢又一共也若虞書共工當是爲工官而封于共者猶子朱封丹淵而稱丹朱也山海經有禹攻共工國山周左史戎夫記曰昔有共工自賢唐氏伐之共工以亡荀子曰禹伐共工是也路史三皇之世國云地在宏農虞時共工居此則當在今河南府靈寶縣矣而竹書統箋乃謂在今順天府密雲縣東北五十里有共城此葢舜流共工處非共工之本國也

驩

驩疑在今濟南府肥城縣西南○路史云濟之乘丘有讙亭或云驩兜國今濟治鉅野齊人歸讙預云濟北蛇丘西有驩亭○又云驩兜以孿臣狐攻專權亡國荀卿云堯伐之今宏農有地名兜志爲驩兜之都然意驩爲國當如魯讙未必兜地其後竄之崇山則今澧之慈利也有驩兜墓然嶺外

驩州圖經記以爲其竄所樂史亦記驩州爲所放處則去崇山遠矣驩隨爲州是爲驩朱國

咸邱

咸邱在今曹州府鉅野縣南○釋地云古人以所居之地得姓氏如咸邱蒙是也春秋桓七年焚咸邱杜注魯地高平國鉅野縣南有咸亭○高氏閌曰咸邱乃魯地近齊者故孟子以蒙爲齊東野人

丹

丹疑在今南陽府內鄉縣○釋地曰丹朱貍姓在周爲傳

氏見國語○范江荆州記曰丹水縣在丹川堯子朱所封也漢書律歷志堯封子朱于丹淵爲諸侯○一統志丹水故城在淅川縣西本古都國○路史注云御覽尚書逸篇云丹朱不肖舜使君丹淵爲諸侯竹書云帝放丹朱於丹水今朱虚縣有丹山東丹西丹二水水近有長坂逵峻謂之破軍坂記爲丹朱弄兵之所今青之益都有堯山三齊記堯廵所登伏琛云山南有二水名東西丹然鄧之内鄉亦有丹水荆州記爲丹川堯子所封卽丹浦堯敗有唐之處蓋非本國○塗按竹書帝使后稷放子朱于丹水漢志

陶唐氏讓天下于虞使子朱處于丹淵爲諸侯路史注引御覽尚書逸篇云丹朱不肖舜使君丹淵爲諸侯一以爲放一以爲封意堯先放之至舜攝政而封之也按丹水有三一在臨朐一在淅川一在高都路史注云今朱虚縣有丹山東丹西丹二水水近有長坂逵峻謂之破軍坂記爲丹朱弄兵之所此臨朐之丹水也荆州記丹水縣在丹川括地志丹朱故城在内鄉縣西南百三十里此淅川之丹水也水經注靑水篇丹水出長平北山丹水又南白水注之水出高都縣故城西路史注云相圖經引孟子注云舜封丹朱于白水此高都之丹水也未知孰是路史云舜封之于房夏封之于唐按一統志房縣在鄖陽府城西南三百一十里舜封丹朱于房卽此括地志故唐城在絳州翼城縣西二十里卽堯裔子所封翼城縣隸今平陽府

彌

彌衛地未詳○路史國名紀文昭之後有彌○姓纂云史記衛公孫彌子瑕以王父字爲氏○塗按檀弓疏引世本云靈公生昭子郢郢生文子木文子生簡子瑕瑕生衞將軍文氏古今姓氏書辨證引世本作郢生文子彌牟爲將

軍氏此簡子瑕别一人彌子乃靈公幸臣如姓纂言不幾以爲靈公曾孫耶彌子當是以邑爲氏者

百里

百里未詳○通志略引風俗通曰百里氏秦大夫百里奚之後其先虞人家於百里因氏焉○寰宇記鄧州云百里奚宛人仕於虞又于南陽縣引南雍州記曰南陽縣西北七里有梅溪源發紫山南經百里奚故宅

宮

宮在今解州平陸縣○一統志宮之奇葬解州平陸縣東

辛宮里○路史國名紀云周之餘族之奇之先國玉篇郜國爲徒冬切非又云姬姓國宮虞滅之○寰宇記傳說宮之奇叚干木皆陜州人

曹

曹在今曹州府定陶縣○杜注云曹國今濟陰定陶縣○彙纂云今定陶縣西北四里有定陶故城卽曹國也○困學紀聞云集註曹交曹君之弟戰國之時曹亡久矣曹交蓋以國爲氏者○澐按路史云晏龍封曹爲曹姓朱婁騶繹倪莒小邾根牟皆曹分也則曹交或卽鄒君之同族耳

愼

愼在今潁州府潁上縣○路史云高陽氏後吳伐愼白公敗之今廬之屬縣西北四十一里有故愼城愼水在今潁州潁上西北

白

白在今光州息縣○路史少昊嬴姓國又云蔡之褒信西南白亭是楚平滅以封子建之子勝曰白公

傅

傅在今解州平陸縣東北二十五里○釋地云傅氏之巖在虞虢之間說代胥靡操築於此○左傳杜注云河東大陽縣東北有顚軨坂○彙纂云顚軨坂在今平陸縣東北七十里○水經注云河水又東沙澗水注之水北出虞山東南逕傅巖歷傅說隱室前傅巖東北十餘里卽顚軨坂也有東西絕澗左右幽空窮深地壑中則築以成道指南北之路謂之軨橋也橋之東北有虞原原上道東有虞城其城北對長坂二十許里謂之虞坂戴延之曰自上及下七山相重穆天子傳曰天子自鹽巳丑南登于薄寘軨之隥乃宿于虞○一統志傳說墓在平陸縣東北三十里中

條山南馬跑泉上東西兩山環拱若屏卽說故居也○寰宇記云安邑縣中條山在縣南二十里其山西連華嶽東接太行山有路名曰虞坂晉荀息假道於虞以伐虢卽此

桃

桃疑在今兗州府泗水縣○左傳襄十七年齊侯伐我北鄙圍桃公羊作洮杜注卞縣東南有桃虛○高氏士奇曰晉人來洽杞田季孫以成與之而遷孟氏之邑于桃世謂之陶墟又有舜井及嬀亭山○陸氏嵩曰春秋傳王使頹叔桃子出狄師國名記曰桃子蕭姓春秋時猶在史記正

義燕縣有桃城桃應當是其後○塗按隱十年公會齊侯鄭伯于老桃杜註宋地高氏曰今濟寍城北六十里有桃鄉城此宋之桃也桓十年公會衛侯于桃丘杜註桃丘衛地濟北東阿縣東南有桃城高氏曰今東阿縣安平鎮十八里有桃城舖此衛之桃也又按攷工記有桃氏爲劍桃應之氏桃或以官或以地殆未可知也

馮

馮周地在今開州府滎澤縣○說文鄭姬姓之國○廣韵曰畢公之後食采於馮城因而命氏○師古云歸姓○東

觀記曰魏之別封曰華侯孫長卿食采馮城○路史畢公後采馮亭春秋有馮簡子杜曰歸姓今范陽李澤中有馮水即古馮地古馮夷國○高氏曰范陽非周地也當以畢公識內馮亭爲正○水經注濟水篇礫溪水出滎陽城西南李澤澤中有水即古馮池地理志曰滎陽縣馮池在西南是也○塗按高氏引路史訛本以滎爲范

散宜

散宜未詳○路史云帝堯取富宜氏史記班表作散宜○又商世侯伯云散宜生後有散氏

萊

萊在今登州府黃縣○路史五帝之世國云湯佐命萊朱國○塗按書萊夷作牧史記太公封營丘萊人來伐與人爭營丘是萊國在周之前矣仲虺或嘗居於此

四書記聞二卷

清　管同撰

清光緒十七年江寧翁氏心清平軒刻本

四書
記聞

光緒辛卯孟
冬江甯翁氏
心清平軒刊
吳大澂署檢

四書記聞卷上

上元管同著

三年無改於父之道

世或疑三年無改於父之道乃得爲孝設父所行誠不善而亦待三年則豈不至於亾家而喪國與尹氏游氏之說故爲得之曰三年者居喪之期也古者人君諒陰三年不言百官總已以聽於冢宰君之身固未嘗得有爲也至於士君子居喪則一皆廢業而不爲禮樂其於家事亦必有所屬焉而初非自爲之矣夫先王之爲是制固以盡人子哀痛不暇之情亦正

以處夫父行之不善者使他人代爲更之而不使人子有悖親之迹故曰禮以義起也後之人不守此制則於父行之不善者亦安得而不自改夫自改於親喪未久之日雖於勢萬不能已而於情何以能安乎故子曰三年無改者正謂於善惡一無所改也於善惡一無所改者恪遵乎諒陰廢業之制斯守禮也而固極乎情矣夫守禮而極乎情斯謂孝矣而豈得如尹游之所論哉古者天子諸侯有冢宰大夫有家老而士亦有家相故曲禮曰士不名家相長妾三年之喪士大夫蓋委事於家老家相故其身得以廢事特

經未備文耳惟聖人則不能拘是制矣然而禮不下庶人也夫事親之道有隱無犯故三年子不可以改父事君之道有犯無隱故三年臣直可以改君宋元祐初司馬溫公爲相盡變豐熙之法而小人者持是語以搖國是儒者亦不知其解故曲爲說焉不知以經言之則變法當一聽溫公而哲宗者初不當有所與也嗚呼三年無改者惟諒陰與廢事故也君不行諒陰士大夫不能廢事天下國家之故難處者豈不多哉夫然後知先王制禮之精而末世不行禮者之爲害大也

無違

違之字从走韋聲本以背去爲義論語棄而違之左氏傳齊師違穀七里此違之正訓也夫違既以背去爲義矣故逆人意者亦謂之違論語又敬不違孟子無違夫子是也背義理者亦謂之違尚書靜言庸違左氏傳君人者將昭德塞違是也是二者意殊而語無異故孔子既以告孟孫而恐其未達朱子之言無纖毫之有誤也鄭少谷乃謂孔子告懿子無違者謂無違僖子之命而學禮而毛大可力主之是徒知逆人意者之謂違而不知悖義理者之亦謂違也其於

古訓也疏矣

攻乎異端斯害也已

斯害也已與斯亦不足畏也已文句正同舊解無可易世有訓已爲止者好異之過耳

是可忍也孰不可忍也

左氏傳昭公二十五年將禘於襄公萬者二人其衆萬於季氏論語此章葢正因是而發當其萬也臧孫曰是之謂不能庸先君之廟大夫遂怨平子君臣謀之而乾侯之難作矣夫昭公欲逐意如誠可謂輕舉以得禍而其臣臧郈等之勸以逐者皆爲私也然而

季氏之惡豈復可忍乎謂昭公制之不得其道則可謂季氏之惡可忍而不誅則亂臣賊子無一而非可忍之人矣而觀左氏及公羊則當時之人率以意如爲可忍故孔子特發此言寬弱主罪逆臣而深警當時之瞶瞶云

哀公問社

新唐書儒學傳禮部尚書祝欽明問周家田主用所宜木今社主用石奈何張齊賢對春秋君以軍行祓社釁鼓祝奉以從故曰不用命戮於社主用石以可奉而行也同按論語哀公問社於宰我古魯本或作

主而注家以廟主釋之或作社而注家以社主釋之今雖未知的作何字而要以宰我所對言之則公所問者必社主而無他義也古者刑人於市初不於社而甘誓言用命賞於祖不用命戮於社者正謂軍中奉主以行如齊賢所對之義耳惟社主古就以戮人故曰使民戰栗若使哀公泛問社義則宰我何獨爲斯言而社非用刑之地則戰栗之說亦爲無因而發矣故知所言必社主也或曰古社主必用石而不用木同按鄭康成周禮宗伯注社主蓋用石蓋者疑辭耳呂氏春秋殷人社用石夫旣曰殷人用石則周人

之不用石可知矣要之殷人以柏亦不以石也或曰古之社壇而不屋以受霜露風雨若用木主何所藏之考古者宗廟之主有石函左氏傳所謂祏者是也夫在廟猶用石以函之豈於社之不屋者必任其摧殘於風雨而不可有以護之乎其爲說亦過拘矣夫社之樹木古有明文故漢時猶有枌榆之社朱子之說固不可謂無據也然用是以講戰栗之說則不可得通是以必以社主釋之大抵漢儒之言雖或附會而有本者亦多矣未易卒棄之也

吾道一以貫之

朱子釋此章謂曾子有所見而難言故借學者盡己推己之目著明之使人易曉其言精當之至矣近世學者多謂聖人之道實不外乎忠恕朱子似猶見忠恕爲小者故云爾同竊以爲不然程子說此章以維天之命於穆不已爲忠乾道變化各正性命爲恕且曰動以天而朱子釆之其見忠恕豈小哉然而猶曰借其目者何也忠恕者道之有名跡者也故孔子曰違道不遠孟子曰强恕而行求仁莫近焉若孔子語曾子一貫而曾子曰唯斯時之言有不可以名跡論者矣於穆各正猶可謂之忠恕上天之載無聲無臭

至矣可更名曰忠恕乎哉孔子之繫易曰天下何思何慮天下同歸而殊塗一致而百慮天下何思何慮斯言也即一以貫之之說而無極之旨未嘗不在其中然此惟曾子知之而下此者不能曉聖賢教人欲無弊而不躐等曾子所以特借忠恕為辭以答門人之問焉耳昔謝上蔡初見程子述易繫之言程子謂天下有此理而賢則發之太早程子之言即曾子告門人之意夫程朱說此章其為義至大且精而顧皆不及乎無極之旨是其言猶有隱而未發者矣而說者乃曰言無極者二氏之學夫無極誠為二氏之學

也無聲無臭易中庸何以有是言哉

古者言之不出

出如小德出入之出其訓踰也過也范氏說非

道不行乘桴浮於海

或謂同云聖人不凝滯於物而能與世推移故曰道不行乘桴浮於海大賢以下則有不能矣故曰由也好勇過我無所取材此皆喻言而說者失之

吾與女弗如也

與猶以也以猶謂也漢人謂孔子自謂不如顏回其解固謬而朱子謂與爲許其於辭亦迂曲非經義之

本然也以與相通多見於經典詩召南不我以不我與鄉射禮主人以賓揖鄭康成注以猶與也下逮唐人陸宣公韓昌黎其文尚多有之

宰予晝寢

聖賢之道主敬而尚勤是故好學而使人執禮者孔子之所以爲敎也然而春秋時天資高明過乎中庸之智者則已任情放達而蕩然於禮法之外原壤子桑伯子之徒皆是已原壤子桑伯子彼二人豈常人哉葢其學正如後之莊周以爲道眞在此而以先王之制禮爲繁聖賢之勤學爲害性是以舍棄儀節放

軼規矩而所爲至於如是焉耳宰我子貢智足以知
聖人而孔子嘗曰賜之華不如予之實也然則宰予
蓋天資高明有莊老明自然之意其問從井救人老
子小仁義之旨也其欲短喪卽臨喪不哀母死而歌
之類也推是以言晝寢非卽原壤夷俟子桑伯子不
衣冠而處之爲乎是雖當聖人之世教學昌明必不
至如後世阮籍之徒縱情自肆成風俗而害國家其
爲禍若是烈也然而不力禁焉則亦足以啟其端矣
夫古者自天子至於庶人明動晦休無日以怠若夫
異端之徒游惰廢事帥民而出於無用其與朽木糞

土奚異焉此夫子責宰予之本意也細繹宰予之爲人先儒所謂志氣昏惰能言而行不逮者愚以爲未中其病云

夫子之言性與天道不可得而聞也

春秋以前所謂天道者有二說焉中庸誠者天道此一說也左氏傳天道遠人道邇國語吾非瞽史焉知天道此又一說也子貢所云天道不可得聞則所指與左國同與中庸異鄭康成注論語釋以七曜變動之占（見後漢書桓譚傳注）其說雖爲不備要之天道云者吉凶休咎感應之說而已矣何晏集解乃釋以元亨日新

之道宋儒者又以即性言之其爲說固曰以精然竊
恐子貢之意未必然也夫吉凶休咎感應之說言理
若可憑而論數則有時而不驗其事元遠難識非可
教人故聖人罕言命而不語神是卽天道不可得聞
之說耳若夫元亨日新聖人雖未嘗顯標其旨以教
人其平日所常言豈能外此而何以謂之不得聞而
如以爲天道卽性則言性足矣何必更及乎天道故
知其說雖精而初非經之本義矣謹按漢書張禹傳
成帝問禹以天變因用吏民所言王氏事示禹禹對
災異之意深遠難見性與天道自子貢之屬不得聞

何況淺見鄙儒之所言然則禹說論語亦以左傳國語所云天道者解之與鄭同矣何氏之徒乃棄而不取也

狂簡斐然成章

朱子解在陳章以爲專言狂士近世講義尤牽合不可分是特因孟子萬章之問答而爲是說耳吾以爲實不然也萬章之問正誤合狂簡爲一故孟子首爲分之以進取屬狂以有所不爲屬狷至若斐然成章則萬章所未問孟子所未言兩書異辭安得取彼文以解是章之義哉吾謂孔子在魯弟子非一人矣其

性之所近學之所成則又非一塗矣是故有狂焉有簡焉而又有斐然成章之士焉簡非即狂而斐然成章者又非即狂與簡且夫萬章之問本以狂簡爲辭而孟子則答以狂狷簡之即爲狷也不待言矣若夫斐然成章大抵禮樂之儒文章之士聖門若子游子夏子張皆其選也是三者固皆子之所思也設必以簡與斐然成章悉歸而爲狂者之事則孔子在魯之弟子豈得皆狂而其有異於狂而爲狷爲禮樂文章之士者豈聖人遂不思之而併不欲歸而裁之哉甚矣其不然也或曰狂簡不知裁朱子謂過中失正陷

於異端其說是矣彼禮樂文章之士又何以解焉曰狂簡者常至於失中禮樂文章者易流於務外弊不同而爲失豈殊哉孔子曰師也辟曾子曰堂堂乎張也難與並爲仁矣是斐然成章者不知裁而至乎是也

　季康子問仲由可使從政也與

九經說曰政所從出者冢卿也位非冢卿而冢卿授之一國之故身率以聽焉是之謂使從政若子皮之於子產季桓子之於孔子是也同按此因左氏傳子產從政一年而爲是解然考楚伍參謂莊王曰晉之

從政者新晉彌牟謂仲幾曰晉之從政者新一謂荀林父一謂范鞅其時皆新將中軍而二人以爲從政則從政固卽執政矣邢疏謂從一官而爲政朱子云從政謂爲大夫皆非是

默而識之學而不厭誨人不倦何有於我哉

昔者孔子之自言曰若聖與仁則吾豈敢抑爲之不厭誨人不倦則可謂云爾已矣孟子亦載其言曰聖則吾不能我學不厭而敎不倦然則是二者孔子以之自任久矣若夫默而識之則其語他無所見然而口不言而存諸心是亦學者當然之事固非若聖與

仁爲聖人之所必不敢居者也集解引鄭曰無是行於我我獨有之其辭意甚爲迂晦要之釋爲自任之辭則甚當而朱子以爲謙不敢居者過矣夫聖人豈敢自謂已能哉蓋欲以辭生知仁聖之目姑取其事之出於學力者而任之又以見吾之行非有卓絕不可幾之處凡若此者固皆盡其心力之所能由下學而上達者是亦勉勵學人之意也云爾雖然是三事也非聖人孰能然觀子貢仁且智夫子既聖之語則安得謂其非極至也至若何有於我其意固爲自任矣而其辭則與他處專言何有者加抑揚焉若不自

知其能否而自問且問人者然此則聖人之謙光溢於言表者與出則事公卿章其解與此同

固天縱之將聖

將大也古大指謂之將指正用此訓

朝與下大夫言侃侃如也與上大夫言誾誾如也

集解孔曰侃侃和樂之貌誾誾中正之貌正義曰下大夫稍卑故與之言可以和樂上大夫卿也爵位既尊故與之言常執中正同按注疏此言本爲無病朱子不取而改用說文按說文言部誾和說而諍也从言門聲㐺部侃剛直也从㐺㐺古文信从水取其不

舍晝夜論語子路偲偲如也説文所云和説而諍者固近孔中正之訓矣其以侃爲剛直則與所云从㐰从水者初不合蓋叔重誤記論語侃侃屬子路子路剛直故於是字亦遂誤解焉耳考古字侃與衎通後漢書袁安傳云蓋事以議從策由衆定誾誾衎衎得禮之容誾誾衎衎正用論語是節文而侃乃作衎衎之見經者其訓止爲和樂曷嘗有剛直之訓耶且論語侃侃本屬冉有子貢叔重所云从㐰从巛正和樂能言之義以比二子故爲似之以言子路則氣象不侔矣要之聖人之德氣本無不備惟其時下大夫卑

微故接之主於和樂上大夫多專横自恣故接之主於中正此亦當時事理固宜然者朱子蓋覺其義淺而改用說文以反詰之不知所用者乃許氏之誤說也

必有寢衣

孔安國注論語謂寢衣爲今之被說文被寢衣長一身有半从衣皮聲衾大被从衣今聲同按古被之形制雖不可考蓋介乎衣衾之間左氏傳楚子次於乾谿雨雪王皮冠秦復陶翠被豹舄執鞭以出其制蓋披於肩被略如今之雨衣然而制則短矣及孔子於

齋時服之以寢乃長之使至一身有半此特制也當
西漢時聖人車服禮器雖不盡存度其家猶相傳說
故安國謂寢衣爲被說必有本也而顧以爲即今之
被則其言不能無失漢後之被乃古之所謂衾而非
其所謂被也楚子翠被以出所用者豈衾哉許叔重
似疑此故說文以被爲寢衣而以衾爲大被以爲二
者蓋有大小之分要之混衾被而一之其所言乃漢
制非古制矣漢時之人既誤以被爲衾故別名古被
爲帔玉篇帔披在肩背也釋名披之肩背不及身也
此所言正古之被制而二書乃循俗名謂之爲帔不

知帔者帬也方言說帬云陳魏之間謂之帔自關而東或謂之䙓其後又云繞衿謂之帬郭景純注俗人呼接下江東通言下裳此所言者豈披之肩背之服哉因流俗一時之誤而至今併被與帔之制皆不明已

周理衷曰葛生詩毛傳云齊則角枕錦衾衾卽被也是可爲寢衣卽衾之證予謂寢衣果衾也是則人所同有也其長一身有半也是亦人所同然也鄉黨之篇何以獨爲予記與

齊必變食

論語齊必變食至不多食古注疏謂以上皆蒙齊文近世朱錫鬯因之遂謂齊亦飲酒而食肉且有加考之古不然也莊子載顏淵曰回之家貧不飲酒不茹葷者數月矣孔子曰此祭祀之齊莊子之言多荒誕不足信而生於周時則齊禮其所知安得謂其爲造飾哉國語先耕藉三日王卽齊宮乃湆濯饗醴及期饗醴乃行湆濯饗醴者注謂王沐浴飲醴酒也世遂以此爲齊日飲酒之徵不知醴之與酒其爲物截然而分注謂醴酒非謂酒與醴也楚元王敬禮穆生穆生不嗜酒元王常爲設醴齊日饗醴此正以見其不

飲酒耳而齊何反以爲徵也若夫奈不茹葷所指固五葷非肉食矣然謂齊日食肉且有加則亦殊無確證周禮王日一舉王齊日三舉說者謂殺牲盛饌曰舉周制王日食一太牢遇朔加食一等當兩太牢而散齊致齊則加牲體至三太牢以是爲肉食有加之證禮曰諸侯無故不殺牛宋司馬子魚曰古者小事不用大牲皆所以廣仁恩惜物力也王日食一太牢固已爲過況因齊而日殺三牛乎周禮之書固多難信此則正其可疑者曷足據也夫齊者所以交神也交神主於敬其於祖考則方思其笑語嗜欲而愾乎

其如聞見焉當此之時必去酒而食不加多雖禮無明文而君子可以義起矣由是言之則肉雖多與惟酒無量之文必非齊時之事注疏以爲蒙齊文者不足信矣

而求也爲之聚斂而附益之

世或謂冉子爲邦嘗以足民自許其聚斂也必非如後世之横征殆如管仲相齊李悝治衛務農盡地力上富其主而下亦不至窮民然而孔子深惡之者孟子所謂無能改於其德也予考之殊不然冉子之聚斂正春秋哀公十二年用田賦一事耳田賦之說杜

預與賈逵不同賈逵謂周制十六井賦戎馬一匹牛
三頭今一井之田而出十六井之賦杜預謂邱賦之
法因其田財通出馬一匹牛三頭今欲別其田及家
財各爲一賦逵之說韋昭已疑其太重而預說亦未
甚分明今誠不可考矣第據國語載孔子曰有軍旅
之征其歲收田一井出稯禾秉芻缶米是則古之邱
法於牛馬甲士外別出以供軍用者如此曰其歲者
有軍旅之歲也有軍旅則收之無軍旅則不收之也
季氏用田賦未知於舊法何如要必按田收之更不
問軍旅之有無故春秋書用田賦用田賦者專指粟

而言也惟專指粟而言故論語曰聚斂而孟子直曰賦粟倍他日由是言之聚斂與田賦豈非一事也耶吾意冉子爲此亦自有說蓋古者不按田收粟而猝而收之其數多今者按田收粟而漸而收之其數少此其間亦固有調劑未至困其民如後世横征之事也然而以入言之倍於他日安得不謂之聚斂孔子曰君子之行也度於禮施取其厚事從其中斂從其薄如是則以邱亦足矣田賦之爲聚斂孔子固已明言矣冉子仕季氏旅泰山伐顓臾用田賦後二事皆于孔子訪之伐顓臾冉子與其謀用田賦冉子豈得

辭其責哉聚斂之大無加於此不必强爲之說矣

浴乎沂風乎舞雩

水經泗水注云沂水北對稷門稷門亦曰雩門春秋左傳莊公十年公子偃請擊宋師竊從雩門蒙皐比而出者也門南隔水有雩壇壇高三丈曾點所欲風舞處也（風舞連文誤）按以酈注所言推之則出魯雩門卽爲沂水而舞雩又在沂水之南其地勢宛然可見云

爲國以禮其言不讓

爲國必以禮而禮卽兼讓讓也者朱子所謂禮之實也舍讓則未有可以言禮者也故曰能以禮讓爲國

乎何有不能以禮讓爲國如禮何子路之使民有勇知方不以禮而能若是乎旣以禮矣苟不讓則且無如禮何而尙能如所云乎然則禮讓爲國固子路之所能其不讓者特言志之辭焉耳此雖可哂於爲國之禮讓則無損然孔子必先言爲國以禮者正謂其能知禮讓之道則發言亦不當有不讓也朱子外注引程子子路未達云云此說恐未是蓋程子之意推及禮之至精故謂子路有所未達不知孔子明曰爲國則所謂禮者正指安國家定民人之事若至精如性與天道此時固未暇言而遽以其不達而哂之其

於情事豈合乎哉夫治民而能使有勇知方此不惟富之而抑且教之禮讓者固教民之具也冉求自謂能富民而不能教故曰如其禮樂以俟君子此雖以子路見哂而謙遜其辭實則求之才固不如子路遠也

唯求則非邦也與

此以下注疏以爲皆夫子之言其辭甚當葢子於子路許其爲邦而特哂其言之不讓故接言唯求與赤豈非亦欲爲邦乎而求言小邦赤言小相其辭謙遜若此不若由言之不讓也言此者非論求赤正以發

明哂由之意孔安國注致爲明晰朱子以兩節上句爲曾皙之問辭而其下爲子許二子之辭味其語氣似皆失之

宗廟會同非諸侯而何

此一章三賢所言皆自爲諸侯之事未嘗更言佐諸侯也然由求之說易明耳而赤曰願爲小相則其辭甚謙若不敢以諸侯自處者故孔子特爲申之曰宗廟會同非諸侯而何也以經考之周頌曰相維辟公天子穆穆此宗廟之相左氏傳踐土之會鄭伯傅王用平禮也此會同之相二者之相爲諸侯不亦明且

確耶近世講義辨說紛紜謂孔子不當以諸侯許弟子夫顔淵問爲邦而孔子告以四代之禮樂又曰雍也可使南面聖賢據實直言豈若後人之多忌諱哉且宗廟會同天子在焉不得專爲諸侯之事又此二句苟非言相則其下承曰赤也爲之小孰能爲之大所謂大小者何指哉於文義皆爲闕略也已

司馬牛憂曰人皆有兄弟我獨無

姚姬傳先生謂同云集注謂牛有兄弟而云然者憂其爲亂而將死也此解未是論語此章蓋向魋向巢皆已死而司馬牛憂戚之辭故子夏首言死生有命

而以四海皆兄弟解之設使牛固有兄弟而子夏爲是言則其說爲無差等且向魋固惡而巢非有大罪使其未死牛何至遽爲是言哉衛靈公言余無子叔向言肸又無子古人辭固有然者而未可用以解是也同按左氏傳哀公十四年向魋奔衛向巢來奔司馬牛致其邑與珪焉而適齊魋奔齊牛又致其邑焉而適吳後卒於魯郭門之外阬氏葬諸丘輿左氏此傳乃統敘牛之始終非一年事魋巢之死傳皆不之載矣不可知其何時也

必也正名乎

人君以國政授一羈旅之臣既得政乃謂是君有罪不可立併其父子皆廢置之而更立他人以爲君事則悖矣豈聖人之所肯出哉子路謂衞君待子爲政而子告以必先正名胡文定謂子苟得政必將上告天王下告方伯廢輒蒯聵命公子郢而立之嗟乎待子爲政者非輒可也待子爲政者爲輒子亦安能先廢輒耶然則子曰正名者何也曰正名者設爲必不能然之事以明吾之不仕衞而已蒯聵欲弒母因之得罪於靈公苟正其名天下豈有無父之國哉蓋必爲申生而後可也而爲其子者拒之不可迎之不能

竊負而逃遵海濱而處終身訢然樂而忘天下必如是而後名可正焉耳夫是二者度其勢豈能得之於二人哉名之必可言也而二者必不能言也言之必可行也而二者必不能行也不能言不能行則吾有不仕而已是蓋聖人之本意也嗟乎交以道接以禮斯孔子受之此子於衛孝公所以爲公養之仕也然而待爲政焉則其人有難與處者夫天下豈有綱常不立而顧可與共事之人哉雖然子固不仕衛矣而苟論衛事則舍是亦將何以爲言事不能行而斯言萬世不可易君子於其言無所苟而已矣

樊遲請學稼

左氏傳哀公十一年齊師伐我冉求帥左師樊遲爲右未知其爲大夫與爲家臣與要之遲嘗出仕有爲民上之責矣稼圃之請蓋正當出仕之時故夫子不答而直以小人譏之以爲旣爲上矣不當置所當爲而下問細民之事也若遲方平居爲士庶則請學稼圃雖爲失問而子之譏之何專以爲民上爲言乎必不然已

不占而已矣

集解鄭曰無恆之人易所不占同按康成此解本無

獘而可從占者所以決疑決疑者一占而疑可決矣而世有無恆之人則其情且時變其於占必有不能一爲而遂已者而占雖明示之亦終不能信守雖鬼神如之何哉易曰初筮告再三瀆瀆則不告是卽無恆不占之說耳楊龜山乃謂人之無恆由於不占之故竊恐未然無恆者雖巫醫不可爲居則觀其象而玩其辭動則觀其變而玩其占者君子學易之事子豈以責之不若巫醫者乎禮記緇衣載是章之說曰子曰南人有言曰人而無恆不可以爲卜筮古之遺言與龜筮猶不能知也而況於人乎詩曰我龜既厭

不我告猶緇衣以卜筮爲巫醫蓋正因不占一語而誤要其言不占則正謂不可爲占而非謂其不玩占也是公孫尼子之解與鄭同也

夫子不答

方楂之曰夫子不答者理有時不勝數而此說非可以告人也同謂此卽罕言命天道不可得聞之旨

雖曰不要君吾不信也

聖人之待人也恕而立論也寬其責於人未有過爲深刻者也臧武仲以立季悼子故爲公彌所搆而奔邾其得罪者季氏焉耳自邾如防請立後而避邑其

所要者亦季氏焉耳當是時微獨國人不以武仲爲要君而武仲亦自無要君之意而孔子獨毅然罪之此何說也曰此非誅意之法正名之義也季氏者陰據魯國之政而陽予魯君以名以私憾逐臧孫而盟之必以犯門斬關犯門斬關者魯國之禁令也然則立後之得否季氏猶以其名歸之魯君而已若不得與也而武仲者漠然不顧是其實爲要季氏而其名則爲要魯君聖人以爲旣犯其名卽爲犯其實是以毅然罪之朱之盟會季孫使以公命叔孫曰視邾莒此公命豈眞公之命哉而叔孫不從春秋遂貶而去

其族知斯義也則武仲之罪何所逃耶孔子曰惟名與器不可以假人自古權姦竊名器以號令天下遂無知之何相軋相傾則身先犯義矣嗚呼可懼也夫

齊桓公正而不譎

世或謂此下三章爲齊人所附會今固未敢決其然要之論語此篇爲齊論而非魯論則固有明證是書於魯君昭公定公哀公皆稱謚稱公而不以國舉其於他國之君若齊景衛靈皆舉國焉其通例也惟是篇載齊事直曰陳成子弑簡公不舉國名與他篇迥相異故知必齊人者爲之而初不出於有曾諸賢之

手矣魯悼公之四年齊師救鄭中行桓子謂田常乃今知所以亾當是時田常尚在度常之死當於戰國之初而此篇舉其謚然則記此篇者戰國時人去孔子之没已遠也

自經於溝瀆

孫君淵如謂同云錢獻之說溝瀆非可言自經溝瀆者句竇也同按齊世家殺子糾于笙瀆索隱引賈逵云魯地句竇又鄒誕生本作莘瀆莘笙聲相近笙如字瀆音豆今論語作溝瀆蓋後代音轉而字異故諸文不同耳如索隱言則溝瀆在唐前固有釋爲地名

者非錢之創解也然如是說則孔子所云匹夫匹婦正指召忽與應劭傳所言同矣而何晏注論語獨取王肅訓爲溝瀆之中者而不用地名之說蓋肅謂死事既難孔子不言召忽之不當死晏用其解以應劭語爲不然也左氏傳囚王豹于句瀆之邱句瀆即笙瀆在今山東曹州府曹縣東北三十里

勿欺也而犯之

欺也者欺陵之欺非欺詐之欺也蓋子路剛勇而不足於中和苟犯顏諫爭則辭氣容貌之間必有愆於敬慎者此在後人如汲黯張昭不失爲戇直而自聖

賢觀之則直可謂之欺陵矣觀子路於孔子率爾而對正名之論謂之爲迂知其事君不能無此失故問士而告以怡怡問事君而戒以勿欺此皆所以救其病而爲聖賢精義之學也講家乃云欺如內交要譽惡其聲而然皆是以此戒他人可也豈所以告吾子路與

知我者其天乎

孔子平日辭生知仁聖之目勵勵焉以好學自居其與羣弟子常言者不壹而足矣然而弟子之淺者至謂仲尼不賢於子貢其深者雖知夫子爲聖人而亦

不能盡知聖量之所至以處己而言夫子固不必自明以教人而言不自明焉則天下後世將有忽視聖學而不知警勵者矣是亦聖人之所憂也子曰予欲無言又曰莫我知也夫此兩章皆直以天自處而其辭無謙焉夫不言而時行物生聖人固與天無異矣與天同消息何怨乎天爲天贊化育何尤乎人由子臣弟友日用而精至乎上天之載無聲無臭豈非下學而上達是三者皆與天合德之事也故曰知我者其天也自顔曾以下可語此者蓋鮮惟子貢智足以知之是以兩章皆與彼言焉耳朱子解予欲無言章

謂與無隱義同而說此章以爲但自言其好學之篤其解似皆爲淺近愚謂辭仁聖而勵居好學此與羣弟子恆言者也以勉人也憪然以天自處此非恆言之而間言之者也亦以勉人也夫言豈一端而已夫各有所當也嗚呼學者於聖人不知其量者無論矣仲尼日月也無得而踰焉夫子之不可及也猶天之不可階而升也知聖人之爲天顏曾以下益惟子貢耳謂其猶有未喻也豈其然乎

有荷蕢而過孔氏之門者

過之字有以經過爲訓者三過其門而不入是也有

以過從爲訓者左氏傳兩過御叔是也論語有荷蕢而過孔氏之門此過字正當以過從爲訓過孔氏之門者謂至孔氏之家耳惟舍館不可謂家故變其文曰孔氏之門蓋當是時孔子擊磬於衛有荷蕢者至其舍館聽之良久遂從旁而竊議之此其意殆與接輿歌而過孔子者同矣雖然謂子有心是也謂子爲鄙而譏其傷莫己知則於聖人之心窺之甚淺故子於荷蕢接輿等皆欲告以出處之道而不能茲與荷蕢面言第曰果哉末之難而他無語焉蓋正因其知己不深而有不暇與深辨焉耳世之解者乃以過其門

為經過其門門外之言孰傳之而孔子聞之而孔子之言又與誰語者乎論語記事不若是之疏也

非求益者也欲速成者也

九經說曰禮士冠而後容童子走而不趨不為容也其在家無事則立主人之右南面見先生從人而入不為賓也闕黨之人或使童子將命於夫子蓋其容有如成人焉者故或疑為益者與夫子謂其居於賓位以客禮自處遂與先生並行踰節躐等損於童子之德非求益之道也欲速為成人而已成人烏可速為者哉同按此章之說在包注邢疏本不誤韓退之

贈張童子序曰愈將進童子以道使人謂童子求益者非欲速成者是亦以速成非美事與注疏同也朱子集註乃不從舊說然謂孔子欲人速成其說殆爲失之

知及之仁不能守之

此一章乃言天下國家之事得也者得乎天下國家也失也者失乎天下國家也曰民敬曰莊涖其說明白無可疑注疏以居官解之其說未盡而儒者或以學問爲言誤矣

君子疾夫舍曰欲之而必爲之辭

冉求既曰夫子欲之今聞子言乃舍是而又爲之辭是君子之所疾也又之譌必猶必祭之譌瓜祭皆以字形相類而然

伯夷叔齊餓於首陽之下

古之論夷齊者當以王介甫爲得實太史公伯夷列傳不足信也雖然介甫言蓋有本也莊子讓王呂氏春秋誠廉兩篇皆謂夷齊適周至首陽之下而餓死蓋二子當時本未入周都其時武王亦尚未伐紂是固周人相傳古說前於史記所采之傳者也然而周謂武王使叔旦盟夷齊不韋則謂夷齊至周見周人

盟膠鬲微子之事因是不入其都而餓死則亦皆流俗妄言與史記等今夫論夷齊者當以孔孟所言爲據而已論語以夷齊之餓與景公有馬千駟對言則知夷齊之餓特餓於貧而無食焉耳若如周不韋及史記所采之說則夷齊乃死於節義無與於貧而特以餓死之故遂謂爲貧而與天下富貴之徒相提而較其異否聖人之言豈若是之不審哉曰伯夷叔齊胡至乎貧而無食也曰讀孟子則可知之矣文王之民無凍餒之老者而伯夷太公思就其養二子之不免凍餓亦已明矣其年爲天下之大老其路自北海

至岐西而夷齊者惡人不與言諸侯雖有善其辭命者不屑就彼道路之間亦安所得食而不至於餓死哉首陽山者自北海至岐山之路也二子死於道路周之人如莊周呂不韋者習聞之矣求其說而不得遂附會而爲之辭至史記則因其說而謬傳之而遂有扣馬采薇之事也嗟夫說夷齊者莫詳於論孟就論孟而推焉夷齊之餓其故亦明而世之人舍論孟而必他書之信然則立論如介甫其爲識蓋未易及也與

又聞君子之遠其子也

宋胡氏謂聖人教子無異於門人故陳亢以爲遠其子是其意以亢語爲不然也斯言也吾竊以爲誤矣孔子於伯魚僅於獨立趨庭時有學詩學禮之問其於門人豈闊疏若是而猶可以爲無異乎嘗考古制由命士以上父子異宮昏定晨省進見皆有常數及其長也易之以教而不親然則君子於子誠不可謂不遠矣夫其所以必遠者何也蓋父子至親一則懼其相近而褻一則懼其責善而賊恩欲不褻而不賊恩是以引而遠之使夫嚴敬常存而不至有相夷不祥之禍此其義至深且遠雖聖人豈異於是哉易家

人之卦比父母於嚴君而以婦子嘻嘻爲終吝非相遠胡能善此然斯義也在孔子未嘗明言故陳亢始不知而至此乃推得之論語因其能發聖人未言之義故特記之而豈謂其言之無當也嗟夫莊周有言室無空虛則婦姑勃谿後世婦子家人之禍未始不由於不遠然而禮意不明宜乎有善悟如陳亢者反忽其言而不以爲是矣是說也予聞之梅丈抱蒸云

　吾其爲東周乎

東周者東遷以後之周也周自東遷以後禮樂征伐自諸侯出再降而出於大夫再降而陪臣執國命履

霜堅冰非一朝一夕之故其所由來者漸矣公山弗擾之畔世變之極無以復加者也而推其始則皆由諸侯大夫亂於先而一本於東周王綱之不正如有用予而輔之以得志於天下予其但爲東周之事已乎必將上返西周之盛使禮樂征伐一出於天子而諸侯大夫莫得而與焉彼家臣者又何自起而爲亂哉孔子此言今不能測其作用如何要之其意深且遠矣嗟乎儒者讀詩謂於檜傷天下之無王於曹傷天下之無霸以爲立乎定哀以指隱桓則東周之初猶爲差勝焉耳而孔子之意則匪特取乎匪風下泉

之不作已也云誰之思西方美人誰將西歸懷之好音聖人之心其日在是也夫

中牟

史記趙世家魏欲通平邑中牟之道不成正義曰平邑在魏州昌樂縣東北二十里相州湯陰縣西五十八里有中牟山時二邑皆屬魏欲渡黃河作道相通遂不成也遂字疑誤同按漢書地理志誤以河南之中牟爲晉魏之中牟通典亦承其誤近世學者辨之明矣然或遂謂守節之說亦附會不可從則又過也國語齊桓公築五鹿中牟蓋與牡邱以衞諸夏之地中牟

者本衛河北邑後晉取有之而屬於趙氏春秋定公九年齊侯衛侯次於五氏五氏在今邯鄲西南而左氏傳言衛晉車千乘在中牟衛侯將如五氏卜過中牟方是時衛都帝邱爲今直隸之開州今自開州至邯鄲則湯陰其必經之境湯陰至邯鄲一百六十餘里也然則中牟在湯陰守節之言不正與左氏合哉趙之國本都耿獻侯自耿徙中牟至敬侯之自中牟徙邯鄲其地皆在大河以北於河南初無與也今湯陰縣西五十里有中牟城即正義所言之地顧復初春秋大事表已有此說

好信不好學其蔽也賊

六蔽之說他皆易明惟信之蔽賊朱子以爲傷害於物是固有然矣而恐未能盡其義孟子曰大人者言不必信言必信者孔子之所謂硜硜小人耳豈皆傷害於物哉以予論之大人之所以不必信者惟其爲學而知義所在也苟好信不好學則惟知重然諾而不明事理之是非謹厚者則硜硜爲小人苟又挾以剛勇之氣勢必如周之刺客漢之游俠輕身徇人扞文綱而犯公義者矣要離聶政之屬郭解樓護之流人覘之以爲烈士耳自聖賢觀之非賊而何哉是非

徒傷害於物也已此義淺矣要之此章之義本不深蓋子路初見聖人時語故好勇亦以亂言之一類事也嗟乎無宿諾而久要不忘子路蓋終身如是也然初見聖人至戒以賊亂逮其後小邾射者欲使要之而不能孔門諸賢之進如是也夫

鄉原德之賊也

世或疑孔子不闢老氏而孟子亦未嘗排之以爲孔子問禮於聃有受業解惑之誼孟子何爲亦然則老氏者非聖賢之所惡也吾意不然孔子之言該括而曲盡其與曾子言禮既述老聃之說不沒其長與吾

嘗師之之誼矣他日乃曰攻乎異端斯害也已春秋時楊朱墨翟之學未興彼非聖人而別爲一端者老聃豈不在其中哉是不闢之闢也然而老子言道德言虛無其高妙淡泊之說世未必從而卑下之弊遂一變而爲鄉原老子曰謙和而鄉原者闇然媚於世矣老子曰和其光同其塵而鄉原者同乎流俗合乎汙世矣此固其人才識之卑不足以上得老子之旨而推原所自倡是說者非老子而誰哉孔子曰鄉原德之賊也是又闢老子之尤甚者也至於戰國老子之學分爲數家而得其全者無人說之高者楊朱說

之卑而久不絕者仍鄉原也孟子闢之則猶之乎闢老也嗚呼莊列之學出於老氏世皆知其爲害深矣然而自古及今能爲莊列者幾人若鄉原則滔滔者天下皆是也孔孟所以深惡之歟

期已久矣期可已矣

此當依舊說上期字讀如字下期字乃讀爲朞耳蓋三年四句中期已久矣之義舊穀三句起期可已矣之義舊註併讀爲朞者非是

比干諫而死

朱武曹經傳考證曰彬謂此章記者止序比干之諫

一似微箕兩賢初無一言之悟主者不知非也微箕之諫已貫於比干之諫之中特文勢蟬聯而下使人不覺耳於何徵之於史記宋世家徵之同按微箕之諫朱子補入集注中葢已見及此義古人之文若此類甚衆孟子夏后氏五十而貢殷人七十而助周人百畆而徹言百畆則五十七十皆畆可知也交聞文王十尺湯九尺今交九尺四寸以長言交長則文王湯皆長可知也俗解以長爲有餘誤詩豳風七月在野八月在宇九月在戶十月蟋蟀入我牀下自七月至十月所言者皆蟋蟀而蟋蟀於十月出之其文法亦正如此

古經之辭所以簡而奧與焉能爲有焉能爲亡
聖人之書不甚言有無言有無而著於經者其辭一二見而已及春秋時老聃書出乃曰有名天地之始無名萬物之母蓋其爲説始賤有而尊無而高明好異者宗之故曾不幾時而列禦寇莊周之學出也夫有無之説後世辨論蠭起意當其初韓子所謂入附出汚入主出奴者已必不免子張以謂是不必論亦顧其於道德何如耳執德宏信道篤爲有可也爲無亦可也執德不宏信道不篤下者頹惰而委靡高者

浮游而猖狂夫亦焉能爲有而亦焉能爲無哉由是
言之則有無不論可也魏晉之世王衍何晏著論祖
述莊老以無爲宗而裴頠者著崇有論以反之夫天
下之理非可一言盡也專言無乎則涉空虛而遺夫
形而下者專言有乎則執形器而遺夫形而上者故
王何與裴皆謂之不知道豈若子張不言有無之爲
有無第敎人以執德信道其辭義與孔子答子路問
事鬼神者正同此固聖門之徒立言最善而非後人
之所能及者也解者乃云焉能有無猶言不足爲輕
重於義膚矣於文義亦爲未似也

喪致乎哀而止

孔安國注此章謂毀不滅性其言最得子游之意喪主乎哀哀不足非孝也哀毀而至於滅性亦非孝也是故必極乎哀而既極乎哀則當止其言曷嘗有失哉朱子以不尚文飾易毀不滅性故疑其有簡略過輕之病然子游本意實未必然

四海困窮天祿永終

世之辨僞尚書者悉據論語包咸注以四海困窮天祿永終爲善辭而謂朱子及蔡傳所釋爲非以今考之天祿永終漢魏人已自有二說史記三王世家允

執厥中天祿永終直不疑傳永終天祿班彪王命論福祚流於子孫天祿其永終矣若此類皆以永終爲與身相終誠善辭也蓋此本西漢儒者之說其解最先故包氏用之而旣以此辭爲善則困窮語難貫故因釋爲窮極四海也夫謂永終爲與身相終其解未嘗不可通而釋困窮爲窮極四海則牽率不安之至矣漢末儒者覺其不安遂棄而不用魏志明帝紀叡惟山陽公昔知天祿永終於已深觀歷數允在聖躬又三少帝紀十二月壬戌天祿永終歷數在晉皆直以永終爲祚盡與斑彪包咸異說當時之人旣爲是

解故其語第以加勝國之君而不敢復用諸世主文帝紀載禪位冊曰天祿允終又注甄城侯植爲帝誄曰皇雖一沒天祿永延其文皆避永終之辭改易其字則永終之不爲善辭明甚矣夫永終既不爲善辭則困窮必釋爲窮困而豈得猶以窮極四海爲言哉作僞古文者正魏晉間人其釋困窮永終不知仍如包說耶抑遂用當時之解如朱子蔡傳所云耶要之用當時解亦正自可通惟何晏注論語但取包說故今之人遂必遵用之不知當晏之時其解已有異於包氏者已姚薑塢先生曰晉書武紀鄭冲奉策晉王云歷數實在爾躬允執其中天祿永終仍

同漢人相
承舊解也

四書記聞卷上終

四書記聞卷下

上元管同著

克明峻德

大學以克明峻德爲自明鄭康成訓峻爲大其解既已當矣及其注書乃云俊德賢才兼人者而僞孔傳遂用其解其實非也古凡聲音相同之字其義多得相通訓大之字本當作竣峻山高也俊賢才也其本義皆不訓大而音與竣同則古人假借而通用之非古尚書必如大學作峻亦非大學自改書文斷章取義也魏志陳思王上疏引書亦作克明峻德朱長孺不知此乃云偏考

字書俊無大訓必從康成訓爲用賢同按夏小正時有俊風傳曰俊風者大風也初俊羔助厥母粥傳曰俊之者大之也俊之訓大其來亦已古矣

舜好問而好察邇言

梅伯言曰邇言非淺近之言謂左右近我者之言也左右近我者之言人所易聽而舜獨好察焉則庶頑讒說無能入矣同按此言是也邇者人所易狎不泄邇者惟武王邇言者人所易聽好察邇言者惟舜兩者相殊皆帝王之盛事而舜之所以爲大智者此其一矣先儒謂於淺近之言猶必察焉則詢于芻蕘其

事已該於好問之中不當復綴以此且詩之辭曰唯邇言是聽唯邇言是爭此正謂惑於近習過聽其言也夫豈以聽邇言爲美事乎哉

隱惡而揚善

揚者明明揚側陋之揚也舉而用之謂之揚則廢而棄之謂之隱故古者謂不仕爲隱居也舜去四凶隱惡也舉元凱十六相揚善也舜好問而好察邇言言之中有善惡焉舜好察而去取之矣至於人之善惡則亦皆分别進退或用而或舍焉帝王之道不越乎聽言用人能如是故無爲恭已南面矣斯舜之所以

爲大智矣中庸此義與論語謂舜選於衆舉皋陶爲
智正同儒者釋此乃仍主邇言固誤而或者釋云掩
人之惡揚人之善此亦東漢以後賢士大夫長者之
行耳爲天子者夫豈以是爲貴哉

抑而强與而强者居之

此兩節而字皆與爾通而訓汝蓋上節似言强有三
種下節乃言南方之强君子居之北方之强汝强者
居之則論强似惟二種矣然此特言其性之所近耳
若精論之則君子有君子之强不以南方之寬柔自
限豈汝强者必如北方之衽金革哉兩而强語正一

貫釋次節而爲虛字而以末節爲汝所當强者不必然也此座師劉侍郎之說同爲記之

載華嶽而不重

近有謂中庸之書於山言華嶽華嶽在西證此書出於漢人予嘗出言以折之曰漢都長安去河近而去海甚遠信斯言也彼下句即曰振河海而不洩也何哉夫古人屬辭亦何所拘江漢以濯之秋陽以暴之爲曾子言當在魯爲孟子言實在滕魯之與滕豈其有江漢耶則爲是語者又將疑爲楚越人耶甚矣其謬也然則子思魯人舍泰岱而遠言華嶽遂一無說

乎曰有周之西也都於豐鎬廢邱職方氏明云正西曰雍州其山鎮曰嶽山矣及其東也遷於洛邑職方氏又明云河南曰豫州其山鎮曰華山矣華嶽旣高大又適爲天子所都兩州之山鎮則周人言山必首舉焉而初不及乎泰岱是亦當時之常語而已讀古人之書當知其世而不可泥也華嶽王畿之山也高且大故舉焉涇渭伊洛瀍澗王畿之水也狹小不足云則捨之而別言河海屬辭比事之體皆宜如是焉耳嗟乎漢人立說之精無過董生取董生之言而較諸中庸吾未見其盡合也況其下者復有何人而謂

能爲是書歟

謂其臺曰靈臺謂其沼曰靈沼

先王之爲臺榭也榭以講軍實臺以望氛祲望氛祲故曰靈臺有靈臺故曰靈沼靈囿是其名皆非民所加也然而民之於上其好惡見於言語之間當孟子至齊聞郊關之內有囿方四十里民之言此若不知爲誰氏之囿者蓋憤怨之極其辭有若是者矣彼梁之國前夾林而後蘭臺得無有類於是乎然則謂臺曰靈臺謂沼曰靈沼第稱其本名而民情已可見已

狗彘食人食而不知檢

陳君舉曰人皆言常平出漢耿中丞顔師古以壽昌爲權道豈知常平葢古制孟子言狗彘食人食而不知檢漢書食貨志檢作斂是也夫豐歲不發凶歲不斂豈所謂無常平乎同按此解實勝趙岐朱子三代之常平雖無明證而古者九年耕必餘三年之食是必上之人代爲經理而壹聽民之自爲者不能然也龍子曰樂歲粒米狼戾多取之而不爲虐夫樂歲苟於常賦之外多取於民抑豈得不謂之虐哉龍子所言葢漢書所云斂者而已斂者何也常平之法而已戰國之世聽民自爲而不知爲斂故豐年有餘則自

以之食狗彘此龍子孟子所以嘆也閻百詩乃云民雖豐穰未必以人食予狗彘仍當作檢而屬在上者言嗚呼漢文有言爲酒醪以糜穀者多六畜之食焉者衆後世之食人食者夫豈止於狗彘已哉而欲爲斂焉非虛名則官吏緣以爲姦以擾百姓民安得而無餓莩可痛也夫

吾王不豫

豫卽游也變文以協音耳左氏傳季氏有嘉樹焉宣子譽之服虔引此爲證謂宣子游其樹下而趙岐注此亦卽引左氏爲說譽與豫同一義也釋爲樂而解

左氏之譽爲贊美者皆非是

內無怨女外無曠夫

公劉之好貨徵之以詩而積倉裹糧者詩所詠也若夫胥宇而及姜女此遷徙必然之事何以知太王之好色而民無怨曠耶吾讀禮記哀公問孔子告哀公曰昔者三代明王必敬其妻子也有道身以及身子以及子妃以及妃君行此三者則愾乎天下矣太王之道也由是言之愛厥妃而民無怨曠周之人必習傳其說矣孟子所言乃周人習傳之說其引詩特取與言公劉者相稱耳而非直以是爲徵也

是集義所生者非義襲而取之也

李文貞公讀孟子劄記曰此節言浩然之氣固配義與道矣然乃集義於內而自生者非行義於外而襲取者使其行義於外而不根於心則心必不慊足而氣爲之餒矣雖欲襲之不可襲也告子勿求於氣者正謂義之在外由此觀之義豈在外也哉故曰告子未嘗知義也同按文貞公此解甚當勝於朱子此事合義而他事有不合義之說然襲字解之未明葢襲者襲裘之襲非如齊人襲莒之襲記明人已言之

見其禮而知其政聞其樂而知其德

李文貞公謂見禮知政四句爲贊孔子之辭而非子貢之自道其說非是季札觀樂自舜禹湯文以下皆能知之而辨其差等豈學如子貢而不能然乎以是爲贊孔子則指其一端而不備矣朱子之解無弊也

夫環而攻之必有得天時者矣

周理衷曰孟子環而攻之之環卽周禮筮環之環環而攻之謂筮而攻之也攻之則筮吉故曰必有得天時者矣集注以環爲四面攻圍則環攻與得天時不相洽故必增曠日持久四字以聯綴之不如此說之直截而有根據也同按注之失在增字而周說則大

非是周禮春官簭人九曰簭環鄭注環謂筮可致師不也疏曰環與環人字同環人掌致師知此經筮環亦是主致師以卜之事也按此則環者致師也筮環者筮致師也安得以環爲筮且筮則有凶有吉筮而攻之何以見其必吉而又何以解夫三里七里其爲說蓋無一可通矣予謂此一節卽注首節時日干支孤虛旺相之說耳按世所傳太公兵法曰背孤擊虛萬人無餘其法在子則東孤西虛一可敵七在丑則南孤北虛一以敵三餘率倣此又世所傳古陣法有鳥虎龍蛇景死驚開諸目皆以方向配日時兼五行

歷家之說雖皆後世僞書不足爲信要之其來有自故孟子已言及天時矣夫攻城而圍一面未必與吉者適相値也環而攻之則方向與日時必有陰相配合者矣然而有不勝者是天時不如地利也朱子解天時環攻本不誤而於此增曠日持久之文則似未明經義不知旣曰環攻則一日之間卽必有値天時之善者不必曠日持久也然去注此句而存其上下之文則經義自明何必更爲他說也哉

夫旣或治之予何言哉

夫卽指王驩夫旣或治之予何言哉言彼已治之無

俟予言也葢聘弔鄰國使與介各有當行之事志相合則商而行之可也志不合則各行其事可也而謂驩爲夫則孟子惡小人之意可見矣左氏傳稱人爲夫處數見

夏后氏五十而貢殷人七十而助周人百畝而徹

孟子言夏后氏五十而貢殷人七十而助周人百畝而徹昔之說者謂三代授田不殊而丈尺有異此定說也孟子之書本言畝而非言夫夫畝計以度王者更姓改物必先同律度量衡故五十七十百畝者三代之度其尋丈大小不同而非授田之多寡異也何以證之昔殷湯之國以七十里興而孟子稱其事葛

爲以大事小然則葛之爲國殆不能七十而或以五十里矣夫葛固伯爵而何以不能七十里哉此孟子據殷制言之耳殷人所云五十者周人所云伯七十里也殷人所云七十者周人所云公侯百里也觀建國之里數則授田之畝數可推而知蓋自禹平水土濬畎澮距川而溝洫定授民之田殷與周不能增易矣故詩曰信彼南山惟禹甸之以明周甸仍禹甸也然而更姓改物用吾之度而更定其田畝其爲度也減而小則其爲畝也益而多以是見各朝之制有不同焉而已宋羅泌之徒乃謂夏時水土初平可耕地

少殷周人盡力而地益闢故授田愈多則大謬之說
矣周之百畝止當今之二十三畝四分有奇今江南
之稻田自佃一畝歲約收穀二石四斗二十三畝歲
約收穀五六十石折半爲米三十石人歲食三石六
斗可食八九人八口之家略足以養矣夏殷之所授
亦必與周同使夏田五十乃爲周田百畝之半則當
今田僅一十一畝有奇彼授田於夏者雖力耕何以
贍哉夫井田之制溝洫經界其定制也甚難使三代
受命必增減變易大改前朝之制度則不惟徒滋煩
擾也而其力亦日不暇給矣三代不變者溝洫與授

田之數也三代各變者度之不同而制畝有廣狹也變其畝而未嘗增減其田故五十七十苟以周制言之則皆一夫受田百畝而已矣

周人百畝而徹

鄭康成注周禮謂鄉遂用貢都鄙用助朱子取以注孟子說經者多不然之吾謂必云分用於鄉遂都鄙亦誠無明據若周人兼行貢助則確當不可易也惟助爲有公田孟子旣以詩爲證矣孔子曰藉民之力而砥其遠邇公羊傳曰井田者九百畝公田居一古者公田爲居井竈葱韭盡取焉此皆周助之明徵也

然則何以知其又用貢也授民以田而分取其穀非助卽貢耳無他法也周人惟取貢助而兼行之故曰百畝而徹徹者通行貢助之謂也朱子言周田制旣知用康成之說矣其解徹乃曰耕則通力而合作收則計畝而均分是一事而解之爲二於辭義皆爲旁出也夫旣一夫授田百畝固無取乎合作而均分苟合作均分則勤惰不能明彼小民何以服耶昔者魯宣稅畝十取其二而有子告哀公以盍徹蓋夏貢殷助其取民皆什一而周兼用之故行徹卽爲非取二而無俟煩言爾若第謂合作均分則上之所取安見

必爲什一彼其言殊未明了矣夫周之徹惟爲兼貢助故孟子既言三代之田而釋其義矣其下遂承言貢助而不復言徹也其引龍子之言極言貢害此正謂周之貢法而周末行之失其道者其曰粒米狼戾則寡取之所謂狗彘食人食而不知斂也其曰糞田不足則必取盈所謂凶年饑歲倉廩實而府庫充也此皆言戰國之時諸侯取民之事耳若夫禹貢田有定等而兖州言作十有三載乃同度龍子所云校數歲之中以爲常者未必非貢之初制也然而夏時行之不爲害者夏田之溝洫皆禹所盡力初爲足備旱

潦度其時雖凶年而不爲大患至於王之游豫且休且助則民雖供上而上常有以恤民雖行貢其何傷耶周徹之貢初亦必如夏制迨其後溝洫恤民之政皆不如古而行貢者獨取數歲爲常之言執爲定例而不顧病民此民之所以重困而貢不可行已葢自周末以來諸侯廢助而專行貢而附益以便其私故論者皆惡之春秋初稅畝穀梁傳曰古者什一藉而不稅此與公羊所言公田居一者皆助法而非貢法穀梁言之正如龍子所云莫善於助之意其實周時貢助兼行非專用公田而行藉公羊穀梁之說猶皆

未備焉耳大抵戰國之時助法已絶故公穀直以爲古事而孟子言周行助亦惟有詩之可證而已要之周田制之名徹則正以兼行二者論者不知之而必謂徹法異於貢助夫使徹法果異於貢助孟子何以但言貢助而於徹竟置不一言哉其亦未明文理也已

有爲神農之言者

漢藝文志神農二十篇六國時諸子疾時怠於農業道耕桑事託之神農顔師古曰劉向别録云疑李悝及商君所説同按此書管子謂之神農之教文子謂

之神農之法呂氏春秋引神農之教曰士有當年而不耕者則天下或受其飢矣女有當年而不績者則天下或受其寒矣故身親耕妻親績所以見致民利也鼂錯疏引神農之教曰有石城十仞湯池百步帶甲百萬而亡粟不能守也然則此書蓋止以耕桑爲重故極言粟之可貴如此班氏序之曰鄙者爲之以爲無所事聖王欲使君臣並耕誖上下之序其所言正如許行之意是必二十篇中固居然以此爲之說矣

不敢以祭則不敢以宴

趙注不祭則不宴如喪人按宴者卽燕饗之燕曲禮凡家造祭器爲先養器爲後王制祭器未成不造燕器其所言皆是義也俗解以晏安言之誤矣

葛伯仇餉

予幼讀孟子至所言湯事葛事而心輒疑焉至於今其疑未釋孟子曰每人而悅之日亦不足矣又曰君子可欺以其方難罔以非其道葛爲諸侯何至犧牲粢盛之不具問之可也伐之可也胡爲遺牛羊而代之耕耶當是時放而不祀者幸惟一葛設使湯之四國相率皆然湯將何以給之予嘗往來河南求古國

之所在葛者今甯陵亳者鄭康成謂在今偃師則去寍陵八百餘里皇甫謐謂卽今商邱之穀熟鎮其去寍陵猶八十里不知亳衆將自捨其田而往爲耕乎將亳有閒民已無事而專代鄰耕乎彼饋食之老弱將自亳而移家於葛乎將朝發夕至終日僕僕於道塗乎揆之理度之情類鄉曲好事者之言殊非事實吾意古尚書文亦止云葛伯仇餉所謂仇餉者不可知爲何事也至後世乃或言其本末如此孟子亦姑取後世所言稱而述之焉耳萬章言象計謀殺舜舜能自脫朱子謂事有無不可知孟子但以天理人情

爲斷湯之事殆亦其類乎然而稍遠於情矣

陳仲子

戰國策趙威后問齊使曰於陵子仲尚存乎何以至今不殺也鮑彪注此別一人非孟子所稱周理夷曰仲子當齊宣王時威后當齊王建時自宣王元年至王建元年凡七十有九年仲子若壽考何妨尚在同按此二說皆非也齊趙異國也惟仲子之名聞於趙者數十年而不聞齊有殺之之事故威后問其尚存與否其存不存使者不之言今豈得而知哉於陵子仲必爲陳仲子不待辨而可知彼鮑與周何其泥也

又按荀子云盜名不如盜貨田仲史鰌不如盜也韓
非書齊有居士田仲者不仰恃人而食亦無益人之
國田仲亦即仲子陳與田皆齊之國姓也以是言之
仲子非特世家而亦且齊之公族矣

匍匐往將食之

將取也書微子將食無災文選注二十七引孟子作
將而食之語意尤明

太公避紂居東海之濱

國語摯疇之國也由太任杞繒由太姒齊許申呂由
太姜陳由太姬按齊之國不由邑姜而由太姜則望

固太姜之內族而周之貴戚也故晏子言齊地曰有逢伯陵因之蒲姑氏因之而後太公因之而伶州鳩曰我姬氏出自天黿及析木者有建星及牽牛焉則我皇妣太姜之姪伯逢陵之後逢公之所馮神也天黿及元枵齊之分野然則姜氏久國于齊而太公即有逢之子姓耳蒲姑氏或云與商同姓其代有逢之故今不可知要之逢公猶爲太姜之姪度其國滅特近在王季文王時殷商之季世矣然則避紂而居於東海太公蓋依其故國而周封以齊亦卽以其故國

子之云

王者之迹熄而詩亡

孟子曰王者之迹熄而詩亡然後春秋作趙臺卿謂無頌爲詩亡胡文定及朱子謂雅亡爲詩亡近李文貞公謂正風正雅不作爲詩亡是三說者同竊以爲皆非也正雅頌固詩也變風變雅亦詩也孟子明曰詩亡詩亡何嘗若後賢如是之區别哉夫迹者猶傳所言車轍馬迹云耳古者天下之詩必因王者之迹而後得著王制曰天子巡狩命太師陳詩以觀民風惟其必陳詩是以國有輶軒之使釆之民間以待貢於天子及周之東雅頌既不作而巡狩之事絶焉無

聞則諸侯不復采詩而陳詩之事廢矣夫巡狩絕而陳詩事廢故曰王者之迹熄而詩亡所謂亡者風雅頌正變皆亡之謂也然則今所傳詩乃有鄭莊秦康陳靈曹恭時作出於春秋之後者此何說也曰豈惟是哉入春秋數十年魯之人且爲頌以美其君矣詩歌文辭之作何日無之要之無貢於天子之事則直謂之亡而已矣善夫薛收問於文中子曰今之民胡無詩子曰詩者民之情性也情性能亡乎非民無詩職詩者之罪也文仲子所謂職詩卽古者陳詩采詩之事耳嗚呼陳詩以觀風則美刺存焉而黜陟起焉

矣詩不上陳則得失不可知而是非紛紛殽亂當此時也欲不作春秋豈可得哉

象日以殺舜爲事立爲天子則放之

莊子盜跖篇滿苟得曰堯殺長子舜流兄弟疏戚有倫乎是當時有爲放象之說者

源源而來

說文謜徐語也从言原聲孟子曰謜謜而來同接謜謜而來特言舜召象之來耳不及貢以政接于有庳然後爲象常來之實也今本改謜爲源而釋爲如水之流相續不絕者其辭重複非是

禹薦益於天

孟子此章述古事雖如此而以今考之則猶有說焉當堯之崩舜年固未甚老舜之崩禹年則既老矣故在位僅七年耳若益當舜初事堯時已使掌火更舜攝政踐祚復得七十餘年又加禹之七年然則當禹喪終時益之老已極矣古以益爲皋陶子列女傳曰睾子生七歲而佐禹其言未必可信要之卽如其言益是時亦年踰九十且百歲矣堯舜禹三君皆饗大年然既老則必使人攝使益竟得爲天子而是時亦正使人攝之時也豈猶可以踐位哉孟子曰歷年少

施澤於民未久此特以相禹言之若益歷事二朝施澤豈可謂不久而朝覲訟獄謳歌不之益而之啟者以益老甚不可爲君也其情事曲折恐如此殆可以補古說之闕云

主司城貞子爲陳侯周臣

郝京山云忠信爲周言貞子爲陳侯忠信之臣也黃太沖極取之而周理衷以爲穿鑿同按孔子在陳所值者湣公名越不名周趙岐本誤且孟子此言謂孔子爲湣公臣耶則孔子未嘗臣陳謂貞子爲湣公臣耶則湣公之臣何以見其即賢其於文皆爲不明矣

司城貞子卽左傳之公孫貞子以尸將事於吳者故當時謂之爲忠信古訓失傳而學者少見多怪可慨也史記索隱按左傳滑公名周是史官記不同撿左傳無此文所言者卽孟子趙注耳

接淅而行

說文滰浚乾漬米也从水竟聲孟子曰夫子去齊滰淅而行同接孔子急欲去齊米已漬矣不欲更留炊食故浚乾之而挈以行此固事理所有而其行固已速之至矣今本改滰爲接接淅既於解難通矣且孔子急欲去齊亦特所謂見幾而作不俟終日者耳而必若是之皇遽也胡爲者哉

王豹處於淇而河西善謳
古之河自龍門而下折而南流故龍門以西濱洛爲
河西今同鄜等州龍門以東據汾爲河東今汾蒲吉解諸府州太行
之南殷虛爲河內今彰德衛輝懷慶等府太華之東虢略爲河
外今陝州蓋自左氏及戰國人所言者不出此矣惟孟
子王豹處於淇而河西善謳此河西名爲別異蓋禹
河至黎陽釃爲二渠一北流爲大河一東流爲漯川
自周定王五年河徙自宿胥口東行漯川而漳水行
河之故道水經注曰淇水右會宿胥故瀆瀆受河於
頓邱遮害亭東黎山西北王豹處淇者謂淇水也河

原缺第十八葉下

伯者夫皆以德言之耳曷足疑乎若夫班氏白虎通載或人之說易宋襄以闔閭而或者又以勾踐當之其說未嘗不可通然二君非賓媚人之所及知則知其非孟子之所謂已

無有封而不告

周禮大司徒辨其邦國都鄙之數制其畿疆而溝封之鄭康成注溝穿地爲阻固也封起上界也同按葵邱之命無有封而不告所謂封者正指溝封爲說耳設險以固者守國之宜然形勢利害或與鄰國相關苟不告焉非同盟之道矣宋塞鴈門蓄塘水而契丹

原缺第十九葉上

遂以爲辭此與曲防遏羅正一類事也郝京山不從舊説其見自是而讀封爲窆以喪禮爲言則彌爲失之

白圭

戰國時葢有三白圭鄒陽書白圭戰亡六城爲魏取中山魏取中山在文侯十七年下逮孟子至梁之歲七十三年矣此魏之白圭也貨殖傳白圭樂觀時變人棄我取人取我與此又一白圭也孟子之書自謂治水愈禹欲二十而取一此又一白圭也三者名同而人異太史公誤以貨殖之白圭列於魏文侯時圭

之言曰吾治生產猶伊尹呂尚之謀孫吳用兵商鞅行法白圭拔中山去商鞅之死七十三年去鞅為大良造亦六十三年矣彼何以稱及鞅哉夫拔中山者蓋樂羊吳起之流貨殖之白圭則富商大賈而不必嘗仕宦其為時不可決知也太史公誤謂與李悝並世然第言圭善治生而絕不言其仕魏則雖誤而猶未甚也要不若圭自言者之足據矣若夫孟子之白圭誇治水欲二十而取一此蓋好為高言而不通曉事體微特不能上及文侯其與逐利趨時若鷙鳥猛獸之發者亦豈一人哉自林氏以來說此多誤子是

以詳辨之韓非子曰千丈之隄潰於螻蟻之穴白圭之行隄也塞其穴是以無水患此白圭其諸孟子之白圭與

亡親戚君臣上下

錢君辛楣史考異曰古人稱父母爲親戚大戴記親戚既沒雖欲孝誰爲孝孟子人莫大焉亡親戚君臣上下五帝紀不敢以富貴驕事舜親戚甚有婦道皆指謂其父母也正義以弟妹言之非史公之旨同撰親戚之稱自古有二解墨子親戚死殁其肉而棄之然後埋其骨乃得爲孝子管子其有親戚者必遺之

酒四石肉四鼎其無親戚者必遺其妻子酒三石肉
三鼎若此類者固皆專言父母矣然微子世家箕子
者紂親戚也王子比干者紂親戚也箕子比干實紂
之諸父而史公亦以親戚言之則親戚又長上之通
稱陳仲子避兄離母而孟子曰亡親戚君臣上下則
親戚者兼母與兄也伍奢之子尚謂其弟員曰我能
死爾能報親戚爲戮不可以莫之報也尚與奢俱戮
而死則親戚者兼父與兄也信陵君言秦事曰太后
母也而以憂死穰侯舅也功莫大焉而竟逐之兩弟
無罪而再奪之國此其於親戚兄弟若此則親戚者

并兼毋與舅也左傳富辰曰昔周公弔二叔之不咸故封建親戚以藩屏周國策蘇秦曰貧窮則父母不子富貴則親戚畏懼孟子曰寡助之至親戚畔之以天下之所順攻親戚之所畔則親戚之所該更廣此其稱當隨文解之不可併合而歸於一宋羅泌惟知親戚爲外親遂謂箕子者箕伯之後舜之苗裔其爲說固疏陋而可嗤而少詹一以父母爲言亦失之矣

山徑之蹊間

姚姬傳先生謂同云塗謂之路人行而成路則謂之蹊左氏傳牽牛以蹊人之田莊子至德之世山無蹊

隧李廣傳桃李不言下自成蹊是也同按說文徯待也从彳奚聲或从足乃爲蹊然則蹊字本以徯待爲義凡言蹊者皆謂人嘗行處耳

以追蠡

追者攻治之謂也詩大雅追琢其章周禮追師追笄衡蓋笄以玉爲飾詩所謂副笄六珈是也此追之訓也蠡者說文蚰部云蟲齧木中也而疒部又云痤小腫也一曰族絫臣鉉等曰今别作瘯蠡非是同按左氏傳謂其不疾瘯蠡也杜元凱注皮毛無疥癬然則瘯蠡卽族絫疥疾之名也夫四代之樂若匏土絲竹

之屬固歲久而無復存者矣其存而可見者惟金與石其爲器皆由追琢而成者也而禹器用之者多則追琢之處刓石如疥疾者然故高子以爲尚於文王之聲也自豐氏以來解此多臆說不知追蠡音訓明見他經豈必遷就而求異解耶瘯俗字說文所無止當作族而蠡與絫則皆非俗字也蠡爲蟲齧又爲蟲名又爲疥疾之名說文解字通例止取一二義既載蠡於䖵部而釋爲蟲齧木中矣故後二義不復言耳徐鉉等不知乃謂作蠡爲非是吾謂痤爲正字絫與蠡爲假借字皆未嘗非是惟加疒而爲瘯瘰乃非是

也

則之野

則猶乃也史記項羽本紀莊則入爲壽楚元王世家戊則殺尙夷吾漢書張禹傳禹則謂帝其用字皆與此同不獨周書則至于豐如閻百詩所引已也

夫子之設科也

此以下趙注以爲孟子之自言朱子乃改夫子字爲夫子而定爲亦或人之言以爲孟子自言之則意涉於矜耳竊謂不然孔子曰我學不厭而教不倦闕黨童子見門人惑子曰人潔已以進與其潔不保其往

孟子之自言卽孔子自言之意耳豈可謂矜哉若或
人以業屨不得而至疑從者之廋其鄙陋亦已甚矣
恐其未能知是意也

四書記聞卷下終

翁子恆齋屬校管先生四書記聞謀重刊之元煥少
聞之陳集堂年丈盛稱是書偶睎舜好問而好察邇
言一則邇言謂左右近習之言以爲義實勝淺近解
退而攷鄭氏注及易大義皆作是說知先生仍主古
訓而引申之耳今獲盡讀之益歎先生致力勤而用
心虛也如默識章何有於我哉釋爲自任之辭從集
解固天縱之將聖將訓大集解考異引孔注同朝與
下大夫言侃侃如也侃侃訓和樂從集解正義必有
寢衣長一身有半寢衣依孔安國注作被引左氏秦
復陶翠被爲證說文被爲寢衣衾爲大被是漢制非

古制唯求則非邦也與兩節皆爲孔子言本注疏袁氏簡齋亦有說不占而已矣主鄭注無恆不占言非求益者也欲速成者也主包氏邢氏說知及之章當言天下國家之事本注疏期已久矣期可已矣從舊說上期讀如字下期讀爲朞喪致乎哀而止用孔注吾王不豫用趙注豫卽游則不敢以宴解宴爲燕饗之燕用趙注夫子之設科也夫子作夫子用趙注之類皆古訓也其推闡集注以爲說者如無違非無違僖子之命而學禮鄭氏少谷毛氏大可失之攻乎異端不從攻擊攻惡攻錯諸訓吾道一以貫之辨講家言見忠

怨猶小齋必變食辨朱氏竹垞飲酒肉加多之說南宮适章夫子不答即罕言命天道不可得聞之旨朱子或問語錄中最詳陸清獻公已有辨是也至其抒所心得識議精闢能發前人所未言如三年無改三年者主人君諒陰士大夫廢業之制宰予晝寢謂即任情放達與原壤子桑伯子一流子在陳章分狂簡斐然成章爲三簡非即狂斐然成章如禮樂文章之士子游子夏子張其人焉能爲有焉能爲無主闒賤有尊無之說與夫子答子路問事鬼神者同無有封而不告主周禮溝封釋爲設險守固之訓葛伯仇餉疑好事者托詞非情

實太公辟紂居東海之濱太公爲有逢後東海蓋依其故國周卽以故國封之據閻氏釋地續謂當在琅玡海曲舊作汲縣者非禹薦益于天益歷事三朝計年亦踰九十若云施澤不爲不久而不得位者以老故也之類昔賢所云從無字句處得之洵可爲善讀書者法也他若哀公問社依鄭君本作主當作問社主性與天道天道主陰陽五行言卽吉凶休咎感應之說而求也爲之聚斂而附益之聚斂卽春秋哀公十二年用田賦事浴乎沂風乎舞雩據水經泗水注司馬牛憂曰人皆有兄弟我獨亾桓魋之死引左氏哀公十四年傳自經于

溝瀆溝瀆卽句竇作地名解四海困窮天祿永終據包氏以爲善辭漢魏間所引已有二說皆與黃氏式三說同見論語後案狗彘食人食而不知檢檢作斂主歲豐孰斂藏言本漢書食貨志錢氏養新錄亦從之有爲神農之言者引漢藝文志太平御覽引尸子云神農氏夫負妻戴以治天下北堂書鈔帝王部引尸子云神農氏并耕而食以勸農也尸子名佼魯人商鞅師之其言並耕而治與許行同記聞未引是可增一證匍匐往將食之將取也焦氏正義引爾雅將資也熊氏耦頤訓將爲持亦一說王者之迹熄而詩亡主王制巡狩陳詩言不分風雅頌正變皆亡顧氏震虞東學詩有迹熄詩亡說與此合接淅而行接淅作滰淅王豹處於淇而河西善謳河西指淇

水言本趙注詩說白圭引韓非子國策鮑彪注白圭宋人又一說記聞末引山經之蹊間蹊待也引說文程氏通藝錄蹊凡二義謂獸蹏所經無跡者以追蠡追訓攻治姚文僖求是齋藁追與搥同擊也亦一解皆與焦氏循孟子正義同焦氏黃氏書俱晚出未見是書故書中不之及校既畢略就所見附著如右備參稽焉先生所著別有七經記聞不知今有傳本否光緒壬辰天中日里後學甘元煥校記

右四書記聞上下卷上元管異之先生同著先生孤
貧力學弱冠負盛譽爲姚惜抱入室弟子與同縣梅
先生曾亮以古文頡頏名天下時并稱曰管梅道光
五年舉于鄉公車再罷無所用退而攄其蘊蓄一發
之于文鄧尚書廷楨撫皖中開八箴堂召集一時名
宿先生與焉居節寡者六年未幾旅卒尚書敘次遺
文繡梓行世光緒己卯鄉人士醵金重栞今所傳因
寄軒文是也是書多舉平日所聞師友緒論末附己
意折衷焉以求其當其所疏通古誼引證今事洞中
窔奥曲盡經外微指先生蘄爲用世學蓋不欲以經

生自居也卷內舊無序抑有而遺去據李氏宗沂署檢爲道光二十一年距先生歸道山已踰十稔雕畫極精緻字體瘦勁仿宋更紙槧亦絜美可愛流傳未廣尋燬于粵寇之難余訪求十餘年聞先生從孫紹葆家藏孤本珍比球圖時有繙刻之謀迺諾而授讀夫以一書之微而綿延于室家蕩析間關兵火中灰燼窟存絕而復顯謂非先生精爽所式憑哉刻既竣識諸簡末且附著行誼俾慕先生之風者讀其書可想見其爲人

光緒十八年二月同里後學翁長森謹跋

孟子趙注考證一卷

清　桂文燦撰

清光緒十九年南海桂氏刻本（《桂氏經學叢書》之一）

孟子趙注考證

光緒癸巳

塗月棨成

孟子趙注考證　　經學叢書之十二

孟子趙注解説句讀多異常解爲之疏者當證明而僞孫氏疏不然趙氏於每章後各攝其意爲章指僞疏刪節其語而載於疏中而猶曰未嘗敢棄攷崇文總目載陸善經注孟子七卷稱善經刪去趙氏章指陸氏自爲孟子注非發明趙氏之旨刪章指猶可若僞孫氏爲趙注撰疏乃刪章指蓋失之矣疏家體例凡注中名物制度古事古言皆當博攷而證明之僞疏乃依文爲解無異村塾講義嘗攷羣經傳注以證明之欲補僞疏之失積久成帙都而録之爲一卷焉其遺聞軼事微言大義周耕厓焦里堂諸家已考證明確者概弗贅及道光二十有六年八月南海桂文燦

梁惠王篇無失其時注言孕字不失時也

說文廣雅釋言字乳也易屯卦虞注字妊娠也禮記郊特牲鄭注孕任子也易漸卦鄭注孕猶娠也

寡人於國章指言責矜窮

本論語衛靈公篇言躬自厚而薄責於人又本左傳言禹湯罪已

梁襄王章天油然作雲注油然興雲之貌

詩大田興雨祁祁釋文本作興雲顏氏家訓以爲
非案箋云其來祁祁然不暴疾謂興雲則雨降耳
呂覽務本漢書食貨志韓詩外傳隸釋載無極山
碑竝引詩興雲祁祁顧氏金石文字記載開武廟
石闕銘穆清興雲降雨是自漢至唐皆作興雲無
作興雨者又案韓奕祁祁如雲以詩證詩作興雲
者是也趙言興雲蓋本於此

齊桓晉文章爲長者折枝

趙注摩折手節解罷枝也案此卽內則所謂疾痛
苛癢而敬抑搔之也劉注云折枝若今之按摩也

與趙說相同

詩云刑于寡妻

趙注寡少也僞孫氏不能發明案趙說雖與毛異
然箋云寡妻寡有之妻言賢也當本三家詩說是
則趙以寡爲少者蓋本三家詩也

交鄰國章書曰天降下民作之君作之師惟曰其助
上帝寵之四方有罪無罪惟我在

趙注以寵之絕句四方屬下讀此正可證僞古文
泰誓改寵之作寵綏四方連讀又刪去惟我在三
字之僞而僞疏乃引僞泰誓及孔傳謂其義迥俱
通故兩解皆錄夫一爲漢讀一爲僞書而謂兩解
皆通失之矣

交鄰國章指言仁必有勇

本論語子路篇云仁者必有勇

湯放桀章指言紂以崇惡失其尊名

禮記中庸篇身不失天下之顯名尊爲天子

巨室章指任賢使能

大戴記官人篇覩其任賢注任以信相親也毛詩
烝民序任賢使能周禮太宰禮記大傳四曰使能

魯平公章指言賢者歸天不尤人也

論語憲問篇君子不怨天不尤人

公孫丑篇仁則榮章詩云迨天之未陰雨徹彼桑土
綢繆牖戶

趙注謂小鳥尙知未雨綢繆刺邠君曾不如此鳥
案周公貽成王鴟鴞之詩說見金縢凡古人說此
詩者皆當無異說況孟子引詩四十餘事趙氏解
說多與毛合不應於此獨異卽於此注易邠君爲
成王二字則與毛說合然則此云刺邠君者蓋趙
氏以此爲邠風之詩僞誤言之猶引力行近仁之
稱論語也阮太傅云邠卿複壁所當見諒於後人

此之謂矣王伯厚以爲漢儒異說蓋未細檢耳全謝山謂卽指成王夫成王無邪君之稱也焦里堂謂蓋本三家詩說無論此時說見金縢齊魯韓毛皆當不異韓詩章句見文選注惟以鴟鴞指武庚言爲異韓詩如是齊魯可知矣焦說殆非也

伯夷章指言中和爲貴

禮記中庸篇言中也者天下之大本也和也者天下之達道也論語學而篇云和爲貴

天時章指言民和爲貴

尚書洛誥篇用咸和萬民論語學而篇和爲貴

孟子自齊章木若以美然注木若以泰美然也

泰美謂汰美也荀子王霸篇縣樂奢泰游抗之修注泰與汰同

燕人畔章周公弟也管叔兄也

趙注周公惟管叔弟也故愛也管叔念周公兄也故望之考史記管蔡世家文王長子曰伯邑考次曰武王發次曰管叔鮮次曰周公旦則是管叔者武王之弟周公之兄無可疑者竊謂趙氏亦謂周公自以爲管叔之弟也故愛之管叔自念爲周公兄也故望之本與史遷合焦里堂據列女傳白虎通以周公爲管叔之兄欲以證明趙說失趙意並失經意矣

去齊章指言大德洋洋

禮記中庸篇洋洋乎發育萬物峻極于天

孟子去齊章則是干澤也注澤祿也

羣經傳注無訓澤爲祿者趙云澤祿也者此毛詩傳破字之例段茂堂謂毛詩體例古奧其中有某某也卽後儒讀爲之例趙君蓋讀澤爲祿也風俗通引作干祿是其證已干祿見論語爲政篇

充虞路問章指言聖賢興作與時消息

書汩作傳文選兩都賦序注幷云作興也周禮大司樂舞師笙師呂覽賞義篇注並訓興爲作徐幹中論昔伊尹聞成湯作興而自夏如商太公聞文王作興而自商如周離騷呂望之鼓刀兮遭周文王而得舉注引聞文王作興盍往歸之與時消息見易繫傳

滕文公篇民事章序者射也注四矢以達物導氣也

論語雍也賜也達孔注達謂通於物理也禮郊特牲以達天地之氣也呂覽重己篇理塞則氣不達周語川氣之達也注導達也荀子儒效篇注開導

謂開通導達

神農章從許子之道注如使從許子湣樸之道

漢書循吏黃霸傳澆湣散樸注不雜爲湣

景春章指以道匡君

毛詩六月以匡王國箋左氏襄十四年傳過則匡之注孝經匡救其惡注竝云匡正也

周霄章則父母國人皆賤之注言人不可觸情從欲

說文觸抵也呂覽高注欲情欲也論語孔注欲多情欲也荀子楊注欲者情之應也觸情從欲謂能動乎情而從私欲也

以供粢盛

趙氏謂粢爲稷盛爲稻案公羊文十三年傳云魯祭周公何以爲盛周公盛魯公燾羣公廩注盛者新穀燾者冒也故上以新也廩者進新於陳上財令半相連爾而論語宰我云舊穀既沒新穀既升下孔子云食夫稻是盛爲新穀而新穀爲稻又素問稻金穀也齊民要術引楊泉物理論謂稻爲粳之總名爾雅翼及漢書東方朔傳注竝以稻爲穀之總名故趙氏以盛爲稻也僞孫氏無所發明疏已焦里堂據毛詩傳周官舂人等職公羊注及說文血部謂粢盛又作齍盛粢齍爲古今字以器內之實言之謂之齍以諸穀在器言之謂之盛解者互釋故趙云盛稻揆諸經義則是而趙意則似非也

周霄章指言苟容干祿

本論語爲政篇子張學干祿

彭更章指其功可珍

珍者貴重之謂左氏文十八年傳注文選東京賦薛注竝云珍貴也

宋小國章指言雖欲無王末由也已

上句見下篇下句見論語子罕篇

不見諸侯章指道異不謀又云正己直行

論語衞靈公篇道不同不相爲謀禮記中庸篇正己而不求於人則無怨

離婁篇愛人不親章指言一求諸身

禮記中庸篇失諸正鵠反求諸其身

爲政不難章指言德之流行可以充四海也

上句見公孫丑篇下句本下文苟能充之足以保四海

道在邇章指言親親敬長近取諸己

上句本下盡心篇親親仁也敬長義也近取諸己
見易繫傳
伯夷避紂章必爲政於天下矣注大國地廣人衆易
以行善
下云廣土衆民又公孫丑篇今時則易然也
恭者不侮人章指言人君恭儉率下移風
論語學而篇夫子溫良恭儉讓又移風見孝經及
禮記樂記
淳于髡章指君子大行拯世以道
易渙卦釋文引伏曼容注文選思元賦舊注竝云

拯濟也周禮大司徒注拯救天民之窮者也拯與
拯同拯世以道謂濟世以道也
人不足與適章指賢臣正君使握道機
素問知道機者不可挂以髮注機者動之微
人之易其言章指言言出於身駟不及舌不惟其責
人則易之矣下人之患章指言君子好謀而成臨事
而懼時然後言畏失言也故曰師哉師哉桐子之命
不慎則有患矣
言出於身見易繫傳駟不及舌見論語子路篇兩
章章指意相連屬趙注蓋謂易言之人必好爲人

師好爲人師則有患矣故引法言師哉二語以證
此人侗然無知而不慎也孫頤穀乃謂上言好謀
而成下言師哉師哉前後不相聯屬不知其何所
指未喻趙意也
樂正子從子敖章指言學優則仕仕以行道
上句見論語子路篇下句本微子篇君子之仕也
行其義也道之不行已知之矣
君之視臣章指言表裏相應猶若影響
管子心術篇任法篇竝云若影之象形響之應聲
也列子天瑞篇形動不生形而生影聲動不生聲

而生響又說符篇言美則響美言惡則響惡身長
則影長身短則影短賈子新書大政篇云君鄉善
於此民皆鄉善於彼矣猶景之寫形也君爲惡於
此民皆爲惡於彼矣猶響之應聲也
非禮章非禮之禮趙注若禮而非禮陳質取妻而長
拜之也
案孫氏音義質本亦作賈豈即解幘之陳賈與後
漢獎英傳英嘗有疾妻遣婢拜問英下牀答拜陳
實怪而問之英曰妻齊也共奉祭祀禮無不答其
恭謹若是陳質事與此同也

人有不爲章指言貴廉賤恥
禮記是故君子貴廉而賤恥
仲尼不爲已甚章指言論曰疾之已甚亂也
見泰伯篇
王者迹熄章指言詩可以言
論語季氏篇不學詩無以言
君子之澤章指言上下通流又言企以高山
下盡心篇言上下與天地同流又詩小雅車舝篇
高山仰止景行行止
禹稷當平世章指言時止則止時行則行

見易艮卦彖傳
曾子居武城章昔沈猶有負芻之禍
趙注沈猶氏時有作亂者曰負芻來攻沈猶氏錢辛楣謂春秋有曹伯負芻史記有楚王負芻此負芻亦當從趙氏爲人名而僞疏乃云有寇賊自負其芻來攻我室夫芻草豈能攻人室家之具攻人者當衣甲執兵未聞有負芻草者苟負芻草實取敗耳僞疏失趙意遠矣
曾子居武城章指言臣當營君
一切經音義引蒼頡篇營衞也漢書揚雄傳集注營營周旋貌否象傳不可榮以祿虞本作營言不可營君得祿也漢書敘傳四皓遯秦古之逸民不營不拔嚴平鄭眞應邵注引易曰不可營以祿
萬章篇舜往于田章知好色則慕少艾
趙注艾美好也焦里堂據國策魏牟謂趙王曰王不以予工乃予幼艾注艾美也又楚辭從長劍兮擁幼艾注艾美也以爲趙證僞疏乃引說文艾老也長也禮記五十曰艾而以趙說爲非夫知好色何以慕長老耶僞疏欲據說文禮記以與趙違無理甚矣

盛德之士章指行莫過於蒸蒸
蒸與烝通烝者形容孝德之厚美也書克諧以孝烝烝僞孔傳本爾雅釋爲進非也蔡邕九疑山碑克諧頑傲以孝蒸蒸論衡恢國篇唐之晏晏舜之烝烝後漢靈帝紀崇有虞之孝昭蒸蒸之仁章帝紀陛下至孝烝烝鄧后紀以崇陛下烝烝之孝袁紹傳伏惟將軍至孝蒸蒸發於岐嶷張衡東京賦蒸蒸之心感物廣雅蒸蒸孝也皆其證
咸邱蒙問章夔夔齊栗瞽瞍亦允
趙注若字屬下爲句此正可爲古文尚書大禹謨

删去䀨字妄以允若斷句之僞解允若爲信順之
非而僞疏乃引以爲證且謂今大禹謨有云則非
逸篇僞疏而又援僞書失之遠已
人有言章指言篤志於仁則四海宅心
論語子張篇博學而篤志尙書宅心知訓
孔子子衛章指言屈伸達節
易繫詞尺蠖之屈以求伸也左傳上達節
伯夷章指言仲尼天高故不可階他人邱陵邱陵猶
可踰
論語子張篇夫子之不可及也猶天之不可階而

升也他人之賢者邱陵也猶可踰也
一鄉之善士章指言仲尼曰毋有不如己者又言高
山仰止景行行止
毋友不如己者見論語學而篇高山仰止二語見
詩小雅車舝篇
告子篇人之于身也意指善惡相厲是以君子居處
思義飲食思禮也
說文厲旱石也引伸爲砥厲之厲漢書儒林傳注
厲砥厲也因而相抗亦謂之厲荀子宥坐篇注厲
抗也善惡相厲謂善惡二者本相抗厲是以君子

崇善去惡居處思義飲食思禮也
欲貴者章指是以君子貧而樂也
論語學而篇未若貧而樂富而好禮者也
羿之教人章指道有所隆
檀弓道隆則從而隆釋文隆盛也
屋廬子章指言權其輕重
梁惠王篇權然後知輕重
曹交章指言天下大道人竝由之病於不爲不患不
能
論語述而篇民可使由之梁惠王篇是不爲也非

不能也論語子路篇患其不能也
盡心篇求則得之章指言爲仁由已富貴在天故孔
子曰如不可求從吾所好
爲仁由已富貴在天竝見論語顏淵篇如不可求
從吾所好見論語述而篇
仁言章指故曰移風易俗莫善於樂
見禮記樂記及孝經
無爲其所不爲章指言己所不欲勿施於人
見論語顏淵篇
德慧術知章指言在上不驕

見孝經諸侯章

田疇章易其田疇

趙云疇一井也與劉向韋昭蔡邕以疇爲麻田異僞孫氏謂不知何據案一切經音義引國語賈注一井爲疇九夫爲一井同井必竝畔故左氏襄三十年傳及後漢張綱傳注又謂竝畔爲疇是疇爲一井也

舜爲天子章指奉法承天政不可枉

月令毋或枉橈疏枉謂違法曲斷毛詩閔予小子箋上以直道事天疏枉者不直也

我善爲陳章厥角稽首

趙注四字爲句故章指有殷民厥角之語此又可證今僞泰誓以厥角連上四字爲句訓厥爲其之非案漢書諸侯王表敘及文選石闕銘竝有厥角稽首之語可知古有此讀矣僞孔傳厥角連上四字爲句何可通耶僞疏乃據以爲證此當改正者也

飯糗茹草章二女果

趙注果侍也以堯二女自侍僞疏引許氏以女侍爲婐謂趙氏惑於許愼之而以果屬下讀謂實若固有之案說文婐㛂也一曰女侍孟子曰舜爲天子二女婐廣韻亦云婐女侍據此知孟子本作二女婐今作果者是婐之通借猶爾雅釋文文選魏都賦注謂婐與果古通也趙與許合其義無可疑矣況袗衣言被琴言鼓二女自當言婐下文若固有之猶上文云若將終身也僞疏不從趙氏說而以果爲實失之遠矣

戹於陳蔡章指言君子固窮

見論語衞靈公篇

山徑章山徑之蹊間介然

趙注山徑山之領有微蹊介然孔顨軒引長笛賦間介無蹊以證趙讀是已焦氏正義據荀子漢書注謂介然者特立行而不旁踰之謂此介然二字定屬下用之謹案左氏襄九年傳介居二大國之間注介猶間也三十年三十一年傳及後漢書竇融馮衍傳注竝同錢辛楣謂間介雙聲字是趙注本漢讀也長笛賦出於馬季長此必漢儒舊讀尤爲明證僞孫氏不能證明其義固失之焦氏正義特違趙說自以爲平心之論亦非也

山徑章指言學而時習

見論語學而篇
禹之聲章兩馬之力與
趙注兩馬者春秋外傳曰國馬足以行軍公馬足以稱賦是兩馬也案韋注國馬民馬也公馬公之戎馬也據此是兩馬者兩種馬非二匹也說文駟一乘也从四馬詩秦風疏車駕四馬在內兩馬謂之服在外兩馬謂之騑春秋時鄭公子騑字子駟是有騑乃成駟故駟馬稱乘馬也墨子七患篇凶飢存乎國人君徹騑驂夫凶飢始徹驂騑古無一車兩馬明甚趙說允矣車一乘馬二四二語見家

語觀周篇此王肅僞撰之書不足據也
益成括章指言勞謙終吉
見易謙卦九三爻
孔子在陳章琴張
趙注琴張子張也子張之爲人踸踔譎詭又善鼓琴號曰琴張論語曰師也辟故不能純善而稱狂也案左傳琴張疏引賈逵鄭衆之說皆以爲卽顓孫師是趙說與賈鄭合家語琴牢字子張一字開羣書傳記無言琴牢者此實王肅僞撰不足信也檀弓子張既除喪而見子之琴和之而和彈之成聲此趙注善鼓琴之證

孟子趙注考證　十七

孟子古注擇從一卷
孟子高氏學一卷
孟子纘義内外篇一卷
四書辨疑辨一卷

清 俞樾撰

清光緒二十年刻《春在堂全書·俞樓襍纂》本

俞樓襍纂序

光緒戊寅之歲門下諸君子爲余築樓於孤山之麓名曰俞樓彭雪琴侍郎又爲廓而大之其事詳見余所撰俞樓經始是樓倚山而面湖六一泉在左西泠橋在右廚栽花木小有泉石屋雖不多而布置殊勝余以章句陋儒竊據湖山勝地顏滋赧矣明年春余與內子偕往同住俞樓句留四十餘日而返是年夏即抱騎省之戚福過災生斯之謂歟余亦意興頹唐哀病交作迴憶春日湖樓風景殊有一生幾兩屐之歎因於曲園襍纂後又成俞樓襍纂五十卷或藉著述流傳使海內知有此

樓庶不負諸君子之雅意乎余所著書已二百五十卷
自俞樓襍纂成恐此後亦將輟筆矣俞樾記

俞樓襍纂目錄

卷十　玉佩考
卷十一　喪服私論
卷十二　左傳連珠
卷十三　論語鄭義
卷十四　續論語駢枝
卷十五　論語古注擇從
卷十六　孟子古注擇從
卷十七　孟子高氏義
卷十八　孟子纘義内外篇
卷十九　四書辨疑

卷五十　俞樓經始

孟子古注擇從　俞樓襍纂第十六　德清俞樾

孟子趙邠卿注在漢世傳注中稍爲疏略然孟子注無有更古於趙者欲治孟子豈能束趙注而不觀也今亦依論語之例擇其善者而從之

是乃仁術也

注曰是乃王爲仁之道也

按說文術邑中道也是以古書言術者多訓道禮記大傳篇服術有六穀梁宣十五年滅國者三術注並曰術猶道也此言仁術猶言仁道趙注以爲仁之道釋之得其旨矣朱注曰術謂法之巧者蓋殺牛既所

不忍舋鍾又不可廢於此無以處之則此心雖發而終不得施矣然見牛則此心已發而不可遏未見羊則其理未形而無所妨故以羊易牛則二者得以兩全而無害此所以爲仁之術也夫齊宣王偶見牛之觳觫而不忍其死此與乍見孺子將入於井相似豈暇徘徊郄顧而有如許計較哉愚嘗謂後世人人以權術用事而竟不能得權術二字之解權術者權道也非常道也權與經明分爲二而程子曰權只是經此不解權字也古書術字只作道字解而朱注此章云術謂法之巧者此不解術字也說權字太好說術

字又太壞不達古訓兩義俱非

刑于寡妻

注曰寡少也言文王正已適妻則八妾從

按毛傳云寡妻適妻也趙注葢本毛傳而又申說其意也適妻何以言寡寡者少也妻何爲而以少見稱則以妾有八而妻惟一也經不言妾而注必及之者以八妾之多見適妻之寡此古人訓詁之妙也朱注曰寡妻寡德之妻謙辭也夫妻乃文王之妻詩非文王所作何爲而有此謙辭哉

臣聞郊關之內

注曰郊關齊四境之郊皆有關

按四境各有郊郊各有關是謂郊關朱注云國外百里爲郊郊外有關以國外郊外對言郊在國外相去百里關在郊外相去又當幾里歟不如云國外百里爲郊四郊皆有關爲合古義

書曰天降下民作之君作之師惟曰其助上帝寵之四方有罪無罪惟我在天下曷敢有越厥志

注曰言天生下民爲作君爲作師以助天光寵之也四方善惡皆在已所謂在予一人天下何敢有越其志者也

按趙讀惟曰其助上帝寵之八字爲句是也朱注以惟曰其助上帝爲句則語意不完不知其所助者何事寵之四方又誰實寵之歟僞古文以寵綏四方爲句然亦連上克相上帝爲文與朱注異也

睊睊胥讒民乃作慝

注曰在位在職者又睊睊側目相視更相讒惡民由是化之而作其慝惡也

按趙注以上句屬在位在職者言是也雖經本無文然下句云民乃作慝下句始屬民則上句不屬民矣乃者有所因之辭曰民乃作慝則知其必因乎上矣

故雖經無此文而不嫌增益也朱注曰睊睊側目貌胥相也讒謗也慝怨惡也言民不勝其勞而起謗怨也則以睊睊句亦屬民言將移下句民字至上句乎且讒與謗亦自有別朱注必訓讒爲謗者以旣屬民言則民固有謗而無讒也似未免遷就以成其說不如古注之爲安

先王無流連之樂荒亡之行惟君所行也

注曰言聖人之行無此四者惟君所欲行也

按趙注是也而意未明此乃晏子犯顏直諫之辭言先王無此四者惟君所行有是耳因上文齊景公言

吾欲觀於轉附朝儛云云尙是空言而未有實事故注文亦用一欲字即上文吾欲之欲也朱注誤會其意以惟君所欲行也爲聽其自擇所欲行故曰言先王之法今時之獘二者惟在君所行耳此注似申明趙注而實失之夫二者惟在君所行則與君請擇於斯二者一律然兩文實不同孟子之告滕文公有去留兩意能如太王則避之不能則效死弗去此二者皆可行故請滕文公自擇之若先王之法今時之獘豈並行而不悖者乎乃曰惟君所行此言也不幾近於戲歟

夫環而攻之必有得天時者矣

注曰環城圍之必有得天時之善處者

按尉繚子天官篇曰刑以伐之德以守之非所謂天官時日陰陽向背也今有城東西攻不能取南北攻不能取四方豈無順時乘之者邪然不能取者城高池深兵器備具財穀多積豪士一謀者也此可與孟子之言相發明蓋天時專以陰陽向背言每曰必有宜向宜背之處環而攻之卽所謂東西攻南北攻也必有値宜向宜背之處者故曰必有得天時之善處趙氏此注簡而明矣朱注疑四面攻圍不能便値天

時之善者又增出曠日持久四字益未達斯旨也

域民不以封疆之界

注曰域民居民也

按域與居一義之引申史記禮書入域是域士君子也外是民也言人居是域則爲士君子外是者則爲民下域字以地言上域字當訓居域是域與尚書宅爾宅韓退之原道篇廬其廬文法一律索隱曰域居也得其義矣又曰非人居亦非居則以兩域字同訓居又爲失之趙注訓域民爲居民合孟子語意朱注曰域界限也則是界民不以封疆之界矣複矣

公明儀曰文王我師也周公豈欺我哉

注曰公明儀賢者也師文王信周公言其知所法則也

按趙注則二語並公明儀之言上句以文王爲可師下句以周公爲可信語意直捷朱注以文王我師句爲周公之言然文周父子也周公豈得言文王我師哉不如從古注爲安

其實皆什一也

注曰民耕五十畝貢上五畝耕七十畝者以七畝助公家耕百畝者徹取十畝以爲賦

按三代取民之制不同而同爲什一趙氏此注最爲明了朱注曰貢法固以十分之一爲常數惟助法乃是九一而商制不可考周制則公田百畝中以二十畝爲廬舍一夫所耕公田實計十畝通私田百畝爲十一分而取其一蓋又輕於什一矣竊料商制亦當似此而以十四畝爲廬舍一夫實耕公田七畝是亦不過什一也此說類與經違夫助法九一經無明文止據下九一而助一語耳九一而助乃孟子因時制宜以九一行助法助本什一兹則九一故曰九一而助非殷人助法本然也朱注執此謂助法九一又自

圓其說謂殷制一夫耕公田七畝周制一夫耕公田
十畝通公田計之爲十一分而取其一夫十一分而
取其一則既非什一又非九一不兩失之乎
居天下之廣居立天下之正位行天下之大道
注曰廣居謂天下也正位謂男子純乾正陽之位也
大道仁義之道也
按趙注假相而實精此三句之義蓋云生斯世也爲
斯人也則當行斯道也三句一氣相生榮啟期以吾
得爲人爲一樂吾得爲男爲二樂與孟子所言居天
下之廣居立天下之正位意正相近但彼則主乎行

樂此則主乎行道耳朱注以廣居爲仁正位爲禮大道爲義轉似乎廋辭隱語矣

瞽瞍亦允若是爲父不得而子也

注曰瞍亦信知舜之大孝若是爲父不得而子也以此解厎豫之疑

按趙以瞽瞍亦允四字爲句言瞍亦信舜之孝也以若是爲父不得而子也九字爲句古也邪二字通用若是爲父不得而子也言舜嚴事瞽瞍若是尙爲父不得而子邪故曰以是解厎豫之疑也說詳羣經平議朱注失其讀幷失其義蓋爲僞古文尚書所誤

仁言不如仁聲之入人深也

注曰仁言政教法度之言也仁聲樂聲雅頌也

按禮記樂記曰樂也者聖人之所樂也而可以善民心其感人深此卽仁聲入人深之證說苑載孔子至齊郭門外遇一嬰兒其視精其心正其行端而知韶樂將作夫韶樂於千年之後尚能感人如此不可見仁聲之入人深乎若政教法度之言則如漢帝諸詔非不訓辭深厚未見其能入人之深如此也故曰仁言不如仁聲之入人深趙注自不可易朱注以仁聲爲衆所稱道之言則仁聲卽仁聞矣今有仁心仁聞

而民不被其澤孟子固嘗言之又何取乎仁聲哉趙解離婁篇仁聞曰仁聲遠聞也乃於此篇仁聲又不用仁聲遠聞之義而以爲樂聲趙氏於此固自有見矣

柳下惠不以三公易其介

注曰介大也柳下惠執宏大之志不恥汚君不以三公榮位易其大量也

按趙訓介爲大是也此見柳下惠之量之大視天下之物無足當其一吷者彼三公固貴矣而我自有大於三公者存豈以三公之貴易我之大乎是謂不以

三公易其介朱注訓介爲有分辨之意則硜硜然小矣且柳下惠者孟子稱爲和聖以介爲有分辨亦與孟子平日稱柳下惠者不合也

居移氣養移體

注曰居之移人氣志使之高涼若供養之移人形身使充盛也

按下文即云大哉居乎不及養字可知居移氣養移體雖兩句並列而養移體句非所重也蓋與富潤屋德潤身文法相似疑此兩句本是成語孟子述類而引之耳趙注以下句爲譬況之語雖未必然而以上

句爲主則固得之道章論居不論養也朱注曰以所居不同故所養不同而其氣體有異也味其語氣轉似注重養字者大使孟子見其奉養豐饒形體潤澤爲之發歎豈所以爲孟子乎

其進鋭者其退速

注曰不審察人而過進不肖越其倫悔而退之必速矣

按上文不可已者而已之趙注曰已棄也於義所不當棄者而棄之然則趙意以此章皆言人君用人之事故解進退亦以用人言其進鋭者其退速即所謂

昔者所進今日不知其亡也如此解說則通章一貫似勝朱注若依朱注則此節與上節語意不倫雖以太過不及勉强區分恐非孟子立言本旨

孟子高氏學　俞樓襍纂弟十七

德清俞樾

漢儒孟子注傳者惟趙氏而趙氏之注在漢儒諸傳注中若少劣焉隋書經籍志有漢鄭康成劉熙注孟子今皆不存無以考見漢儒遺說高誘吕氏春秋序自言嘗正孟子章句誘於建安十年辟司空掾而趙邠卿卒於建安六年則誘於邠卿固及見之於趙氏孟子注後復爲正其章句度必有異於趙氏者而其書不傳甚可惜也高氏所注書吕氏春秋最爲完備淮南子十存八九戰國策存者二三余卽於三注中剌取其有涉孟子義者以存高氏之學

孟子見梁惠王

呂氏春秋開春論魏惠王死注曰孟子所見梁惠王也秦伐魏魏徙都大梁梁在陳留浚儀西大梁城是也

王在靈囿

呂氏春秋重己篇注曰畜禽獸所大曰苑小曰囿詩云王在靈囿

斧斤以時入山林

淮南子主術篇草木未落斤斧不得入山林注曰九月草木節解未解不得伐山林也

按此雖非說孟子，然高氏注諸書大略相同，則亦得剌取以爲孟子義焉。條凡類此者備錄之。

始作俑者，其無後乎！爲其象人而用之也。

淮南子繆稱篇：魯以偶人葬而孔子歎。注曰：偶人，相人也。歎其象人而用之。

又說山篇：魯以偶人葬而孔子歎。注曰：惡其象人而用之，知後世必用殉，故孔子爲之長歎也。

晉國天下莫強焉，至長子死焉。

呂氏春秋自知篇：鑽荼、龐涓、太子申不自知而死。注曰：鑽荼、龐涓，魏惠王之將；申，魏惠王之太子也。與龐

涓東伐齊戰於馬陵齊人盡殺之故惠王謂孟子曰晉國天下莫強焉叟之所知也及寡人身東敗於齊長子死此之謂也

戰國策齊策田忌為齊將係梁太子申禽龐涓注曰申梁惠王太子也龐涓魏將也田忌與戰於馬陵而係獲之也故梁惠王謂孟子曰寡人東伐敗於馬陵太子死龐涓禽此之謂也

按趙注於此等處全不詳其事實高氏所以於趙氏之後又正其章句乎至古人引書固不拘原文然如國策注所引則迥異太甚或出孟子外篇未可知也

孟子見梁襄王

呂氏春秋樂成篇魏襄王可謂能決善矣注曰孟子見梁襄王出語人曰望之而不似人君就之而不見所畏焉何能決善哉此言復謬也

齊宣王問曰

呂氏春秋驕恣篇注曰宣王齊威王之子孟子所見易釁鐘之牛者也

詩云他人有心予忖度之

戰國策秦策引此詩注曰詩巧言之四章他人有毀害之心己忖度之

舉疾首蹙額
呂氏春秋盡數篇注曰疾首頭痛疾也
夫明堂者王者之堂也
淮南子本經篇注曰明堂王者布政之堂上圓下方
堂四出各有左右房謂之个凡十二所王者月居其
房告朔朝歷頒宣其令謂之明堂其中可以序昭穆
謂之太廟其上可以望氛祥書雲物謂之靈臺
此四者天下之窮民而無告者
呂氏春秋季春紀賜貧窮注曰鰥寡孤獨曰窮
古公亶父來朝走馬率西水滸至于岐下

呂氏春秋審爲篇注曰太王亶父公祖□子王季之父文王之祖號曰古公詩曰古公亶父來朝走馬率西水滸至于岐下避狄難也狄人獫狁今之匈奴也

齊人伐燕勝之

淮南子人間篇燕子噲行仁而亡注曰子噲燕王也蘇代説子噲讓國遂專政齊伐燕大敗之噲死也

鄒與魯鬨

呂氏春秋愼行論後崔杼之子相與私鬨注曰鬨鬭也鬨讀近鴻緩氣言之

按此鬨字之古音古義也趙氏乃曰鬨鬭聲也不實

言其闕而虛擬其聲何歟

去之岐山之下居焉

呂氏春秋審爲篇注曰岐山在右扶風美陽之北其下有周地周家因之以爲天下號也

昔者太王居邠　至　從之者如歸市

呂氏春秋先識覽民從於賢注曰亶父處邠狄人攻之杖策而去邑乎岐周邠人襁負而隨之故曰民從賢也

君子不以其所以養人者害人

呂氏春秋審爲篇且吾聞之不以所以養害所養注

曰所以養者土地也所養者謂民人也

以齊王由反手也

呂氏春秋壹行篇彊大之國誠可知則其王不難矣

注曰孟子曰以齊王猶反手也故曰不難矣

按今本作由孫氏音義云由義當作猶古字借用耳

高氏引作猶或高本不作由也

則夫子過孟賁遠矣

呂氏春秋用衆篇注曰孟賁古大勇士

北宮黝之養勇也

淮南子主術篇故握劍鋒以離北宮子司馬蒯蕢不

使應敵注曰北宮子齊人孟子所謂北宮黝也

以德行仁者王至文王以百里

淮南子氾論篇堯無百戶之郭舜無置錐之地以有天下禹無十人之眾湯無七里之分以王諸侯文王處岐周之閒也地方不過百里而立為天子者有王道也注曰堯舜禹湯文王皆王有天下孟子曰以德行仁者王王不待大是也

又氾論篇曰道之行也雖小不可輕注曰湯以七十里文王以百里皆有天下故雖小不可輕

是猶惡溼而居下也

呂氏春秋至忠篇人主無不惡暴劫者而日致之惡之何益注曰日致爲暴劫之政也孟子曰惡溼而居下故曰惡之何益也

俊傑在位

呂氏春秋孟秋紀材過萬人曰桀千人曰儁

足以保四海

淮南子俶眞篇注曰四海四方之海也

柳下惠

淮南子說林篇注曰柳下惠魯大夫展無駭之子名獲字禽家有大柳樹惠德因號柳下惠一曰柳下邑

按惠德二字上疑有行字而今脫之藝文類聚引許慎淮南子注曰展禽樹柳行惠與高說同

故湯之於伊尹學焉而後臣之故不勞而王

呂氏春秋當染篇湯染於伊尹仲虺注曰湯契後十二世孫主癸之子也名天乙伊尹湯相詩云實惟阿衡實左右商王仲虺居薛爲湯之左相皆賢德也孟子曰王者師臣也

按王者師臣卽約此篇文非孟子別有此文亦非出外書淮南子覽冥篇注亦引孟子曰王者師臣也

子噲不得與人燕子之不得受燕於子噲

戰國策齊策齊因起兵攻燕三十日而舉燕國注曰孟子曰子噲無王命而與子之國子之無王命擅受子噲國故齊宣王伐而取之也

戰國策秦策姚賈對曰注曰姚賈譏周公誅管蔡不陳賈曰予　仁智周公未之盡也仁不知者在孟子之篇也

按戰國秦策有姚賈魏策亦有姚賈高氏以秦策之姚賈爲孟子之陳賈爲鮑彪所譏以爲年代相遠不如以魏策之姚賈當之今按國策高注已非完書或高注本以說魏策之姚賈而後人移以說秦策之姚

賈未可知也陳氏本出舜後得爲姚姓高注直云在孟子之篇而不言陳姚之異同意者高氏所見之孟子正作姚賈乎

管叔兄也

淮南子汜論篇注曰管叔周公兄也蔡叔周公弟也按呂氏春秋察微篇注曰管叔周公弟也蔡叔周公兄也又開春論篇注曰管叔周公弟蔡叔其兄也與淮南注不同疑呂覽注乃傳寫之誤據史記管蔡世家文王長子曰伯邑考次曰武王發次曰管叔鮮次曰周公旦次曰蔡叔度則管叔爲周公兄蔡叔爲周

公弟史有明文而孟子又明言管叔兄也周公弟也高注本之孟子合乎史記自不可易趙氏故倒其文傅爲迂曲矣

雨我公私遂及我私

呂氏春秋務本篇引此詩注曰古者井田十一而稅公田在中私田在外

有爲神農之言者

淮南子原道篇注曰神農少典之子炎帝也農殖嘉穀神而化之故號曰神農也

皆衣褐

淮南子覽冥篇注曰褐毛布如今之馬衣也

舜使益掌火

呂氏春秋當染篇注曰伯益臯陶之子也

三過其門而不入

呂氏春秋貴生篇注曰堯舜禹湯之治天下黎黑瘦瘠過家門而不入故曰非所以完身養生之道趨濟民而已

昔者趙簡子

淮南子主術篇注曰簡子晉卿趙鞅也

使王良與嬖奚乘

呂氏春秋審分覽注曰王良晉大夫郵無正郵良也以善御之功死託精於星天文王良策駟是也

淮南子覽冥篇注曰王良晉大夫郵無恤子良也所謂御良也一名孫無政爲趙簡子御死而託精于天駟星天文有王良星是也

按哀二年左傳郵無恤御簡子又曰子良授太子綏而乘之又曰郵良曰我兩靷將絶吾能止之一人而三易其稱國語晉語趙簡子使尹鐸爲晉陽郵無正進曰又云初伯樂與尹鐸有怨注曰無正晉大夫郵良伯樂也伯樂無正字一篇之中前稱郵無正後稱

伯樂一人而兩易其稱至楚辭七諫篇驥躊躇於弊
輦兮遇孫陽而得代注曰孫陽伯樂姓名也則又爲
孫氏矣高氏此注羅列無遺惟淮南子注御良疑郎
郵良之誤

公孫衍

呂氏春秋開春論注曰犀首魏人公孫衍也佩五國
相印能合從連横號爲犀首
戰國策秦策注曰公孫衍魏人也仕於秦當六國時
號曰犀首
按衍魏人卽趙注亦云然而以爲秦王孫殊不可解

高注佩五國相印之說與趙同而無秦王孫之說殆
不以爲然也
張儀
戰國策齊策注曰張儀魏氏之餘子仕爲秦相也
此之謂大丈夫
淮南子原道篇注曰大丈夫喻體道者也
奚爲後我
呂氏春秋懷寵篇誅國之民望之若父母注曰孟子
曰百姓簞食壺漿以迎王師奚爲後予此之謂也
有楚大夫於此至雖日撻而求其楚亦不可得矣

呂氏春秋用衆篇戎人生乎戎長乎戎而戎言不知其所受之楚人生乎楚長乎楚而楚言不知其所受之今使楚人長乎戎戎人長乎楚則楚人戎言戎人楚言矣注曰孟子曰有楚大夫欲其子之齊言也使一齊人傅之衆楚人咻之雖日撻而求其齊也不可得矣引而置之莊嶽之閒數年雖日撻而求其楚亦不可得矣此之謂也

按此所引雖不全然可考見高注與趙注之不同趙注曰咻之者讙也其意葢即讙譁之義乃考之字書玉篇口部咻許主切噢咻痛念之聲廣韻十八尤咻

口病聲也森無讙譁之義據高氏云使一齊人傅之衆楚人咻之是傅之咻之並其父所使咻即噢咻之咻昭三年左傳作燠休正義引服注曰若今時小兒痛父母以口就之曰燠休此云咻之即噢咻之也禮記內則篇擇於諸母與可者使爲子師其次爲慈母其次爲保母鄭注曰子師教示以善道者慈母知其嗜欲者保母安其居處者然則一齊人傅之乃子師也衆楚人咻之乃慈母保母之屬也如此說之於事理既近而於喻意亦切蓋傅之咻之皆其父所使既使一齊人傅之不可使衆楚人咻之明戴不勝既使

薛居州在王所不可使非薛居州者同在王所也若但云衆楚人在旁側讙譁則轉可誘爲無可柰何之事而所以深責戴不勝者轉淺矣

墨氏兼愛

呂氏春秋當染篇注曰墨子名翟魯人作書七十二篇

陳仲子

淮南子汜論篇注曰陳仲子齊人孟子弟子居於陵

按此未足據然以陳仲子爲孟子弟子猶勝於以公伯寮爲孔子弟子也

抑亦盜跖之所築與

淮南子主術篇注曰盜蹠孔子時人

離婁之明

呂氏春秋用衆篇注曰離婁黃帝時明目人能見鍼

末於百步之外

公輸子之巧

呂氏春秋愛類篇公輸般注曰公輸魯般之號也

淮南子本經篇注曰公輸巧者一曰魯班之號也

戰國策宋策注曰公輸般魯班之號也

按趙注公輸子魯班魯之巧人也則以輸班爲一人

婁上　　三

班固答賓戲班輸摧巧於斧斤顏師古注曰魯班與
公輸氏皆有巧藝則以爲兩人高氏注呂覽則主一
人之說注淮南國策又兼主兩人之說蓋二說本可
並存也
師曠之聽
淮南子原道篇注曰師曠晉平公樂師子野也
不以六律不能正五音
呂氏春秋察傳篇注曰六律六氣之律陽爲律陰爲
呂合十二也五聲五行之聲宮商角徵羽也
名之曰幽厲

吕氏春秋審分覽注曰厲王周宣王之父幽王周宣王之子言先幽厲倒文曰殺戮不辜曰厲雍過不達曰幽皆惡謚也

按過乃遏字之誤周書謚法篇雍遏不通曰幽

今惡死亡而樂不仁

淮南子氾論篇夏桀殷紂之盛也人跡所至舟車所通莫不爲郡縣然而身死人手而爲天下笑者有亡形也注曰孟子曰惡死亡樂不仁不仁必死亡故曰有亡形也

樂其所以亡者

呂氏春秋誣徒篇子華子曰王者樂其所以王亡者亦樂其所以亡注曰樂其所以亡故得亡桀紂是也

道在爾而求諸遠

淮南子主術篇驗在近而求之遠注曰近謂本遠謂末也

事在易而求之難

淮南子主術篇道在易而求之難注曰易謂反已先脩其本也不脩其本而欲得說親誠身之名皆難也故曰道在易而求之難

按淮南子云士處卑隱必先反諸己上達有道名譽

不起而不能上達矣取譽有道不信於友不能得譽信於友有道事親不誠不信於友說親有道脩身不誠不能事親矣誠身有道心不專一不能專誠道在易而求之難驗在近而求之遠故非得也是合孟子兩章爲一章故高注難易句亦以說親誠身爲說豈古本孟子兩章果合爲一乎

不信於友弗獲於上矣

淮南子主術篇注曰不能說親朋友不信之也

太公辟紂居東海之濱

呂氏春秋首時篇注曰太公望河内人也於周豐鎬

婁十七

爲東故曰東夷之士

淮南子脩務篇注曰呂望姜姓四岳之後四岳佐禹有功賜姓曰姜氏呂望其後居殷乃屠于朝歌自殷而往爲文王太師佐武王伐紂成王封之于齊也

按齊世家太公封齊在武王時此云成王者殆因成王又使召康公命太公齊出此得征伐爲大國故言成王封之也

嫂溺不援是豺狼也

淮南子氾論篇故溺則捽父注曰孟子曰嫂溺而不拯是豺狼也而況父兄乎故溺則拯之

嫂溺援之以手者權也

淮南子氾論篇注曰權因時制宜權量輕重無常形勢能令醜反善合于宜適故聖人獨見之也

此所謂養口體者也若曾子則可謂養志也

呂氏春秋孝行覽注曰熟五穀烹芻豢龢快口腹故曰養口之道龢顏色以說父母之志意故曰養志之道

舜不告而娶爲無後也君子以爲猶告也

淮南子氾論篇舜不告而娶非禮也注曰堯知舜賢以二女妻舜不告父父頑常欲殺舜舜知告則不得

娶也不孝莫大於無後故孟子曰舜不告猶告爾

文王生於岐周卒於畢郢

呂氏春秋具備篇武王嘗窮於畢程矣注曰畢程畢豐

按如高氏說則程卽豐矣漢書地理志右扶風安陵師古曰闞駰以爲本周之程邑志又云文王作酆師古曰今長安西北界靈臺鄉豐水上是則程與豐自是兩地竹書紀年云帝辛三十五年西伯自程遷于豐其不得幷而爲一明矣疑高注本作畢程畢郢蓋破郢字而讀以本字謂呂覽之畢程卽孟子之畢郢

也後人不達此旨謂程即郢也以畢郢釋畢程似無兩義乃改爲畢豐不知畢郢者古國名也見周書史記解所謂畢程氏也古有畢程無畢豐何得以畢豐述文乎

逢蒙學射於羿

呂氏春秋具備篇注曰羿夏之諸侯有窮之君也善射百發百中逢蒙羿弟子也亦能百中

西子蒙不潔則人皆掩鼻而過之

淮南子脩務篇今夫毛嬙西施天下之美人也若使之銜腐鼠蒙蝟皮衣豹裘帶死蛇則布衣韋帶之人

過者莫不左右睥睨而掩鼻注曰言雖有美姿人惡
聞其臭故睥睨掩其鼻孟子曰西子蒙不潔則人皆
掩其鼻而過之是也

匡章通國皆稱不孝也

呂氏春秋諭大篇注曰匡章乃孟軻所謂通國稱不
孝者

又不屈篇注曰匡章孟子弟子也

舜往于田

呂氏春秋當染篇注曰舜顓頊五世之孫瞽瞍之子
也

按史記顓頊生窮蟬窮蟬生敬康敬康生句望句望生橋牛橋牛生瞽瞍瞽瞍生舜自顓頊至舜七世其中閒相距五世故曰五世孫疑漢時自有此稱也

帝使其子九男二女

呂氏春秋去私篇堯有子十人不與其子而授舜注曰孟子曰堯使九男二女事舜此曰十子殆丹朱爲胥子不在數中

淮南子泰族篇乃屬以九子注曰堯有九男

按史記索隱引皇甫謐云堯娶散宜氏之女曰女皇生丹朱又有庶子九人此本呂覽有子十人之說趙

氏注云丹朱以允嗣之子臣下以距堯求禪其餘八
庶無事故不見於堯典則不從呂覽說也高氏注呂
覽曰殆丹朱不數殆之云者意固疑之其注淮南竟
云堯有九男則其說孟子當與趙同

放驩兜于崇山

淮南子脩務篇放驩兜于崇山注曰放棄也讙兜堯
佞臣也崇山南極之山

戰國策秦策堯伐驩兜舜伐三苗注曰驩兜三苗皆
國名

按山海經海外南經有讙頭國或曰讙朱國並即驩

兜國也博物志外國篇驩兜國其民盡似仙人帝堯司徒驩兜其說皆不經惟既云堯伐驩兜則自是國名疑驩兜本以諸侯入仕王朝故既放之又伐其國耳趙注以四罪爲四侯而高亦以驩兜爲堯侯臣與趙注合楚辭九懷曰四侯放兮後得禹九懷乃王褒所作則以四罪爲四侯固西漢舊說矣王逸注九歎亦曰三苗堯侯臣也

殺三苗于三危

淮南子原道篇注曰三苗堯時所放渾敦窮奇叨餮之等

又脩務篇竄三苗於三危注曰三苗蓋謂帝鴻氏之裔子渾敦少昊氏之裔子窮奇縉雲氏之裔子饕餮三族之苗裔故謂之三苗三危西極之山一曰放三苗國民於三危也

又淑眞篇有苗與三危通爲一家注曰有苗國在南方彭蠡舜時不服者三危西極山名在辰州

又兵略篇曰有苗三苗也

又地形篇注曰三苗國名也在豫章之彭蠡

又齊俗篇注曰三苗之國在彭蠡洞庭之野

按三苗蓋有二説其一説則渾敦窮奇饕餮之苗裔

其一說則卽有苗也高注原道脩務皆以爲三族之苗裔而注地形齊俗兩篇皆以爲在彭蠡則卽有苗矣蓋高氏本無一定之見故於脩務篇注有一曰三苗國民之說是因合二說而兼存之而注兵略篇則直幷而爲一談矣惟三危旣爲西極之山不得在辰州辰疑瓜字之誤杜預注昭九年左傳云三危在瓜州今敦煌亦必古說也

又按脩務篇言舜南征三苗道死蒼梧則三苗自卽有苗兵略篇之注塙矣

殛鯀于羽山

淮南子脩務篇殛鯀於羽山注曰鯀禹父爲治水績用不成堯殛之羽山東極之山鴻範曰鯀則殛死然則渾敦窮奇饕餮生至四裔可知也

百里奚虞人也

呂氏春秋慎人篇百里奚之未遇時也亡虢而虜晉注曰虢當爲虞百里奚虞臣也傳曰伐虞獲其大夫井伯以媵秦穆姬孟子曰百里奚虞人也晉人以垂棘之璧假道於虞以伐虢宮之奇諫之百里奚知虞公之不可諫也而去之秦此云亡虢誤矣

晉人以垂棘之璧與屈產之乘假道於虞

呂氏春秋權勳篇注曰垂棘美璧所出之地因以爲名也屈產之乘屈邑所生四馬曰乘今河東北屈駿馬者是也

宮之奇諫

戰國策秦策注曰宮之奇虞大夫也

伊尹聖之任者也

淮南子主術篇注引孟子曰伊尹聖之任

人無有不善

呂氏春秋盡數篇故凡養生莫若知本注曰孟子曰人性無不善本其善性閉塞利欲疾無出至矣

淮南子俶眞篇是故聖人之學也欲以返性於初注曰人受天地之中以生孟子曰性無不善而情欲害之故聖人能返其性於初也

按引孟子止性無不善四字而情欲害之高氏語也

淮南子說山篇此全其天器者注曰器猶性也孟子曰人性善故曰全其天性

今曰性善

戰國策齊策注曰先生長老先已以生者也

先生將何之

五霸者三王之罪人也

呂氏春秋先已篇注曰五伯昆吾大彭豕韋齊桓晉文

傅說舉於版築之閒

淮南子覽冥篇注曰殷王武丁夢得賢人使工寫其象旁求之得傅說于傅巖遂以爲相爲高宗咸八十一符致中興也

孫叔敖舉於海

呂氏春秋情欲篇注曰孫叔敖楚令尹薳賈之子也

桎梏死者非正命也

呂氏春秋仲春紀注在足曰桎在手曰梏

達則兼善天下

呂氏春秋論人篇凡人通則觀其所禮注曰孟子曰

達則兼善天下故觀其所賓禮

拔一毛而利天下不爲也

呂氏春秋明理篇有鬼投其陴注曰陴腳也音楊子

愛骭一毛之骭

又不二篇陽生貴己注曰輕天下而貴己孟子曰陽

子拔體一毛以利天下弗爲也

淮南子俶眞篇注曰楊楊朱其術全性保眞雖拔骭

一毛而利天下弗爲也

又汜論篇全性保眞不以物累形楊子之所立也而
孟子非之注曰全性保眞謂不拔骭毛以利天下弗
爲不以物累己身形也孟子受業于子思之門成唐
虞三代之德敘詩書孔子之意塞楊墨淫詞故非之
也
按以呂覽明理及淮南子兩注觀之則知高氏所據
孟子作拔骭一毛而利天下不爲也至不二篇作拔
體一毛體乃骭之誤因俗體字作骵與骭相似故誤
也爾雅釋訓骭傷爲微郭注曰骭腳脛拔骭一毛謂
拔腳脛上之一毛也夫孟子無石經漢本與今本異

婁上　　主

同無可考見乃因采輯高氏遺說得此一字信可謂一字千金矣翟晴江作四書考異焦理堂作孟子正義均采及呂覽不二篇拔體一毛之說本而於作骭之眞本竟未之見何歟

墨子兼愛摩頂放踵利天下爲之

淮南子俶眞篇注曰墨墨翟也其術兼愛非樂摩頂放踵而利國者爲之

按高氏引孟子不盡依原文必如上節之有骭字屢引皆同乃可爲據否則未敢輕信也然如此文作而利國者爲之則頗有理蓋欲明楊子之不爲則宜以

天下言見雖利在天下之大而楊子不爲也若此文欲明孟子之爲之則宜以國言見不必利在天下也卽止利在一國而亦爲之矣或高氏所見本爲得孟子之眞乎

掘井九軔

呂氏春秋功名篇適威篇淮南子覽冥篇說林篇注並曰七尺曰仞

按七尺曰仞不從趙說然淮南子原道篇注又曰八尺曰仞或疑是許注高注之不同愚直謂傳寫誤也

久假而不歸惡知其非有也

呂氏春秋審分覽大明不小事假乃理事也夫其不假也注曰假攝若周公曾隱勤理成致之也夫其不假也亦在其人也久假不歸惡乃知非故曰夫其不假也

按味其語意亦與趙同趙氏章指所謂用而不已實何以易在其勉之也即此意也

公孫丑曰伊尹曰至無伊尹之志則篡也

呂氏春秋樂成篇賢者得志則可不肖者得志則不可注曰賢者得志則忠故曰可也不肖者得志則驕驕則亂故曰不可公孫丑曰伊尹放太甲于桐宫太

川賢又反之賢者之爲人臣其君不賢則可放歟孟子曰有伊尹之志則可無伊尹之志則簒也

梁惠王以土地之故至故驅其所愛子弟以殉之

呂氏春秋不屈篇惠子之治魏爲本其治不治當惠王之時五十戰而二十敗所殺者不可勝數大將愛子有禽者也注曰言惠王用惠子之謀爲土地之故糜爛其民而戰之大敗又將復之恐不勝乃驅其所愛子弟以殉之此謂以其所不愛及其所愛故曰大將愛子有禽者矣

按作糜爛疑傳刻之誤楚辭招魂篇靡散而不可止

些釋文作㢝一作麋誤與此同

革車三百兩

淮南子本經篇注曰革車兵車也

得乎丘民而爲天子

呂氏春秋本味篇已成而天子成注曰已成仁義之道而成爲天子孟子曰得乎丘民爲天子

城門之軌兩馬之力與

淮南子說山篇牛車絶轔注曰楚人謂門切爲轔車行其上則斷之孟子曰城門之軌非兩馬之力

按此與趙同趙注曰譬若城門之軌齧其限切深者

用之多耳是亦以門切言也

曾皙嗜羊棗

呂氏春秋季秋紀共養之不宜者注曰謂若屈到嗜

芰曾皙嗜羊棗

按此類斷章取義無關本旨

孟子纘義内外篇　俞樓襍纂第十八　德清俞樾

内篇

我善養吾浩然之氣其爲氣也至大至剛以直養而無害則塞乎天地之閒其爲氣也配義與道無是餒也

嗚呼養氣之說孟子始言之孟子以前未之有也程子謂前聖所未發信矣然而自孟子以後人人知養氣之說矣乃知其宜養而卒未知所以養也所以養者何也直也其能直何也配義與道也是故配義與道則其氣直直則縮矣不配義與道則其氣不直不直則餒矣是故孟子之言養氣合道與義言之也後

世儒者之言養氣離道與義言之也離道與義而言養氣故人人曰我善養吾浩然之氣而實孟子所謂悻悻小丈夫也

是集義所生者非義襲而取之也

何謂集何謂襲集之言合也集義猶合義合義者所謂配道與義也襲之言襲取之也蓋集義者以義爲君而氣爲輔義襲者以氣爲主而義爲客集義者其義先充足乎中而氣乃與之合非氣用事也義用事也義襲者其氣先勃發而不可遏見之於言則爲忿雖之言見之於行則爲猖狂之行而後託之以忠孝

廉潔之美名喻之以君臣朋友之大節是氣用事也非義用事也義特襲而取之也嗚呼三代下士大夫其高世絕俗之行有聖賢所不能及者孰知其皆襲而取之者哉其不足與言養氣之學明矣

夫志氣之帥也氣體之充也夫志至焉氣次焉故曰持其志無暴其氣

嗚呼此可見孟子養氣之學矣孟子非養氣也乃養志也養其志而氣從之矣後世儒者不知養志而但言養氣名曰養之實則暴之譬猶行軍焉善行軍者一帥用事而士卒皆聽其命而後行使之東而東使

之西而西使之赴水蹈火而不敢辭如是則四夷不敢侵盜賊不敢作故曰體之充也不善行軍者士譁於伍卒譟於行帥擁空名於其上而莫能禁平居無事則四出剽掠爲害閭閻一旦有事則轉而爲敵用暴之爲害大矣哉

養心莫善於寡欲其爲人也寡欲雖有不存焉者寡矣其爲人也多欲雖有存焉者寡矣

夫言養氣而終之以養心何也心之所之爲志養心卽所以養志也是故欲養氣先養志欲養志先養心而養心莫善於寡欲然則養氣之功自寡欲始嗚呼

備矣

外篇

仁者無敵

嗚呼自來功利之士孰不言自强哉然逐其末而遺其本揚其波而未尋其源也夫吾儕束髮讀孟子書卽聞仁者無敵之說矣苟無敵於天下則天下莫强焉此自强之上策也舍此不務而别求所以自强傎矣善乎宋蘇軾之告神宗也曰國家之所以存亡者在道德之淺深不在乎强與弱歷數之所以長短者在風俗之厚薄不在乎富與貧臣願陛下務崇道德

而厚風俗不顧陛下急於有功而貧富强夫國之長短如人之壽夭世有尫羸而壽考亦有盛壯而暴亡善養生者慎起居節飲食不得已而用藥則擇其品之上性之良可以久服而無害則五藏和平而壽命長不善養生者猒上藥而用下品伐眞氣而助强陽根本已空僵仆無日天下之勢與此無殊臣願陛下愛惜風俗如護元氣烏呼此探本之言亭林顧氏所謂人臣告君未有深切於此者也

善戰者服上刑連諸侯者次之辟草萊任土地者次之嗚呼此皆孟子之世所謂自强者也善戰者連諸侯

者無非欲以其國强也辟草萊任土地者無非欲以其國富也當孟子時宋衛中山諸小國外號爲大國者七地醜德齊莫能相尚其君若臣皆日夜思所以自强而士之游人國者亦各思富强其國以成功名而取富貴人各自爲説家各自爲書巧者知盡材者能索雖臧武仲之知冉求之藝不知所以加之矣使孟子而將襲其餘術謁孫吳蘇張申韓之徒而以爲師歟是壽陵餘子之學行於邯鄲未得其國能而反失其故行者也彼之智巧日出而不窮而我乃區區蹈其已成之迹拾其已棄之餘刻舟以求其劍削足

以合其履膚有濟乎是以孟子埽而空之曰吾所以自強者不在此

今天下之地方千里者九齊集有其一以一服八何以異於鄒敵楚哉盍亦反其本矣

此孟子之世與後世異者也漢唐以來天下一統既無以一服八之難則亦安見反本之要乎然吾聞上古之世有大九州而鄒衍之書頗著其說佛家亦言有四大部洲儒者固不信也乃天下之大其非禹蹟所能盡則彰彰明矣中國者大九州之一不循反本之良規而蹈鄒敵楚之故轍未見其能濟也

王如施仁政於民省刑罰薄稅斂深耕易耨壯者以暇日脩其孝悌忠信入以事其父兄出以事其長上可使制梃以撻秦楚之堅甲利兵矣

此所謂反本者也然而非孟子之言實孔子之遺法也省刑罰薄稅斂深耕易耨所以富之也脩其孝悌忠信所以教之也富之教之所以自强也孔子曰俎豆之事則嘗聞之矣軍旅之事未之學也是孔子不知軍旅之事也然而孔子曰吾戰則克何也惟孟子心知其意故曰可使制梃以撻秦楚之堅甲利兵矣當孟子時所謂强國者惟秦楚耳而秦楚所以橫行

於天下亦惟堅甲利兵耳後世强國或百倍於秦楚而所以制勝之具亦有不止於兵甲之堅利者然用孟子之言行孟子之法則無不可以制梃而撻之故曰仁者無敵王請勿疑

今王發政施仁使天下仕者皆欲立於王之朝耕者皆欲耕於王之野商賈皆欲藏於王之市行旅皆欲出於王之塗天下之欲疾其君者皆欲赴愬於王其若是孰能禦之

尊賢使能俊傑在位則天下之士皆悦而願立於其朝矣市廛而不征法而不廛則天下之商皆悦而願藏於

其市矣關譏而不征則天下之旅皆悅而願出於其路矣耕者助而不稅則天下之農皆悅而願耕於其野矣廛無夫里之布則天下之民皆悅而願爲之氓矣信能行此五者則鄰國之民仰之若父母矣率其子弟攻其父母自生民以來未有能濟者也如此則無敵於天下無敵於天下者天吏也然而不王者未之有也

嗚呼此兩章所言乃自强之極軌矣所謂辟土地朝秦楚莅中國撫四夷其本在此信能行之則海外大九州無不來享來王復黃帝以前之盛不難矣

四書辨疑辨　俞樓襍纂第十九　德清俞樾

通志堂經解有四書辨疑十五卷無撰人姓名據朱氏經義考乃元人偃師陳天祥所撰其說不墨守紫陽頗有辨正之功蓋元儒中之矯矯者余讀其書而善之意有未盡復爲之說與以求是非曰好辨

顧諟天之明命　注顧謂常目在之諟古是字諟此也或曰審也

辨疑曰尚書舊注諟是也孔穎達疏曰諟與是古今之字異故變文爲是也注文古是字之說蓋出於此果如孔疏所言則是古無是字而後人增之也然文

字之古者莫若尚書如慢遊是好傲虐是作之是字豈後人所增哉今之江南中原玉篇諸韵諟字皆訓理也正也諦也審也未有說爲古是字而訓此者惟從或曰之說解諟爲審則爲理順顧爲顧視常目在之諟爲審念常心在之

辨曰此句舊注有二其一爲尚書校傳其一爲禮記中庸篇鄭注而朱注但依校傳未尋鄭注故以諟爲古是字陳氏辨之當矣惟從或說作審則顧諟二字分屬心目義亦未妥且天命無形之物有何可顧校傳解諟字固非解顧字尤非此句之義自當從鄭禮

中庸篇鄭注曰顧念也諟猶正也此說得之顧諟天
之明命謂其意念在正天之命也成十三年左傳劉
子曰民受天地之中以生所謂命也是以有動作威
儀之則以定命也定與正同義堯典以閏月定四時
史記五帝紀定作正齊語正卒伍漢書刑法志正作
定蓋二字之義本通然則諟天明命即左傳所謂定
命也益稷篇天敘有典勑我五典五惇哉天秩有禮
自我五禮有庸哉敘也秩也皆有正義蓋天所命我
者本無不正故曰天敘曰天秩我從而敘之秩之即
所以正天之明命也推之天命有德五服五章天討

有罪五刑五用命德討罪天之明命也賞必當德罰必當罪正天之明命也鄭注之精非枚傳可及朱注不從鄭而從枚何歟

湯之盤銘　注盤沐浴之盤

辨疑曰解盤爲沐浴之盤此舊說也沐爲沐髮浴爲浴身髮與身無同器沐浴之理卽欲迂曲說爲兩盤實無可據兩盤之文或問中有一說云亦如人之一日沐浴日日沐浴又無日不沐浴此說亦爲少思驗之天下之人未有無夏無冬日日須沐須浴者又盤乃淺器中間亦難容人沐浴也參詳天下之物常須

潔淨者惟飲食之器爲然說者宜云盤所以盛進飲食諸物必須日日滌拭去其垢穢常令鮮潔明淨以諭人須日日清潔其心不致爲物欲所昏使其明德常新常明也

辨曰鄭注但云盤銘刻戒於盤也初不指爲何盤正義始云湯沐浴之盤刻銘爲戒而朱注從之陳氏以沐浴不可同川一盤又無二盤之文遂别爲之說曰盤所以盛進飲食諸物此說恐未可從也古人盛飲食之器羹之屬於登於鉶棗栗之屬於籩菹醢之屬於豆黍稷之屬於簠簋牛羊之屬於俎未聞以盤也

其所以進食者則曰案考工記玉人案十有二寸是也急就篇橢杅槃案桮問盌顔師古注無足曰槃有足曰案槃即盤字是進食之盤古已有之而三代經籍實無所見未可以此說湯之盤也然則將仍以爲沐浴之盤乎此又不然周書王會篇堂後東北爲赤帟焉浴盆在其中是古人浴以盆不以盤禮記玉藻篇出杅履蒯席注杅浴器也亦不言以盤浴盤之說非古明矣喪大記云沐用瓦盤則沐之用盤古固有之然内則云五日則燂湯請浴三日具沐是古人沐浴以三日五日爲度誠如陳氏所言無日日沐浴者

也若然湯之盤果何盤乎愚謂當即盤匜之盤乃盥器也儀禮既夕禮槃匜匜實于槃中南流注曰槃匜盥器也禮記内則篇進盥少者奉槃長者奉水注曰槃承盥水者蓋古人盥手以匜而盥器則其水承之以盤盤匜乃古人日日所必用據内則知每日必盥手非如沐以三日浴以五日也故古人即於盤匜勒銘以自警戒漢書藝文志雜家有孔甲盤盂二十六篇注云黄帝之史或曰夏帝孔甲殆亦此類也孔氏不知爲盥器而以爲沐浴器殊非古義陳氏以爲進飲食器則失之更遠矣

如切如磋者道學也如琢如磨者自修也　注切以刀鋸琢以椎鑿皆裁物使成形質也磋以鑢鍚磨以沙石皆治物使其滑澤也治骨角者既切而復磋之治玉石者既琢而復磨之皆言其治之有序而益致其精也

辨疑曰注文止是解詩於傳文所言學與自修無相干涉不如切磋如何爲學琢磨如何爲自修也或問中答問者曰骨角脈理可尋而切磋之功易所謂始條理之事也玉石渾全堅確而琢磨之功難所謂終條理之事也參詳此說數者之中惟治玉爲難琢石磨石何難之有夫欲治骨角玉石爲器必先切琢以

成其質可加琢磨之功然後可爲完器矣切琢以諭學問也磋磨以諭自修也經文當作如切如琢者道學也如磋如磨者自修也如此讀之於義爲是磋琢二字傳寫之差也

辨曰陳氏此說謬矣大學此文亦見爾雅釋訓篇此下尚有既微且尰見刈是濩履帝武敏張仲孝友有客宿宿有客信信其虛其徐猗嗟名兮式微式微諸句皆全舉詩句而釋之如切如磋二句亦與一例若作如切如琢如磋如磨則割截詩文非詁經之例矣然陳氏此說之謬亦朱注有以啟之按切磋琢磨四

字說見爾雅釋器篇骨謂之切象謂之磋玉謂之琢石謂之磨毛公本之以釋詩而鄭司農注周禮太宰八材又作珠曰切象曰磋玉曰琢石曰磨惟切字之說有異而要皆一字爲一事非合兩字爲一事也朱注乃曰治骨角者旣切而復磋之治玉石者旣琢而復磨之則是骨角須切磋並用玉石須琢磨並用與雅訓違矣推是說也切琢粗而磋磨精或間中遂有始條理終條理之說陳氏童而習之未免先入爲主遂欲改易經文以就其說矣愚謂當悉遵雅訓切磋琢磨四字分屬骨象玉石四物大學以如切如磋爲

學如琢如磨爲自修此不可泥文字以求之孔氏正義曰初習謂之學重習謂之修亦謂詩本互文而相通也得其旨矣

有酒食先生饌　注食音嗣食飯也饌飲食之也

辨疑曰酒食之食舊讀與飲之食之之食同音爲飤音雖同義則異矣食之之食以之餉物之謂也酒食之食乃其諸品食物之總名既以酒食爲酒嗣惡衣惡食亦當作惡衣惡嗣君賜食亦當作君賜嗣今也或從新音爲嗣或從舊讀爲飤既有一是必有一非質諸世人通知之事酒食衣食人所常言食字皆從

蝕音天下古今無有異也今乃別音爲嗣或嘗以酒嗣之語施之談話之閒聞者往往爲之發笑本分言之止從舊音讀爲酒蝕乃爲通順

辨曰玉篇食是力切廣韵二十四職食乘力切是皆音蝕也七志祥吏切五字無食字止有飤字又有飼字與飤同然則食字古止讀蝕其讀嗣者飼之假字也陳氏謂酒食之食與飲之食之之食舊讀同爲蝕亦稍疏矣然舊讀亦有可疑者此章酒食之食以理言之自應讀蝕乃釋文亦音嗣則朱注固本於陸氏非朱注別音爲嗣也今取陸氏釋文即論語中食字

覈之如一簞食食夫稻殺雞爲黍而食之並音嗣此以人食之言即飼之叚字音嗣宜也若食不厭精膾不厭細食與膾對明是所食之物而非以人食之言乃亦音嗣何也疏食菜羹食與羹對亦明是所食之物乃述而篇疏食則曰食如字一音嗣鄉黨篇疏食則曰音嗣又如字憲問篇疏食則曰如字又音嗣何游移而不定也陸氏於此字且不能定無譏乎朱注矣惟毛詩緜蠻篇飲之食之箋云渴則予之飲飢則予之食釋文出飲食云上於鴆反下音嗣篇內皆同注如字蓋飲之食之以人言也故音嗣予之飲予之

食以物言也故如字此則分別最明矣

季文子三思而後行子聞之曰再斯可矣　注三去聲若使晉求遭喪之禮以行亦其一事也程子曰至於再則已審三則私意起而反惑矣故夫子譏之

辨疑曰王滹南駁喪禮之說曰文子至晉果遭之則正得思之力也何過之有又駁程子之說曰思至于三何遽爲私意邪又曰事有不必再思者亦有不止於三思者初無定論也其說大意皆當然三字之音義未有明辨三作平聲乃是數目定名若作去聲只是再三再四頻繁之意夫子之言止是言文子過思

之蔽非謂天下之事皆當止於再思不可至於三次也

辨曰文六年左傳季文子將聘於晉使求遭喪之禮以行曰求而無之實難過求何害杜注云所謂文子三思是以聘晉之事證文子三思本於杜征南非朱注剏為是說也所引程子語亦是順論語本文為說初無大謬陳氏因三字去聲故不以程語為然以愚論之三音去聲與音平聲實無大別按廣韻五十四闞有三字云三思蘇暫切是唐人讀三思作去聲也考之釋文三思息暫反又如字則六朝以前舊讀不

盡作去聲夫孔子明言再斯可矣再思是二則三思是三其義甚明學而篇吾日三省吾身釋文云三息暫反又如字夫曾子所省明有三事下文一一言之此三字自是數目定名而陸氏亦存二音可知讀去讀平無大分別不過就物數言之如所就三所去三之類則讀平聲就人事次第言之如三仕之三已之之類則讀去聲此乃漢後經師好爲分別多此紛紜之說亦猶先治其國之治平聲家齊而後國治之治去聲實無異義也陳氏必謂三字非數目定名只是再三再四之意轉與夫子再斯可矣之言窒礙矣

不時不食　注五穀不成果實未熟之類

辨疑曰五穀不成果實未熟自不可食此何必言不時不食者一日三食不依其時則不食也南軒曰不時非食時也

辨曰此句古有二解集解引鄭曰不時非朝夕日中時皇侃義疏引江熙云不時謂生非其時若冬梅李實也宋注從江熙之説而易康成舊義未知何意陳氏不知康成舊義而引南軒之説則亦疏矣

不撤薑食　注薑通神明去穢惡故不撤

辨疑曰本草經諸藥皆有益人之用通神明去穢惡

者固不少也然獨不撤薑食蓋亦取其味之可喜故不撤也注文本謂聖人無嗜味之心故於夫子飲食之間凡有惡而不食喜而食之者皆宛轉其說不使有關於味之美惡於其本然欲惡之誠使皆晦而不顯以爲聖人無意於味也是豈人之情也哉

辨曰鄉黨一篇詳記聖人容色言動即所以爲教也如徒以聖人嗜好而記之則烏足以爲聖人之經哉陳氏此論雖似通達然淺之乎視鄉黨矣惟不撤薑食之義曰不撤則必有撤之者明矣朱注於不撤之義未有發明殆不可從孔安國曰撤去也齊禁薰物

薑辛而不臭故不去此說得不撤之義視朱爲優然必變齊必變食爲義則是此節皆爲謹齊而設使非齊時將魚餒肉敗亦食之乎將飲酒遂至於亂乎必蒙齊字爲義於此何得之矣以上諸文不可通也愚按儀禮士相見篇夜侍坐問夜膳葷請退可也注曰葷辛物葱薤之屬食之以止卧夫見客之際非飲食之時安得辛物而膳之疑古人於坐間必置少許辛物使疲倦之時得以鹹勞而藥倦葢亦君子自强不息之意古有警枕亦此意也夫子每日食畢餘物皆撤去獨留薑食不撤疑亦古人燕居之常禮也鄭注

於膳葷止云葱薤之屬而不及薑然葱薤之屬辛而臭固不如薑之爲佳也

曾子曰吾聞諸夫子孟莊子之孝也其他可能也其不改父之臣與父之政是難能也　注獻子有賢德而莊子能用其臣守其政故其他孝行雖有可稱而皆不若此事之難

辨疑曰注中不見難能之理義有未盡南軒曰莊子之不改意者其政雖未善而亦不至悖理害事之甚故有取其不忍改也蓋善而不改乃其常耳不必稱難能惡而不改則是成其父之惡不可稱難能也如

寅曰莊子之繼世也必其先臣先政有不利於已者他人不能不改而莊子能之是以稱難王滹南謂二說皆有理胡氏之說尤視

辨曰此章古義馬融謂在諒闇之中父臣及父政雖不善者不忍改之也準之三年無改之說似亦有理但經文初無居喪義故朱注不從易之曰獻子有賢德而莊子能用其臣守其政說甚正大蓋改與不改當視父之賢不賢爲斷其父不賢其臣其政皆未必善爲子者以能改爲孝若元祐之於熙甯是也其父而賢其臣其政必善爲子者以不改爲孝否則元祐

又變爲紹聖矣獻子之臣必是賢臣獻子之政必是善政莊子嗣守令緒一仍其舊所謂保家之令子也孝莫大於此其餘皆小節矣陳氏引南軒說於理未足若果悖理害事則雖未甚豈容不改乎至胡氏之說以私意窺測失之更遠

所謂故國者非謂有喬木之謂也有世臣之謂也王無親臣矣　注世臣累世勳舊之臣與國同休戚者也親臣君所親信之臣與君同休戚者也

辨疑曰世臣親臣分爲兩意文辭義理俱不可通說世臣處止是有世臣之謂也一句而已下句却別說

親臣世臣之說下無結意親臣之說上無來意孟子之意何其首尾不相照應而無倫序如此邪所謂世臣與國同休戚親臣與君同休戚者迂曲甚矣豈有忠於國而遺其君忠於君而遺其國者哉況親臣止同其君一身休戚國之休戚畧不關心乃是姦回諛佞之人所謂事是君則爲容悅者也孟子何必勸宣王畜養此輩邪所謂故國者有世臣之謂也者言其世祚長遠而爲故國者由其有親信大臣子孫相繼世爲輔弼之臣也王無親臣者言王用人不擇賢否輕爲黜退果於誅殺所以人心不固而無親信可爲

輔弼之臣也後乃教宣王改其素習慎用誅斥愛養賢能以收將來世臣之用

辨曰陳氏此論於朱注解世臣親臣處辨駁明快極矣惟孟子此章止以世臣引起親臣世臣之說本所不重並無以此日親臣作將來世臣之意陳氏所說亦未得也愚謂古書親新二字往往通用此章親臣止當作新臣解新臣者新進之臣對世臣而言孟子謂故國必有世臣今王非但無世臣也并新臣而無之矣下文曰昔者所進今日不知其亡昔者今日與昔者病今日愈同極言其近昔進今亡所以無新臣

也又何論世臣乎

泄柳申詳無人乎繆公之側則不能安其身　注泄柳申詳繆公尊之不如子思然二子義不苟容非有賢者在其君之左右維持調護之則亦不能安其身矣

辨曰此段經文本與上文繆公尊禮子思之説相對爲言然人君以此禮賢則可人臣以此事君則不可注文亦是見此一節義有不安故宛轉其意特加賢者二字指君側之人爲賢人以成二子義不苟容之説然經中本無賢字意脈彼其在君之側候伺顏情道達人之情意通布腹心者蓋亦只是左右親信與

人媒合就事之人非皆可謂賢者也又以一章文勢言之至其結意處止言慮而不及子思於泄柳申詳未嘗再有干涉亦難通解竊嘗撤去泄柳以下十七字讀之則語意通順而無疐礙

辨曰孟子正義云子思之於繆公師道也非求容者也故繆公無人於子思之側則不能安子思泄柳申詳之於繆公臣道也則求容者也故無人於繆公之側則不能安其身孟子正義世傳鄒武士人作至爲鄙俚而此數語獨爲明了孟子在齊居賓師之位師道也非臣道也客爲王留行不知作何語大約欲孟

子在晝少留而自至齊國力言於王使復用孟子是爲孟子求容也則不爲子思而爲泄柳申詳矣故曰子爲長者慮而不及子思不及子思即是以泄柳申詳待孟子不得謂下文無干涉二子之意也朱注曲爲泄柳申詳回護遂使此節之義不明而孟子之意亦晦陳氏讀之不係乃擬撤去此十七字豈不妄哉

百官族人可謂曰知　注可謂曰知疑有闕誤或曰皆謂世子之知禮也

辨疑曰或曰之說易可爲皆此甚有理然又改知字爲平聲不知知爲知甚也皆謂世子知禮禮字乃贅

文耳知止當音智世子排衆議以遵孟子之言苟非智識高遠者定不能也百官族人皆謂曰智前後義皆通貫

辨曰易可爲皆未免妄作讀知爲智義亦未安此句之旨自來不得其解檢趙注孫疏均未通徹愚細爲一說曰此承五月居廬未有命戒而言夫未有命戒固居喪不言之古禮也然一國之大政事殷繁必不能停閣至五月之久是以古者天子諒闇有聽於冢宰之文不知諸侯居喪其制如何滕乃侯國未必如天子之禮又其時喪禮久廢則古制亦無可稽意者

文公居廬之日其國中政事使同姓異姓之臣襍治之可否悉決於父兄百官族人即指父兄而言百官族人可句謂曰知句謂百官族人之所可者從而行之文公但謂之曰知而已謂曰知與始皇本紀制曰可文法相似百官族人可此可字即秦制稱可所由來古今制度不同有始則上下通用後則獨爲天子之制者疑戰國時有司治事皆用此可字如後世畫諾之比至秦有天下亦循用之而遂以爲天子之制矣謂曰知猶後世之報聞也如此解之則文無闕誤而意亦與上文相屬未知是否

帝將胥天下而遷之焉　注胥相視也

辨疑曰解胥爲相視帝將相視天下而遷之焉不成文理舊注解胥爲須蓋亦古人通用之義孫奭疏云帝將須以天下遷之既有此解不必別論

辨曰相視之義誠有未安從舊解爲須趙注云堯須天下悉治將遷位而禪之然經文初無治字即從疏說須以天下遷之亦不成文理愚按爾雅釋詁胥皆也此承上文而言天下之士多就之者意其時謳歌獄訟歸舜者幾半矣堯將使天下之未就舜者遷而就舜故曰將胥天下而遷之胥者皆也說文曰皆俱

詞也是其義也便以今人文法易之則曰帝將悉天下而遷之或曰帝將合天下而遷之其意便了然背字之義亦若是而已矣

夫苟不好善則人將曰訑訑予既已知之矣　注訑訑自足其智不嗜善言之貌

辨疑曰注文大意不差但略過人字不說義為未盡蓋自將曰以下本皆假設苟不好善之人所言之言為說也然有人字在上卻是他人所言之言與下文意不相貫人字蓋羨文也

辨曰此人字只作彼字用人者對我之稱彼者亦對

我之稱故得通用則人將曰訑訑猶則彼將曰訑訑即此不好善之人並非他人也趙注不好善則其人將曰訑訑所謂其人者亦即此不好善之人也孫疏曰苟不能好善則四海之內人將曰彼人之訑訑自足其智不好善言我既已知之此失經意并失注意古書用字與今不同昭三十一年公羊傳人未足而盱有餘注曰人夏父自謂也使後人爲之人字當作我字此文則人將曰訑訑使後人爲之人字當作彼字學者不達古人語意不得其解陳氏至欲刪去人字失之專輒矣

居移氣養移體　注居謂所居之位養奉養也言人之居處所繫甚大王子亦人子耳特以所居不同故所養不同而其氣體有異也

辨疑曰經文初言居移氣養移體繼而言者大哉居乎其居使之然也居天下之廣居皆敘居移氣之義爲說略不而言養移體者蓋居移氣本是一章正義養移體乃是兼設譬諭之言而注文無所分別使養與居通混體與氣均齊並列於孟子稱羨中抑亦不思之甚也夫氣之爲用大矣賢者養之惟恐有餒故孟子見王子之氣乃稱羨之不爲無取若見其身體

得所奉養顏色肌膚有豐潤肥澤之美而咨嗟歎羨此何義也

辨曰居移氣養移體二句與富潤屋德潤身相似一句正意一句喻意故下直接云大哉居乎則養移體一句不涉正意可知矣朱注不但以二句平列且云以所居不同故所養不同文勢轉似側注養移氣一句宜爲陳氏所糾矣乃檢趙氏舊注云居之移人氣志使之高涼若供養之移人形身使充盛也則趙注固以養移體爲比喻之辭而僞孫疏乃曰夫居足以移易人之氣所養足以移易人之體以其王子之儀

體聲氣如是者亦以所居所養之大移之使然也則失趙氏注意矣夫僞孫疏罔朱子所譏爲邵武士人作者乃不從注而從疏何歟陳氏糾正朱注往往有闇合古注者而背不知引古注爲據益元儒已來古注於高閣矣

致中和天地位焉萬物育焉　注致推而極之也位者安其所也育者遂其生也自戒懼而約之以至於至靜之中無少偏倚而其守不失則極其中而天地位矣自謹獨而精之以至於應物之處無少差謬而無適不然則極其和而萬物育矣蓋天地萬物本吾一體吾之心

正則天地之心亦正矣吾之氣順則天地之氣亦順矣

故其效驗至於如此

辨疑曰注言自戒懼而約之以至極其中而天地位矣自謹獨而精之以至極其和而萬物育矣推詳此說天下人中但有一人於不睹不聞之處戒懼以謹其獨便能使天地各安其所萬物各遂其生未之聞也又云蓋天地萬物本吾一體吾之心正則天地之心亦正吾之氣順則天地之氣亦順義愈難通天地萬物與吾同在陰陽大氣中謂同一氣則可謂爲一體則不可天下萬物何所不有豈能同爲一體哉天

地之氣固有順不順時天地之心未嘗不正也豈待吾之心正然後天心地心始正哉天地之氣有時而不順者蓋由國家失德則有恒雨恒暘恒燠恒寒恒風之應此皆天地不順之氣也普天之下惟吾一身之氣順便能使此氣皆順久雨則能使之晴久旱則能使之雨斷無此理或問一說云但能致中和於一身則天下雖亂而吾之天地萬物不害其爲安泰此又有涉荒誕實流入於異端矣經文自喜怒哀樂至萬物育焉此一段與上文本難通說當自爲一章喜怒哀樂之未發謂之中發而皆中節謂之和此就各

人之一身而言中也者天下之大本也和也者天下之達道也此義散開在於天下矣繼言致中和天地位焉萬物育焉此乃專言天下之中和解者不可只就一人之身爲說也然其致此者惟人君能之如堯之親睦九族平章百姓協和萬邦此其致天下中和之道也

辨曰朱注誠有未安而陳氏所辨亦有未盡經云致中和未嘗分致中致和爲二事天地之位位於中和萬物之育育於中和今如注義則當改經文云致中天地位焉致和萬物育焉此義之不安者一也又云

吾之心正天地之心亦正吾之氣順天地之氣亦順則并無待乎致矣當易經文曰中而天地位焉和而萬物育焉此義之不安者二也又以注文細覈之既云致推而極之也又云自戒懼而約之自謹獨而精之推而極之則自內擴充至外之謂約之精之則自外收縮至內之謂兩文不相矛盾乎此義之不安者三也無少偏倚可謂之中無少差謬不可謂和蓋無所差謬者譬如射鵠然不高不下不左不右適當其鵠也此仍中也而非和也必欲言和宜云無所乖戾乃注文既承上文戒懼謹獨爲說故云無所差謬庶

與上文謹字之意相關而不知無所差謬卽無所偏倚無以爲中和之別也此義之不安者四也以上諸義皆陳氏所未及因陳氏之說而遂言之非敢駁斥先儒而於義實有未安則亦學者之所宜討論者也夫詁經之體無待煩言此節之注但云致推而極之也位者安其所也育者遂其生也其義已足省卻下文若干字句轉不授後人於口實矣試觀鄭康成舊注曰致行之至也位猶正也育生也長也豈不簡而該乎孔穎達正義曰言人君所能致極中和使陰陽不錯則天地得其正位焉生成得理故萬物得其養

言焉然則陳氏謂致此者惟人君能之固孔疏舊說
矣朱注以注疏舊說爲未善費若干文字而爲之注
陳氏又以朱注爲未善費若干文字與之辨論而自
爲之說然謂自喜怒哀樂以下不蒙上文則鄭注固
不蒙上文爲說也謂致中和惟人君能之則孔疏固
然也亦可見後儒之說經者徒爲費辭矣

孟子外書一卷

清 姜國伊補注

清光緒二十一年刻本

孟子外篇

序

史遷於利之悖仁義而禍天下也知之稔矣而獨其言禮自孔子時不具則陋甚孔子曰禮所以制中也經禮三百曲禮三千夫禮者義之實也協諸義而協則禮雖先王未之有可以義起焉益自羲農以至周公禮雖損益未嘗廢也戰國諸侯惡周典禮盡去其籍而孟子私淑諸人乃獨得易詩書禮樂春秋一貫也夫何其盛也孟子曰居仁由義不言禮而言義亦猶孔子以義協禮之意歟其卒篇曰動容周旋中禮者盛德之至也而外篇則亟亟以禮成德也嗚乎後世有聖人舍孟子其奚從哉

大清光緒二十一年春正月癸酉朔岷陽姜國伊序

外篇

一

考

孔子没至孟子見梁惠王則百四十三年也王曰叟蓋孟子年已五十也孟子曰未得爲孔子徒也予私淑諸人也而七篇亟稱曾子子思蓋鄒魯地近數十里顔閔冉及子張子貢宰我有若七十子之弟子無不咨詢而於曾子子思之門人尤多受益也蓋於其徵引見之也

外篇孟子受學於子上今以年歲考之蓋必孟母遷學舍時孟子設俎豆揖讓而子上因授以允授厥中諸語及聞聖人之教也亦私淑之一人也孟子曰私淑諸人諸者衆也

生事之以禮孔子言也而孟子引以爲曾子語則孔叢子謂孟子受學於子思亦若是而已蓋傳聞異辭也蓋必子思年百餘歲而孟子猶孺子也

古者死而後謚魯平公將出孟子見梁襄王襄謚也平亦謚也自梁惠王三十五年至魯文侯元年則四十一年也孟子蓋年九十餘也七篇蓋於是作也故曰由周而來七百有餘歲由孔子而來至於今百有餘歲也

古者五十曰艾命爲大夫孟子見梁惠王王曰叟孟子蓋年五十矣又二年齊魏會徐州孟子去梁入齊故曰於崇吾得見王也爲卿於齊故曰臣也次年楚圍徐州又次年與魏伐趙故曰繼而有師命也齊宣王十七年孟子蓋年六十矣有母之喪外篇所謂六十不毁也自齊葬於魯蓋雖鄒人葬鄒而鄒地適爲魯據也孟母姓仉氏墓在鄒縣北二十里馬鞍山鄒與魯鬩蓋其時也孟子居鄒季任以幣交則居喪三年而乃反於齊也居者宅也止者宿也處者次也於是止於嬴充虞問木處於平陸儲子以幣交距心論失伍也鄒與宋隣必

免喪後自宋入齊而見戴盈之戴不勝及滕世子也故曰當在宋也将有遠行將適齊也齊與鄒近必乍歸而然友問喪禮也

孟子出弔於滕故曰弔者大悅滕文公問爲國也齊封田嬰於薛故曰齊人將築薛也出弔於滕葢滕定公之父薨也在自齊葬魯之前也然友問禮則致爲臣而歸之後也

孟子爲齊客卿無官守言責進退綽裕故其間時時反鄒不但葬母居喪也及致爲臣而歸則年七十餘以古禮致仕而歸老矣

田文免相歸薛孟子自薛入齊葢其雞鳴狗盜之徒將欲加害而田文不能輯其客以安孟子乃聞戒餽金以緉交故外篇曰人論孟嘗君好士吾不信也

在宋由齊南入齊也在薛由齊西入齊也

以孟子七篇宣王伐燕考之齊宣當三十一年齊湣當二十八年史記誤也

孟子仕齊二十一年齊伐燕又二年燕畔陳賈爲王文過而不改於是致爲臣而歸致者致仕也歸者歸老也故曰王如改諸則必反予也遂至曾而藏倉阻平公也

孟子言梁惠王不仁是以不仕是以亟言仁政是以告襄王不嗜殺人襄王不似人君是以去梁聞宣王有不忍殺之仁心是以仕齊是以足用爲善是以發棠陳賈爲王順過而不改是以去齊

孟子遊梁所謂迎之致敬以有禮也仕齊所謂言將行其言也受宋薛餽金所謂周之亦可受也免死而已

鄒在齊南燕在齊北外篇燕昭王使樂閒迎孟子必齊王走莒之時也於是孟子百餘歲矣

孔子傳道於曾子曾論曰吾道一以貫之也孝經大學王言曾子問諸篇羣弟子不得聞也易書詩禮樂春秋一也

禮記云曾子謂子思曰伋吾執親之喪也以師之名弟子也子思受學於曾子也（曾子年二十八而孔子卒盖子思少曾子十餘歲也）膰肉不至孔子適衛年五十七矣次年畏於匡顏淵後顏子少孔子三十歲若舊說顏子卒年三十一則是年僅十七耳定公問東野畢之御僅十五耳誤矣故顏子必以年四十一而卒爲定

孔子卒於魯哀公十六年至魯穆公元年則七十二載也穆公亟見子思子思葢八九十歲也外篇孟子受學於子上則世系史記言子思年六十二子上年四十七誤也六當作九四十七當作七十四也舊說子思年十九作中庸葢必九十譌也

子夏少孔子四十四歲曾子少孔子四十六歲（生於魯定公四年也）責子夏有退老西河之言而魯穆公之元年魏文侯之十八年也是年文侯受經於子夏則子夏年百有二也曾子年百也葢子夏曾子皆

百餘歲也

禮記悼公之喪（孔子沒已五十年矣）季昭子問於孟敬子曾論曾子有疾孟敬子問之曾子易簀曰季孫之賜曾元公在位二十一年若三家亡於元公末則曾子年八九十歲也若三家亡於穆公初則曾子年百餘歲也蓋曾論傳於曾子沒後也

費季氏邑孟子云費惠公於子思則師之蓋季孫據費叛曾而僭稱公也蓋穆公相公儀休尊子思臣泄柳申詳諸賢而遂黜三家也滑于堯曰曾削滋甚蓋三家各據私邑叛也故孟子曰不用賢則亡削何可得也於是曾三家滅矣

顏子少孔子三十歲（生於曾昭公二十年）受學於孔子四十餘歲修教不仕日也曾子謂子夏曰吾與汝事夫子於洙泗之間受學於孔子六十九歲自衛反曾時也孔子始教闕里杏壇老教曾城北洙泗上

也顔子事孔子二十餘載曾子從孔子六載耳

中羣聖人也時中至聖也顔子復禮曾子誠意子思愼獨孟子四端擴充皆大賢也自伏羲神農黃帝堯舜禹湯文武周公孔子顔曾思孟皆躬行也杏壇在魯南城孔子故宅右陋巷在魯北城內城北泗上有孔子洙泗講堂鄒城有孟子故宅

外篇孟子問聖人之教子上述舜禹允執厥中之傳孟母之訓徐辟之戒性善之辨孝經之論其義皆雅馴不異七篇也趙岐不注抑已陋矣

史記云孟軻述唐虞三代之德作孟子七篇蓋孟子年百歲時自作也外書四篇蓋門人記述也文不同而道則一也國伊以爲不可廢也茲刪古本百九十六字有刪無增亦猶述而不作之意也存舊注十五則國伊補注八事吁可傳也

外書四篇猶曾論之有家語也卽或人采集韓詩外傳列女傳諸

五

外篇

書成篇亦可以見亞聖之生平軼事也
國伊嘗欲删管敬仲仁陳仲子誄滕文公幸淯于髠語四章今姑
存之以備叅考
公明儀曾子弟子也以師文王從祀也而公明高則知舜心也沈
猶行則尊道德也樂正子春則守身考也其言於親不得吾情也
益悔五日不食之情過乎禮也皆曾子弟子也宜從祀也萬章公
孫丑以明道也公都或以内義也樂正克以好善也皆從祀也而
屋廬子則重禮也皆孟子弟子也亦宜從祀也
大清光緒二十年冬十有二月壬申晦岷陽姜國伊考

孟子外書

岷陽姜國伊正本補注

性善辨第一

孫卿子自楚至齊見孟子而論性荀卿名況楚人避漢諱易荀爲孫孟子曰有善無惡天也有善有惡人也孫卿子曰有善有惡天也有善無惡人也孟子曰卒天下之人而迷性本者必自子始矣

孟子曰虎狼知父子蠭蟻知君臣而況於人乎故人之性善今人之不善皆失其性也

孟子曰性善也堯舜不勝其美習不善也桀紂不勝其惡性無不善而欲害之水無不清而物污之是豈水之性也哉

曼丘不擇問於孟子曰夫子焉學曼丘姓不擇名齊人孟子曰曾有聖人曰孔子曾子學於孔子子思學於曾子子思孔子之孫伯魚之子也

子思之子曰子上軻嘗學焉是以得聖人之傳也

孟子曰舜生於姚墟禹生於石紐湯生於蒲南文王生於台彊千年一聖猶旦暮也

孟子曰太山之高參天入雲而瞽者莫見也黃河之濤衝擊如雷而聾者莫聞也甚矣人不可不學也

孟子三歲而孤孟母賢舍近墓孟子幼嬉戲爲墓閒事踴躍築埋孟母曰此非所以居我子也乃去舍市又嬉戲爲賈衒事孟母曰亦非所以居我子也徙學旁乃設俎豆揖讓進退孟母曰此眞可以居我子矣

孟子幼誦其母織孟子輟乃誦母知其諠也呼而問之曰何爲輟對曰如有失復得母引刀斷織以戒之自後孟子不復諠矣

孟子妻獨居踞孟子入戶視之白其母曰婦無禮請去之母曰乃

汝無禮也禮不云乎將入門言必問將上堂聲必揚將入戶視必下不掩人不備今汝往燕私之室入戶不聲令人踞而視之是汝無禮非婦無禮也孟子不敢去婦孟氏譜孟子娶申氏

孟子爲客卿居常有憂色孟母曰子有憂色何也對曰軻聞君子稱身正位不爲苟得不貪榮祿今道不用於齊願行而母老是以憂也孟母曰婦人之禮精五飯羃酒漿縫衣裳而已故有閨內之修而無境外之志易曰在中饋无攸遂詩曰無非無儀惟酒食是議言婦人無擅制之義而有三從之道也故幼則從乎父母嫁則從乎夫夫死則從乎子禮也今子成人也而我老矣子行乎子義吾行乎吾禮子何憂也

孟子遊於莒有曾子講堂焉孟子登堂彈琴而歌二三子和之莒父老曰久矣夫不聞此音也聖人之徒也

孟子曰人皆知以食愈饑莫知以學愈愚人皆知糞其田莫知糞其心糞田得粟糞心易行何謂糞心博學多聞何謂易行一性止淫也

孟子謂子石曰卵有毛信乎子石曰信孟子曰何爲其然也子石曰卵無毛雞無翼孟子曰雞而烹人可食然則子腹亦有雞與家語公孫龍字子石一字子循衛人少孔子五十三歲是篇公孫龍字子石趙人常與孔穿論事平原君以爲辭勝於理者蓋兩人也

孟子曰筦敬仲仁故齊威公亦仁筦敬仲義故齊威公亦義吾於河廣知德之至也孔子稱管仲曰如其仁此章稱管仲曰仁曰義亦猶孔子意也

徐辟將之秦孟子曰秦虎狼也何遊焉對曰山東之國無可與者蘇子招故將往孟子曰夫蘇子天下之無信不義人也何交焉對曰辟之祖自南州遷於郯鄒今五世矣於蘇爲睦且辟蘇之自出

也孟子曰然姑贈子以言不約縱不連横不爲威屈不爲利疚以守子素以全子生斯可矣戰國策蘇秦説秦王書十上而説不行蓋其始往而招徐辟也

文説第二

孟子曰文其説不若文其心文勝者不陋不若質勝者可久

孟子曰士貴立志志不立則無成

孟子曰君子爲已小人爲人爲已者逸而泰爲人者勞而危

孟子曰人不可以不知天凡事可以對天則知天矣

孟子問於子上曰敢問聖人之教聖人謂孔子也子上曰言仁不言暴言義不言利言禮不言邪言信不言詐此聖人之教也

子上謂孟子曰舜之誥禹曰人心惟危道心惟微惟精惟一允執厥中子其識之

公明高問於孟子曰詩云不敢暴虎不敢馮河又云如臨深淵如

履薄冰何謂也孟子曰君子之學敬而已矣

孟子曰言不可不慎也言巧則天刑之言刻則人害之大雅云無言不讐無德不報

梁襄王問戰於孟子孟子曰戰危事也臣未之聞也

孟子去梁襄王追之及諸東桑孟子曰爲吾謝梁王勿忘先王之禮遇也再拜登車而去

萬章從遊於牛山孟子喟然歎曰此齊景公流涕之所也而其骨已朽矣萬章曰古之人何以不朽孟子曰太上有立德其次有立功其次有立言此之謂三不朽古之人皆有死君子雖死而求其不死者若小人則未死而已死矣列子齊景公游於牛山北臨其國而流涕

陳仲子卒陳仲子名仲字子終孟子誄之曰吁嗟仲子廉潔以貞兮求名得名兮數齊之高士舍仲子其誰稱兮惟山高而水流千古一於陵

兮吁嗟仲子名長存兮春秋書秦伯使術來聘楚子使椒來聘吴子使札來聘尊周禮且明王制也家語亟稱吴季子録賢也孟子七篇譏仲子存大倫也外篇誅仲子録高節也亦猶孔子意也

蝨蠹隱於萊蝨古蛾字萊國名屬齊今萊州也隱居當在致爲臣而去之後孟子使人問之以書且遺之粟曰介士也

萬章問曰子庚何人也子庚泄柳字孟子曰古之高人也上不臣天子下不事諸侯易曰不事王侯高尚其事

子叔問曰文王囚羑里孔子厄陳蔡何繫易也子叔孟子門人孟子曰夫易憂患之書也安樂而不知易小人凶憂患而不知易君子凶是以君子不可以不知易也

孟子去齊宿於晝王蠋請見蠋晝邑人曰夫子何以久於齊也孟子曰久於齊非我志也蠋曰我固知非夫子之志也王外好善而心不

好夫子去國亂將至矣蠋是以憂也孟子去而齊亂

滕文公卒葬有日矣天大雨雪及牛目羣臣請弛期太子不許惠子（惠子名施）諫曰先公欲小畱而撫社稷故雪甚弛期更日此文王志也孟子曰禮也

（孔子曰日有食之止柩道右聽變君子行禮不以人之親痁患是故大雪弛期禮也孟子亦猶孔子之意也若夫惠子所言則誕也文王至孝也其葬王季必至慎也必不致欒水齧墓也孟子不明斥其非者君子居是邦不非其大夫也况其君乎彼其時廢笠日之禮乎）

孝經第三

孟子曰孝經者曾子傳於孔子諸弟子不得而聞也

孟子曰曾子之孝士之孝也故孔子以事親事君立身先之

孟子曰天子之孝文王也諸侯之孝魯釐公也卿大夫之孝孟莊子也士之孝曾子輿也庶人之孝大連少連也

文王德教加于百姓刑于四海天子孝也魯僖公不驕不溢保其社稷和其民人諸侯孝也孟莊子不改父臣與父之政能守其宗廟卿大夫孝也兼愛敬者父也夙興夜寐無忝所生士孝也

孟子曰舜生五十而不失其孺子之心

孟子曰孝者順德也父子親兄弟睦夫婦和人人齊其家而天下平矣

孟子曰樂正子春生孝也茅亶死孝也茅亶騶大夫死孝無考

樂正子春年九十矣使其孫克學於孟子告之曰昔者聖人之門顏子以仁曾子以孝季路以勇伯贛以智各以所得聞於天下傳於後世汝往矣庶幾其有一得乎

孟母之喪門弟子各治其事陳臻治貨季孫郊治車咸丘蒙治器萬章治縗充虞治櫬公都彧治饌陳代治牲樂正克治儀公孫丑治賓客孟子三日不食哭不止弟子曰古者五十不毀孟子曰五

十也乎哉吾母死吾猶孺子也顓子弔見之流涕自責曰今而知聖人之道遂棄墨而歸儒禮五十不致毀六十不毀茲曰古者五十不毀五十也乎哉五字蓋六字之誤也

孟子曰傳言失指圖景失形言治者尚覈實

梁惠王曰先王用李悝盡地利至於今頼之孟子曰非古也古莫善於莇莇者殷法雖周亦莇也地有餘利則民有餘地無餘利則君有餘損下以益上非古也

孟子三見齊宣王而不言事丑子曰夫子何以三見齊王而不言

孟子曰我先攻其邪心邪心去則無不正矣書曰格其非心

孟子去齊子敖餞於舉門子敖王驩字舉門齊南門再舉觴孟子辭而去子敖曰夫子盍賦詩孟子曰大夫欲我賦詩乎不曰堅乎磨而不磷不曰白乎涅而不緇

屋廬子曰無爲而治何如孟子曰有心於無爲非無爲也虞舜先勞而後逸者也

孟子曰矯枉不可過直

孟子曰天下有道諸侯有王東遷以後天下無王五伯之罪也

孟子曰有遠慮者無遺策無深謀者有敗機

孟子曰敬老愛幼推心於民天下如運掌中也

齊人伐趙桃應將問於孟子孟子曰毋增殺將心也勿爭功將才也與士卒同甘苦將道也

孟子說齊宣王孟子曰今日說君君不說意者未知善之爲善乎湻于髡曰夫子亦誠無善耳昔者瓠巴鼓瑟而潛魚出聽伯牙鼓琴而六馬仰秣魚馬猶知善之爲善而况君人者也孟子曰夫雷雷之起震驚天下不能使聾者有聞日月之明徧照天下不能使

盲者有見今若此也曰不然昔者揖封生高商而齊人好歌杞梁妻悲哭而莒人稱詠夫聲無細而不聞行無隱而不彰夫子苟賢居魯而魯國削也孟子曰不用賢削何有也吞舟之魚不居潛澤度量之士不居汙世夫蓺冬至必彫吾亦時矣詩曰不自我先不自我後非遭彫世者與

騶衍請受業於孟子孟子曰吾老矣不能偕子遊九州之外

爲正第四

孟子曰爲正以心爲邪以心心之所之邪正因之故君子存心而不放

孟子曰道不遠人人之爲道而遠人不可以爲道堯舜之道非遠人也人自不思之爾

孟子曰人論孟嘗君好士吾不信也孟嘗君名文姓田氏

高子問於孟仲子曰詩云維天之命於穆不已何謂也孟仲子曰大哉天命之無極而美周之禮也孟子曰否不然維天之命於穆不已蓋曰天之所以爲天也於乎不顯文王之德之純蓋曰文王之所以爲文也純亦不已高子齊人嘗學於孟子孟仲子名睪見譜

高子問曰夫嫁者非已所自親也衞女何以得編於詩孟子曰有衞女之志則可無衞女之志則殆夫道二常謂之經變謂之權懷其常道而挾其變乃得爲賢夫衞女行中孝慮中聖權如之何

邾婁繆公問政曰政之道奚先孟子曰省刑罰薄稅斂愛民之政也非是則無所爲政也君勿信倖臣之言邾婁者鄒也騶同鄒春秋傳鄒從邾婁聲彀從勾瀆聲粵從於越聲廌其從買朱組聲邾婁從於餘邱聲

孟子過鄒見鄒莊公鄒國名莊公名顆孟子道性善言必稱文王莊公曰聞夫子之言昭然若發矇矣

夕第

孟子老於鄒燕昭王使樂閒迎之孟子不往或問曰夫子何以不往孟子曰以吾受齊王之知是以不往也且燕王霸才也亦非王天下之主也樂閒樂毅子

以下闕

抉隱父　已燹城隍廟矣有不信者兩往尋燹　　　　姜家傳

家傳啟李雪門　辛之負師大恩也始於祖殁李光宗光瀛之謀售師家也極於今日吾父年十七先祖疾以李雪門受衣食教誨及力全其父子兄弟夫婦恩並諸患難事屬筆托孤李自任買棺後不給值季舅祖張公炳代畢棺價次歲李館禂門父從往李以楊玉峯王策三讒皆二伯祖門人也不改父作八股文六月李歸省父乞歸不許有李小蓮日爲執炊因言於彭琢之明經彭稔知吾祖家傳詩賦館父會詩課各百餘首初李期父以二月十九日葬親畢托族終事卽就道否則不容十月李返館以墓崩爲父罪父幾投江遂歸家專力詩賦雖作文亦未送李閲父年二十李畏親故議二月招父入塾數十日讒作以五月府試歸讀十月何學使紹基古學獲儁補榜入泮文卷硃批次不明白葢父文筆有奇氣李令讀

仁在堂時藝階遂梏其性靈幾於作文不能成篇是時祖遺德在
人教諭陳廉舫廩保毛瑞夫大麟陳鳳齋其昌不索贄儀試院經
承轅門不需規費親舊咸慶助而李一文不捨也李告陳信甫亦祖
門人言先生與我一秀才渠亦秀才矣不必再從學父課蒙謝子耀
家亦祖門人因王瑞卿錫元一言激勵於是取祖所授史記諸大家文
晝夜研誦任意自作不送人閱陳信甫告李以祖所命伯舅女悔
昏李不荅而使其夫人媒言族李馨亭次女父力辭則諸爲父媒
者皆計問之及外祖母以嫡妣王孺人許字而李夫人猶面有愧
言也丁巳秋謝復延父教子李囑轉薦桂枝山以杜其藍婦責債
事而呼父課二子光宗光瀛於其宅一歲僅收五月贄錢一千文
冬有教不必嚴書不必熟手函乃辭去李故不長於詩古錦江課
菊花仙賦劍門古柏詩皆命父作得課獎不分一錢雖父屢日絕

炊不顧也吾家世科甲多藏侯文祖親筆記李父若泉手借文章一大匣李又在父手借去一長本外人皆言李中試首藝即此中文其所刊二三藝不類也初李兄因祖借藍金二百訟不償若泉又以祖故貸李春榮金八百亦不酬父遂絕不向李索一毫債而二伯祖母（亦李雪門之師母）以季姑沒命李將五金售棺李嗾弟曳父出街辱詈並訟縣李時與縣令霍交逼父幾爲僧有徐新齋謂父自訴府城隍廟李夫人即日癲狂斷鍊踰牆於市衆自言負曾祖母祖母竇金珠衣物保全身家恩霍籤差役皆泣辭霍怒與李絕李焚冥鏹自懺神前並賄差且賂素不識之積訟田茂才止父勿投冥牒於是士民萬衆斥李而後父得以不往來自安於是芙蓉書院山長魏子敦目爲名手於是贖培祠墓村居註經爲楊公（仲雅）所囂聲名大起嫡妣勤儉小康李遣戚讒妣父不動丁卯還省李

三

知父精醫學密遣旁人學醫父以誠授醫戊辰赴郟姚病是時疫皆以薑附輩痊而醫施以芩連藥姚亡未斂醫坐待周雲門鋪爲媒周力阻父痛慾抱生未週歲幼兄往郟葬姚後乃僱乳媼父日與老佃秦姓等夜偕歸晨偕出人不能汙李黨環伺且納交惟溫韜甫受父文學益告以其兄與李密岳席珍尤英豪以岳大將軍兵法示父偕往彭山買妾乃石女也李門下張等宣言凡續美婚郎爲媵妾李夫人明告所親死渠一婦償渠一婦庸何傷而田茂才忽毆訟父習太乙奇門鍾學使駿聲適欲省是書遂舉庚午擬優正取第一人父喪姚期年繼娶袁信隣讒服洋煙沒復繼室張以讒自去當父登科之三日賀客盈庭彭琢之請見二伯祖母以奉李夫人命來媒並言兼祧例父峻拒及出母蒲縛毆父親見光宗及田茂才在側也遂携新娶繼姚張遠避自蜀過楚多匪害至

豫乃止及繼妣沒於京畿父歸襯葬人乃以為篤於倫常今母氏
黄來歸不受讒父閉祠刊註諸經説是時李華太友李夫人皆卒
而光宗兄弟使黨陳監生煽是鄉隣衆報德以怨賊晝入祠夜砍
墓樹復多否匪肆辱侮於是父在市飲食似中毒則祠産竹芝之或
告放邪術矣隣謝姓媪疽脱手足李姓嫗鼠瘻洞藏府死母但病
右手巨拇而已母從父入京五返在道多遇匪又有趙孝廉三人
隨車行路侮父且欲於歸後生事則以存某手書片而息父居城
宅兩載餘則隣梯牆窺匪放鷹入園念居鋪而門臨衢市即日夜
徃來人不絶雖過串左右隣不害也居一年而知洞子口塲乃李
門徒黨郛邑則李戚跟官行輩則李叔綢繳行則李族某所致今
夏大堂兄自滇還蜀葬叔妣湯父喜甚而李乃由王鼓眼入間言
父亦見王與李季同行變色也昔二伯祖虧公帑雪門謂祖勿顧

且遷其妻挐祖遂竭力保全今彼黨日謂父遷堂叔之父與妻葬父尤盡心維持嗚乎父熟誦五經四子本於自幼祖妣課讀讀書法腹稿法經史疑義根於祖授載硃卷中甚悉嗚呼李推大恩不報之心必欲父身不克立家不克保名不克成四十餘年其害不止而父志明聖道不嗜榮利自言不診病斯世多横天不作官斯民鮮受福不授徒後生少成就簞瓢樂意反已自足何能稍損而其黨必爲之顛倒是非協謀誣陷不遺餘力列在衣冠何以至此嗚呼春秋之義誅先黨惡天道有知豈無臨照謹刋祖培植李氏手賬並述大略以俟君子

又有張縣令繼代辦成都縣時父呵責已病幼兒食人冷物否匪遂擁鬧入院張批反護匪一事已焚城隍廟矣有不信者同往再焚

三

先祖廩生姜公羲文栽培門生舉人知縣李諱辛家親筆賬據鈔

已焚城隍廟矣有不信者同往再焚

姜家儁刊

計開

道光十三年六月初十代付郭姓銀十兩

道光十三年四月初五借去銀四兩五錢還郭姓押紙約一張存雪門處

十二年借銀十六兩當銀八兩五錢　以張太爺一項底消收銀廿兩下餘之銀隨伊良心或將所當之物取出亦可

李希顏所借一項十二年臘月還銀十兩底去雪門代賣綫縐單袍褂二件一項

伊母親出葬後借銀除還下欠四兩零

作本三十兩利未算伊使去並非折本有天理良心簿樣存伊處

取臥龍袋夾衫本利五兩六錢所當金耳環一對銀本四兩五錢除和伊賬尚欠二金零

張太爺所還之項下欠數金所借之零碎銀錢所當之零碎本利

記不清者尚有十多金皆係十二年冬腊兩月之事

當舖十二年九月十一日提出線縐綿袍褂一套本銀十二兩利十三個月該銀十五兩乙錢二分年底三兄手還銀九兩八錢

提灰鼠袍褂本廿兩皮馬褂本〤〥兩

二哥被蓋本二千轉花邊本五兩

三哥女泥夾褂本〤〥兩

己名下女綿襖 男夾袍 女羽毛褂 羽毛單袍褂 女綾夾衫 該銀二十兩零九錢二分 男泥夾褂

三月初三日大鵬借緊身二件〡千〤百取 三月二十日黑炭銀五兩零零

秦嫂利錢付至六月止 三月十四日李雪門借錢乙千文 搭連舖取

李老么借錢二百文 買花借去夾衫一件當錢一千文

三月十四日三嫂借錢五百文 李老大借銀六錢八分 老陳盤費

三月初五日代金二哥墊班錢弍千文 老大當皮卧龍袋一件

十五日再代墊班錢一千文 三月廿四李老大借盤費錢三百文

三月初二代廉蹊取手鐲錢八百文又取陰膀子銀一兩三錢
三月十九又代墊班錢二百文又代墊八百文
三月廿日金二哥還來錢二千文
三月廿五代墊班錢一千文替李老大吽油一鑽錢六百六十文
三月廿七代墊班錢一千文李老大借綢袍一件當錢一千二百文
李雪門借錢五百文醫病
四月初七代墊班錢一千文
四月初九三嫂烟錢四百四十文
四月初十代墊班錢一千文
四月十六代墊班錢一千文
四月廿日代墊班錢一千文
四月廿五代墊班錢一千文

三月十八三嫂烟錢四百八十文
四月初九日雪門借銀一兩做廉蹊回來盤費
四月十六李雪門還銀九錢買來黃烟
五月初二日三嫂用錢二百文
四月廿五李雪門借銀一兩又墊付郭姓二百文皮馬褂
五月初五祿官取鞋一雙
五月十五借付雪門錢八百文與郭姓

二

五月初一代墊班錢一千文借付雪門當夾袍子錢七百文又紗袍一件
五月初四代墊班錢一千文借付廉蹊弟紗馬褂一件
五月初十代墊班錢一千文借付雪門銀項錢銀戒捐四件
七月初八日付秦嫂利銀六錢八分借付雪門夾女衫一件取
十二月十五日付秦嫂錢一千五百文　郭姓還錢九百文共一千雪門寫呈子
冬月付三嫂錢一千五百文付雪門錢五百文當紗袍
臘月三十日　三嫂借錢一千文　廉蹊還銀二兩一錢
收廉蹊錢拾六千文賣馬　借去銀一兩五錢六分
又借銀五兩　一一共若泉手借去羽毛褂繭紬袍布衫架架子四件
又玉圖章一對　當鋪空號五兩　又銀一兩
烟袋一根　李大借陰膀夾衫　學堂家具書畫　玉瓶一個
箱子等類全堂　玉兎一個　泥冬帽一頂緞靴一雙

玉藕一節　銀鈔一個　珊瑚珠一對　玉花一支

寶石帽花一個　套褲一雙　皮馬褂票子一張

泥綿袍泥綿褂票子一張　巴緞袍票子一張

羽毛袍褂夾袍金耳環票子四張　銀二兩二錢六分

賦四本連韻本共六本　文章一大匣

李若泉借當綢袍八百文票存伊處　借去金黃綾夾衫票子一張

又借錢一千二百文老四手

又開發府案首時賬

二十年腊月來銀五十九兩三錢正

用錢十九千九百九十文合銀十四兩八錢

用銀四十二兩五錢三分內有換卷銀兩

共用銀五十七兩三錢三分

三

存銀一兩九錢七分

又開二十一年入學賬

共換銀三十九兩乙錢五分

共換來錢五十五千五百三十四文

付老四請客錢三百文　付劉泒保借錢二百文

付劉老四取卷錢一千文　付老大轎錢一百一十文

付迎送差錢二十九千文　付卷錢三千文

付請客酒錢七百文　付老四手錢在内郭轎錢一百七文

付張貴盤費錢四百文　付提調差二十一千文

付進塲錢二百文　付禮房送結錢兩次一千九百文

廿一日付以前請客館賬錢二千零六文　付曹二山付曹珍錢二千文

付老四盤費錢二百文　付買經承禮錢二千文

三

付轅門差錢六千文

廿一二三日付學道街零用錢二千文

廿五日付李三爺請客錢一千三百文

付李三爺買點心毛二爺出票子酒錢二千文

付請鄒汲古等酒錢二千二百三十二文

共用錢八十四千一百一十八文

長用錢二十八千五百八十四文

付李三爺郭老師轎錢五百文

付老二用錢覆試二百文

付老二四轎錢一百二十文

付來差錢一百四十文

前後共該錢三十一千五百四十四文

付學差錢一千文

付認坐號錢三千文

付舒暢鼎臣轎錢二千文

付郭二先生轎錢四百文

付郭老師點心轎錢一千文

付王拔錢八百文

付老二要盤費錢一百文

付老二錢一百文

又三月十五銀價以上共找去銀二十二兩二錢一分

付賞熊老漢等錢一千二百文　付學差二千文借付銀三兩六錢四分

付介福園錢二千文　付補學差錢一千文

付徐鼎臣取當錢二千文　付請客轎錢酒錢八百五十文

付水煙茶葉河水南炭雜項錢五百文　四月初七付老二錢家用二千文裕

四月十五付張升錢二百文　四月十六日付老二錢差人二千文成

付書院轎錢一百一十文

共來銀一百三十一兩九錢

付曹二山銀二兩　付換銀三十九兩一錢五分

付劉派保二十六兩七錢四分　付祁雙橋卷子銀二兩

付郭廩保銀九兩六錢五分　又買土銀二兩

二月廿三是日當黃貨三樣女夾泥袍褂女皮袍褂四件銀四十五兩

四

付張學老師銀一百二十九兩五錢四分　付巡捕經承銀二十兩
付補蔡姓卷子銀二兩　付攻冒籍銀二十兩零九錢四分
付曹珍銀一兩
共用銀二百五十五兩零二分
除前存共長用銀一百二十一兩一錢五分
付郭老師買馬褂銀三兩一錢　付郭取布銀一兩六錢
付張學老師銀弍拾兩零乙錢三分　付老二銀二兩一錢
付起身銀一兩一錢　付王老典銀九兩九錢
付陳裕成銀二十二兩二錢一分　付解和士銀六錢五分
付老四銀家用二兩三錢　付書鋪銀一兩九錢合錢〡〨千
付饒胖子扣頭利銀十兩零五錢　付陳裕成三兩二錢四分
又三月廿日夜付老四借去銀一兩買傅老師禮　四月十七付老二分子銀二兩請王大人

王

五月初四又付席錢合銀三兩　請先生

五月十五又付下學季考張典爺銀五兩當的

六月廿九與饒胖子轉紙借本銀二十兩扣頭〤利三分

付郭取毡帽銀二頂捌錢

七月廿七饒胖子轉紙本銀叁拾兩扣去利銀扣頭銀一兩一錢

又付還饒胖子銀叁拾兩利銀讓

欠衣鋪銀八兩五錢欠綿袍褂銀外欠郭馬褂銀

三月初二來銀拾兩零乙錢

三月初十來銀弍拾兩

又三月初十來銀五拾七兩九錢

又三月十七來銀四兩五錢

七月十三來銀拾捌兩四錢

冬月初二來陰膀銀弍兩捌錢

二十二年正月廿三來銀七兩

二十五年拾月借去手鐲三兩七錢

十月借當布銀叁兩五錢

二十六年七月廿三收來銀五兩除取布本利銀三兩七錢下存銀乙兩三錢來大布四疋

二十六年五月初一來銀四兩捌錢

共借去銀五百柒拾伍兩捌錢捌分

共還來銀叁百陸拾弍兩陸錢柒分

除收下欠銀弍百壹拾叁兩弍錢乙分

又欠作本銀叁拾兩並張太爺拾餘金又當金耳環未取應賠弍兩又欠十二年當衣未取應賠銀叁拾捌兩乙錢伍分二十一年辦學當金器三件衣四件未取應賠銀肆拾伍兩又欠代爲饒牌子轉紙銀弍拾兩

又共欠銀壹百弍拾伍兩壹錢伍分正

前後共欠銀叁百叁拾捌兩叁錢陸分正

共借用錢叁拾壹千弍百捌十文除收錢拾陸千文下欠錢十五千弍百捌拾文

又欠賞熊老漢等十一事錢拾叁千捌百五十文未落總賬有花賬

又欠借用未還銀器伍件除取還衣二件欠借衣拾乙件未還

欠借當衣票金耳環票玖張未還

欠借去未還玉圖章玉瓶玉藕玉兎玉花各一件

欠借去未還珊瑚珠寶石帽花各一件

欠借去文章一大匣　又欠借去煙袋一根

欠借用學堂家俱書畫　又欠借用箱子等類全堂

右道光十二年十三年廿年廿一年廿五六年祖當家留交二伯祖賬內尋出數頁其十四五六七八九等年吾家鼎盛賬存堂叔處俟尋出再刊所欠項　此賬得於父訴府城隍廟之次年

右賬內所稱雪門姓李名辛卽先祖之受業門人所衣食教誨者也所稱若泉卽李三爺卽三兄乃李舉人辛之父也所稱三嫂乃李舉人之母也所稱李希顏一名大鵬字廉溪乃李舉人之兄也所稱李老大卽其人也所稱老二卽雪門也所稱老四乃李舉人之弟字雅堂者也所稱張太爺其父之舊也金二哥其兄之影也

所稱秦嫂利錢乃李舉人家借用吾家老媪錢而代付利者也

附刊吾父庚午科中式硃卷履歷一則時李雪門李夫人及雅堂光宗光瀛切在

李雪門辛老夫子己未恩科舉人先君子門下士也又嘗受業於二胞伯凡其衣食教誨以及婚嫁游泮大小諸事皆先君子力也其二子又皆國伊弟子 其子一名光宗一名光瀛

家傳敘吾父年五十九從未將此項掛諸齒頰家傳因李氏父子負心至甚其黨既多且險不明良心特刊此以見當年培植